조선후기 화폐유통과 경제생활

정수환(鄭銖煥)

경상북도 영천 출생
영남대학교 국사학과 졸업
한국학중앙연구원 한국학대학원 석박사통합과정 졸업(문학박사)
현재 한국학중앙연구원 장서각 선임연구원

주요논문

「18世紀 頤齋 黃胤錫의 貨幣經濟生活」(2002)
「북한의 고문서 연구현황과 북한고문서 조사방안 연구」(2008)
「18세기 星湖學派의 貨幣流通에 대한 인식 검토」(2009)
「17세기 화폐유통과 전답매매양상의 변화」(2010)
「진양하씨 초간보를 통해 본 17세기 족보편찬의 유형 검토」(2012)

조선후기 화폐유통과 경제생활   값 28,000원

2013년 4월 19일 초판 인쇄
2013년 4월 28일 초판 발행

저   자 : 정수환
발 행 인 : 한정희
발 행 처 : 경인문화사
편   집 : 신학태 김지선 문영주 송인선 조연경 강하은
서울특별시 마포구 마포동 324 - 3
전화 : 718 - 4831~2, 팩스 : 703 - 9711
E-mail : kyunginp@chol.com
홈페이지 : www.kyunginp.co.kr
www.mkstudy.com
등록번호 : 제10 · 18호(1973. 11. 8)

ISBN : 978-89-499-0936-3 93910
ⓒ 2013, Kyung-in Publishing Co, Printed in Korea
* 파본 및 훼손된 책은 교환해 드립니다.

조선후기 화폐유통과 경제생활

정 수 환

景仁文化社

서문

인연이 있고, 모든 인연은 소중하다고 믿는다.

지금까지 필자의 공부에서도 그러했다. 역사에 대한 호기심이라는 본능을 늘 자극하셨던 아버지, 학창시절 시대인식을 함께 나누었던 친구들이 있었다. 대학에 진학해서는 한국사에 대한 체계적 이해와 지적 용기를 심어주신 은사님들을 만났다.

대학원에서 문제의식을 펴지 못하던 필자에게 조선후기 화폐경제사에 대한 사실적 규명의 필요성을 일깨워주신 정구복 선생님과의 인연이 소중하다. 연구결과의 출간을 망설이자 '爲己之學'의 의미를 일깨워 준 주위의 여러 선생님들, 동학과 선후배들 …. 이루 말할 수 없다. 그러는 사이 대학 진학 후 20년이 흘렀다.

이 책은 필자의 박사학위논문인 「17世紀 銅錢流通의 政策과 實態」(2007)를 바탕으로 하고 있다. 내용에 대한 수정을 위해 노력하였으나 뜻을 이루지 못하고 학위논문의 논지를 벗어나지 않는 지엽적인 보완에 그치고 말았다. 지금의 시점에서 그동안 나의 연구 성과와 수준을 고백하고 훗날 스스로의 거울로 삼겠다는 다짐으로 위안할 따름이다.

조선후기 경제환경의 변화 실태를 추적하는 것을 목적으로 하는 이 책은 모두 4개의 장으로 구성되어 있다. 필자의 관심은 17세기를 기점으로 한 18세기까지의 화폐경제환경의 변화양상과 시장의 대응에 관한 것이었다. 이를 위해 국가 정책적 관점에서 行錢策의 추이와 행전실태에 대한 파악을 목적으로 제 1장과 제 2장을 서술했다. 이러한 정책적 변화와 경제환경에 대한 왕실은 물론 개인과 단체의 대응 양상에 대해서는 제 3장의 매매활동과 제 4장의 일상생활에 대한 추적을 통해 접근했다.

제 1장에서는 양난을 전후한 시기부터 1678년(숙종 4) '常平通寶'의

유통을 계기로 行錢 성공에 이르기까지 정책적 노력의 과정을 추적했다. 이를 위해 행전 및 鑄錢에 대한 정책지침이 반영된 事目과 節目을 추출하고 분석했다. 숙종조의 행전성공은 인조·효종조의 시행착오와 지속적인 정책적 노력의 결실이었음을 알 수 있었다.

제 2장에서는 18세기 전반 행전을 위한 주전노력과 더불어 국가적 행전책에 대응한 시장의 여러 현상들을 정리했다. 호조주관의 국가적 주전노력을 견지하였음에도 일관성의 확보에는 한계가 있었다. 국가에서는 행전으로 인해 모리배에 의한 盜鑄는 물론 상인들의 작간이 성행하고 있다고 파악했다. 이러한 부정적 인식은 18세기 후반 소극적 행전책으로 '錢荒'을 초래하게 되는 요인이 되었다고 볼 수 있다.

제 3장을 통해 시장에서 유통화폐의 변화양상과 이용 실태를 사실적으로 논증했다. 이를 위해 儀軌를 비롯하여 賣買明文 등 각종 고문서를 이용했다. 국가와 왕실의 의례에는 숙종조 행전과 동시에 동전을 통한 지출이 시도되었다. 개인의 매매활동에서는 17세기 말에 이르러 전국적인 동전유통이 달성되었으나 여기에는 지역적 시차가 존재했다. 17세기와 18세기의 경제환경은 행전을 계기로 화폐생활에 있어 큰 전환이 이루어졌음을 알 수 있다.

제 4장에서는 일상생활에 있어 소액결제에 이르기까지 동전을 이용한 실태에 대해 천착했다. 이를 위해 17세기에서 18세기의 개인 생활일기 자료를 분석했다. 17세기까지 선물과 현물부조 관행이 이어지다가 17세기 말에 이르러 점차 동전을 이용한 매매양상이 나타났다. 18세기 중엽에는 생필품의 매매는 물론 債錢과 같은 동전에 바탕 한 금융활동의 모습이 확인되었다. 18세기 상업발달과 경제적 성장이 이루어질 수 있었던 요인 중 하나로서 동전유통이 작용했음을 알 수 있다.

이러한 연구를 통해 경제환경의 변화와 관련한 계기적인 遠因에 대한 심층 분석이 필요하다는 과제를 인식하게 되었다. 이를 위해 필자는 향후 네 가지 문제에 집중하고자 한다. 국가와 왕실재정의 운영에 있어서 화폐적 요인과 변수에 대한 문제가 첫째이다. 개인의 매매활동에서, 특히 토지문제와 관련한 경제생활의 변화양상에 대한 규명이 두 번째 과제이다. 세 번째는 생활일기를 통한 사적 경제활동의 배경에 대한 규명의 문제이다. 끝으로 17~18세기 경제환경의 변화에 대한 당대 지식인의 인식과 대응에 대해 추적하겠다. 이들은 이 책이 출간된 이후 필자에게 남게 되는 과제이다.

이 책이 나오기까지 많은 분들로부터 큰 은혜를 입은 사실을 일일이 밝히지 않을 수 없다. 정구복 선생님은 필자의 '師表'이자 학문적 아버지이시다. 생활의 작은 부분에서부터 학문에 이르기까지 꼼꼼하게 가르침을 주셨으며, 아직도 인생이라는 공부가 더 필요하다는 것을 늘 일깨워 주신다. 최진옥 선생님은 어려울 때 많은 이야기를 들어주신 어머니와 같으신 분이다. 전경목 선생님은 격의 없는 학문적 조언을 해 주셨다. 이헌창 선생님은 필자의 문제의식을 체계화 할 수 있도록 지도해 주셨으며, 지금도 많은 관심을 기울여 주신다. 고동환 선생님은 늘 애정어린 눈빛으로 응원해 주시고 용기를 주신다.

대학에 들어와서 공부를 계속 할 수 있었던 많은 고마운 인연이 있다. 모교인 영남대학교 국사학과의 이형우 선생님은 20대 초 필자의 호기심을 깊이 자극해 주셨다. 이수건, 정석종, 김윤곤, 오세창 선생님은 학문적인 권위로 모골이 송연할 정도의 학술적 감동과 공부에 대한 열정을 선물해 주셨다. 배영순, 김정숙 선생님은 철없는 행동 하나에도 애정을 보여주시고 의미를 부여해 주셨다. 그리고 이수환, 김호동 선생님은 지금도 용기를 북돋아 주신다.

필자가 고문서에 대한 두려움을 떨쳐내고 사료로써 활용할 수 있는 능력을 길러낼 수 있었던 것은 한국학대학원에서 박병호 선생님으로 부터의 가르침이 있었기에 가능했다. 이성무 선생님께서 보여주신 진솔한 가르침은 나를 많이 돌아보게 하기에 충분했다. 허흥식 선생님은 학문 활동에 도움이 되는 많은 조언을 해 주셨다.

대구에서 상경하여 낯선 환경에서 많은 힘이 되어 주신 박홍갑, 장필기, 김창겸, 권오영, 안승준 선생님과 정순우, 박병련 선생님께도 감사드리고 싶다. 입학과 동시에 문숙자, 김학수 선생님을 비롯한 藏書閣에서 맺은 여러 인연은 필자가 작은 성과를 이룩하는데 큰 바탕이 되었다. 한국학대학원에서 만난 많은 동학들과 후배들의 날카로운 자극도 언급해야 한다. 그리고 청계서당의 노상복, 노홍두 두 선생님께서는 원전해독에 대한 두려움을 멀리하는데 도움을 주셨다. 영문요약을 해 준 배명숙 선생님과 본문 교정을 꼼꼼히 도와준 김동근에게도 고마움을 전한다.

필자가 공부의 끈을 놓지 않도록 많은 은혜를 베풀어 주시고 지금도 인생에 대해 몸소 가르침을 주시는 부모님께 이 책이 작은 보람이 되어 줄 수 있기를 기원한다. 규민, 다령, 재엽이의 밝고 건강한 모습은 인생의 가장 큰 선물이다. 공부하는 사람의 아내로 많이 참고, 힘든 살림을 꾸려가면서도 삼남매를 모두 건강하게 가꾸고 있는 사랑하는 학문적 동반자 아내 이경옥의 내조는 너무 소중하다.

책의 출판을 위해 꼼꼼하게 신경 써 준 한정희 사장님과, 신학태 부장님을 비롯한 경인문화사 편집진에게 고마운 마음을 전한다.

2013년 4월
운중동 藏書閣 연구실에서
정수환 삼가 씀.

<목 차>

서문

서 론 ∘∘ 1

1. 문제제기 …………………………………………………3
2. 연구사검토 ………………………………………………5
3. 연구방법과 구성 …………………………………………15

제1장 행전배경과 행전책의 추이 ∘∘ 19

I. 선조조 행전문제 제기와 주전시도 ………………………21
1. 임진왜란 이전 행전배경과 행전모색 …………………21
2. 왜란 후 동전유통 제기와 주전 …………………………28
3. 선조조의 주전 한계 ………………………………………31

II. 인조조 행전책 수립과 행전시도 …………………………33
1. 대내외적 행전환경 인식 …………………………………33
2. 전납확대를 통한 행전 도모 ……………………………36
3. 兩西行錢을 통한 동전유통 모색 ………………………44
4. 朝鮮通寶의 주전기반과 주조 ……………………………46

III. 효종조 행전권의 확대와 그 한계 ………………………54
1. 행전논의 배경과 양서행전 성공 ………………………54
2. 삼남지역으로의 행전권 확대 ……………………………59
3. 동전공급의 다양화시도 …………………………………64
4. 행전권 확대의 한계 ………………………………………67

IV. 숙종조 상평통보의 유통 …………………………………76
1. 행전요구의 증가와 행전책의 계승 ……………………76
2. 전납의 확대를 통한 행전 활성화 ………………………82
3. 숙종조 행전성공의 요인 …………………………………87

제2장 동전유통의 확산과 사회현상 ·· 91

I. 숙종 이전 행전권과 동전이용층 ·························93
  1. 인조조 지방주전의 한계와 행전제한 ·················93
  2. 효종조의 행전권과 동전 이용계층 ·················99
  3. 현종조 은과 동전의 유통 ·························104

II. 숙종조 주전양상과 행정권 확대 ·····················110
  1. 상평통보의 형태와 성격 ·························110
  2. 주전원료의 확보 ·····························113
  3. 중앙관사에서의 주전 ·························118
  4. 지방주전을 통한 지방행전 ·····················128

III. 상평통보의 유통과 동전 이용양상 ·················139
  1. 錢納의 동향과 그 대응 ·························139
  2. 행전에 대한 대응과 동전의 이용 ·················151

제3장 국가왕실과 민간의 동전이용 실태 ·· 163

I. 행전초기 軍營과 王室의 동전 운영 ·················165
  1. 훈련도감의 주전과 용전 ·························165
  2. 왕실의례에서의 재정지출 ·····················178

II. 동전유통과 매매관행의 변화 ·····················191
  1. 분석대상 자료 ·······························191
  2. 행전 전후 결제수단의 변화 ·····················203
  3. 매매명문을 통해 본 동전유통권의 변화 ·············214
  4. 행전을 전후한 매매양상의 추이 ·················222

III. 貢物文記에 나타난 결제화폐의 추이 ·············235

IV. 행전과 洞契 운영의 변화 ·······················239

제4장 화폐와 경제생활의 변화 ·· 245

Ⅰ. 17세기 전반 선물과 매매 ·· 247
　1. 이정회의 매매와 선물수증 ·· 247
　2. 김광계의 부조와 매매활동 ·· 250
　3. 권별의 선물과 매매활동 ·· 253

Ⅱ. 17세기 후반 화폐 이용의 양상 ·· 256
　1. 정시한의 시장거래와 동전이용 ······································ 256
　2. 박만정의 동전이용 경험과 관찰 ···································· 265

Ⅲ. 18세기 전반 동전 이용의 증대 ·· 276
　1. 김순의의 선물수수와 시장물가 기록 ······························ 276
　2. 권상일의 農況과 매매에 대한 관심 ································ 283

Ⅳ. 18세기 후반 동전 이용의 다양화 ·· 293
　1. 녹봉수입과 환전관계 ·· 294
　2. 貸錢과 債錢관계 ·· 300
　3. 의·식·주관련 지출 ·· 308
　4. 재화매매 및 지출형태 ·· 313

결　론 ·· 325

참고문헌　　339
ABSTRACT　351
부록　　　358
찾아보기　367

서 론

1. 문제제기
2. 연구사검토
3. 연구방법과 구성

1. 문제제기

임진왜란 이후 조선후기의 사회경제적 한 특징으로 상품화폐경제의 발달과 사회신분질서의 동요가 지적되고 있다.[1] 특히 17세기 조선은 조선후기 사회로의 전환을 예고하는 시기로 중요한 의미가 있다. 왜란 이후 두 차례에 걸친 호란과 이로 인한 明·淸 교체라는 국제환경의 변화가 있었다. 국내의 정치적 환경 또한 붕당정치가 출현하기 시작했다. 경제적으로는 국가주도의 大同法의 실시 노력과 더불어 시장에서의 상공업의 발달이 있었으며, 사회적으로도 신분제 변화의 움직임이 나타나기 시작했다.

위기와 전환의 시기로 특징지을 수 있는 17세기에 화폐유통 양상의 변화가 발생한 점도 큰 특징이다. 면포와 곡물을 중심으로 이루어지던 화폐경제 환경에서 동전의 유통을 계기로 동전유통 화폐 시대로의 전환이 이루어졌다. 이러한 화폐유통체제의 변화는 17세기적 특징 속에서 해석 될 수 있다. 이러한 배경에서 동전유통과 관련한 정책적 추이와 동전이용의 실태를 17~18세기를 중심으로 한 조선후기의 상황을 살펴보고자 한다.

화폐는 교환 매개물의 성격에 따라 매우 다양한 종류가 존재하고 있는 것으로 알려져 있다.[2] 조선시대의 경우, 화폐로서 면포 및 곡물과 같

---

1) 조선후기사 연구의 성과에 대해서는 아래의 논고를 참고바람.
  鄭求福, 2006, 「광복 60주년 조선후기 역사의 연구성과」『한국의 학술연구-역사학』, 대한민국학술원 ; 정구복·최진옥 等著, 1999, 『朝鮮時代 硏究史』, 한국정신문화연구원 ; 한국역사연구회 17세기정치사연구반, 2003, 『조선중기 정치와 정책』, 아카넷.
2) 세계사적으로 화폐의 형태와 기능의 다양성에 대해서는 아래의 연구가 있다.
  이인철 옮김·조너선 윌리엄스 편저, 1998, 『돈의 세계사』, 까치 ; 김현일 옮김.피

은 현물화폐, 그리고 은화와 같은 칭량화폐와 달리 鑄貨는 국가 주도의
통화정책 추진의 매개가 되었다는 점에서 특징적이다. 이 책에서는 조선
시대 주화로서의 금속화폐, 그 중에서도 銅錢의 유통문제를 연구하고자
한다. '錢文'으로 각종 문서와 기록에 등장하기도 하는 주화는 鐵錢이 등
장한 바 있으나 조선후기에는 일반적으로 동전의 형태로 주조·유통되었
다. 동전은 다른 재질의 화폐에 비해 보관과 가치저장의 편리성으로 인
해 고려조 이래 國幣로 유통하기 위한 노력이 시도되었으며, 조선시대에
는 다각적이고 적극적인 行錢策이 경주되었다.

동전을 중심으로 한 조선후기의 화폐유통의 실상은 두 가지 측면에서
검토되어질 필요가 있다. 그것은 국가 정책, 즉 행전책으로서의 동전의
유통 노력과 국가에서 파악한 행전실태에 대한 인식의 문제이다. 그리고
실제 경제생활에 있어서 동전유통 현실과 이용실태에 대한 문제가 그것
이다.

첫째, 행전책과 관련해서는 이른바 상품화폐경제의 발달과 관련하여
조선후기 동전의 유통이 17세기 후반의 단기적인 성과라기보다 지속된
행전책의 결과로 이해하여야 할 필요성이 있다.

조선시대 동전은 1678년(숙종 4) '常平通寶'의 주조와 유통 정책을 계
기로 시장에서 일반적인 화폐로 통용되었다고 인식되고 있다. 그러나 한
편으로 조선후기 行錢 시점을 효종조로 파악하고, 1651년(효종 2) 주전
과 錢納의 확대를 계기로 동전의 유통에 성공한 것으로 규정하는 견해
가 있었다.[3] 이로 본다면 숙종이전 17세기 70여 년간 행전을 위해 기울
인 지속된 정책적 노력에 주목하지 않을 수 없다. 이를 위해 행전을 위

에르 빌라트 지음, 2000, 『금과 화폐의 역사 1450~1920』, 까치 ; 전지현 옮김·
Jack Weatherford 지음, 2001, 『돈의 역사와 비밀 그 은밀한 유혹』, 청양.

3) "孝宗辛卯 堉爲相箚請 使山郡守令 收聚民間破銅 或節用官需 貿得銅鐵 卽山鑄
錢 以錢代布 各司貢物之價 間以錢一分二分 漸至於參半 此卽行錢之始也 其後百
餘年來 朝議言其當罷者屢 而不可罷"(『萬機要覽』, 財用編 錢貨條, 鑄錢始末).

한 '行錢事目'과 '行錢節目'에 대한 분석을 통해 동전유통에 대한 정책적 시행착오와 개선방향을 파악하여야 한다. 이는 곧 숙종조 이전 행전책에 대한 재해석을 통해 숙종 4년의 행전성공의 깊은 원인을 규명할 수 있을 것이다. 나아가 이로 국가에서 파악한 행전에 따른 제반 사회현상에 대한 이해도 가능할 것이라 본다.

둘째, 시장에서의 동전이용 실태와 관련해서는 국폐로 인정되기 이전 일상생활에서의 동전을 이용한 거래와 교환의 실태에 대한 추적이 요망된다.

숙종 4년의 행전 이후 동전을 이용한 경제생활로 전면적으로 전환되었는지 여부에 대한 문제는 재검토할 필요가 있다. 『經國大典』에는 楮貨도 國幣로 인정하고 있다. 그럼에도 불구하고 조선중기까지 이를 이용한 매매 및 경제생활이 이루어지지 않은 것으로 파악되고 있다. 법제적, 제도적 변화에 따라 생활적인 변화가 동시에 수반되었다고 보기 힘들고 적어도 시차를 인정하여야 할 필요가 있다.

일상생활에서의 화폐이용 실태를 파악하기 위해서는 고문서 및 일기자료를 적극적으로 활용하여 관찬사서에 등장하는 기록을 보완할 필요가 있다. 특히 17~18세기의 토지매매명문을 비롯한 생활일기자료를 적극 분석하여 동전 이용 실태를 파악함으로서 조선후기 화폐경제의 발달양상을 규명할 수 있을 것으로 기대한다.

2. 연구사검토

화폐, 특히 동전의 유통 문제와 관련한 제도사적인 연구는 1940년대 柳子厚에 의해 시작되었다.[4] 그는 조선시대에 있어 上代朝鮮으로부터

---

4) 柳子厚, 1940, 『朝鮮貨幣考』, 學藝社.
  유자후의 연구에 앞서 1918년에 藤間常平庵에 의해 『朝鮮錢史』가 간행되었으

순종시대에 이르는 화폐제도를 통사적으로 정리했다. 특히 선조에서 영
조조에 이르는 시기는 '朝鮮中葉時代'로 구분했다. 그 중 선조에서 숙종
조까지의 화폐사는 화폐정책에 대해 언급한 인물들의 화폐사상을 중심
으로 서술하면서 부분적으로 주전과 행전에 관해 언급했다. 그의 연구는
화폐사와 관련한 사료를 정리한 것으로, 당시 실록을 비롯한 관찬사료의
이용이 제한적인 상황에서 문집을 중심으로 시기별로 자료를 구분하여
화폐사 연구의 토대가 되었다는데 의의가 있다.

화폐제도에 대한 장기적 추세에 대한 정리는 1960년대 말에 이루어졌
다. 최호진의 연구 성과가 대표적이다.[5] 그는 '朝鮮王朝 後期의 貨幣'에
대한 서술에서 숙종이전의 화폐제도를 소개했다. 실록을 중심으로 제도
적 변화를 서술함으로써 화폐제도의 장기적인 전개 양상을 제시했다는
데 의미가 있다. 전체 내용에 있어 행전을 위한 전조로 볼 수 있는 17세
기에 해당하는 부분의 비중은 소략하다.

1970년대에 이르러 관찬사료의 폭넓은 이용을 바탕으로 원유한과 송
찬식에 의해 화폐제도의 변화 추이에 대한 체계적이고 구체적인 서술이
이루어졌다. 원유한은 조선후기 전반에 걸친 화폐의 주조와 유통문제에
대해 인물별, 사건별로 구분하여 서술했다.[6] 그의 이러한 연구성과는 『朝

나 이는 古錢에 대한 관심의 발로로 자료를 정리한 성격이 강하다(藤間常平庵,
　1918, 『朝鮮錢史』, 谷岡印刷所). 1950년대 고승제는 鑛業 연구의 일환으로 화폐
　를 언급한 바 있다(高承濟, 1954, 「韓國貨幣流通史序說」 『論文集』 1, 서울대학
　교 人文社會科學編).

5) 최호진의 연구는 그의 저서 머리말에서 밝히고 있듯이 『한국화폐전사』의 집필
　에 참여한 것이 화폐사 연구의 시작이었다.
　韓國造幣公社, 1968, 『韓國貨幣全史』 ; 崔虎鎭, 1974, 『韓國貨幣小史』, 瑞文堂
　; 한국은행, 1969, 『증보 한국화폐사』.

6) 원유한의 화폐사 및 화폐사상과 관련한 연구성과는 83편 내외이다. 이들 중 17세
　기를 중심으로 한 그의 대표적 화폐사 연구성과는 아래와 같다.
　1964, 「李朝 肅宗時代의 鑄錢에 對하여」 『史學研究』 18, 韓國史學會 ; 1965,
　「金堉과 銅錢」 『史學會誌』 8, 延世大史學研究會 ; 1966, 「李朝 肅宗朝의 鑄錢

鮮後期 貨幣史硏究』로 정리되었다.[7] 그는 동전유통의 사회경제적 배경과 주전을 둘러싼 동전의 발행과 수급, 그리고 동전유통정책과 그 영향을 통시적 관점에서 정리했다. 임란 이후부터 19세기 말에 이르기까지 주전과 행전책의 추이를 정리했다.

원유한은 조선후기의 화폐경제발전의 시기구분을 시도했다.[8] 17세기 초에서 1690년대 까지를 동전유통보급기, 18세기 초에서 1730년대를 동전유통에 대한 반동기, 1730년대에서 1860년대 까지를 동전유통발전기, 그리고 1860년대에서 1890년대 까지를 동전유통혼란기로 규정했다. 이러한 시기구분은 이후 보완하여 화폐(동전)유통보급기(17세기 초~90년대 말), 화폐유통에 대한 반동기(18세기 초~30년대 초), 화폐경제 확대발전기(18세기 30년대~19세기 60년대), 근대화폐제도 수용기(19세기 60년대~20세기 초)로 분류했다.[9] 그의 화폐경제발전과 관련한 시기구분은 경제적 배경과 행전론자의 사상적 동향에 초점이 맞추어져 있다.

動機」『東國史學』9·10, 東國史學會 ; 1969,「李朝後期 淸錢의 輸入·流通에 대하여」『史學硏究』21, 韓國史學會 ; 1970,「星湖 李瀷의 否定的 貨幣論」『歷史學報』48, 歷史學會 ; 1971,「磻溪 柳馨遠의 肯定的 貨幣論」『柳洪列博士華甲紀念論叢』, 刊行委員會 ; 1972,「朝鮮後期의 金屬貨幣流通政策」『東方學志』13, 延世大 東方學硏究所 ; 1974,「朝鮮後期 銅錢原料의 供給形態」『人文科學』32, 延世大 人文科學硏究所.

7) 元裕漢, 1975, 『朝鮮後期 貨幣史硏究』, 韓國硏究院 ; 元裕漢, 1978, 『朝鮮後期 貨幣流通史』, 正音文庫. 원유한의 『조선후기 화폐사연구』에 대한 내용은 최태호의 서평에 요약되어 있다(崔泰鎬, 1976,「書評－朝鮮後期貨幣史硏究」『歷史學報』69, 歷史學會).

8) 元裕漢, 1975, 『朝鮮後期 貨幣史硏究』, 韓國硏究院, 218～226쪽.

9) 元裕漢, 1981,「朝鮮時代의 貨幣史時期區分論」『弘大論叢』13, 弘益大學校.이에 앞서 원유한은 6단계 시기구분을 시도한 바 있었다(元裕漢, 1972,「朝鮮後期의 金屬貨幣流通政策-17世紀前半의 銅錢流通試圖期를 中心으로」『東方學志』13, 延世大 東方學硏究所, 98쪽). 그의 시기구분에 의하면 17세기를 중심으로 한 시기는 銅錢流通試圖期(1600년대 초－60년대), 銅錢流通基盤의 設定期(1670년대－1690년대), 傳統社會의 銅錢流通에 대한 反動期(1700년대 초－30년대)에 해당한다.

원유한의 화폐사 연구는 화폐사상적 측면에서 실학의 문제를 규명하는 측면에서 동전유통의 문제를 천착했다. 그의 연구는 『朝鮮後期 實學의 生成·發展 硏究』로 귀결되었다.10) 1980년대 이후 최근까지 그의 연구에서 화폐사와 관련한 연구는 화폐사상을 중심으로 이루어졌다.11)

원유한이 조선후기 전반에 대한 동전유통 문제를 검토했다면 송찬식은 조선후기 숙종 이전의 동전유통문제를 중심으로 연구를 진행했다.12) 그는 실록을 비롯하여 『승정원일기』, 『비변사등록』과 같은 관찬사료에 등장하는 화폐유통 관련 사료에 대한 종합적인 분석을 시도했다. 송찬식은 조선후기 동전의 유통이 상품유통, 상업자본의 문제와 관련이 있다고 전제했다. 그는 인조조 이래 본격적으로 조선후기 행전책이 실시되었다고 보았다. 효종, 현종조의 행전 문제는 유형원의 행전론을 통해 동전의 수요와 이에 따른 공급의 문제를 강조했다.13)

송찬식의 화폐사 연구는 숙종조의 행전문제를 집중적으로 검토하고 있다. 숙종조 행전 성공의 배경을 인조조 이래의 동전사용 경험의 축적에서 찾았다. 숙종조의 동전유통 문제와 관련해서 錢價의 개정, 錢文代捧을 통해 행전의 지속적인 노력이 있었으며, 주전 과정에서 관의 주전

---

10) 元裕漢, 2003, 『朝鮮後期 實學의 生成·發展 硏究』, 혜안.
11) 1980년 이후 17세기 화폐유통 문제와 관련한 원유한의 연구는 아래와 같다.
   1980, 「潛谷 金堉의 貨幣經濟思想」 『弘大論叢』 11, 弘益大學校 ; 1984, 「磻溪 柳馨遠의 商業振興論」 『弘大論叢』 15, 弘益大學校 ; 1989, 「官僚學者 金藎國의 貨幣經濟論」 『龍巖車文燮敎授華甲紀念 朝鮮時代史硏究』, 신서원 ; 1998, 「17世紀 高級官僚 許積의 貨幣經濟論-實學者의 화폐경제론과 比較 檢討」 『東國史學』 32, 東國史學會.
12) 宋贊植, 1975, 『李朝의 貨幣』, 한국일보(宋贊植, 1997, 「李朝의 貨幣」 『朝鮮後期 社會經濟史의 硏究』, 一潮閣 재수록).
13) 유형원의 화폐 및 경제사상과 관련한 연구는 아래와 같다.
   權榮翼, 1976, 「柳馨遠의 貨幣思想에 관한 硏究」 『大東文化硏究』 11, 대동문화연구원 ; 이헌창, 1999, 「磻溪 柳馨遠의 經濟思想에 관한 연구」 『朝鮮時代史學報』 10, 朝鮮時代史學會.

이익과 私鑄의 문제 등을 검토했다. 숙종조의 행전은 화폐경제의 성장을 통해 발전하였음에도 주전의 중단으로 인해 錢荒으로 마무리 되고 있다고 보았다. 송찬식의 연구성과는 그가 언급한 바와 같이 평소에 수집해온 화폐관계 자료를 정리해 둘 필요성에 따라 집필한 것으로 별도의 결론을 제시하지 않았다. 그가 정리한 방대한 관찬사료는 화폐정책 연구에 기반으로 활용될 수 있다.

화폐정책의 추이에 대한 연구는 1990년대 행전 문제 중심에서 화폐유통, 정치적 측면 등으로 확대되었다. 이해경은 화폐의 주조·발행을 둘러싼 문제에서 벗어나 화폐와 관련한 상품생산, 상품유통 등 실물경제를 고찰하여야 할 필요성을 제기했다.[14] 그는 조선후기 금속화폐의 도입배경을 국가재정의 위기, 개혁론자의 화폐유통주장, 실물화폐의 한계성을 그 요인으로 규정했다. 그리고 화폐의 재정적 유통, 금융적 유통, 산업적 유통으로 구별하여 조선후기 화폐유통의 양상을 검토했다. 그의 연구는 화폐에 대한 제도사적 검토를 넘어 실물경제에서의 유통실상을 검토했다는데 의의가 있다.

신병주는 광해·인조조에 경제실무에 종사한 북인관료를 중심으로 그들의 경제정책론을 검토하면서 鑄錢의 문제를 언급했다.[15] 그는 김신국, 남이공, 김세렴을 중심으로 한 북인관료가 광해·인조 양조에 걸쳐 활동할 수 있었던 것은 사회경제적 실무능력에 있다고 보고 이들 인물들의 정치적 연대성을 검토했다.[16] 행전책의 추진에 있어서도 이들의 역할을 집중 조명했다.

2000년 이후로는 백승철의 상업정책적 측면에서 동전유통 문제에 대한 검토성과가 있다.[17] 그는 17세기 조선사회 내에서 유통경제의 발전

---

14) 李海經, 1993, 「朝鮮後期의 貨幣流通에 관한 研究」, 全北大學校 博士學位論文.
15) 신병주, 1992, 「17세기 전반 북인관료의 사상」 『역사와 현실』 8, 한국역사연구회.
16) 차은주의 연구도 이러한 정치적 관점에서 바라보고 있다(1999, 「16～17世紀 金藎國의 社會經濟政策 研究」 『실학사상연구』 12, 무악실학회).

을 촉진하고 국가재정과 민생의 궁핍을 해결하기 위한 수단으로서, 그리
고 상품유통경제에 대한 국가의 통제력을 복구할 필요성에서 동전의 주
조와 유통이 요구되고 있었다고 전제했다. 17세기 전반의 동전유통정책
의 실패에도 불구하고 17세기 후반 유통경제의 급격한 발달을 계기로
행전의 전기를 마련한 것으로 보았다.

동전의 유통으로 인한 경제생활의 변화양상에 대한 연구성과는 토지
매매를 비롯한 고문서에 대한 분석과 생활일기에 대한 연구로 크게 구분
할 수 있다.

화폐유통 이후 토지매매에 있어서 동전의 이용에 대한 추적을 통해
행전 실태를 살펴본 연구가 있다. 일제강점 초기 일본은 조선에 대한 식
민통치를 목적으로 토지조사사업과 관련하여 토지매매 및 이와 관련한
관행에 대한 조사를 진행했다. 이 과정에서 토지매매명문에 대한 조사가
이루어지고 관련 보고서와 연구성과에 소개되기도 했다.[18]

周藤吉之는 식민지 조선의 토지 매매양상에 대한 연구를 수행하면서
본인이 직접 경기와 충청일대의 토지매매명문을 수집하기도 했다. 그는
수집한 매매명문을 토대로 전답의 종류, 전답취득과 방매의 원인뿐만 아
니라 전답의 가격에 대해 연구했다. 이를 통해 17세기에서 19세기까지
의 가격을 고찰하면서 當五錢을 비롯한 동전의 유통문제를 언급했다.[19]

광복 후 박병호는 법제사적인 측면에서 조선시대 토지소유권과 토지
매매에 대해 추적했다.[20] 근세의 토지소유권의 보호 및 규정을 비롯하

---

17) 白承哲, 2000, 「17세기 銅錢流通論과 貨幣政策의 分化」『韓國史의 構造와 展
開』, 河炫綱敎授定年紀念論叢刊行委員會 ; 白承哲, 2000, 『朝鮮後期 商業史硏
究』, 혜안.

18) 度支部, 1909, 『土地調査參考書』 ; 朝鮮總督府臨時土地調査局編, 1918, 『朝鮮
土地調査事業報告書』 ; 朝鮮總督府中樞院, 1940, 『朝鮮田制考』.

19) 周藤吉之, 1937, 「朝鮮後期의 田畓文記에 關한 硏究」『歷史學硏究』 7-7~7-9,
歷史學硏究會.

20) 朴秉濠, 1974, 『韓國法制史攷-近世의 法과 社會』, 法文社.

여 토지에 대한 공중제도 등과 더불어 매매의 문제와 관련한 토지매매관
행을 부동산거래법 등 법의식의 측면에서 분석했다. 매매의 취소, 二重
賣買, 매매제한 토지 등에 대한 정치한 추적은 매매명문에 대한 이해와
연구의 폭을 확대시켰다.

이헌창은 화폐유통 문제와 관련한 기존의 제도사적인 측면의 접근에
서 벗어나 숙종4년 이후 동전주조량과 화폐가치의 추이를 검토했다.[21]
그는 관찬사료에 나타난 주전기록을 추적한 결과 1678~1697년간 약
450만 냥의 동전이 주조된 것으로 추정했다. 그리고 추포, 은화, 동전으
로 기축적인 통화가 변화하는 양상은 물론 매매문서를 통해 동전유통의
지역적 확산도 추적했다. 이러한 연구는 본고에 많은 시사점을 주었다.

2000년을 전후해서 매매명문을 대상으로 토지매매의 관행과 관련하
여 매매수단의 변화양상에 대해 주목한 연구가 시도되었다. 자료의 연구
과정에서 동전이용의 모습이 부분적으로 언급되기도 했다.[22]

이재수는 16~17세기의 전답매매 실태에 대한 연구 과정에서 16세기
는 경북지역 전답매매명문을, 17세기는 해남지역의 전답매매명문을 대
상으로 살펴보았다.[23] 그는 매매명문의 양식과 기재요소의 변화와 같은
문서형식에 대한 검토를 바탕으로 16~17세기 매매명문에서 매매인의
성격과 매매시기의 문제 등을 추적했다. 특히 매매수단이 '木棉→錢文'

---

21) 이헌창, 1999, 「1678~1865년간 貨幣量과 貨幣價値의 推移」『經濟史學』27,
經濟史學會.
22) 이와 관련한 대표적인 연구 성과는 아래와 같다.
朴魯昱, 1990, 「朝鮮時代 古文書上의 用語檢討－土地·奴婢文記를 中心으로」
『東方學志』68, 延世大學校 國學硏究院 ; 崔淳姬, 1992, 「朝鮮時代 中期以後
田民賣買의 實狀－陶山書院所藏 文記(明文)을 中心으로」『中齋張忠植博士華
甲紀念論叢』歷史學篇, 同刊行委員會 ; 李正守, 1999, 「18세기~19세기 土地價
格의 變動」『釜大史學』23, 釜山大學校史學會 ; 高昌錫, 2002, 『濟州道古文書
硏究』, 世林.
23) 李在洙, 2003, 『朝鮮中期 田畓賣買硏究』, 集文堂(李在洙, 2001, 「朝鮮中期 田畓
賣買 實態硏究」, 慶北大學校 博士學位論文).

으로 전환되는 과정과 관련하여 17세기 말부터 18세기 초에는 전국적으로 전문이 사용되었으며, 매매가에 있어서도 17세기 중엽부터 수전농업의 발달을 계기로 논 가격이 밭 가격에 비해 현저하게 비싸게 거래된 사실을 밝혔다.

이정수도 16세기에서 18세기에 이르는 동전유통의 실태를 생활일기와 전답매매명문을 이용해 화폐이용의 추이를 살펴보았다.24) 그는 상평통보가 전국적으로 유통되기 전 15세기에서 18세기 초의 화폐이용 실태를 검토했다.

이정수가 정리한 화폐의 유통 경향은 '麻布, 正(綿)布, 米 유통기'(15세기 말까지) → '常布·麤布, 銀貨유통기'(15세기 말~16세기 중반) → '正布·常布, 米 유통기'(16세기 중반~17세기 중반) → '正布, 米, 銀貨 유통기'(17세기 중반~18세기 초)였다. 그의 연구는 그가 언급한 바와 같이 자료의 확보를 통해 보완될 여지가 있다.

이헌창에 의해 제시된 동전유통의 실제 문제에 대한 접근법은 이후 매매명문에서 출발하여 일기자료를 이용한 행전의 실상을 검토하는 계기가 되었다.

정구복은 일기를 한문일기와 국문일기, 공적일기와 사적일기, 그리고 생활일기와 특수일기로 구분했다.25) 생활일기는 내용에 따라 관직생활일기, 농가일기, 선비의 일기, 기타 생업일기 등으로 구분했다. 염정섭은

---

24) 李正守, 1999, 「18세기~19세기 土地價格의 變動」 『釜大史學』 23, 釜山大學校 史學會 ; 李正守, 2005, 「16세기 중반~18세기 초의 貨幣流通 실태」 『朝鮮時代 史學報』 32, 朝鮮時代史學會 ; 이정수·김희호, 2006, 『조선의 화폐와 화폐량』, 경북대학교 출판부.
    그는 16세기에서 18세기까지 화폐사용 추이를 경북과 전남지방의 전답매매명문 578건에 대한 분석을 통해 동전과의 관련성을 추적했다.
25) 정구복, 1996, 「조선조 일기의 자료적 성격」 『정신문화연구』 65, 한국정신문화연구원. 『정신문화연구』 65호는 '朝鮮朝 日記類 資料와 內容에 대한 綜合的 檢討'에 대한 특집호로서 일기자료의 성격과 연구의 필요성을 제기했다.

일기의 내용과 주제에 따라 생활일기, 사환일기, 사행일기, 전란일기, 관청일기, 여행일기, 사건일기로 구분하고 이들 자료에 대한 철저한 사료비판을 통한 적극적인 연구의 필요성을 제기했다.[26] 일기의 사료적 성격에 대한 규정을 토대로 생활일기자료를 바탕으로 한 개인의 경제생활에 대한 분석 가능성을 제시했다.

전경목은 생활일기인 『쇄미록』에 대한 분석을 통해 오희문의 봉제사와 접빈객을 비롯한 노비를 이용한 양반의 일상생활을 분석했다.[27] 그는 '부안김씨 고문서'를 토대로 본 문중의 선물수수를 비롯한 토지매매 등 경제활동의 문제를 미시적으로 서술했다.[28] 일기와 고문서를 활용한 경제생활 연구를 시도했다.

이에 앞서 이성임은 16세기 일기자료를 통해 당시의 膳物관행과 현물을 이용한 受贈의 실태를 추적했다.[29] 그는 『默齋日記』, 『眉巖日記』, 『瑣尾錄』 등의 일기를 대상으로 선물증여자의 성분과 선물의 종류를 비롯하여 선물의 실태와 선물의 경제적 가치 등을 집중적으로 분석했다. 이를 통해 16세기 양반관료의 선물수수행위는 보편화된 경제체제로 규정했다. 이러한 연구성과는 조선후기의 경제생활에 대한 연구의 필요성을 제기하는 계기가 되었다.

일기자료 및 고문서의 재화가격 및 매매기록을 토대로 물가의 장기적

---

26) 염정섭, 1997, 「조선시대 일기류 자료의 성격과 분류」 『역사와 현실』 24.

27) 전경목, 1996, 「日記에 나타나는 조선시대 士大夫의 일상생활-吳希文의 「瑣尾錄」을 중심으로」 『정신문화연구』 65, 한국정신문화연구원.

28) 전경목, 2001, 『고문서를 통해 본 우반동과 우반동 김씨의 역사-愚磻洞』, 신아출판사.

29) 이성임, 1995, 「16세기 朝鮮 兩班官僚의 使喚과 그에 따른 收入」 『歷史學報』 145 ; 이성임, 1998, 「朝鮮 中期 柳希春家의 物品購買와 그 性格」 『한국학연구』 9, 인하대 한국학연구소 ; 李成任, 1999, 「조선중기 吳熙文家의 商行爲와 그 성격」 『朝鮮時代史學報』 8, 朝鮮時代史學會 ; 이성임, 2001, 「16세기 李文楗家의 收入과 經濟生活」 『國史館論叢』 97, 國史編纂委員會 ; 李成任, 2005, 「16세기 양반사회의 "膳物經濟"」 『韓國史研究』 130, 韓國史研究會.

추이에 대한 규명이 시도되었다.[30] 『勝聰明錄』과 같은 개별 자료에 대한 계량화를 비롯하여 17세기에서 20초에 이르는 재화가격, 논가격, 미곡가격, 대차관계의 변화에 대한 장기추세를 추적하면서 화폐적 요인의 중요성이 강조되었다.

정수환은 18세기 황윤석의 『頤齋亂藁』에 대한 분석을 통해 경제생활이 16세기 이전 선물관행에서 동전을 이용한 매매생활 중심으로 변화하고 있음을 논증했다.[31] 그는 동전에 기반한 황윤석의 수입과 지출의 관계 속에서 債錢, 재화 매매의 특징을 비롯하여 그의 경제생활의 규모를 계량적으로 산출한 결과 18세기 당시 동전의 유통을 계기로 화폐경제생활이 일반화 되어 있다고 지적했다.

이정수는 16세기 중반~18세기 초까지의 화폐유통 실태를 생활일기와 매매명문을 통해 살펴보았다.[32] 일기의 기록을 토대로 한 물품구매와 노동가 지불, 그리고 전답매매명문에 나타난 전답거래시의 지불수단의 추이를 주목했다. 그 결과 18세기 초까지 상평통보가 전면적으로 유통되지 못했다고 보았다.

선행연구를 바탕으로 문제의식을 발전적으로 계승하기 위해 행전에 대한 제도적 실체에 대한 접근은 행전을 위한 '事目'과 '節目'에 대한 재해석을, 화폐경제생활의 실제에 대해서는 전답매매명문과 생활일기에 대한 분석을 수행하고자 한다. 이는 행전의 제도적 추이와 경제생활의 실제를 종횡으로 살핌으로서 17~18세기의 화폐경제생활의 실상에 접근할 수 있을 것으로 기대한다.

---

30) 全成昊, 1998, 「朝鮮後期 米價史 研究(1725~1875)」, 成均館大學校 博士學位論文 ; 安秉直·李榮薰, 2001, 『맛질의 농민들-韓國近世村落生活史』, 一潮閣 ; 이영훈 편, 2004, 『수량경제사로 다시 본 조선후기』, 서울대학교출판부.

31) 鄭鉄煥, 2002, 「18世紀 頤齋 黃胤錫의 貨幣經濟生活-'頤齋亂藁' 1769年 日記를 中心으로」 『古文書研究』 20, 韓國古文書學會.

32) 李正守, 2005, 앞의 논문.

3. 연구방법과 구성

조선후기 화폐유통에 대한 기존의 연구는 관찬사료를 이용한 제도사적 연구가 중심이었다. 그 결과 행전의 시점과 성공여부, 그리고 鑄錢量과 주전기관 등 기록상으로 확인되는 사실관계에 대한 정리에 성과를 이룩했다. 필자는 기존의 연구에서 면밀하게 검토되지 못한 行錢事目 및 節目을[33] 중심으로 동전유통 정책의 사실적 측면을 분석하고자 한다.

행전사목과 행전절목에는 행전책과 관련한 구체적인 사례들이 기록되어 있다. 자료의 현황은 표와 같다.

〈표 1〉 행전 및 주전관련 절목과 사목

순번	왕력	서력	내용	전 거	비고
1	선조 31	1598	行錢事目	『實錄』 99. 宣祖 31. 4. 壬戌.	미실시
2	선조 36	1603	鑄錢行錢事目	『實錄』 163. 宣祖 36. 6. 己酉.	
3	인조 1	1623	行錢事目	『實錄』 2. 仁祖 1. 7. 庚子.	
4	인조 4	1626	行錢事目	『實錄』 14. 仁祖 4. 8. 辛丑.	
5	인조 11	1633	行錢鑄錢事目	『實錄』 28. 仁祖 11. 11. 壬辰.	
6	인조 13	1635	行錢事目	『實錄』 31. 仁祖 13. 7. 壬戌.	應行六條
7	효종 2	1651	行錢事目	『實錄』 7. 孝宗 2. 10. 癸酉.	
8	효종 6	1655	行錢事目	『實錄』 15. 孝宗 6. 12. 癸亥.	更定科條
9	효종 10	1659	邊邑禁錢事目	『度支志』, 版籍司, 錢貨條.	
10	숙종 1	1675	行錢事目	『秋官志』「考律部」.	鑄錢
11	숙종 4	1678	鑄錢應行節目	『備邊司謄錄』 34. 肅宗 4. 閏3. 24.	
12	숙종 5	1679	鍮器禁斷事目	『備邊司謄錄』 35. 肅宗 5. 2. 4.	
13	숙종 5	1679	行錢事目	『備邊司謄錄』 35. 肅宗 5. 4. 9.	

---

33) 현재 인조에서 정조대에 마련된 행전 및 鑄錢과 관련한 사목과 절목 21건이 확인된다. 이 중 숙종조 이전의 사목과 절목을 이 글에서는 분석하고자 한다.

행전을 위한 정책의 추진경향과 동시에 화폐이용의 변화 추이를 고문서와 일기자료를 활용하여 검토했다. 조선후기 화폐의 유통과 경제생활의 변화를 추적하는 본고에서는 17세기를 중심으로 한 행전책의 추이를 바탕으로 하되 동전의 유통을 계기로 한 경제생활의 적용과 변화의 양상에 대해서는 18세기까지를 하한으로 삼는다.

모두 네 개의 장으로 구성했다. 제 1장에서는 선조조에서 숙종에 이르는 행전책의 추이를 행전사목을 중심으로 살펴보고자 한다. 임란 중 행전 논의는 명의 요구에 의해 수동적으로 이루어졌다. 전란 후에도 재정보충을 목적으로 행전에 대한 논의가 진행되었다. 이러한 배경 속에서 전란을 전후한 시기 행전책의 성격과 事目에 나타난 성격을 살펴본다.

선조조의 행전을 둘러싼 난맥점은 주전원료의 확보문제였다. 광해와 인조조에 있은 행전을 위한 환경의 변화와 행전기반의 확충과정을 살펴본다. 인조조에는 두 차례의 호란으로 인해 행전책이 중단된 것으로 알려져 있다. 그럼에도 불구하고 행전을 위한 노력이 지속되었다. 인조조의 행전 방향과 사목과의 관련성을 상호 검토한다.

효종조에는 西路를 중심으로 행전을 실시했다. 1656년(효종 7) 罷錢에 이르기까지 김육을 중심으로 행전을 위한 노력이 장기 지속되었다. 그 과정에서 사목에 나타난 행전책의 성격과 방향에 대해 정리하고자 한다. 숙종 4년 상평통보의 주조와 유통을 통해 행전에 성공했다. 상평통보 유통을 위한 각종 사목과 이전의 사목과의 관계성을 검토한다.

제 2장에서는 행전책을 추진하는 동안 나타난 동전의 이용양상을 관찬자료를 중심으로 살펴본다. 행전을 위해서는 통용에 소요되는 동전의 확보가 관건이었다. 숙종조 이전의 鑄錢을 위한 노력과 동전 주조의 현황을 살펴보고 상평통보 유통을 위한 주전의 문제를 검토한다.

행전책이 추진되는 과정에서 동전유통 범위도 변화하고 있었다. 숙종조 이전에 지방행전을 위한 노력에도 불구하고 성공하지 못한 요인을 살

퍼본다. 그리고 동전 이용에 있어 지역적으로 확대되는 과정과 신분적으로 동전을 이용하는 계층의 변화를 추적하고자 한다.

숙종조의 동전유통 이후 동전이용을 둘러싼 제반 양상도 검토한다. 행전책에는 錢納의 확대와 조절 문제가 잘 나타나 있다. 상평통보의 유통과 전납 정책의 변화에 대해 백성들의 대응 양상을 살펴본다. 그리고 동전유통을 계기로 나타나는 用錢의 모습을 관찬사료를 중심으로 추적함으로써 이후 3~4장에서 논할 동전이용의 실태와의 관련성을 검토하고자 한다.

제 3장은 국가왕실 의례를 기록하고 있는 의궤와 등록을 비롯하여 매매명문 등의 고문서 분석을 통해 동전의 유통이 국가 재정 및 일상생활에 투영되는 실상을 추적한다.

국가와 왕실의 재정운영과 동전이용의 동향은 17세기에서 18세기의 훈련도감의 『훈국등록』을 비롯하여 가례도감, 빈전도감, 봉늘개수도감에서 남긴 의궤 기록을 분석한다. 이를 통해 국가와 왕실 재정에 있어서 동전유통 전과 행전 이후의 변화 양상을 추적한다.

매매명문에 대해서는 17세기에 작성된 약 1,700여 점의 자료를 대상으로 분석한다. 자료에는 17세기 전반 다양한 통용 화폐가 존재하는 실상이 반영되어 있다. 이들 자료에 나타난 매매수단을 추적함으로써 동전유통으로 인해 매매수단이 변화하는 양상을 검토한다.

상평통보 유통을 전후한 시기의 매매명문을 중심으로 동전을 이용한 매매가 나타나는 추이를 살펴본다. 동전의 유통에 있어 지역별 시차가 작용했다고 생각한다. 이들 매매명문을 지역별로 구분하여 지역별 동전유통의 현황을 추적한다. 그리고 貢物賣買와 같은 고액거래에 동전이 이용되는 실태를 알아본다.

제 4장에서는 일기자료를 이용하여 행전 전후 동전 이용의 실제적인 모습을 추적한다. 行錢 이전 17세기 중엽까지의 일기에 나타난 경제활

동 기록을 분석하여 16세기 일기자료의 특징과 비교한다. 행전 직후의
일기자료를 대상으로 일기에 나타나는 동전에 대한 인식과 이용의 범위
를 검토한다. 행전 이후 즉각적인 동전 이용의 실태가 나타나기는 어렵
다. 일상생활에 깊이 이용되기 위해서는 다시 일정한 시간적 여유가 요
구된다. 18세기 중엽의 황윤석의 일기를 대상으로 그가 京鄕을 왕래하
며 동전을 접하고 이용한 실상을 살펴본다.

이상의 연구를 위해 『실록』과 『비변사등록』, 『승정원일기』[34] 등의
관찬사료를 활용하여 행전사목과 절목을 둘러싼 정책적 논의 전개양상
을 살펴본다. 더불어 『의궤』, 『등록』을 분석하여 국가와 왕실의 동전 활
용을 추적하며, 개인이 생활일기와 전답매매명문, 각종 치부자료 등은
개인과 결사의 경제생활의 변화 추이를 살피기 위한 유용한 자료로 이용
한다.

---

34) 『承政院日記』는 1744년(영조 20)의 화재로 인해 1623년(인조 1)에서 1721년(경
   종 1)까지의 기록이 소실되었다. 이 기간의 일기는 朝報, 各司謄錄을 비롯하여
   각종 일기를 통해 보완되었다(鄭萬祚, 2001, 「承政院日記의 作成과 史料的 價
   値」『한국학논총』24, 국민대 한국학연구소 ; 2004, 李根浩, 「英祖代 '承政院日
   記' 改修科程의 검토」『朝鮮時代史學報』31, 朝鮮時代史學會, 145~152쪽 ; 吳
   恒寧, 2006, 「조선후기 '承政院日記' 改修 연구」『泰東古典研究』22, 泰東古典
   研究所, 169~177쪽). 그럼에도 불구하고 『승정원일기』의 보완 과정에서 현전하
   지 않는 자료를 다수 이용함으로써 사료적 가치는 여전히 우수하다고 하겠다.

제1장

행전배경과 행전책의 추이

I. 선조조 행전문제 제기와 주전시도
II. 인조조 행전책 수립과 행전시도
III. 효종조 행전권의 확대와 그 한계
IV. 숙종조 상평통보의 유통

I. 선조조 행전문제 제기와 주전시도

조선후기 行錢策을 수립하는 과정에서 고려조는 물론 조선전기의 행전정책에 대한 분석이 이루어졌다. 1625년(인조 3) 호조판서 김신국의 지적은 그 대표적인 사례이다.

> 우리 동방에서도 일찍이 錢을 사용하였습니다. 고려 성종 때에 처음 鐵錢을 사용했고, 숙종조 때는 나라 사람들이 모두 전을 사용하는 것이 이로운줄 알았는데 三韓重寶, 東國通寶, 海東重寶 같은 것들로 그 명칭이 한결같지 않았습니다. 그리고 공민왕 때에 송나라 會子를 본받아 비로소 고려에 楮貨의 통행이 있게 되어서 전의 사용이 조금 쇠퇴하게 되었던 것입니다. 우리 조정에 들어와서는 저화를 전용하다가 태종 대왕에 이르러서 처음으로 철전의 사용을 의논하게 되었고 철전의 주조가 시작되었으나 마침 논의가 귀결되지 않게 되자 태종이 부득이 혁파할 것을 명하면서…(후략)[1]

김신국은 고려 성종과 숙종조의 전문유통과 더불어 조선 초기 태종조의 행전에 대한 인식을 전제로 주장을 전개하고 있다. 조선후기 주전과 행전에 대한 논의에 있어서도 이러한 분석적 태도에 바탕하고 있었다고 볼 수 있다.

1. 임진왜란 이전 행전배경과 행전모색

임진왜란 시기 명나라에 의해 조선에 유입되는 銀의 대부분은 명군의 조선 출병과 주둔에 따른 것이었다. 조선에 원군을 파견함에 있어 군량

---

1) 『仁祖實錄』 10, 仁祖 3년 10월 壬寅 ; 『承政院日記』 9, 仁祖 3년 10월 壬寅. 이하 『왕조실록』의 기사는 국사편찬위원회의 번역본을 바탕으로 필자가 수정·보완하여 인용했음.

의 확보가 문제로 대두되었다. 명은 은을 조선에 가져와 이를 이용해 米
로 바꾸어 활용하는 방안을 추진하면서 조선에 적극적으로 은을 유입시
키고 있었다.2)

　명군의 군수조달은 상인의 종군을 통해 가능했으며, 교역에 대한 결제
는 은을 이용했다. 또한 군사들에게는 月銀을 지급했다.3) 명은 임란동안
粮銀 583만 냥, 交易米豆銀 300만 냥, 賞銀 3천 냥을 지출했다.4) 명나라
기록에 의하면 임진왜란 동안 조선에서 총 800여만 냥의 은이 지출되었
다고 지적되고 있는데, 이는 명 내부의 반란을 진압하는데 통산 180만에
서 200만의 은을 지출하는 것과5) 비교할 경우 엄청난 규모였음을 알 수
있다. 명으로부터 전례 없는 대량의 은 유입을 계기로 조선은 은 유통권
으로 편입되기 시작했다.

　조선에서도 전시 재정확보를 목적으로 은광의 개발과 銀錢의 용전 방
안이 논의되었다. 심충겸, 윤근수, 류성룡 등은 전시 재정을 보충하기 위
해 採銀을 통해 은전에 대한 유통뿐만 아니라 동전유통도 필요함을 주

---

2) 『宣祖實錄』 28, 宣祖25년 9월 己未 ; 『宣祖實錄』 31, 宣祖25년 10월 壬辰.
　당시 명은 백은의 형태, 즉 은덩어리나 말굽의 형태로 사용하는 은을 통용하고
　있었다. 16세기에 스페인 은화가 중국에 들어오자 백은의 형태로 만들지 않고
　중량에 따라 유통되었다(하오예핑 지음·정화승 옮김, 2001, 『중국의 상업 혁명』,
　소나무, 51~52쪽).

3) 임진왜란 동안 한 달에 明軍 개개인에게 지급된 銀에 대한 明과 조선의 분담현
　황은 아래와 같다.
　明 : 月給·月糧銀(합 1兩 5錢), 朝鮮 : 行粮·鹽菜-1兩 5錢,衣·靴-3錢, 犒賞-3錢
　(합 2兩 1錢)(『宣祖實錄』 41, 宣祖26년 8월 辛卯).

4) 李肯翊, 『燃藜室記述』 卷15. 亂中時事摠錄.
　한명기는 『再造藩邦志』의 기록에 7백만 냥에서 9백만 냥 기록과 王德完이 780
　만 냥을 언급한 사실을 지적했다(한명기, 1998, 『임진왜란과 한중관계』, 역사비
　평사, 96~97쪽).

5) 명의 기록으로는 『兩朝平壤錄』과 『武備志』를 지칭한다(崔韶子, 1990, 「明末 中
　國的 世界秩序의 變化－壬辰·丁酉倭禍 中心으로」 『明末·淸初社會의 照明』, 한
　울아카데미, 222쪽).

장했다.6) 조선 내 은광의 개발과 용전 문제는 명의 은 징색문제로 인해
실행에 옮겨지지 못했다.

명의 장수 유격 호대수는 조선에서의 은광개발에 혈안이 되어 있었으
며, 이로 인해 조선은 명의 은 징색을 경계하는 분위기였다.

> 우리들(하도사, 이지휘 일행)이 성안에 온 지 이미 오래 되었다. 시장에서
> 매매하는 사람이 어두운 밤에 몰래 은을 가지고 화물을 무역하여 우리들도
> 좋은 물품을 많이 얻었다. 전일 상서(＝石星)가 목격한 銀子는 시장 사람의
> 물건이 아니었는가? 또 그대 나라의 사람이 은·인삼·피물을 많이 가지고 항
> 상 江上에서 매매했다.7)

호대수는 이미 도성 내에서 은이 활발하게 유통되는 실상과 아울러
은을 이용한 무역이 성행하고 있다는 점을 실례로 든 것이다.8) 명나라에
서는 조선이 굳이 은을 이용한 화매에 적극 나서지 않는 것을 질책하는
내용이다.

전시에도 한양의 市民들은 피난길에 오르지 않고 명군과 함께 조선에
온 명나라 상인들과 거래했다.9) 뿐만 아니라 '조선 백성들이 밥 한 그릇

---

6) 『宣祖實錄』 48, 宣祖27년 2월 癸丑.
  이덕형 또한 은화를 이용한 국가 재정의 확충은 물론 은화를 화폐로 사용하여 衣食
  의 자원을 유통시킬 것을 주장하고 있었다(『宣祖實錄』 49, 宣祖27년 3월 戊申).
7) 『宣祖實錄』 69, 宣祖28년 11월 丙申.
  호유격 일행은 동시에 小帽子나 藍布에 대해서도 동일한 방법으로 은, 인삼 등
  으로 화매하고자 했다(『宣祖實錄』 70, 宣祖28년 12월 癸卯).
8) 임란 당시 도성을 중심으로 한 은 이용의 실태는 『쇄미록』에 잘 나타나 있다.
  이와 관련한 연구성과는 아래와 같다.
  전경목, 1996, 「일기에 나타나는 朝鮮時代 士大夫의 일상생활 – 吳希文의 쇄미
  록을 중심으로」 『정신문화연구』 65, 한국정신문화연구원 ; 李成妊, 1999, 「조선
  중기 吳希文家의 商行爲와 그 성격」 『朝鮮時代史學報』 8, 朝鮮時代史學會.
9) 『宣祖實錄』 26, 宣祖25년 5월 壬戌. 한명기는 임진왜란이 명 상인에게 하나의
  상업적 기회가 되었으며, 그들의 활동으로 명의 물화가 조선에 유입되어 사치풍
  조가 발생하게 되었다고 지적했다(한명기, 앞의 책, 98~104쪽).

을 은 4푼에 팔고 있어 각 군병들이 눈물을 흘리며 성난 눈으로 은을
저울질 하고 있다.'10)는 지적은 당시 명군을 상대로 은을 이용해 활발한
상행위를 전개한 조선상인의 실상을 단적으로 보여준다.

선조의 반대에 따라 은광의 개발에는 이르지 못했으나 은의 유통을
계기로 동전에 대한 주조와 유통문제에 대한 논의가 일었다. 행전 문제
는 경리 양호가 용전을 건의하면서 발단되었다. 그는 조선이 米와 布로
서 교역을 하는 까닭에 돈이 유통되지 않아서 부국이 되지 못한다고 지
적했다.11) 이에 선조가 용전의 가능성을 논하게 하자 1598년(선조 31)
4월 호조판서 김수가 행전을 위한 구체적인 방안을 마련했다.12)

동전유통 문제가 제기되었을 때 선조를 비롯한 신료들의 반대 분위기
가 강했다. 표면적 이유는 조선의 풍속이 중국과 달라 조선에서도 조종
조 이래 계속 시행했다가 금방 폐지한 사실에 있었다.13) 호조는 유통을
위해 수천만 관의 동전을 주조하려면 많은 재원이 소비된다는 문제를 지
적하면서 부정적인 시각이었다.

양호의 제안이 조선에 큰 부담으로 작용하여 주전을 검토할 수밖에
없었다. 동전유통이 필요하다고 제기된 이유는 전시 재정의 고갈이라는
문제와 더불어 시장에서 이미 酒肉 등의 소소한 거래에도 은자가 활발
하게 애용되고 있는 현실에 있었다. 양호가 제안한 전문의 형태는 명의
'萬曆通寶'였으며, 조선으로 하여금 명나라에 동전 사용을 요청하는 주
본을 올리도록 강요했다. 명나라 동전형식의 통화를 주조하여 조선 내에

---

10) 『宣祖實錄』 99, 宣祖31년 4월 戊寅.
11) 『宣祖實錄』 99, 宣祖31년 4월 丙辰. 그의 이러한 언급은 조선 내부의 동전유통
    뿐만 아니라 중국과의 교역의 문제도 내포하고 있다고 볼 수 있다.
12) 이덕형과 김수는 '應行事宜'를 마련했다고 회고하면서 자세한 내용은 밝히지 않
    았다(『宣祖實錄』 163, 宣祖36년 6월 己酉).
13) 이하 선조 31년의 동전유통의 논의 전개는 아래의 기사를 정리한 것이다.
    『宣祖實錄』 99, 宣祖31년 4월 丙辰 ; 『宣祖實錄』 99, 宣祖31년 4월 辛酉 ; 『宣
    祖實錄』 99, 宣祖31년 4월 壬戌.

서 통용하는 문제였다.

　동전의 주조를 위해서는 주전 원료의 확보가 가장 큰 관건이었으며, 주전을 반대하는 중요 이유가 또한 원료 수급문제였다. 당시 동철, 즉 동은 조선에서 생산되지 않는 상황이었다.[14] 동의 확보를 위해 閣의 종을 부수거나 사찰의 銅器를 녹여 사용하는 방안이 제기되었으나[15] 주전량의 한계를 극복 할 수는 없었다. 뿐만 아니라 주조하는데 필요한 장인과 장비의 마련에 있어서도 용이하지 않는 것이 현실이었다.

　주전을 위한 재료의 수급 대책이 충분히 마련되지 못한 상태에서, 동전 주조의 방안 없이 동전의 유통책이 마련되었다. 호조의 행전사목은 다음과 같았다.

　　1. 주전한 후 각도로 나누어 보내어 사람들로 하여금 사가게 한다.
　　2. 노비의 신공이라든지 諸員, 步兵·皂隷·羅將이 일체의 잡세로 관에 바칠 布物들을 절반은 本色으로 바치고 절반은 동전으로 바치게 한다.
　　3. 贖木과 作紙 등도 모두 동전을 사용하게 하면 수입의 길이 넓어질 것이다.
　　4. 백관의 散料와 하인 또는 각종 工匠들의 口粮도 절반이나 혹은 3분의 1을 지급한다.
　　5. 모든 무사와 포수·살수의 賞格 및 妻子料도 역시 동전으로 지급하며, 백관의 산료도 지금과 같이 지급하는 수 외에 奴子 1~2명을 더 마련하여 지급한다.
　　6. 그 밖에 무역의 값도 절반은 미포로 절반은 동전으로 지급한다.

---

14) 17세기까지 조선에서는 銅鑛의 개발이 용이하지 않자 주로 倭銅을 수입하여 사용했다. 영조 대에 일부 동광이 개발되었으나 실효성이 없었으며, 정조 을사년 주전에 이르러서야 비로소 永豊銅을 사용하게 되었다(『萬機要覽』 財用編4, 金銀銅鉛).
15) 『宣祖實錄』 99, 宣祖31년 4월 壬戌.
　　당시 조총과 포를 주조하기 위한 철물을 마련하는 데에도 부심하였는데 그 방법 중의 하나가 鐘樓의 종을 이용하는 것이었다. 주조에 있어 工匠의 기술과 그들의 동원에도 큰 관심이 있었다(柳成龍, 『軍門謄錄』, 丙申五月十五日 體察使意從事官啓). 철물이 생산되는 은율을 중심으로 병기를 제작하게 했다(柳成龍, 『軍門謄錄』, 丙申六月二十三日 體察使意從事官啓).

7. 기타 소소한 값들도 모두 동전을 사용하면 發散하는 길도 넓어질 것이다.16)

시장의 동전을 거두어들이는 收入의 문제는 두 가지로 제시되었다. 첫째, 관에서 수세하는 세의 절반을 동전으로 받고자 했다. 공노비의 신공을 비롯하여 보병의 군보로부터 수세하는 布木, 서반 경아전에 속하는 조예, 나장, 제원의 가포를17) 비롯하여 이 외에도 각종 잡세 중에 포를 거두는 것에 대해 그 절반을 동전으로 받는 방안이었다. 둘째 죄인에 대해 부과하던 贖木과 소송이나 입안 등의 발급에 있어 수수료로 받는 질지(作紙)에 대해서는 전액을 동전으로 받고자 했다.

동전을 시장이 유포시키는 發散의 방법은 셋으로 나누어 구분 할 수 있다. 첫째, 백관의 녹봉을 비롯하여 백관에게 제급되는 하인과 여러 장인들의 口糧에 대해 절반이나 3분의 1을 동전으로 지급하는 것이었다. 둘째는 무사와 포수, 살수가 소속된 훈련도감군에게 지급하는 상격을 비롯하여 도감군의 생계를 위해 지급하는 처자료에 대해서도 동전으로 지급하는 방안이었다. 셋째는 관에서 무역하는 가격의 결제를 절반은 미와 포로 하고 그 나머지는 동전으로 하도록 함은 물론 각종 잡비에 대해 모두 동전을 사용하는 방법을 구상했다.

수세의 대상은 공노비, 양인 보인, 서반경아전으로 한정되고 있다. 잡세의 범위를 정확하게 규정할 수 없으나 본 논의에 해당하는 층은 양인 이하를 기준으로 한 것이었다. 반면 전문을 지출하는 경로는 매우 폭 넓게 설정되고 있다. 우선 백관의 관료에서부터 하인과 공장에 이르기까지 그 대상으로 하고 있음은 물론 관의 무역에 대해서도 동전의 사용이 검토 되고 있다.

---

16) 『宣祖實錄』 99, 宣祖31년 4월 壬戌. 이는 <표 1>에 제시된 사목1에 해당한다.
17) 申解淳, 1987, 「朝鮮前期의 西班京衙前 '皂隷·羅將·諸員'」『大同文化研究』21, 성균관대 대동문화연구원.

동전을 주조하고 시장에 유포함에 있어서도 주조한 동전을 각도에 나누어 준 다음 사람들로 하여금 사가게 했다. 이에 대해 선조는 '수많은 동전을 민간에 유통시킬 때 백성들에게 사도록 한다면 아무도 사려고 하지 않을 것'[18]이라고 부정적인 입장을 나타냈다. 명나라의 집요한 요구와 독촉에도 불구하고 조선에서는 동전유통 불가 입장을 정리했다.

선조는 양호의 주장에 따라 동전의 주조 문제가 처음 제기 되었을 때부터 부정적인 입장을 견지하고 있었다.[19] 선조가 동전의 주조와 유통에 반대하는 이유는 세 가지였다. 첫째, 국내 銅의 산출이 미약하여 주전의 재료를 구하기가 용이하지 않다는 점, 둘째 전시에 많은 양의 동전을 민간에 유통시킬 효과적인 방법이 없다는 점, 그리고 셋째로 동전유통을 시도한다 하더라도 시장에서 통화로서 수용되기 어렵다는 이유였다. 결국 호조에서 동전의 유통에 대해 회의적인 입장으로 올린 啓를 계기로 동전을 유통하지 않는 방향으로 결정되었다.

> (호조가 아뢰었다.)애당초 그 일을 의정할 때부터 그에 관한 모든 준비가 매우 어렵고, 또 유통 과정에 있어서도 어려움이 많으리라는 것을 모르는 바가 아니었으며, 사세 또한 전일과는 판이하게 달라졌기 때문에 시행될 수 없음을 알지만, 경리의 독촉을 견뎌내지 못하여 부득이 그대로 따르겠다는 뜻으로 회보하였었다. 그러나 시세의 어려움과 물력이 잔파된 것을 헤아리지 않고 독촉한다 하여 억지로 시행하다가는 장차 한바탕 소요를 면치 못할 것이고, 결국 무익하게 되고 말아 피해가 적지 않을 것이다.[20]

호조의 계에는 그간의 동전유통을 둘러싼 논쟁의 전개와 그 배경이 잘 정리되어 있다. 동전의 사용에 대해 논의하는 과정에서 주전을 위한 준비도 어려울 뿐만 아니라 유통문제에 있어서도 효과적인 대안이 없었다.

조선에서는 전란으로 주전을 위한 재원을 마련하기 어려운 상황을 직

---

18) 『宣祖實錄』 99, 宣祖31년 4월 辛酉.
19) 『宣祖實錄』 99, 宣祖31년 4월 壬戌.
20) 『宣祖實錄』 99, 宣祖31년 4월 癸亥.

시하고 있었다. 그에 따라 전란 중에 급박하게 동전 사용을 추진하기 어
려운 점과 조선 초기에 시도했다가 폐지한 사례를 들어 양호에 의해 제
기되고 독촉되었던 동전유통 문제에 대한 조선의 불가 입장을 정리해 전
달했다.

2. 왜란 후 동전유통 제기와 주전

임진왜란이 끝난 후 1603년(선조 36) 5월 동전의 사용문제가 집중적
으로 제기되었다. 호조판서 성영은 호조의 재용을 보충하기 위해 동전을
사용할 것을 건의했다. 그는 중국에서 行貨하는 법에 따라 錢幣를 사용
해 볼 것을 건의했다.[21] 변란이 일어난 뒤로 공사의 모든 것이 탕갈되어
군졸에게 줄 상격과 진헌할 방물도 마련하고 있지 못한 상황이었다. 동
전의 사용을 통해 부족한 재정을 보완하고자 하는 의도가 있었다.

통화의 필요성이 제기되면서 동전의 사용 문제에 대한 논의가 일었다.
동전 주조 문제를 논의하는 자리에서 좌의정 윤승훈 등이 이미 私室에
서 동전 사용 방안에 대해 논의 한 바 있음을 언급한 것은 주전에 대한
검토가 진전된 것을 암시한다. 그럼에도 불구하고 활발히 문제 제기가
되지 못했던 것은 조선전기 행전의 한계점이 재론되었기 때문이었다.

조선 전기에 동전유통을 시도하다가 변계량의 상소 등으로 인해 중단
된 사례를 인식하고 있었다.[22] 우의정 류영경은 변계량의 문집에 수록
된 1421년(세종 3)의 '영락 19년 封事'를 근거로 조선 초기 동전유통의
폐단으로 인한 행전중단을 지적했다.[23] 변계량이 동전의 유통 중단을

---

21) 『宣祖實錄』 162, 宣祖36년 5월 己巳.
22) 『宣祖實錄』 162, 宣祖36년 5월 戊寅.
　　류성룡은 錢의 사용에 대한 문제에 있어 세종조에 '朝鮮通寶'가 통용되지 못한
　　전례를 들어 용이하지 않다고 지적한 바 있었다(『宣祖實錄』 48, 宣祖27년 2월
　　癸丑).

요청한 것은 1426년(세종 8)의 일이었다.[24] 그가 동전유통의 중단을 요
구한 것은 동전을 이용하지 않을 경우 가산을 적몰하는 등 당시 강제적
인 동전유통책을 비판한 것이었다.

1603년(선조 36)의 동전유통 논의에서 변계량의 행전 중단 건의는 행
전의 반대 논리로만 활용되었다. 조선전기 행전중단의 원인에 대한 분석
이 용이하지 않았던 현실은 동전 사용을 재개하는데 큰 장애였다. 선조
또한 중국에 비록 동전이 통용되고 있으나 이를 조선의 현실에 적용할
수 없음은 두 나라의 인정과 습속이 다르다고 지적함으로써 매우 조심스
런 분위기였다.

호조를 중심으로 재정 확보가 필요하므로 주전이 필요하다는 주장이
계속 제기되면서 비로소 행전 방안이 마련되었다.[25] 동전을 사용해야
한다고 주장하는 현실적 이유는 국가의 재정이 고갈되어 국사를 경영하
는데 필요한 비용이 궁색해진 데 있었다.[26] 병화를 겪은 뒤 공사의 재정
이 탕갈된 데다 賦·役까지 체계가 잡혀지고 있지 않은 현실에서 전란
후 국가 재건의 재원을 마련하기 위해 동전의 유통이 강조되었다.

국가의 재용을 늘리는데 있어 동전의 사용은 이익을 국가에 귀속 시
킬 수 있기 때문이라고 보았다. 호조에서 통화의 필요성을 직접적으로
지적했다.

> (호조가 아뢰었다.)米와 布는 사람들이 입어야 하고 먹어야 하는 것인데,
> 만일 별도로 화폐가 없고 입고 먹는 것으로 화폐를 삼는다면 부자들이 많이
> 쌓아 놓고서 이익을 독차지하게 되어 가난한 사람들은 입을 수도 먹을 수도

---

23) 卞季良,『春亭集』卷7, 永樂十九年月日封事.
24)『世宗實錄』31, 世宗8년 2월 庚寅 ;『世宗實錄』110, 世宗27년 10월 壬子.
25) 동전유통 문제는 선조36년 5월 14일 제기되어 5월 23일까지 본격적으로 논의되
    었다(『宣祖實錄』162, 宣祖36년 5월 己巳 ;『宣祖實錄』162, 宣祖36년 5월 戊
    寅 ;『宣祖實錄』162, 宣祖36년 5월 甲申).
26) 李德馨,『漢陰文稿』附錄9, 年譜.

없게 될 것입니다. 公事가 곤궁하게 된 것은 오로지 이 때문입니다. 만일 입고 먹는 것 이외에 별도로 화폐를 통용하게 되면 공사 간에 다 같이 비축될 수 있고 쌀과 베는 누구나 입고 먹는 데에만 사용하게 될 것입니다.27)

호조에서 지적한 것은 쌀과 베를 통화로 사용하는 현실적 한계의 문제였다. 일용에 사용되는 미와 포를 화폐로 사용함에 따라 재부가 한곳으로 편중되는 문제가 발생한다고 보았다. 이는 곧 전란 후 곤궁한 상황에서 재화를 흐르지 못하게 하는 단점으로 파악되었다. 미와 포를 유통시키는 대책은 오직 통화, 동전을 사용하는 것이라고 주장했다. 동전을 통화로 사용하고 미와 포는 본연의 기능을 수행하게 함으로서 전후 부족한 재용을 보충함은 물론 백성의 생활을 향상시킬 수 있다는 입장이다.

임란 후 행전이 성공에 이르지 못한 요인은 미포를 대신할 통화로서 적극적이고 지속적인 동전을 주전·공급하지 않은 데 있다고 보았다. 동전의 통용 방안을 모색함에 있어 기존 동전 통용에 실패한 원인에 대한 분석이 있었다.

동전유통의 실패는 법을 시행한 지 오래지 않아 그만둔 데 1차적 원인이 있다고 파악했다. 이덕형은 행전 후 염려되는 주전과 관련한 폐단보다는 동전유통의 실시 후 바로 폐지해 버리는 정책적 일관성의 결여를 우려하고 있었다.28) 따라서 동전유통에 성과를 내기 위해서는 유통 방안을 심사숙고해서 지속적으로 시행할 필요가 있다고 강조했다.

1603년(선조 36) 호조의 행전요청에 의해 '鑄錢事目'이 준비되었으며, 이를 둘러싼 행전의 가부에 대한 논쟁이 펼쳐졌다.29) 영의정 이덕형은 호조의 주전사목에 대한 부정적인 여론을 전환하고자 행전을 위한 새로

---

27) 『宣祖實錄』163, 宣祖36년 5월 戊寅.
28) "第所鑄之資出處旣少 立法之後奸騙可慮 此則在有司詳盡規劃 俾無纔說旋廢之悔而已"(李德馨, 『漢陰文稿』卷9, 用錢事議 癸卯).
29) 『宣祖實錄』163, 宣祖36년 6월 己酉.
　　이덕형이 제시한 행전의 방안은 <표 1>의 행전사목 중 2번에 해당한다.

운 제안을 했다. 두 가지 방안이었다. 주전한 후 전문을 유포한 다음에 행전할 날짜를 정해 일시에 통용을 실시할 것과, 관에서 應捧하는 布貨에 대해 전문을 사용하게 하자는 것이었다.

이덕형의 동전유통 방안에 대해 그를 비롯한 14인이 적극 찬동하고, 윤승훈 등 17인이 정확한 입장을 정하지 않은 상황에서 류영경이 불가의 입장을 주장했다.30) 류영경은 비록 국가의 재정을 보충하기 위해 시험 삼아 통용해 볼 수는 있으나 당시의 현실로는 시행에 한계가 있다고 지적했다. 동철의 산출이 너무 적고 행전 과정에서 폐단이 발생하게 될 것이며, 폐단 방지를 위해 법을 엄하게 세우면 통용에 한계가 올 수 밖에 없다는 입장이었다. 선조는 결국 류영경 등의 의견을 따라 동전 주조 논의를 중단하도록 지시했다.

1606년(선조 39) 행전문제가 다시 제기되었다. 특진관 권희는 호조의 재정이 바닥나고 詔使의 支待에 한계가 발생한 현실을 지적했다. 해결 방안으로 은광을 개발하거나 돈을 주조할 것을 건의했으나 선조는 단호한 입장으로 조선에서 돈을 주조하는 것은 불가능 하다고 결정했다.31)

이후 선조조의 동전유통 논의는 재론된 바 없으며 광해조에 있어서도 동전유통 문제에 대해 큰 논란과 진전이 없었다. 선조조의 동전유통 문제는 비록 사목의 마련을 통한 동전의 주전과 유통을 위한 논의가 있었으나 실행에는 옮겨지지 못한 기초적인 모색에 그친 한계가 있다.

3. 선조조의 주전 한계

임란 중의 행전논의는 실행에 이르지 못했으며, 주전을 위한 방안도 구상되지 않았다. 임란 후 호조의 발의에 따라 행전책이 재론되고 주전

---

30) 『宣祖實錄』 163, 宣祖36년 6월 己酉 ; 『宣祖修正實錄』 37, 宣祖36년 6월 丙戌.
31) 『宣祖實錄』 196, 宣祖39년 2월 辛亥.

을 위한 사목의 필요성이 강조되었다.[32] 선조는 호조로 하여금 시험 삼아 사목을 마련하여 검토하도록 했다.

호조에서는 사목 마련을 위한 도감을 별도로 설치할 것을 제안했다. 도감의 구성은 제조 2원, 낭청 2원, 서리·사령·고직을 2원으로 제한했다.[33] 호조에서 도감의 설치를 건의한 것은 행전의 착수를 염두에 둔 것이었다. 그러나 선조는 우선 사목부터 마련한 다음 실시하라는 신중론을 견지했다.

행전의 가능성과 방향에 대해 3품 이상의 관원들에게 동전 사용을 논의하게 하는 자리에서 호조에서 마련한 사목에 대한 언급이 있었다. 호조에서 마련한 사목은 '주전사목'이었다. 사목이 현전하고 있지 않으나 당시 행전논의 과정에서 언급된 내용을 토대로 주전사목의 일부분을 추정할 수 있다.

> 1. 돈 주조는 반드시 동철로 해야 하는데 동철은 우리나라에서 나는 것이 아니고, 正鐵, 水鐵, 鉛鐵은 모두가 돈을 주조하여 쓰기에는 적합하지 않으므로 사람들이 반드시 불편하게 여길 것입니다. (중략)
> 2. 조종조에 사용하다 남아 있는 돈이 여염에는 더러 있는데, 1문의 무게가 단지 8푼이라고 합니다. 대게 이를 기준으로 헤아려 본다면 동철 1천 근으로 돈 2백 꿰미를 주조할 수 있으니, 1만 근으로는 돈 2천 꿰미를 주조할 수 있습니다.[34]

호조의 사목에 대해 좌의정 윤승훈이 평가한 내용이다. 정철, 수철, 연철은 모두가 동전을 주조하기에 적합하지 않다고 지적하고 동철로 주조하고자 했다. 이 점에 대해서는 우의정 류영경도 호조가 鉛·銅 등 3가지 재료로 전문을 주조하고자 한 점을 지적하면서 동의했다. 호조에서는 주전을 위한 전문의 재질을 다양하게 구상하고 있었음을 보여준다.

---

32) 『宣祖實錄』 162, 宣祖36년 5월 戊寅.
33) 『宣祖實錄』 162, 宣祖36년 5월 甲申.
34) 『宣祖實錄』 163, 宣祖36년 6월 己酉. <표 1> 중 2번에 해당한다.

동전의 형태에 대해서도 추정할 수 있다. 여염에 남아 있는 조종조에 유통되었던 동전을 조사한 결과 1문의 무게가 8푼임을 확인하고 이를 기준으로 삼고자 했다.[35] 동철 1천근으로 돈 2백 꿰미를, 동철 1만 근으로 돈 2천 꿰미를 주조하는 주조식이 구상되었다.

선조조의 주전검토과정에서 조선초기의 주전과 행전책에 대해 확인했다. 태종과 세종조에 조선통보를 주전할 당시 논의된 것은 구리 한 냥쭝으로 10전을 주조하게 한다든가[36] 동 1근을 바친 자에게 전 160문을[37] 주전해 주기로 한 사실을 확인했다. 선조조의 주전 동전은 조선시대 도량형에 있어 1근이 16냥인 점을 감안하면[38] '조선통보'를 참고하였을 가능성이 크다. 그러나 선조조에는 주전을 위한 사목을 시범적으로 마련하였으나 주전원료의 부족을 이유로 실시에 이르지는 못했다.

Ⅱ. 인조조 행전책 수립과 행전시도

1. 대내외적 행전환경 인식

인조초년 평안도의 가도에 주둔하고 있는 명나라 장수 모문룡은 조선에 동전의 유통을 요구했다.[39] 모문룡은 3만 냥으로 조선에서 군량을 무역하길 요구했다. 조선은 그가 보내온 은을 중국의 '大明通寶'와 무역해 행전하는 방안을 구상했다. 나아가 사주를 허용하여 적극적으로 행전하

---

35) 『宣祖實錄』163, 宣祖36년 6월 己酉 ; 『宣祖修正實錄』37, 宣祖36년 6월 丙戌.
36) 『太宗實錄』2, 太宗15년 6월 辛巳.
37) 『世宗實錄』21, 世宗5년 9월 甲午.
38) 李宗峯, 2001, 『韓國中世度量衡制研究』, 혜안, 213~216쪽 ; 朴興秀, 1981, 「李朝 尺量標準에 관한 考察」『道와 人間科學』, 三一堂, 290~292쪽.
39) 『仁祖實錄』8, 仁祖3년 3월 己酉 ; 『承政院日記』53, 仁祖14년 8월 庚辰.

는 문제가 논의되기에 이르렀다.[40] 주전을 할 경우 비록 국내에서 유통
에 실패하더라도 부경하는 역관이 이를 이용하여 청나라에서 무역하게
한다면 효과를 볼 수 있다는 주장이었다.

인조 초년 이래 거듭된 동전유통을 둘러싼 논란은 중국과 일본의 동
전유통 현황에 대해 관심을 기울이는 계기가 되었다. 인조 3년 영사 윤
방은 행전을 건의하면서 당시 중국과 일본의 동전사용 실태를 언급했다.

> 예부터 나라가 있으면 모두 통화가 있었습니다. 그러므로 중원과 일본이
> 모두 쓰는 바가 있습니다. 그러나 오직 우리나라는 유독 그러한 일이 없습니
> 다. (중략) 그런데 개성에서 銅을 써서 통행하는 수단으로 하고 곧 지금 남령
> 초를 쓰니 錢을 어찌 유독 행하지 않을 수 있겠습니까?[41]

윤방은 중국과 일본이 행전을 널리 행하고 있음에도 유독 조선에서
통행되지 못하는 현실을 지적했다.[42] 그는 중원에서 전문을 사용하는데
있어서 산해관 이내에서 유통되고 있다고 파악했다. 아울러 조선도 개성
을 중심으로 동을 통화로 사용하는 점을 강조했다. 특히 남령초가 개성
에서는 통화처럼 이용되고 있음을 지적한 점은 교환수단으로서 통화의
성격을 적절하게 파악한 언급이라고 하겠다.

일본에서의 동전유통 실상이 통신사를 통해 전해졌다. 통신부사 김세
렴이 남긴 「海槎錄」에는 일본에서의 용전상황이 잘 묘사되어 있다.[43]
통신사 일행은 江戸에 이르러 關白을 만났다. 관백은 통신삼사에게 은자
각 500매를, 당상역관과 상통사 등 일행에게는 雪綿子 각 300把 등을

---

40) 『仁祖實錄』 2, 仁祖1년 5월 丙申 ; 『承政院日記』 9, 仁祖3년 9월 25일.
41) 『承政院日記』 7, 仁祖3년 6월 乙未.
42) 중국에서의 동전이용 실태에 대해서는 일찍이 宣祖朝에 行錢을 논의하는 과정
    에서 그 당위성으로 언급되기 시작했다(『宣祖實錄』 162, 宣祖36년 5월 戊寅).
43) 金世濂, 『東溟先生集』, 「海槎錄」.
    인조 14년 8월 11일 통신사 任絖, 부사 金世濂 일행은 한양을 출발하여 이듬해
    3월 9일 귀국했다(『仁祖實錄』 34, 仁祖15년 3월 戊申).

나누어 주었다. 김세렴은 예전에는 동전으로 분급한 사실이 있었음을 언급했다.

일본에서는 음식과 房屋에 모두 전문으로 값을 치르고 있었다. 한 사람이 하루 묵는데 50전이며 말 한 마리는 30전, 밥 한 그릇에 1전, 술 한 병에 4전으로 각기 값이 동전으로 정해진 것을 특징이라고 밝히고 있다. 그리고 일본에서 동전을 기준으로 한 미가의 변화를 기록했다. 미가 귀할 경우는 10전에 10두 가량하고 미가 쌀 경우는 12두 가량 한다고 기록했다.

국제적 전문유통 환경에 대한 인식을 통해 행전 가능성의 검토는 물론 고려조 이래 전문의 주조와 행전의 역사에 대한 정리를 통해 행전 타당성에 대한 검토가 병행되었다. 1625년(인조 3) 호조판서 김신국은 주전의 필요성을 역설하면서 전문의 역사에 대해 총괄적으로 정리했다.[44] 그는 고려조 이래 전화사용의 역사를 종합하고 조선 초기의 철전의 주조사실에 주목했다. 1626년(인조 4)에는 인조가 용전하는 문제에 대해 회의적인 반응을 보이며 조선 초기 전문유통을 중단한 이유를 물었다.[45] 이에 호조판서 김신국은 저화의 유통이 동전이용에 제약을 가했다고 지적했다.

1635년(인조 13)에 상평청에서는 조선 초기 이래 행전이 없어 백성들의 인식이 미약하다고 지적했다. 그리고 고려조에는 용전에 앞서 종묘에 고할 정도로 비중을 두었던 사실을 들어 정책적 신의를 보이기 위해 행전에 앞서 이를 참고할 필요가 있다고 지적했다.[46] 호조는 태종대 이래 전문 유통이 전무했던 까닭에 당시 행전이 재론되기까지 약 200년 동안의 정책적 공백기가 있었다고 인식하고 있었다.

---

44) 『仁祖實錄』 10, 仁祖3년 10월 壬寅 ; 『承政院日記』 9, 仁祖3년 10월 壬寅.
45) 『仁祖實錄』 14, 仁祖4년 9월 己丑.
46) 『仁祖實錄』 31, 仁祖13년 7월 壬戌.

2. 전납확대를 통한 행전 도모

1) 전문산포와 전납의 확대

행전을 위한 방안은 광해조 이래 지속적으로 논의되고 있는 상황이었다. 1609년(광해군 1)에 예조판서 박홍구는 통행하는 화폐의 형태에 구애되지 말고 '木錢'이라도 통행해야 한다고 주장했다.[47] 1619년(광해군 11) 호조판서 김신국은 행전을 위해 왕이 하사하는 물건은 물론 관에서 무역하는 값을 緡錢으로 계산하여 지급하고 부세징납에 전문을 사용할 것을 건의했다.[48] 광해조의 행전책은 전문을 이용한 頒綠, 각사의 무역에 동전이용, 그리고 부세의 전납을 실시하자는 내용이었다.

인조 즉위와 아울러 전문의 유통 방안이 재론되었다. 인조 즉위 후 소량의 주전이 이루어져 一銖錢 400貫을 바탕으로 시범적으로 행전을 시도했다. 호조의 건의에 따라 1623년(인조 1) 5월 10일부터 전문유통의 가능성을 검토하는 과정에서 행전을 위한 '사목'이 마련되었다. 당시 행전을 위한 사목의 전체 내용은 알 수 없으나 기록을 통해 일부 추정할 수 있다.

> 5월 10일부터 用刑衙門이 받는 收贖 및 米麫과 각사의 질지 등의 물품을 전일 주조하여 호조에 보관중인 일수전 400관으로 장차 시범적으로 사용하고자 합니다. (중략) 청컨대 사목에 의거해서 지금 이후로 여러 아문과 각사에서 질지(作紙)와 贖木을 거둠에 전화를 사용하지 않는 자는 그 관리를 벌주소서.[49]

사목 중에는 각사에서 질지와 속목을 錢貨, 즉 동전을 이용해 수세하는 방안이 포함되었다. 일수전 400관을 이용하여 전문의 유통 가능성을

---

47) 『光海君日記』 15, 光海君1년 4월 乙卯.
48) 『光海君日記』 139, 光海君11년 4월 乙卯.
49) 『仁祖實錄』 2, 仁祖1년 7월 庚子. 본 내용은 <표 1>의 3번에 해당한다.

시험하려 했다. 구습에 젖어 전문을 사용하려 하지 않을 것을 우려해 사목 중 국가에 납입하는 경로로서 속전 징수 등의 방안을 강화하고자 했다. 그러나 당시의 행전은 본격적인 실시에 이르지 못하고 중단되고 말았다.50) 중단 사유는 '백성이 사용하길 즐겨하지 않는다.'는 것이었으나 '국가의 재정이 부족하여 행할 수 없었다.'는 언급에서 보듯이 주전을 위한 재정의 부족에 깊은 원인이 있었다고 볼 수 있을 것이다. 1623년(인조 1)의 행전사목에는 일시적인 행전의 단행과 속전의 징수를 골자로 하고 있었다.

1625년(인조 3)에는 관리의 녹봉을 전문으로 지급하거나 중국과 연계해 행전할 필요가 있다는 주장이 제기되었다. 영사 윤방은 국가에서 먼저 녹봉을 전문으로 지급할 것을 건의했다. 그러나 특진관 김대덕이 태환에 필요한 재원이 마련되지 않은 상황에서 윤방의 방안을 실시하기에는 곤란하다고 주장함에 따라 중단되었다.51) 대사간 이성구는 용전을 조선의 경내에만 국한하지 말고 중국과 함께 용전할 것을 주장했다.52) 그는 이 경우 국내 유통에 이르지 못한다 하더라도 부경하는 역관 편에 전문을 보내어 그것으로 매매하게 한다면 동전의 이용이 가능할 것이라 보았다.

호조판서 김신국은 당시 탕갈된 재정의 보용을 위해서는 전문의 유통이 필요하다고 역설했다.53) 그의 주장을 계기로 鑄錢廳이 설치되고 본격적인 주전이 시도될 수 있었다.54) 호조에서는 김신국을 중심으로 1626년(인조 4) 이후 행전을 위한 구체적인 방안이 제시되고 검토되었

---

50) 『承政院日記』 7, 仁祖3년 6월 19일 ; 『承政院日記』 9, 仁祖3년 9월 25일.
51) 『承政院日記』 7, 仁祖3년 6월 19일.
52) 『承政院日記』 9, 仁祖3년 9월 25일.
53) 金藎國, 『後瘳集』 1, 雜著, 戶曹判書時上箚 乙丑年 ; 『承政院日記』 9, 仁祖3년 1월 壬寅.
54) 『仁祖實錄』 10, 仁祖3년 11월 壬戌 ; 『承政院日記』 12, 仁祖4년 3월 己酉.

다. '丙寅年事目'으로 지칭되고 있는 바와 같이[55) 행전사목이 마련되었
으나 내용이 현전하고 있지는 않다. 다만 당시 호조를 중심으로 제안된
행전방안을 재구성할 수 있는데 이를 정리하면 아래와 같다.

> 1. 돈으로 술이나 음식을 먹는 법을 제정하고 경복궁 앞길에 점포를 열어
>   전문으로 교역 하게 함.(店鋪設置)[56)
> 2. 백관의 녹봉을 전문을 주어 사용하게 함.(錢文頒綠)[57)
> 3. 나라에서 수봉하는 규정이 있어야 행전이 이루어지니, 속전을 징수해야
>   함.(贖錢徵收)[58)

점포를 설치하고 여기서 동전을 이용하여 매매하도록 했다. 당시 주전
한 전문이 불과 600관 밖에 되지 않으므로 집이나 토지, 우마를 매매하
기에는 불가능한 상황이었다. 돈 사용의 이점을 알 수 있도록 하기 위해
서 점포에서 酒食을 전문으로 사먹을 수 있도록 해서 사용 가능성을 알
게 해야 한다고 보았다. 경북궁 앞길 좌우 행랑에 사람을 모집하여 점포
를 열어 운영 하도록 제시했다.

料布를 전문으로 지급하고 이를 바탕으로 점포에서 주식을 바꾸도록
했다. 이로서 거래에 있어 '定價'가 있음을 알게 하여 동전의 가치를 경험
하게 하려는 의도였다. 점포에서는 결제수단으로 전문만 이용하도록 했
다. 이러한 점포의 운영은 행전을 위한 상징적 의미를 내포하고 있었다.

백관의 녹봉을 전문으로 대신하고자 했다. 1626년(인조 4) 행전을 앞
둔 당시의 상황에서는 주전한 전문이 많지 않아 주식의 매매를 시작으로
전문의 유통 가능성을 가늠하고자 하고 있었다. 전문반록의 시점을 서두
르는 호조와 김신국의 입장은 전문의 이용 범위를 보다 확대시키고자 하

---

55) 『仁祖實錄』 28, 仁祖11년 11월 壬辰.
56) 『仁祖實錄』 13, 仁祖4년 閏6월 戊午.
57) 『承政院日記』 15, 仁祖4년 9월 己丑.
58) 『仁祖實錄』 14, 仁祖4년 8월 辛丑.

는데 있었다. 김신국은 백관의 녹을 전문으로 지급함에 있어 오히려 '加
給'하여 용전 확대를 도모해야 된다고 보았다. 이를 위해 주전 동전량을
증대시켜 전문공급을 원활히 할 필요가 있다는 입장이었다.

1626년(인조 4) 12월에는 호조 주도로 전문 수급 대상 범위와 액수에
대해 확정했다.[59] 전문을 통한 料의 수급대상은 포수, 살수, 어영군 군사
들로 결정되었다. 이들에 대해 각기 분기별로 받는 料米 중 10분의 1을
전문으로 지급할 것이며, 지급 시기는 다음 달 정월 산료부터 지급하기
로 했다. 녹봉 수급자들에 대한 전문 지급액이 정해졌다. 백관으로서 녹
봉을 받는 관리는 이듬해 春科를 시작으로 매삭마다 품계에 따라 지급
액수에 차등을 두었다.[60]

전문의 유통을 원활히 하기 위해서는 동전공급과 동시에 국가에 의한
통화력을 지원할 필요성이 있었다. 나라에서 수봉하는 규정을 마련할 필
요가 있다고 보고 형조·한성부·사헌부로 하여금 속전징수를 전문으로
하도록 했다.[61] 속전징수에서 전과 미의 교환 비율을 전 1문에 미 1승을
準式으로 정했다. 점포설치와 전문반록, 속전징수는 이미 1623년(인조
1)'에 마련되었던 사목에 대한 보완의 성격을 지니고 있었다.

1626년 집중적으로 논의된 행전의 방향은 이듬해 정묘호란으로 인해
행전 구상이 실현에 옮겨질 수 없었다. 그럼에도 불구하고 이러한 시도
는 이후 인조조의 동전유통 정책의 근간이 되었다.

---

59) 『承政院日記』 16, 仁祖4년 12월 乙卯.
60) 품계별 전문 지급계획은 아래와 같았다(『承政院日記』 16, 仁祖4년 12월 乙卯).

品 계	정1품	종1품	정2품	종2품	당상3품	3품	4품	5품	6품	7품-9품
수급량	100문	90문	80문	70문	60문	50문	40문	30문	20문	10문

녹봉을 전문으로 지급하는 방안이 마련되어 시행되었으나 현전하는 고문서 중
祿牌에는 전문으로 반록한 문서를 확인할 수 없다.
61) 이는 『大明律』의 贖銅錢 규정을 원용한 것이었다.

2) 전납확대와 동전공급문제, 그리고 전문방납

1627년(인조 5) 정묘호란 후 행전을 논의하는 과정에서 '백성들도 용전하기를 바라는 자가 많다'고 하는 여론이 제기되었다.[62] 호란 이전에 부분적으로 시도되었던 전문 유통 시도 결과로 해석될 수 있다. 이러한 여론은 임란 이전에는 제기되지 않았던 현상이었다. 이에 덧붙여 남이공은 용전법의 지속을 위해 주전을 건의하기도 했다.[63]

전문 유통책이 본격적으로 재론된 것은 1633년(인조 11)부터 1636년(인조 14) 병자호란에 이르는 시기이다. 호패법과 대동법의 실효성을 둘러싼 논쟁 과정에서 전문의 사용 문제가 검토되었다.[64] 행전을 위해서는 치폐를 거듭하는데 따른 정책적 혼란을 방지하는 것과 더불어 전국을 대상으로 주전과 동시에 관 주도의 전문납을 확대하는 방안이 제기되었다.

전국적인 동시 행전을 위해 전가의 개정을 통한 錢文收捧과 전문의 산포 문제가 제기되었다. 병인년, 즉 1626년(인조 4)의 사목을 개정하여 1633년(인조 11) 새로운 행전사목이 마련되었다. 이를 정리하면 아래와 같다.

1. 1문당 米 半升에 준하게 해서 정식으로 하면 그 값이 평준할 것이라 하니 이것으로 규정한다. 다만 錫錢은 매 1문에 미1승으로 준식으로 한다.
2. 公家에서 應捧하는 목면, 미곡 등의 물종에 대해 3분의 1을 전문으로 계산하여 받는다. 田稅와 三手糧 등은 원방의 사람이 전문으로 갑자가 갖추어 납부하기 어려우니 삼사의 수속이나 각사의 질지를 우선으로 전문으로 받는다.
3. 무릇 市中에서 급가하는 물건과 賜予·賞役하는 물종은 원수를 참작하여 전문으로 계산해 준다.[65]

---

62) 『仁祖實錄』 16, 仁祖5년 4월 丙辰.
63) 『仁祖實錄』 19, 仁祖6년 7월 癸酉.
64) 『承政院日記』 41, 仁祖11년 10월 甲戌 ; 『承政院日記』 41, 仁祖11년 10월 乙未.
65) 『仁祖實錄』 28, 仁祖11년 11월 壬辰. 본 사목은 <표 1>의 5번에 해당한다.

'丙寅年事目'에서 전문 1문에 미 1승을 정식으로 한데 대해 그 정가가
터무니없이 높다는 지적에 따라 전 1문 당 미 반승에 준하게 조정했다.
석전에 대해서는 전 1문당 미 1승을 정식으로 하고자 했다.

전가의 하향 조정과 동시에 조정 또는 왕실에서 받아들이는 목면, 미
곡 등의 물목에 대해 3~4분의 1을 전문으로서 계산해서 받도록 했다.
또한 전세, 삼수량도 전문으로 받아들이는 문제가 건의되었다. 원지에
대해서는 삼사에서 거두는 속전은 물론 각사의 질지가에 대해 우선적으
로 전문으로 받아들이고자 했다.[66]

1634년(인조 12) 전문을 통한 수봉은 물론 전문을 시장에 유포하는 방
안이 추진되었다.[67] 三手軍의 料 중 10분의 1을 전문으로 지급했다. 그
러나 상평청에서는 재정부족을 이유로 삼수군에게 지급된 전문에 대한
태환을 거부했다. 정부 재정의 부족이 행전책의 추진을 제한하는 문제를
야기한 것이었다. 행전에 대한 불신이 높아질 것을 우려하여 시장의 전
문을 관에서 받아들이도록 할 필요가 있다는 의견에 따라 부세의 수취를
전문으로 하는 방안에 대한 논의도 있었다.

선혜청에서는 당시 경기지방의 대동법 실시 상황에서 대동미의 10분
의 1을 전문으로 납부토록 했다.[68] 호조에서는 노비의 신공에 대해서도
전문납을 적용하고자 했다.[69] 일련의 전문 산포와 수세방향의 수정결과
1634년(인조 12) 11월 1일을 기점으로 전문의 유통을 실시했다. 행전에
대한 평가에서 전화사용의 명목만이 있고 실제는 없다는 부정적인 의견
이 일어나기 시작했다.[70] 당시 행전사목에 따라 행전 방향이 마련되었

---

66) 이듬해에는 한흥일에 의해 國幣를 정하는 문제가 제기되었는데, 여기에는 전문
   을 국폐에 포함하는 문제를 담고 있었다고 볼 수 있다(『仁祖實錄』29, 仁祖12년
   1월 乙巳).

67) 『仁祖實錄』29, 仁祖12년 2월 丁丑.

68) 『仁祖實錄』29, 仁祖12년 2월 庚辰.

69) 『承政院日記』45, 仁祖12년 11월 戊辰 ;『仁祖實錄』30, 仁祖12년 11월 甲戌.

70) 『仁祖實錄』30, 仁祖12년 11월 癸丑.

음에도 시장에 적용되지 못하는 한계를 드러낸 것이다. 이러한 지적에 따라 기존의 사목에 대한 보완이 논의되었다.

1635년(인조 13)의 행전책은 대동미 혹은 전세의 일부를 전납화 함은 물론 科祿에 대해 동전으로 지급하는 것 등과 같은 방안을 실시하는 것이었다. 또한 그 범위에 있어서도 전국을 대상으로 한 전면적인 단행의 성격이 강했다. 정책의 일관적인 시행에 대한 중요성은 지속적으로 지적되고 있었다.[71]

상평청의 물화를 이용하여 전화를 사들이는 한편으로 흉년에 전문을 받고 미곡을 방매하는 방안도 시도되었다. 상평청에 저축된 미곡을 이용해 흉년에 전을 납입하고 미곡을 사도록 허용했다. 미곡 구입을 위해 납입한 전문에 대해 시장의 미가보다 3분의 1을 더 지급하여 백성으로 하여금 전문 이용의 이점을 경험하도록 하고자 함이었다.[72] 이와 동시에 상평청을 중심으로 기존의 사목에 대한 개선안이 제시되었다.

상평청에서는 전문 유통의 지속성을 강조하는 방안에 대해 6조로 구성하여 제시했다. 내용을 요약하면 아래와 같다.

> 1. 시정인으로 원하는 바에 따라 錢市 설치를 허락해 준다.
> 2. 각사와 각 아문에서 徵贖하고 질지를 전문으로 받는 법을 준행하도록 한다.
> 3. 五部와 平市 등은 柴炭蔬菜를 전문으로 구매한다.
> 4. 도성과 외방에 사사로이 舖子를 설치하고자 하는 자는 허락해 준다.
> 5. 우마의 매매가는 전문으로 하고 어긴 자는 속전한다.
> 6. 경성에서 8도에 이르는 직로에 舖子를 설치하고 용전하는 근본으로 삼게 한다.[73]

---

71) 이익은 '高麗三日公事'라는 말을 인용하여 아무리 좋은 법과 제도라도 지속적인 실행이 필요함을 강조했다(李瀷, 『星湖僿說』, 我國八弊).

72) 『仁祖實錄』 31, 仁祖13년 5월 丁丑.

73) 『仁祖實錄』 31, 仁祖13년 7월 壬戌. 이는 <표 1>의 6번에 해당한다.

1조의 시정인은 시장사람을 지칭하는 것으로 이들은 상업에 종사하는 사람들을 이른다.[74] 이들 상인들의 요청이 있을 경우 전시를 별도로 설치하는 것을 허락해 주도록 했다. '錢市'는 물화의 근본이 되는 곳으로 규정하고 아울러 주점과 더불어[75] 전화 공급원으로 보고 있다. 전시는 상인에 의해 시중의 물화를 전문으로 전매해 주는 역할을 하는 곳으로 추정해 볼 수 있다. 상인이 전문을 통해 이익을 도모함은 전시 등의 운영을 통해 가능했을 것이다. 이러한 錢市의 안정을 통해 전화를 보다 원활히 공급하고자 했다.

행전을 실시하는 초기에 이미 각사에서 속전을 거두거나 질지를 전문으로 받도록 하였음에도 잘 준수되지 않고 있었다. 이로 인해 시장에서 전문의 지속적인 유통 가능성에 의문이 발생하고 있다고 판단하고 2조를 통해 초기의 규정을 엄히 적용하고자 했다. 3조는 한성부의 오부와 평시서 등으로 하여금 '시탄소채'를 전문으로 매매하도록 규정한 내용이다.[76] 용전을 위해서는 소규모 거래에서 부터 비롯하여야 한다는 명분에서 제기된 조항이었다. 당시 주전된 전문의 양이 많지 않은 현실로 인해 적용 범위를 한성부로 한정하고 있다.

4조와 6조는 도성과 외방에 포자 설치를 허락하고 아울러 경성에서 팔도에 이르는 연로에 또한 포자를 설치하도록 했다. 도성과 외방의 포

---

74) 시정은 市民과 동일한 뜻으로 풀이되고 있다(朝鮮總督府, 『朝鮮語辭典』537쪽).

75) 『仁祖實錄』31, 仁祖13년 5월 丁丑.

76) 시전에 대한 감독소관은 平市署와 漢城府에서 병행하는 二元的체계였으며, 조선후기 시전상업체계에 대한 관할권은 이 두 기관에 의해 장악되었다(卞光錫, 2001, 『朝鮮後期 市廛商人 研究』, 혜안, 50~55쪽). 五部는 開城府와 漢城府에 존재했으나(元永煥, 1981, 「漢城府研究(1)」『鄕土서울』39, 서울특별시사편찬위원회), 본 인용문은 한성부의 오부를 지칭한다. 조선후기 五部는 도성안의 坐更에 대한 감독, 都下 米價조정 등 일반 목민관이 담당하는 업무를 담당하고 있었다(고동환, 1998, 「조선후기 漢城府 행정편제의 변화」『서울학연구』11, 서울학연구소, 42~43쪽).

자 설치는 한양을 중심으로 한 인근 지역을 대상으로 한 것으로 경성 인근에 대한 전문 유통의 지속적인 시도를 의미한다. 팔도에 이르는 직로에 포자를 설치토록 한 것은 관원을 중심으로 여행시 전문을 사용토록 함은 물론 한양에서의 사례에 따라 부분적으로 전문 사용의 사례를 시연하기 위한 목적이 있었다. 5조는 우마의 매매는 전문으로 거래함과 동시에 가격을 정함에 있어서도 전문이 기준이 되도록 했다.[77] 고액거래의 전문 이용을 통해 유통의 신인도를 간접적으로 확보하고자 함이었다.

조정된 행전방안을 실시하는 초기에 시행을 둘러싼 논쟁이 발생했다. 속전의 징수를 시도하는 과정에서 하리들의 범죄에 대해 수속하는 것과 동시에 士夫들을 대상으로 한 전문 수속을 병행했다.[78] 수속된 속전을 호조에 귀속하도록 하자 병조가 반발했다. 병조에서는 재정이 여유롭지 못한 상태에서 하배들의 料布를 지급할 물력을 상실할 것을 우려하고 속전을 병조에도 지원해 줄 것을 요청했다. 이러한 문제는 당시 전국적인 동시행전을 시도하는 과정에서 드러난 행전의 한계와 아울러 효과적인 정책추진의 어려움을 가중시키고 있었다.

3. 兩西行錢을 통한 동전유통 모색

전문 유통에 대한 회의적인 시장의 반응 속에서 사복시를 시작으로 한 전문대납의 반대 움직임이 일어났다. 더불어 전문 사용의 시범책으로 추진된 점포 및 포자 운영의 폐단도 대두되었다.[79] 포자에서 전문을 통

---

77) 인조 초기의 전문유통 논의에서 토지와 우마의 매매에까지 전문을 사용하게 하기 위해서는 충분한 전화가 요구된다고 지적되었다(『仁祖實錄』13, 仁祖4년 閏6월 戊午). 병조에서 무역하는 馬匹의 가격은 한성부와 형조가 감독하고 있었다(『各司受敎』「漢城府受敎」, 丁巳二月二十五日兵曹受敎).

78) 『仁祖實錄』31, 仁祖13년 7월 丙寅.

79) 『承政院日記』56, 仁祖15년 2월 甲申.

한 매매에 있어 재상이 사고자 할 경우 좋은 품질의 음식을 판매했다. 그러나 일반 백성들에게는 먹을 수 없을 정도로 나쁜 음식을 팔았다. 이러한 문제는 동전의 유통문제와 직접적인 관련성이 없음에도 동전 이용에 대한 부정적 인식을 확산시키고 있었다.

전란으로 동전을 이용한 국가적인 수세와 관리가 지속되지 못하면서 전문 소지자들을 중심으로 동전이용에 대한 불만과 불신이 높아지고 있었다. 행전을 둘러싼 논란이 계속되는 가운데 병자호란 이후 행전은 잠정적으로 중단되었다.

인조조의 전국을 단위로 한 동시 행전시도의 정책적인 면을 비판 하면서 국지적 행전시도를 제기한 인물은 김육이었다. 그는 1644년(인조 22) 서로를 중심으로 연로에 점포를 설치하고 이 지역을 대상으로 동전 유통을 시작할 것을 주장했다.[80] 대사성 김육이 판단한 기존의 행전 실패의 가장 큰 요인은 전국을 대상으로 일시적인 전문의 유통을 염두에 둔 행전책의 추진이었다.

주전량 부족 등으로 전문이 파급되지 못한 지역에서는 전문의 사용을 알지 못했을 뿐만 아니라 지속적인 주전이 이루어 지지 않아 문제의 해결은 불가능하다고 판단했다. 따라서 전국적인 전문의 유통 보다는 당시 청나라의 사신행차가 끊이지 않았던 서로 지역의 연로를 중심으로 점포를 설치하고 이를 통해 전문을 유통시키는 대안을 제시했다.

김육의 제의에 따라 비변사에서는 시행 가능성을 양서의 감사에게 검토하도록 했다. 평안감사 김세렴은 행전시도를 위해 호조로부터 전문의 이송을 요청하였으며 호조에서는 감사의 요청에 따라 수효를 파악한 후 발송했다.[81] 당시 김육의 행전 건의는 시행에까지 이르지는 못했다.

---

80) 『仁祖實錄』 45, 仁祖22년 9월 丙戌 ; 金堉, 『潛谷遺稿』 疏箚, 辭輔養官東還後加資疏 甲申八月 ; 金堉, 『潛谷遺稿』 疏箚, 兩西請用錢疏 丁亥十二月 ; 『度支志』 財用部, 錢貨.
81) 『仁祖實錄』 45, 仁祖22년 10월 己巳 ; 『承政院日記』 89, 仁祖22년 10월 己巳

4. 朝鮮通寶의 주전기반과 주조

인조조에는 주전을 위한 원료와 주전기술이 재확립 되었다. 동으로 대표되는 주전 원료의 확보문제는 조선에 동광이 개발되지 못한 현실과[82] 더불어 대외 무역을 통해서도 확보가 용이하지 않았던 데 있었다.

> (예조판서 박홍구가 아뢰기를) 돈을 사용하는 일은 先朝朝에서 시행하고 자 하였으나, 그 당시 대신들이 재료를 얻기 어렵다는 이유로 防啓하고 시행 하지 않았습니다.[83]

1609년(광해군 1) 예조판서 박홍구는 통화의 필요성을 역설하면서 宣祖 때에 주전재료의 확보 문제로 전문 유통이 중단된 사실을 지적했다. 그는 주전원료인 동철의 확보가 용이하지 않다면 굳이 銅鐵을 고집하지 말 것을 주장했다.

전문의 유통 필요성이 제기된 이래 재료로서 여전히 동철이 가장 먼저 고려되고 있었다.[84] 주전 원료 확보를 위한 돌파구는 일본을 통해 마련하는 길이 모색되었다. 임란 후 1609년 '己酉約條'가 맺어지고 이를 통해 국교가 회복되면서 양국 간의 무역이 재개되었다.[85] 당시 일본은

; 『備邊司謄錄』 8, 仁祖22년 10월 15일.

82) 조선 초기 세종과 성종조에 전국 10여개의 동산지가 파악되었으나 생산량은 미약했다(崔虎鎭, 1974, 『韓國貨幣小史』, 瑞文堂, 68쪽). 동광개발은 정조조에 일부 이루어졌다(『萬機要覽』 財用編4, 金銀銅鉛). 이호민은 '전문은 동으로 주조할 수 있는 것이다.'라고 강조하면서 주전원료로서 동의 중요성을 강조했다(李好閔, 『五峯集』 卷11, 「行銅錢議」).

83) 『光海君日記』 15, 光海君1년 4월 乙卯.

84) 『光海君日記』 23, 光海君1년 12월 丁巳 ; 『光海君日記』 25, 光海君2년 2월 丁巳. 중국도 주전 원료는 소수의 금·은의 사례를 제외하면 청동이 대부분이었는데, 이는 철보다 동이 귀하게 인식되고 또한 화폐주조가 용이했기 때문이다(申採湜, 『東洋史槪論』, 三英社, 84~85쪽 ; 이성규, 1983, 「전국시대 화폐정책의 이론과 실재」 『진단학보』 55).

이미 세계적인 동 산지였다. 이러한 점을 고려하여 1619년(광해군 11)
호조판서 김신국은 일본의 동철을 이용한 주전을 건의했다.

> (호조가 아뢰기를) 우리나라에서 동철이 생산되지 않고 있으나 倭奴가 바
> 치는 수량이 해마다 수만 근을 웃돌고 국내 민가에서도 간혹 銅器를 많이 가
> 지고 있습니다. 지금 鑄錢局을 설치하여 그 가치를 국가에서 정하여 통용하
> 게 허락하고 (후략)[86]

조선에서 생산되는 동철은 없으나 당시 왜를 통해 수만 근 이상의 동
이 유입되고 있는 상황이었다. 뿐만 아니라 주전을 위해 민간에 이용 중
인 銅器를 이용하는 것도 가능함에 따라[87] 주전원료의 확보 가능성이
높아진 점을 강조하고 있다. 1634년(인조 12) 당시 왜로부터 유입되는
동은 약 3만근에 이르렀다.[88] 일본을 통한 원료의 확보는 인조조의 주전
과 행전 논의에 있어 주전원료의 제약을 극복할 수 있었던 요인으로 작
용하게 되었다.

인조조에는 중국전의 수입논의가 일었다. 호조판서 이서는 용전을 건
의하면서 중국의 '大明通寶'를 수입할 것을 주장했다.[89] 당시 중국전의
유통을 염두에 두고 중국전을 매매하는 방안이 여러 차례 제기되기도 했
으나[90] 실행에 옮겨지지는 못했다. 그럼에도 중국전 수입논의가 계속

---

85) 李鉉淙, 1964, 「己酉條約成立始末과 歲遣船數에 對하여」『港都釜山』4 ; 나종
   우, 1990, 「朝鮮初期의 對日本統制策에 대한 考察」『臾山兪炳德博士華甲紀念
   論叢』; 나종우, 1992, 「朝鮮初期의 對倭寇政策」『中齋張忠植博士華甲紀念』.
86) 『光海君日記』139, 光海君11년 4월 乙卯.
87) 1617년 調度使 韓德遠의 주도로 鐵物을 收括하고 있었다. 당시 경상도에 1만근
   을 할당하고 각 고을별로 다시 거두어들이면서 이를 둘러싼 논란이 심했다(金玲,
   『溪巖日錄』3, 丁巳 八月三日, 1997, 國史編纂委員會 영인).
88) 『仁祖實錄』29, 仁祖12년 2월 丁丑.
89) 『仁祖實錄』2, 仁祖2년 5월 丙申.
90) 『承政院日記』9, 仁祖3년 9월 25일.
   김육은 동전의 확보 방안으로서 餉臣을 통해 은을 가져가서 동전을 사오도록 하
   는 방안을 건의했다(『仁祖實錄』45, 仁祖22년 9월 丙戌).

이어진 것은 당시 명·청 교체기에 명의 전문 가치가 하락하면서 중국을 통한 전문의 수입이 용이한 측면이 있었기 때문이었다.[91] 국경을 통해 중국전이 유입되었다. 이들 중국전은 통화로 이용되거나 새로운 동전 주조를 위한 원료로 활용될 여지가 높았다.

한편, 간헐적으로 시도된 주전의 치폐 과정에서 주조된 전문은 폐기되지 않고 계속 누적되고 있었다. 舊錢과 新錢에 대해 언급하면서 구전의 개주 문제가 등장한 것은 이러한 현실을 반영한다. 1633년(인조 11) '조선통보'의 주조가 시도되고 이듬해 동전 확보방안이 논의되었다.

> (전략) 인조가 "옛날에 주전을 가지고 다시 주전하는 것은 왜 그러한가?"라고 물었다. 김신국은 "옛날 돈은 값이 가볍고, 새 것은 값이 중합니다. 그러므로 대대로 그것을 새로 주전하였습니다."라고 대답했다. (후략)[92]

인조는 행전을 위해 기존에 유통되던 동전을 이용하여 새로운 동전으로 개주하는 이유를 물었다. 특진관 김신국은 구전은 값이 낮고 새로이 주전한 신전은 값이 높아 동시에 유통될 경우 시장의 전문이 퇴장될 우려가 있으니 가치가 동일한 통화로 개주해야할 필요성이 있다고 지적했다. 이는 주전된 동전의 품질차이를 전제로 한 인식이었다. 주전 당시 통화의 가치 조절을 위해 개주가 시도되고 있음을 지적함과 동시에 이른바 구전이 넓은 의미의 주전 원료로 활용되었음을 암시한다.

전문의 주조 방법은 고려 1102년(숙종 7) 鼓鑄法으로 '海東通寶' 1만 5천관을 주조한 것을[93] 계기로 이미 확립되어 있었다. 고주법을 통한 주

---

91) 효종조에는 국경을 통해 중국전(明錢)이 '低錢'이라 하여 조선으로 유입되고 있었다(『度支志』 財用部, 錢貨 ; 『孝宗實錄』 6, 孝宗2년 3월 庚寅). 17세기 전반 사무역이 활발하게 이루어지고 있었다(柳承宙, 1979, 「17世紀 私貿易에 관한 一 考察」 『弘大論叢』 X, 홍익대학교).

92) 『承政院日記』 45, 仁祖12년 10월 癸巳.

93) 『高麗史』 79, 食貨2, 貨幣條.
   주조기술에 있어 고주법에 의한 전화의 주전이 여기서 비롯되었으며, 이후 금속

전 방식에는 변화가 없었다. 조선후기의 주전법을 추론한 연구성과에 의하면[94] 활자주조의 방법에 의한 전문의 주조는 조선초기에 비해 크게 변화되지 않았음을 알 수 있다.

임진왜란으로 인해 활자의 주조가 중단된 이래 광해군에 의해 비로소 금속활자의 제작이 재개되었다. 1617년(광해군 9)에 주자도감을 설치하고 '戊午字'를 완성한 후 『서전대전』 등을 간행했다.[95] 이로서 적어도 광해조에 주전을 위한 기술적 기반이 재확립되었음을 알 수 있다.

광해조에 다시 확보된 주전법을 바탕으로 인조조에 동전의 주조에 착수할 수 있었으며, 주전의 성과도 축적되고 있었다. 인조가 즉위하자 당시 호조판서 이서는 명나라 '대명통보'의 수입을 건의하면서 전문유통의 필요성과 더불어 별도의 동전주조 필요성을 제기했다. 논의결과 중국전 수입 대신 '一銖錢 400貫'을 주조했다.[96] 이러한 주조는 행전을 검토하기 위한 시범적 성격을 지닌 것이었다. 1625년(인조 3)에는 호조판서 김신국을 중심으로 윤방, 이성구 등의 연이은 주전 요청이 일자 비로소 인경궁에 주전청이 설치되고 주전이 실시되었다.[97] 그러나 이듬해 윤6월

활자의 주조에도 큰 영향을 미친 것으로 해석되고 있다.

94) 元裕漢, 1975, 『朝鮮後期貨幣史研究』, 韓國研究院, 60~63쪽.
   그가 인용한 자료는 1905년 *Korea Review*이다(*Korea Review*, Vol.5, No.3, 87~97, March 1905). 이와 아울러 유원동은 1852~1857년간의 주전 기록인 「鑄錄」을 통해 주전소의 조직과 운영 등에 대해 고찰 한 바 있다(劉元東, 1973, 「李朝 後期」 特權 매뉴팩처」의 序說」『鷺山 李殷相博士 古稀紀念 論文集 民族文化論叢』, 98~103쪽).

95) 千惠鳳, 1999, 『韓國 書誌學』, 민음사, 288쪽 ; 천혜봉, 1993, 『한국금속활자본』, 범우사, 15~16쪽.
   현재 안성을 비롯하여 김천, 봉화 등지에 유기장이 남아 있다(국립문화재연구소, 2002, 『유기장』 ; 안귀숙, 2002, 『유기장』, 화산문화). 안성 유기장에서는 최근까지 기념품으로 전문을 주조했다고 진술하고 있다.

96) 『仁祖實錄』 2, 仁祖1년 7월 庚子.
   인조 3년 행전을 논의하면서 이 당시 주전이 이루어졌다고 언급하고 있다(「承政院日記」 9, 仁祖3년 9월 25일).

에 이르기까지 뚜렷한 성과를 이룩하지 못하고 있었다.

> 용전에 관한 일은 이미 지난해(1625) 겨울에 入啓해서 결정했습니다. 그러
> 나 장인의 수가 적어 주조한 것이 많지 않은데다가 연이어 禮葬·延接의 일이
> 있었기 때문에 이 일을 진행할 겨를이 없어 몇 개월 동안 停廢 했다가 이제야
> 비로소 장인을 불러 주조하고 있습니다.[98]

인경궁에 주전소가 설치되었으나 국장과 사신의 접대가 이어지고 장
인확보의 어려움으로 주전이 지속되지 못했다. 당시 주조된 전문의 형태
에 대해서는 알 수 없으나 1626년(인조 4) 윤6월까지 8개월 동안 주전청
을 통해 주전한 전문은 600관으로[99] 여전히 통행에 충분한 통화량은 아
니었다.

인조는 간헐적인 주전에 대해 회의적인 입장을 취하며 주전을 중단하
려 했다.[100] 당시의 주전정책은 1627년(인조 5) 정묘호란으로 중단되었
으며, 이때까지 주전된 전문은 모두 1,100여 관이었다.[101] 인조 초년의
주전은 주전청이 설치되고 간헐적이지만 주전이 지속된데 의미가 있다.

정묘호란 이후 김신국과 남이공에 의해 국가 재정의 확보책으로서 전
문의 유통과 주조 문제가 재론되었다. 호조에서는 당시 창고에 보관중인
전문 1,100여 관을 기반으로 왜로부터 들어오는 동철 등을 이용해 주전
을 지속할 것을 요구했다.[102] 이에 따라 1633년(인조 11) 10월 26일 전
면적인 주전이 재개되었다.

주전을 위해 주전청이 설치되고 鑄錢官이 구성되었다. 주전관으로는

---

97) 『仁祖實錄』 10, 仁祖3년 11월 壬戌.
98) 『仁祖實錄』 13, 仁祖4년 閏6월 戊午.
99) 『仁祖實錄』 13, 仁祖4년 閏6월 戊午.
100) 『仁祖實錄』 14, 仁祖4년 8월 辛丑.
101) 『仁祖實錄』 28, 仁祖11년 10월 甲戌 ; 『仁祖實錄』 19, 仁祖6년 7월 癸酉.
  인조 4년의 주전은 주전청 설치 후 약 두 달에 걸쳐 집중적으로 이루어졌다.
102) 『承政院日記』 41, 仁祖11년 10월 甲戌 ; 『承政院日記』 41, 仁祖11년 10월 乙未.

호조의 당상관을 주축으로 호조 낭청 2員과 상평청 낭청 2원이 배치되었다.[103] 주전은 호조와 상평청의 낭청으로 나누어 좌우로 구분하여 각기 주조 하도록 했다. 주전에 있어 주전량과 주전 동전의 품질에 대해서는 상평청에서 감독했다.[104] 주전 과정에서 전문의 형태와 명칭이 결정되었다.

　　(호조가 아뢰기를) 신들이 萬曆通寶와 朝鮮通寶를 가져다 살펴보니, 만력통보는 무게가 한 전 사푼인데 조선통보는 그 무게가 너무 적습니다. 청컨대 만력통보의 양식에 따라 조선통보를 주전하고 (글씨를) 팔분서로 바꾸어서 新舊錢을 구분하도록 하소서.[105]

주전한 전문은 '조선통보'로서 명나라의 만력통보를 참고로 했다. 다만 만력통보는 무게가 1전 4푼임에 반해 조선초기 주조되었던 조선통보의 경우 이에 품질이 미치지 못하자 만력통보에 준하여 새로운 조선통보를 주조하고자 했다. 조선통보를 주조하되, 1423년(세종 5)에 주전한 조선통보와의 구분을 위해 팔분서로 전명을 표기하도록 했다.[106]

1634년(인조 12) 부터 상평청을 중심으로 전문의 주조가 이루어졌다. 이듬해까지 주조된 전문이 동철공급의 부진으로 주전량이 10,000관에 미치지 못했다는 언급이 있으나 적어도 2,000여관 이상 주조된 것으로 파악되고 있다.[107] 같은 해 5월에는 상평청에 보관 중인 은화를 전량 이

---

103) 인조13년의 주전에 있어서도 상평청이 주도했다. 상평청의 당상은 호조판서가 겸했다(『承政院日記』 47, 仁祖13년 4월 乙巳).
104) 인조 12년의 주전에 있어서도 상평청이 주전을 檢飭함은 물론 주전국을 상평청에 설치했다(『承政院日記』 45, 仁祖12년 10월 癸巳).
105) 『仁祖實錄』 28, 仁祖11년 11월 壬辰.
106) 당시의 주전은 호조판서 김기종의 건의에 의해 상평청에서 이루어졌다. 동전의 명칭은 '상평통보'인 것으로 후대에 이해되었으나(『野言記略』 癸酉年 11월 ; 『增補文獻備考』 159, 錢貨 ; 編者未詳, 『大事編年』 12, 行錢), 이는 상평청에서 주전한 전문을 확대 해석하여 명명한 것으로 판단된다. 현전하는 전문 등을 참고로 하였을 경우 팔푼서 조선통보가 주조되었을 가능성이 높다.

용하여 工人을 고용하여 주전을 지속하도록 했다.108)

주조된 동전을 바탕으로 11월 1일부터 본격적인 행전에 돌입했으나 곧 이은 병자호란으로 중단되었다. 호란 이후 동전유통의 실현 가능성이 불투명해지자 추가적인 주전이 이루어지지는 못했다.109) 개성을 중심으로 한 인근에서는 행전과 주전의 중단 이후에도 지속적으로 동전이 사용되고 있었다. 이에 1643년(인조 21) 호조에서는 개성부로 동전 5,000근을 갖추어 보냄으로서 이 지역의 행전을 지원했다.110) 이후에도 평안도를 중심으로 행전을 시범하기 위해 호조에 보관 중이던 전문을 모두 이송하기도 했다.111)

인조조에 주전된 전문의 재질과 형태는 다양했다. 인조 초기에 주조된 일수전 등과 같은 전문은 동전으로 추정되나 정확한 명칭을 확인할 수는 없다. 조선통보의 특징은 아래의 인용문을 통해 알 수 있다.

> ① (호조가 아뢰길) 병인년(1626년)의 사목에는 전 1문이 미 1승에 준하도록 정식으로 했습니다. 지금에 의논하는 많은 사람이 그 값이 너무 높다고 여깁니다. 1문을 미 반승에 준하여 정식으로 하면 그 값은 조정될 것이라 하니 이것으로 정식으로 하십시오. 다만 錫錢은 매 1문에 미 1승으로 기준으로 하십시오.112)
> ② 비변사에서 계하여 아뢰길. "평안감사 用錢狀啓에 점련된 절목에 '남아 있는 것이 몇 관인가?'라고 물어 계하는 일로 전교가 있었습니다. 해조(호조)에 물으니 銅錢은 93관 238문, 錫錢은 121관 250문, 銅大錢은 3관148문, 錫大錢은 184문이라고 하니 감히 계합니다."했다.113)

---

107) 『承政院日記』 46, 仁祖13년 2월 辛丑 ; 『承政院日記』 49, 仁祖13년 9월 壬戌.
108) 『仁祖實錄』 31, 仁祖13년 5월 丁丑.
109) 『承政院日記』 53, 仁祖14년 8월 戊寅.
110) 『承政院日記』 86, 仁祖21년 12월 甲申.
111) 『仁祖實錄』 45, 仁祖22년 10월 己巳.
112) 『仁祖實錄』 28, 仁祖11년 11월 壬辰.
113) 『備邊司謄錄』 8, 仁祖22년 10월 15일 ; 『承政院日記』 89, 仁祖22년 10월 己巳.

　조선통보는 재질에 따라 동전과 석전이 있었으며, 일반 전문에 비해 큰 '大錢'이 확인된다. 동전과 동대전, 석전과 석대전의 가치에 있어서는 대전의 가치가 높게 책정되어 유통되었을 것이다. 전문에 소요된 재료의 양에 따라 전의 가치가 변화하는 당시의 상황을 본다면 대전의 가치가 높다고 볼 수 있다. 동전과 석전에 있어서는 석전이 보다 고액이었다. 동전 1문에 미 반승을 정식으로 했으나 석전의 경우는 1문에 미 1승으로 규정했다.

　호조를 중심으로 한 중앙관서 뿐만 아니라 지방에서도 주전이 시도되었다. 1633년(인조 11) 상평청 주전과 아울러 안동, 전주, 공주 등과 같은 감영이 위치한 큰 고을을 중심으로 전문을 주조하는 방안이 논의되었다. 그 결과 안동에 주전국을 설치함은 물론 松京에서도 주전을 하도록 했다.114) 이후 鑄工의 확보와 전문 산포에 유리한 상업 발달지 대구가 주목되면서 8천근을 이용하여 안동부와 대구부가 반씩 나누어 주전하도록 했다.115)

　대구와 안동을 시작으로 한 지방주전을 계기로 이듬해 해주와 수원에서도 주전을 요청했다. 황해도관찰사 남선과 수원부사 윤지도 전문납이 추진되는 상황에서 주전을 요청했으며 해주와 수원에 대해 1635년(인조 13)에 주전이 실시되었다.116) 그러나 이러한 지방주전의 확산계획은 병자호란으로 인해 실행에 옮겨지지 못했다는 사실은 앞서 언급한 바와 같다.117)

---

114) 『仁祖實錄』 29, 仁祖12년 2월 丁丑.
115) 『仁祖實錄』 29, 仁祖12년 3월 乙巳.
116) 『承政院日記』 46, 仁祖13년 1월 丁卯 ; 『仁祖實錄』 31, 仁祖13년 1월 丁卯.
117) 『承政院日記』 49, 仁祖13년 9월 壬戌.

Ⅲ. 효종조 행전권의 확대와 그 한계

1. 행전논의 배경과 양서행전 성공

인조조에 단행된 화폐유통 정책은 연이은 전란과 흉년으로 인해 중단
되었다.[118] 당시 유통된 화폐는 경기와 황해도 일부 지역을 중심으로 사
용되고 있었다.[119] 효종초기까지도 개성부 일대에는 화폐를 통용하여
널리 이용되고 있었다.[120] 개성에서의 화폐유통 사실은 행전책을 논의
하는 과정에서 통용의 가능성을 제시하는 중요한 사례로 지적되었
다.[121] 1650년(효종 1)에 화폐유통의 필요성을 주장한 인물은 김육이었
으며, 효종조 동안 지속적으로 행전책을 주도적으로 추진한 인물 또한
그였다.

김육은 중국 사행을 계기로 화폐유통의 가능성을 인식하고 인조에게
수차례에 걸쳐 행전을 건의한 전력이 있었다.[122] 1650년 효종의 즉위와
동시에 그가 가장 먼저 제시한 것이 바로 화폐의 유통문제였다. 김육은
진위사로 청나라에서 돌아오는 길에 중국전을 사서 평안도의 평양과 안

---

118) 1625년과 1633년에 각각 주전을 통한 행전이 시도되었으나 정묘호란과 병자호란
으로 인해 중단되고 말았다(元裕漢, 1975, 앞의 책, 84~90쪽 ; 元裕漢, 1972,「朝
鮮後期의 金屬貨幣流通政策-17世紀 前半의 銅錢流通試圖期를 中心으로」『東方
學志』13, 97~134쪽).
119) 인조조에 개성에는 돈이 널리 사용되어 크고 작은 거래에 모두 돈을 사용했다.
또한 개성 인근의 江華, 喬桐, 豊川, 長湍, 延安, 白川 등에서도 동전이 유통되고
있었다(金堉,『潛谷遺稿』疏箚, 兩西請用錢疏 丁亥十二月).
120)『承政院日記』116, 孝宗1년 11월 癸亥 ;『承政院日記』119, 孝宗2년 4월 乙丑.
121)『承政院日記』121, 孝宗2년 9월 庚辰.
122) 1644년과 1647년 두 차례에 걸쳐 화폐유통을 건의한 바 있었다(元裕漢, 1974,
「潛谷 金堉의 貨幣思想」『編史』5, 編史會 ; 元裕漢, 1980,「潛谷 金堉의 貨幣
經濟思想」『弘大論叢』11, 弘益大學校).

주 일대에 시범적으로 유통하기를 청했다.[123] 김육의 적극적인 행전건
의를 계기로 효종은 10년을 기한으로 지속적으로 화폐유통 정책을 추진
할 것을 지시했다.[124]

화폐유통 논의와 동시에 '麤布禁斷'의 조치를 내렸다. 효종은 추포가
시장의 물가를 동요시키는 중요 요인이라 지목했다. 면포의 升尺 감소
현상은 조선초기 이래 계속된 것으로 수차례에 걸친 금단 조치에도 불구
하고 常布가 지속적으로 유통되는 것이 현실이었다.[125]

효종은 즉위와 동시에 이 문제를 적극 제기했다. 각사에서 받아들이는
면포가 법전의 기준인 35척을 넘어 40척씩 거두면서 민폐를 야기시키고
있는 문제가 핵심이었다.[126] 계속된 목화 농사의 흉년과 이로 인한 면포
의 조악화 현상이 더욱 심해지면서 추포의 폐단이 극에 달하고 있었
다.[127] 조정에서는 추포의 유통으로 인해 물가가 폭등하면서 시장의 물

---

123) 『孝宗實錄』 4, 孝宗1년 6월 丁未.
　　김육은 효종 1년 사행을 출발하면서 양서에서 화폐를 유통하길 청하는 장계를
　　이미 올린 바 있었다(金堉, 『潛谷遺稿』「年譜」, 庚寅年 4월 11日).
124) 효종의 10년을 기한으로 한 화폐정책 추진 내용은 이후 화폐정책을 논의하는 과
　　정에서 지속적으로 강조되고 있다(『承政院日記』136, 孝宗6년 7월 辛卯 ; 『孝宗
　　實錄』15, 孝宗6년 12월 癸未 ; 『孝宗實錄』17, 孝宗7년 9월 庚午 ; 『承政院日
　　記』142, 孝宗7년 9월 辛未 ; 『備邊司謄錄』18. 孝宗7년 9월 29일).
125) 李正守, 2003,「16세기 綿布流通의 이중화와 貨幣流通 논의」『朝鮮時代史學報』
　　25, 朝鮮時代史學會 ; 卞光錫, 1989,「18~19세기 중엽 綿布의 流通構造」『韓國
　　近代經濟史研究의 成果』, 螢雪出版社 ; 李憲昶, 1999,「1678~1865년간 貨幣量
　　과 貨幣價値의 推移」『經濟史學』27, 韓國經濟史學會 ; 高承濟, 1959, 『近世韓
　　國産業史研究』, 大東文化社 ; 金柄夏, 1970,「朝鮮前期 貨幣流通－布貨流通을
　　中心으로」『慶熙史學』2.
126) 『孝宗實錄』1, 孝宗卽位年 7월 甲戌 ; 『孝宗實錄』3, 孝宗1년 1월 乙亥.
　　田稅로 내는 紬, 綿, 苧·正布는 貢案에 기재된 升數에 따라 35척을 납입하도록
　　규정되어 있다(『經國大典』戶典, 徭賦條). 그리고 『大典續錄』에는 5승포 35척을
　　그 기준으로 명기하고 있다(『大典續錄』戶典, 雜令條).
127) 유형원은 당시 추포가 겨우 1~2승에 불과하다고 지적했다(柳馨遠, 『磻溪隨錄』
　　8, 本國錢貨說附).

화가 통용되지 못하는 상황에 이른 것으로 파악했다.128) 이러한 인식은 곧 통화 정책 부재에 대한 문제점을 제기하기에 이르렀다. 당시 추포에 대한 금지 조치와 함께 화폐의 유통이 단행되었다.129) 효종초기 추포에 대한 강력한 금단조치는 화폐유통정책과 함께 추진되었다.

청나라와의 관계 속에서 행전 논의가 이루어지기도 했다. 청과의 무역은 개시무역을 통해 의주 등을 중심으로 지속적으로 발달했으며, 상인의 왕래도 빈번했다. 뿐만 아니라 潛商·私商도 또한 그에 못지않게 활동하고 있었음은 주지의 사실이다.130) 여러 형태의 상인 활동으로 인해 상업이 발달하고 중국과의 교역수단으로 동전이 유입되어 유통되고 있었다.

청나라와의 증가된 외교적 교류는 동전유통의 필요성을 증대시키기도 했다. 인조조 청과의 잦은 마찰과 그로 인한 전란의 결과 청에서는 조선을 견제하고자 빈번하게 사신을 파견했다. 효종조의 사행횟수는 조선후기 역대 왕의 재위기간 중 가장 많은 26회였다.131) 칙사에 대한 각종 접대에 소요되는 재정이 증대되고 이에 대한 원만한 운용을 위해 화폐를 통용하는 방안이 검토되었다. 양서지역을 관통하는 사신단의 접대를 위해 관향곡을 지원함과 동시에 耗穀에 대한 감면을 실시했다.132) 모곡에 대해서는 돈으로 거두는 방안이 모색된 점은133) 화폐를 통한 사신접대 비용의 지원이기도 했다. 청과의 교역 발달과 잦은 청나라 사신의 내왕

---

128) 宋贊植, 1997,「李朝의 貨幣」『朝鮮後期 社會經濟史의 硏究」, 一潮閣, 46~49쪽 (宋贊植, 1976,「朝鮮後期 行錢論」『韓國思想大系』Ⅱ, 成均館大學校 大同文化 硏究院 재수록).
129)『孝宗實錄』6, 孝宗2년 4월 庚午.
130) 김종원, 1999,『근세 동아시아관계사 연구』, 혜안, 223~272쪽.
당시 중국을 통해 상당한 동전이 유입되기도 했다(『備邊司謄錄』孝宗7년 10월 3일 ;『承政院日記』142, 孝宗7년 10월 丁丑).
131) 권내현, 2004,『조선후기 평안도 재정 연구』, 지식산업사, 120~145쪽.
132)『孝宗實錄』4, 孝宗1년 5월 丙寅 ;『孝宗實錄』4, 孝宗1년 5월 丁丑.
133)『備邊司謄錄』孝宗7년 9월 6일 ;『承政院日記』142, 孝宗7년 9월 癸酉 ;『承政院日記』142, 孝宗7년 10월 庚子.

에 대한 재정적 지원을 위해 화폐유통이 고려되었다.

1650년, 효종 즉위년부터 양서지방에 흉년이 지속되면서[134] 西路의 역참로를 중심으로 기민에 대한 구휼을 위해 화폐를 통용할 것을 검토하기 시작했다. 이듬해 좌의정 이시백은 관곡만으로는 진휼에 한계가 있음을 지적하고 예전에 논의된 바 있는 행전을 실행에 옮길 것을 건의했다. 이를 위해 김육과 임담이 들여온 중국전을 적극 활용하고자 했다.[135] 평안도와 황해도에 걸친 서로에 대한 청나라 사신의 접대비용 지원과 기민의 진휼을 위한 재원으로서 화폐의 유통 추진은 효종조의 화폐정책이 효과를 발휘하게 된 계기가 되었다. 흉황이 행전을 위한 계기로 작용한 것은 조선전기에 행전불가 이유로서 흉황이 제기되었던 점과는 상이한 것으로 통화, 특히 동전의 성격을 파악한 시각의 전환이라 하겠다.

효종과 김육에 의한 행전책의 추진은 장기적이고도 계획적인 화폐정책을 실시한 최초의 사례이며, 조선후기 전국적 행전을 가능하게 한 기반으로서 큰 의미가 있다. 1650년(효종 1) 6월 영중추부사 김육의 건의에 따라 서로를[136] 중심으로 행전의 가능성을 시험하고자 했다. 평양과 안주를 중심으로 행전 가능성을 검토했다.[137]

이조판서 한흥일은 통용할 가능성이 있다고 동의하고 서로의 감사와 수령의 의견을 수렴할 것을 건의했다.[138] 서로지역의 흉황으로 인한 행

---

134) 『孝宗實錄』4, 孝宗元年 6월 己酉 ; 『孝宗實錄』4, 孝宗元年 7월 丁巳 ; 『孝宗實錄』4, 孝宗元年 7월 丁卯 ; 『孝宗實錄』5, 孝宗元年 8월 壬午 ; 『孝宗實錄』5, 孝宗元年 8월 丁亥 ; 『孝宗實錄』5, 孝宗元年 9월 甲寅 ; 『孝宗實錄』6, 孝宗2년 3월 癸卯.

135) 『承政院日記』118, 孝宗2년 1월 甲辰 ; 『孝宗實錄』6, 孝宗2년 1월 丁未 ; 『孝宗實錄』6, 孝宗2년 3월 丁亥.

136) 서로는 한양에서 義州에 이르는 四十五所의 站을 지칭하는 것으로 본다(『續大典』 工典, 橋路條). 『경국대전』에는 황해도 소속 屬驛이 19개소이고, 평안도 소속 속역이 32곳으로 나타나 있다(『經國大典』 吏典, 外官職條).

137) 당시 김육이 가져온 동전은 沿海各邑에 나누어졌음에도 통행되지는 못했다(『度支志』 財用部, 錢貨).

전의 보류는 오히려 이듬해인 1651년(효종 2) 전면적인 행전책을 추진하는 계기로 작용했다. 서로의 진휼을 위해 미 1만 4백여 석과 잡곡 8만 2천 5백여 석을 이 일대에 지급하고, 동시에 비변사에서는 진휼과 행전을 위해 전문을 유통하는 방안을 추진했다.139)

  서로의 행전을 위해 중국전의 수입은 물론 사주전도 허용하는 등 적극적인 동전 공급책이 뒷받침되었다. 백성들이 동전 이용의 이로움을 알기 시작하자 화폐 유통에 대한 신임이 높아지면서 행전은 큰 성과를 나타내기 시작했다.140) 1651년 9월에는 서로에 대한 행전은 성공한 것으로 판단했다.141) 이로써 효종조의 화폐정책은 1년여 동안의 노력 결과 서로지역에 대한 화폐유통 성공이라는 성과를 이룩하게 되었다.142) 여기에는 인조조에 경주된 행전을 위한 사목의 보완 노력과 더불어 전국적인 동시행전 시도의 실패라는 시행착오를 통한 교훈이 기여한 바가 있었다.

---

138) 『承政院日記』 116, 孝宗1년 11월 癸亥.
139) 『承政院日記』 118, 孝宗2년 3월 戊子.
     양서지역에 대한 진휼에 있어서 해서지역은 미곡을 중심으로 추진하고, 관서지역은 전문을 매개로 한 진휼을 추진한 차이점이 있었다.
140) 『孝宗實錄』 6, 孝宗2년 4월 庚午 ; 『承政院日記』 119, 孝宗2년 4월 己巳.
     이 시기 추포금단 조치가 단행되면서 화폐유통이 더욱 촉진되었다. 그리고 양서지역의 화폐유통에 있어서도 지역 차가 일부 나타났다. 송도를 중심으로 한 海西지역은 關西지역에 비해 파급효과가 컸다(『承政院日記』 119, 孝宗2년 4월).
141) 『承政院日記』 121, 孝宗2년 9월 庚辰.
142) 『度支志』 財用部, 錢貨. 효종 4년 12월에는 이미 양서지방의 행전이 두서가 잡혀 안정기에 접어들고 있었다(『承政院日記』 129, 孝宗4년 12월 戊子).

2. 삼남지역으로의 행전권 확대

1) 경중행전

서로에 대한 행전이 성공한 것으로 판단됨과 동시에 京中에 대한 행전방안이 모색되었다. 서로에서 한양으로 여정을 떠나는 사람은 여행에 소요되는 양곡 대신 동전을 이용하면서[143] 화폐유통의 편리성을 실제로 느낄 수 있었다. 서로의 화폐유통이 알려 지면서 한양에서도 행전을 위한 분위기가 조성되고 있었다. 당시 '麤木禁斷' 조치로 인해 한양에는 마땅히 달리 통용할 통화가 없는 실정이라 호소하면서 시전상인들을 중심으로 화폐를 사용하길 요청하는 상황이 벌어지고 있었다.[144]

한양을 중심으로 한 경중행전의 본격적인 시행을 위해 1651년(효종 2) 10월에 행전사목이 마련되었다. 사목의 내용 일부가 실록에 전하고 있다. 상평청에서 경중행전을 위해 마련한 사목을 정리하면 아래와 같다.

1. 다음 달 초에 명을 내려 시장에서 돈을 사용하게 한다.
2. 전가는 높고 낮음이 있고, 장소에 따라 변화가 있다. 양서지방에는 미 1승의 값이 전문 3문에 해당하니 서울에서도 마땅히 이에 의거해서 통용한다.
3. 반드시 관에 (돈을) 납입하는 길을 열어야 백성들이 모두 돈을 사 들인다. 먼저 여형의 속전법을 사용하여 각사에서 범죄를 범하거나 금법을 어긴 자는 스스로 원하는 바에 따라 속전의 액수를 납입하게하고 그에 따라 태장을 가한다. 태 10은 10문, 장 100은 100문으로 하고 허통이나

143) 『承政院日記』 121, 孝宗2년 9월 庚辰.
144) 『承政院日記』 121, 孝宗2년 9월 庚辰.
한편 시전상인은 市民으로 나타나고 있다. 이하 시민은 시전상인을 지칭한다. 이와 관련한 연구성과는 아래와 같다.
林仁榮, 1980, 「李朝市廛의 商事紛爭과 處決-市民謄錄研究(Ⅰ)」『論文集』 9, 淑明女大 韓國政治經濟研究所, 7~8쪽 ; 고동환, 1992, 「18세기 서울에서의 魚物流通構造」『韓國史論』 28, 서울대학교국사학과, 161~168쪽.

면방, 노직 공명첩에 있어서도 모두 돈을 납입하는 것을 허가한다.
4. 시장의 모든 물품은 모두 돈으로 거래하게 한다. 돈이 필요한 사람은 상평청에 쌀을 바치고 쌀을 원하는 자는 상평청에 돈을 납입한다. 사사로이 서로서로 바꾸고자 하는 자들도 통용하도록 한다.[145]

경중행전의 시점은 같은 해 11월부터 본격적으로 실시할 것을 천명했다. 이에 앞서 이미 한양에서 행전 요구가 커지자 부분적으로 통행에 소요되는 동전을 시장에 유통시키고 있었다. 서둘러 사목을 마련하고 첫째 조항에 따라 11월 별도의 영을 반포하여 화폐유통을 본격화하게 되었다.

사목의 두 번째 조항은 錢價의 조절에 대한 문제이다. 전가 즉, 물가는 때와 장소에 따라 변동이 있음을 인정하면서도 한편으로는 서로의 기준을 적용하고자 했다. 여기에는 서로행전에 성공한 경험과 효과가 반영되어 있었다. 서로에서는 미 1승당 동전 3문에 유통되고 있었는데, 이러한 절가는 행전의 성공에 따라 시장에서 전가가 조절된 결과로 판단했다. 따라서 한양에서의 행전을 위해서 서로의 절가 기준을 적용하고자 했다. 이후 한양의 현실을 반영한 전가의 재개정이 이루어졌다.

사목의 세 번째 항목은 행전을 위해 관에서 주도적으로 화폐가치에 대해 인정할 필요가 있다고 보고 행전에 적극 개입하여야 함을 전제로 하고 있다. 관청에서 징세하는 세금의 일부를 돈으로써 받아들인다면 일반 백성이나 시민들이 稅錢을 마련하기 위해 돈을 구하게 될 것이며 이로서 화폐는 통용될 것이라고 본 것이다. 구체적인 실시 방안이 바로 贖錢, 許通, 免防, 空名帖과 관련해서 화폐로서 납입하게 하는 것이었다. 비록 화폐납이 강제적 조항은 아니었으나 행전을 원활히 하기 위한 구체적이고 실현가능한 방안의 하나였다. 일찍이 유형원은 행전을 위해 錢納을 실시할 것을 주장한 바 있었다.[146] 이는 화폐유통을 위한 효과적인

---

145) 『孝宗實錄』 7, 孝宗2년 10월 癸酉 ; 『承政院日記』 122, 孝宗2년 10월 癸酉. 본 사목은 <표 1>의 7번에 해당한다.

방안의 하나였다. 그러나 본 사목에서 제시된 것은 부분적인 화폐 수취를 통한 행전 장려책으로써 유형원이 제시한 부세 전반에 대한 화폐납과는 다른 소극적인 방안이다.

속전은 각사에 죄를 지었거나 금법을 어긴 자에게 부과하였으며 笞와 杖의 수에 따라 각기 1문씩을 징수하도록 했다. 서로행전에 있어서도 이미 속전의 법이 행해지면서 효과를 발휘했다고 보고 한양에서도 이를 적용하게 했다.147) 그리고 전문의 액수는 밝히지 않았으나 서얼의 허통이나 老職에 대한 공명첩의 발매에도 모두 동전으로서 행할 수 있는 길을 열어 두었다. 赴防을 면제하기 위해 납입하는 免防錢에 대한 문제는 사목을 마련하기에 앞서 논의된 바 있다. 새로이 무과에 합격한 자는 정시나 증광시 합격자를 구분하지 않고 서북지방에 防戍하도록 규정하고 있었다. 그런데 1651년(효종 2)부터 부방 대신에 말이나 돈을 바치고 이를 면제하는 방안이 부분적으로 적용되자 서울행전을 계기로 확대 실시하게 된 것이다. 이들에게서 받는 면방전은 각기 전문 30貫으로 규정되었다.148) 이후 한양에서의 행전이 본격화되면서 무과 新出身들에게 걷는 면방전의 액수는 10관으로 감액되어 추진되었다.149) 사목의 네 번째 조항에서는 이러한 동전지출에 소요되는 전문을 상평청을 통해서 마련하도록 했다.

한양에서의 행전을 위한 행전사목에는 행전시기와 전가에 대한 규정이 명확하다. 여기에는 서로에서의 행전성공 사례가 반영되어 있다. 행전을 위한 동전 공급을 위해 자체주전과 함께 중국전 수입이 추진되었으

---

146) 柳馨遠, 『磻溪隧錄』 8, 本國錢貨說附 ; 『度支志』 財用部, 錢貨. 유형원의 사상에
    대해서는 정구복(1970, 「磻溪 柳馨遠의 社會改革思想」 『歷史學報』 45, 歷史學
    會)의 논고를 참고바람.
147) 『孝宗實錄』 7, 孝宗2년 11월 丁亥.
148) 『承政院日記』 122, 孝宗2년 10월 壬戌 ; 『承政院日記』 122, 孝宗2년 10월 癸亥.
149) 『承政院日記』 122, 孝宗2년 12월 壬戌 ; 『承政院日記』 122, 孝宗2년 12월 丙寅.

며, 속전 등을 징수하는 방법을 통해 원활한 화폐유통을 도모하고자 했
다. 동전 이용층은 행전을 요청한 시전상인을 비롯하여 속전, 면방전의
사례에서와 같이 점차 일반백성들에게까지 확대하고자 했다.

2) 삼남행전

한양에서의 행전이 결정된 이듬해에는 지방으로의 행전지역 확대를
목적으로 경기지역에 대한 화폐유통 방안이 시도되었다. 선혜청에서는
1652년(효종 3) 봄부터 경기에서 받아들이기로 한 대동미 8두 중 1두를
돈으로 받고자 했다.[150] 영의정 정태화는 당시 화폐가 경외에 두루 통용
되고 있지 않은 현실에서 갑자기 화폐로 대동미의 일부를 징수할 경우
발생할 수 있는 문제점을 지적했다.[151] 전납을 실시할 정도의 안정적인
동전공급이 문제였다.

경기지역의 대동미를 부분적으로 전납하는 것을 비롯하여 이 지역에
대한 행전은 1652년(효종 3) 가을을 기점으로 실시되었다.[152] 전국적인
흉황 속에서도 경기는 상대적으로 심하지 않은 점이 고려되었다. 대동
미 8두 중 1두를 돈으로 받음에 있어서 돈이 준비된 고을에 한해서 실
시하도록 했다.[153] 이로써 기전에 대한 행전이 부분적으로 실행에 옮겨
지게 되었다. 서울행전에 이은 畿甸行錢으로 화폐가 유통되고는 있었으
나 전문이 상인층에 집중되면서 일반 백성들에까지 일반화되지 못한 것

---

150) 경기대동미는 경기대동법이 실시되고 현종 3년까지 결당 8말을 징수했다(『萬機
　　要覽』財用篇3, 大同作貢 各道應捧). 한편 이 시기 양서지방의 원활한 행전을 지
　　원하기 위해 耗穀에 대한 錢納이 동시에 추진되었다(『孝宗實錄』11, 孝宗4년 閏
　　7월 辛亥).
151) 『承政院日記』123, 孝宗3년 1월 壬寅 ; 『孝宗實錄』8, 孝宗3년 2월 癸卯.
152) 『孝宗實錄』9, 孝宗3년 11월 壬申.
153) 효종 4년 경기의 春等 대동미에 대해서도 전납이 시도되었다(『孝宗實錄』10, 孝
　　宗4년 1월 甲申).

이 현실이었다.

김육은 호서와 양남에 대한 주전과 행전을 주장했다. 그는 한양에서의 행전이 성공적이라고 판단하고 각사의 공물 수납에 있어서도 부분적으로 돈으로 받아들이고자 했다. 양남에 대해서도 사주를 허용함과 동시에 관에서 주전을 시행하고자 했다.154) 호서의 여러 고을 중 山郡에서는 대동미를 作木하는 번거로움이 있다고 지적하고, 이를 해결하기 위한 한 방안으로 화폐로서 납입할 것을 제안했다. 김육은 충주, 청주, 공주에 소속된 산군에155) 대해 동전을 주전하여 이를 활용하는 방안을 제안했다.156) 그의 주장에 대해 효종은 선혜청에 啓下하여 실행을 허락했다. 그러나 당시 서로와 한양의 행전책을 둘러싼 폐단과 난맥점이 지적되고 이에 대한 보완책이 논의되는 과정에서 이들 지역에 대한 관 주도의 행전은 원활하지 못했다.

한양에서의 행전에 대해 김육, 허적을 비롯한 행전추진자는 성공적인 것으로 판단하고 있었으나157) 현실에서는 행전을 둘러싸고 행전별장과 시전상인간의 충돌이 빚어지는 등 순탄하지 못한 실정이었다. 이 시점에 김수항과 이경여가 이러한 행전에 따른 폐단과 한계를 지적하면서 행전책 전반에 대한 보완책을 요구했다. 1654년(효종 5) 행전에 소극적인 입장을 견지하고 있던 세력에 의해 동전유통 문제가 비판의 대상이 되었으며, 현실적으로 행전별장의 폐단은 행전추진자에게 큰 부담이기도 했다. 또한 당시 대표적 행전 주장자였던 김육은 정치적으로 수세에 몰리고 있었다. 그가 건의하는 다양한 시무책은 받아들여지지 않았다.158) 이러한

---

154) 당시 경상감사 權堬는 김육의 건의로 이미 주전을 실시하고 있었다.
155) 永春, 丹陽, 淸風, 堤川, 靑山, 報恩, 槐山, 延豊, 文義, 沃川, 永同, 陰城, 淸安, 懷仁, 懷德, 木川, 鎭川, 鎭岑, 連山 등 20여 고을이다. 이들 고을에 대한 주전은 우선 주전에 소요되는 木材의 수급이 용이한 점도 함께 고려된 측면이 있었다.
156) 『承政院日記』 131, 孝宗5년 5월 庚寅 ; 金堉, 『潛谷遺稿』 疏箚, 請令湖西山邑鑄錢箚 甲午.
157) 『承政院日記』 131, 孝宗5년 4월 戊辰.

조정의 분위기로 인해 행전책은 당분간 정체기를 맞이하게 되었다.

3. 동전공급의 다양화시도

효종조에는 인조조 이전의 행전 실패 요인을 행전에 필요한 충분한 동전이 주조되지 못한 것으로 파악하고 가능한 모든 경로를 통해 동전을 확보하고자 노력했다. 동전의 공급을 위해 官鑄와 아울러 중국전의 수입은 물론 사주까지 허용하게 되었다.

서로의 진휼에 이용될 동전의 출처는 의주 일대에 보관중인 명나라 전문 15만 냥과 사은사 임담이 중국에서 사온 수만의 전문이 거론되었다.[159] 당시 우의정 한흥일은 이들 지역에 보관중인 전문을 의주, 안주, 평양, 평산에 이르는 各站에 만 여문씩 배분한 다음 이를 역참 인근의 주민에게 나누어주도록 했다.[160] 이들 동전을 백성들이 관향곡을 사는 데 이용하도록 하기 위함이었다. 그리고 가을에 진휼미를 거둘 때에 다시 돈으로서 납부하도록 함으로써 효과적인 행전의 효과를 기대했다.

서로지역에서의 화폐를 매개로 한 진휼을 계기로 이 지역에 대한 전면적인 행전에 돌입하면서 급속도로 화폐가 유통되기 시작했다. 그럼에도 불구하고 원활한 행전을 위해서는 보다 많은 전문이 필요하게 되자 호조판서 원두표를 중심으로 중국전의 수입을 적극 검토하게 되었다.[161] 원두표는 국내에서의 주전보다는 중국전의 수입을 통해 통화량

---

158) 김육의 정권주도는 효종5년 효종이 富國强兵策쪽으로 선회하는 것을 계기로 마감되었다. 원두표, 김익희를 중심으로 北伐이 추진되었다(鄭萬祚, 1999, 「17세기 중반 漢黨의 정치활동과 國政運營論」『韓國文化』 23, 서울대학교 한국문화연구소, 120~121쪽).

159)『承政院日記』 118, 孝宗2년 1월 甲辰.

의주의 15만 문에 이르는 동전은 김육이 중국에서 사온 것을 지칭하는 것이다.

160)『孝宗實錄』 6, 孝宗2년 3월 丁亥.

부족을 해결하는 방안을 제시했다.

국내 주전을 추진 할 경우 주전원료의 수급과 아울러 주전에 따르는 제반 비용의 지출이 문제였기 때문이었다. 중국전의 수입 가격은 은 1냥에 전문 약 813문이었다.[162] 조정에서는 호조로 하여금 중국전 수입에 소용되는 은을 준비하게 하고, 안주와 정주 등지의 행전 실태를 예의주시하면서 중국전 수입을 추진했다. 중국전은 低錢을 주 수입 대상으로 했다. 저전은 萬曆錢, 天啓錢, 崇禎錢과 같이 명나라에서 통용되었던 동전을 지칭한다.[163] 이들 동전의 가격은 만력전 보다는 천계전이 저렴하고 천계전 보다는 숭정전이 값이 싸서 대량으로 거래되고 있었다. 당시 요동을 중심으로 청나라 상인과 조선상인 간의 거래뿐만 아니라 사신의 왕래를 계기로 중국전이 수입되고 있었다.

중국전 수입에 있어 사행을 통한 수급에는 제약이 있었으며,[164] 국경의 잠상들이 수입하는 것도 한계가 있었다. 수입에 차질을 빚게 될 경우 자칫 시장의 화폐수요를 충당하지 못할 수 있는 것이 문제였다. 이를 위

---

161) 『孝宗實錄』6, 孝宗2년 3월 庚寅 ; 『承政院日記』118, 孝宗2년 3월 庚寅 ; 『承政院日記』118, 孝宗2년 3월 辛卯 ; 『承政院日記』119, 孝宗2년 3월 甲午. 허적도 또한 주전보다는 중국전의 수입을 지지했다(許積,『許相國奏議』壬辰 四月 初十日). 이유원은 효종2년 麤布를 금단하고 행전을 실시할 당시 훈련도감으로 하여금 주조하여 서로로 발송하게 했다고 지적했다. 또한 중국전의 수입사실을 인용했다. 즉 조선에서 동전을 유통할 계획이라는 언급에 따라 요동의 한인들이 80秭의 동전을 가져와 역관과 가격을 절충하고 있었다. 1칭은 17貫으로 17,000문이고 80칭은 130여만 문에 이른다고 판단하고 은으로 1,600냥으로 구입하고자 한 내용이었다(李裕元, 『林下筆記』訓局鑄錢之始).

162) 원유한, 1969,「李朝後期 淸錢의 輸入·流通에 대하여」『史學硏究』21, 韓國史學會, 146쪽. 당시 수입된 중국전은 청전이 아닌 명나라 동전이었다.

163) 『度支志』財用部, 錢貨.
이미 행전 초기부터 漢人들은 조선에서 화폐를 유통한다는 사실을 듣고 요동에다 돈을 싣고 와 譯官과 서로 값을 약정하고 있었다(『孝宗實錄』6, 孝宗2년 3월 庚寅).

164) 『孝宗實錄』6, 孝宗2년 5월 己丑.

해 한양의 아문에서 보관중인 동전을 우선적으로 서로로 보내고 훈련도 감을 중심으로 주전을 실시하도록 했다.[165] 훈련도감에서 주전하는 동 전의 원료는 동래로부터 이송해 오는 동과 함께 화포 제작을 위해 비축 해 두었던 동철이 활용되었다.

행전지역의 山郡에 대해서도 주전을 허락했다. 다만, 민간의 동을 수 집하고 官需를 절약하여 주전원료를 획득한 것을 기반으로 주전하도록 했다.[166] 김육은 1651년(효종 2) '十錢通寶'의 주조를 시도했다. 그 가치 는 10전으로 기존의 동전과 비교할 경우 고액권에 해당하는 것으로, 십 전통보의 발행을 통해 통행하는 동전의 액수를 증대하고자 하는 의도가 있었다. 그리고 사주전의 허용을 통해서도 동전의 공급을 늘리려고 했다.

효종조 서로행전에 이어 경중행전으로 행전권을 확대할 당시 시전상 인들을 중심으로 행전의 요청이 있었다.[167] 한양에서의 행전을 위한 호 기를 살리기 위해 조정에서는 시민이 私錢을 사용하도록 허락함과 동시 에 상평청에 보관중인 전문을 시장에 유통시키도록 했다.[168] 사전은 곧 사주전을 의미하는 것으로 이즈음 동전 수급을 위해 사주전을 허가하고 있었다.

행전에 소요되는 동전의 공급을 위해 내외적인 동전 수입과 주전뿐만 아니라 인조조 이전에 시장에 유통된 舊錢까지도 함께 통용했다.[169] 이

---

165) 『孝宗實錄』 6, 孝宗2년 4월 庚午 ; 『承政院日記』 119, 孝宗2년 4월 庚午 ; 『承 政院日記』 119, 孝宗2년 5월 乙未 ; 『度支志』 財用部, 錢貨 ; 『增補文獻備考』 錢貨條.
166) 『만기요람』에 의하면 효종 2년의 이러한 지방주전과 貢物에 대한 화폐납이 행 전의 시초로 기술되어 있다(『萬機要覽』 財用篇, 鑄錢始末).
167) 『孝宗實錄』 7, 孝宗2년 7월 9일. ; 『承政院日記』 121, 孝宗2년 9월 庚辰.
168) 『承政院日記』 121, 孝宗2년 9월 乙酉.
169) 『度支志』 財用部, 錢貨.
　　효종조에 행전책을 추진하면서 이용된 동전으로는 인조조에 주전된 '朝鮮通寶' 를 비롯하여 김육의 의해 주전된 '十錢通寶' 등이었다. 이 외에도 다량의 중국전 과 함께 사주전이 통용되었다. 김육은 효종 2년에 십전통보를 주전할 것을 건의

로서 효종조에는 자체주전, 사주전의 허용, 고액전의 발행을 비롯하여 구전의 통행에 이르기까지 동전공급을 위해 동원 가능한 모든 방안이 모색되고 실행되었다.

4. 행전권 확대의 한계

1) 전납 확대에 따른 행전한계

1654년(효종 5) 기전행전에 이은 삼남지방으로 행전지역의 무리한 확대와 교리 김수항과 판중추부사 이경여에 의한 연이은 행전책 비판으로 인해 당분간 화폐유통에 대한 논의는 전개되지 못했다. 1655년(효종 6) 가을을 기점으로 김육, 허적을 중심으로 상평청, 선혜청 등이 행전책의 보완을 통한 행전의 지속적인 시행의 필요성을 제기하고 있었다.

영돈녕부사 김육은 화폐의 유통을 통해 국가 재정을 풍요롭게 하고 백성을 편하게 하는데 현실적인 목적이 있다고 밝혔다.170) 그리고 효종 초에 10년을 기한으로 행전을 추진하기로 했던 점을 효종에게 상기시키면서 행전책을 중단 없이 계속할 것을 요청했다.171) 그는 병조판서 원두표, 호조판서 허적과 함께 행전 방안을 논의할 수 있도록 요청하여 효종의 재가를 얻었다.172) 이는 곧 행전책의 재개를 의미하는 것이었다. 김육은 허적과 함께 행전책 보완을 위한 조목을 이미 마련해 두고 있었다.173) 효종의 재가를 계기로 1651년(효종 2)에 마련되었던 행전사목의

하였으며 그 가치는 小錢 10枚에 해당하게 했다(金堉, 『潛谷全集』「潛谷先生年譜」 孝宗2년 7月).

170) 이헌창, 2006, 「금속화폐 시대의 돈」 『화폐와 경제 활동의 이중주』, 국사편찬위원회, 89쪽.

171) 『承政院日記』 136, 孝宗6년 7월 辛卯.

172) 『孝宗實錄』 15, 孝宗6년 7월 辛卯.

173) 조목의 보완을 통해 新事目을 마련한 것은 7월 23일 경이었다(『承政院日記』

보완에 본격적으로 착수하게 되었으며, 그 과정에서 행전에 적극적인 의지를 지녔던 허적과 원두표의 참여를 이끌어 냈다.

1655년(효종 6) 행전책의 수정이 추진됨에 따라 상평청에서는 김육과 허적이 논의하였던 방안을 참고하여 행전사목을 개정했다.[174] 상평청에서 개정한 행전을 위한 사목은 1651년(효종 2)의 행전사목을 보완하는 내용으로 '更定科條'로 공포되었다.[175] 새로 개정된 행전사목의 내용은 다음과 같다.

1. 경기의 作米 매 1결 8두에서 1두는 전으로 대신하되 곡물이 귀하면 2두를 돈으로 대신한다.
1. 鋪子를 기전과 양서에 설치해서 가까운 데로부터 먼 곳 까지 서울과 지방에 통행 될 수 있도록 함.
1. 호조·형조·한성부·장예원의 贖布는 전과 포로 절반씩 납입함. 각사 공물가의 5분의 1과 각사의 雇役, 호조·병조의 料布의 3분의 1은 다 전으로써 대신하도록 함.
1. 돈은 일정한 값이 없이 때에 수시로 올랐다 내렸다 하니 은을 기준으로 그 값을 정함. 은 한 냥을 전 600문에 해당시키며, 미와 포는 은에 비유해서 값의 높고 낮음을 기준으로 하는데 쌀 1승의 값은 전 4문에, 은 1냥의 값은 쌀 1섬에 해당시킴.
1. 돈 손상을 금지하는 법을 엄하게 한다.[176]

경기에서 거두는 수세미 결당 8두 중 1두를 돈으로 거두는 문제는 일찍이 논의된 바 있었다. 새로운 사목에서는 이를 현실화함과 아울러 곡물 값이 오를 경우에는 2두에 대해서도 돈으로 납입받는 것을 허가했다.

136, 孝宗6년 7월 乙巳).
174) 『孝宗實錄』 15, 孝宗6년 12월 辛酉.
175) 이해경은 본 '갱정과조'를 행전사목에서 行錢法으로 개정한 것으로 규정하고 내용상 동전가치에 대해 미와 은을 기준으로 한 차이점이 있다는 사실을 지적한 바 있다(李海經, 1993, 「朝鮮後期의 貨幣流通에 관한 硏究」, 全北大學校 博士學位論文, 24~25쪽).
176) 『孝宗實錄』 15, 孝宗6년 12월 癸未. <표 1>의 8번에 해당한다.

1653년(효종 4)에는 돈이 준비된 고을에 한해서 전납을 추진했으나 본 사목은 일괄적으로 경기의 대동미 중 1두에 대해 돈으로 납입하게 했다. 이미 미에 대한 作錢價가 정해진 현실에서 미가가 상승할 경우 돈으로 납입할 비중을 높임으로서 화폐이용의 기회를 늘리려는 의도가 있었다.

포자를 설치해서 기전과 양서의 행전을 촉진하고자 했다. 포자는 단순한 점포가 아니라 驛站과 관계된 의미를 지니고 있다.[177] 포자는 鋪舍, 鋪馬, 鋪馬文·鋪馬文字, 軍鋪, 鋪卒 등의[178] 용례로 사용되고 있다. 행전은 역참로를 중심으로 실시되었다. 이는 관료를 비롯한 여행자의 이동에 있어 돈의 사용을 우선적으로 장려함으로써 행전의 편의를 알게 하고자 하는데 목적이 있었다고 하겠다. 이미 화폐유통을 시도한 초기에 서로를 중심으로 행전을 추진한 바 있으며, 화폐유통에 대한 성과가 나타나자 역참로를 통한 행전 시도가 효과적인 행전 방안으로 인식되었다. 삼남에 대한 행전논의에 있어서도 역참로를 통한 행전이 고려되었다.

수세와 지출의 일부를 돈으로 집행함으로서 점차적인 행전범위의 확대를 꾀했다. 행전책을 추진함에 있어 관에서 돈을 받아들이는 경로를 열어 두어야 민간에서 화폐를 사용할 것이라는 사실은 지속적으로 견지되고 있었다. 기존에 속전의 징수 범주가 형조의 犯禁者에 한정되던 것에서 호조, 한성부, 장예원으로 적용범위를 넓히고 아울러 동전을 통한 납입 비율도 절반에 까지 가능하도록 확대했다. 또한 관청의 경비 지출에 있어서도 貢人들의 공물가 지급, 각사의 고공에 대한 역가의 지급,

---

177) 柳馨遠, 『磻溪隧錄』 1, 田制 上, 分田定稅節目 ; 柳壽垣, 『迂書』「論鋪遞」.
　　　역참을 중심으로 포자가 함께 설치·운영 되는 점은 驛制에 대한 연구에서도 부분적으로 지적된 바 있다(趙炳魯, 2005, 「朝鮮後期 驛弊의 實相과 驛制改革論」 『韓國近世 驛制史硏究』, 國學資料院, 444~445쪽).

178) 『高麗史』 72, 輿服志, 印章, 符驗 ; 『高麗史』 兵志, 站驛 ; 『太宗實錄』 28, 太宗4년 9월 丙戌 ; 『世宗實錄』 31, 世宗8년 2월 丙戌 ; 『世宗實錄』 14, 世宗4년 12월 丙寅 ; 『萬機要覽』 軍政編1, 巡邏 ; 『增補文獻備考』 136, 刑考, 諸律類記.

그리고 호조와 병조를 중심으로 한 녹봉의 3분의 1을 동전으로 지급하도록 규정했다.[179] 공물가에 대한 화폐지급은 시민들을 중심으로 한 행전 장려책을 지속적으로 추진하려는 뜻이었으며, 각종 雇役과 料에 대한 화폐지급은 관청 및 그에 소속된 인적 구성을 중심으로 화폐사용을 확대하고자 하는 의도였다.

돈의 가치는 은을 기준으로 설정하였는데, 이는 기존의 사목에는 확인되지 않는 새로운 내용이었다.[180] 1651년(효종 2)의 행전사목에서는 미에 대한 전화의 가격으로 결정했으나 개정된 사목에서는 은 한 냥을 전 600문으로 규정했다. 미와 포의 가격 또한 은을 기준으로 설정하여 쌀 1승의 값은 전 4문에, 은 1냥의 값은 쌀 1섬으로 했다. 돈의 가치는 시장의 물가에 따라 변동이 심한 까닭으로 정액을 정하기 곤란했다. 이에 일찍이 국제 무역 등에 은이 널리 이용되고 있었고, 호조를 중심으로 국가의 재정에서 은이 차지하는 비중이 증대하는 시점에서[181] 화폐의 가치를 은을 기준으로 개정하게 되었다.

당시 동전의 가치가 불안정하고 이로 인해 행전 전망이 불투명 하자 동전을 녹여 器皿을 제작하는 일이 빈번하게 발생했다.[182] 이러한 배경에서 사목을 통해 동전을 훼손한 자에 대한 엄한 처벌을 명기했다. 그러나 이러한 사목에도 불구하고 장인들이 행전의 성공을 비관하고 시장에

---

179) 한양과 경기 지역에 행전을 추진하면서 효종 3년 여름부터 녹봉의 일부에 대해 돈을 지급하는 방안이 추진되었으나 화폐지출의 확대로 인한 주전량의 부족으로 이듬해 여름부터 중단되었다(『承政院日記』 127, 孝宗4년 4월 辛丑 ; 『承政院日記』 127, 孝宗4년 4월 7일).

180) 宋贊植, 앞의 책, 66쪽.

181) 박소은, 2003, 「17·18세기 호조의 銀 수세 정책」 『韓國史硏究』 121, 韓國史硏究會 ; 박소은, 2004, 「17세기 후반 호조의 재정수입 확보책」 『朝鮮時代史學報』 31, 朝鮮時代史學會.

182) 이에 숙종조에는 '鍮器禁斷事目'이 마련되기도 했다(『備邊司謄錄』 35, 肅宗5년 2월 4일). 본 사목에 대해 지평 申瀁은 '鑄錢事目'으로 인식하기도 했다(『訓局謄錄』 6, 肅宗5년 2월 18일).

서 염가로 돈을 사들여 그릇을 주조하면서[183] 공급된 동전이 용전에 사용되지 못하는 문제가 발생했다.

1656년(효종 7) 행전사목을 보완하기 위한 논의에서 대동미의 전납비중을 증대하는 방안이 제기되었다. 경기에 대동미로 수세하는 8두 중 3두에 대해 전문으로 납입하도록 함으로써 화폐 수세의 비율을 확대하고자 한 의도였다. 이미 이 일대를 대상으로 화폐납을 추진하면서 방납의 폐단이 지적되었던 상황에서 오히려 그 비중을 증대시킴에 따라 기존의 문제점이 해결될 수는 없는 실정이었다.[184] 또한 3년 전부터 양서와 기전 일대에서 활동하던 행전별장에 대한 문제점이 다시 지적되었다.

김육과 이시방은 상평청과 선혜청 소속 서리로 하여금 화폐를 통한 息利를 통해 재부 축적의 이점을 알리고자 했다. 이를 위해 양청소속 서리 정문호와 이승훈[185]으로 하여금 전문과 은을 제공하여 실행에 옮기고 있었다.[186] 이들은 전문을 이용하여 미곡을 매득함은 물론 그 과정에서 화폐를 매개로 식리를 병행하여 많은 이익을 얻었다. 그런데 이들은 도리어 감사로부터 관향곡 전용의 의혹이 제기되면서 논란이 일었다.

1656년(효종 7) 9월부터는 행전책의 중단을 둘러싼 논쟁이 본격화되었다. 먼저 양서지역에서 받아들이는 收米와 환곡의 일부를 돈으로 거두는 문제가 보류되었다. 이와 동시에 한양에서도 시민을 대상으로 동전을 징수하는 대신 미곡으로 대신하도록 하는 조치가 내려졌다.[187] 이러한 때 효종이 전화 유통의 어려움을 언급하자 이시방이 행전의 중지를 요청하면서 비로소 행전책의 추진은 중단되게 되었다.[188] 이시방이 언급한

---

183) 『孝宗實錄』 15, 孝宗6년 12월 癸未.
184) 『承政院日記』 141, 孝宗7년 7월 丁卯.
185) 이승훈은 역관으로서 인조 14년 명나라 사행 길에 김육을 수행한 바 있었다.
186) 『孝宗實錄』 16, 孝宗7년 4월 庚申 ; 金堉, 『潛谷遺稿』 箚子, 論鄭文豪李承訓囚治冤痛事 丙申四月十二日.
187) 『備邊司謄錄』 孝宗7년 9월 辛酉 ;『承政院日記』 142, 孝宗7년 9월 辛酉.
188) 『孝宗實錄』 17, 孝宗7년 9월 庚午.

행전 중지 방향은 한양과 기전의 행전에 있어서 전문을 통해 수세하는 것을 중단하는 것에 역점을 두고 있었다.[189] 한양과 경기에서 대동미 중 일부를 돈으로 받는 것을 중지하는 것을 시작으로 '罷錢'이 결정되었다.

1651년(효종 2) 서로를 중심으로 한 행전을 추진하면서 중국전, 관주전, 사주전 등의 방법을 모두 동원하여 적극적인 화폐공급을 시도했다. 이를 계기로 서로지역에 대한 행전지원은 대체로 원활한 것으로 평가되고 있다. 같은 해 말 한양을 시작으로 이듬해에는 기전행전, 그리고 1654년(효종 5) 삼남지방에 대한 행전이 추진되면서 행전지역은 단기간에 급속도로 확대되었다. 그 결과 이들 지역에 대한 통화공급의 어려움이 발생했다. 지방주전이 추진되었으나 실효를 거두지 못하면서 동전의 지속적인 공급에 차질이 발생했다.

적극적인 화폐유통을 위한 노력에도 불구하고 경기와 삼남지방에 대한 화폐유통은 중단될 수밖에 없었다. 17세기 중엽 이전의 화폐유통 중단의 요인으로는 동전원료 부족으로 인한 부족한 주전량, 화폐에 대한 백성들의 인식부족 그리고 자급자족적인 경제여건에 따른 행전 한계가 일반적으로 지적되고 있다.[190]

행전의 중단요인에 있어 김육의 정치적 향배와의 관련성도 배재할 수 없다. 김육은 효종의 즉위와 동시에 대동법과 행전법을 중심으로 개혁적인 정책을 추진했다. 동전유통 문제에 있어서 이미 김집과 김수항 등과 마찰을 일으키고 있었으며, 이른바 송시열을 중심으로 한 山林의 등장으로 인해 정치적 타격을 입기도 했다. 이러한 김육의 정치적 영향력 부침도 행전의 중단에 영향을 미쳤다고 본다. 그는 효종 즉위와 아울러 행전을 시도할 당시 이미 60세 이상의 고령이기도 했다.

---

189) 李時昉, 『西峰日記』 丙申 九月.
190) 元裕漢, 앞의 책, 90쪽 ; 宋贊植, 앞의 책, 68쪽 ; 白承哲, 2000, 『朝鮮後期 商業史研究』, 혜안, 315~317쪽 ; 李海經, 앞의 논문, 25~26쪽 ; 崔虎鎭, 앞의 책, 92~93쪽.

2) 변방지역에 대한 행전의 제한

1656년(효종 7) 가을을 기점으로 한양과 기전의 행전이 전면 중단되었으나 서로에 대해서는 행전중단이 조속히 내려지지 못하고 있었다. 김육은 행전 혁파를 논의하는 자리에서 비록 한양과 기전의 행전이 중단될 여지는 있다 하더라도 양서지방에 대해서는 불가하다는 입장이었다.[191) 관을 통한 전문의 통용은 제한되고 있었으나 일반적인 거래에 있어서는 서로 지역의 화폐유통이 여전히 활발히 전개되는 상황을 전제로 한 것이었다.

행전의 중지에도 불구하고 서로에서는 중국과의 개시에서 돈을 사용하는 까닭에 쉽게 용전이 중단되지 않고 있었다.[192) 뿐만 아니라 의주개시를 통해 중국으로부터 많은 돈이 여전히 수입되고 있었다. 이에 조정에서는 청나라 사신의 행로에 함께 한 봉성의 중국상인에게 통지하여 돈을 거래하지 말 것을 청했다.[193) 이후에도 중국을 통한 중국전의 유입이 계속 문제시되었다. 중국전의 지속적인 유입현상은 당시 '罷錢' 조치에도 불구하고 적극적인 '禁錢'이 단행되지 않은 것이 그 원인으로 지적되고 있다.[194) 행전을 중단하였음에도 국지적으로 여전히 통용되는 지역에 대해서는 강제적으로 행전을 금지하지 않는 것이 조정의 공식적인 입장이기도 했다.

禁錢에 대한 적극적이고 극단적인 대처가 없게 되자 한양에서의 행전은 어느 정도 차단이 되었다 할지라도 서로지역에는 일정하게 유통되는 실정이었다. 이러한 상황은 1659년(효종 10)의 '邊邑禁錢節目'을 통해 잘 알 수 있다. 그 내용을 정리하면 다음과 같다.

191) 『孝宗實錄』 17, 孝宗7년 10월 丁丑.
192) 李時昉, 『西峰日記』, 丙申 九月.
193) 『備邊司謄錄』, 孝宗7년 10월 3일 ; 『承政院日記』 142, 孝宗7년 10월 丁丑.
194) 『承政院日記』 143, 孝宗7년 12월 乙未.

1. 각 고을 公庫의 전화는 금년에 거두어들인 쌀과 매년 창고에 남겨둔 세금으로 거둔 쌀을 우선으로 해서 시장의 가격에 따라서 곧바로 바꾼 다. 그리고 곡물은 각 창고에 남겨서 糴糴으로 삼고, 돈은 감영으로 운반해서 납입한 다음 성책을 만들어 첩보한다. 그런데 모두를 쌀로 바꾸기가 어려우면 혹 은과 포목으로 바꿀 수 있다.

1. 돈을 사용하는 것을 금지하는 조정의 영에 별도로 기한을 정해 돈을 가진 자는 그 기간 내에 관에 납입하고 시장의 값에 따라 받아갈 것. 돈을 가진 자 중 관에 돈을 납입하고 곡식을 가져가길 원하지 않고 사사로이 스스로 은과 포목으로 바꾼 사람도 또한 허가한다. 기한이 지난 뒤에 관에서 조사해서 잡으면 지방의 관문이나 영문에서 효시 한다. 발각해 내지 못했을 경우는 체감하는 것으로 논죄한다. 관인으로서 돈을 쓰는 사람은 모두 죄를 묻는다.

1. 公庫錢으로 곡식과 바꾼 것은 호조로 이송하여 보충하게 한다. 민전으로 곡식으로 바꾼 것은 내지의 읍 중 환곡의 수량이 적은 곳으로 이송 했다가 가을을 기다려 곡식을 바꾸어 환자에 보충하게 한다.

1. 서울과 지방의 상납과 관가의 수요와 민간의 매매에는 은, 쌀, 무명, 베와 같은 네 가지를 사용한다. 그런데 혹 은이나 인삼을 거래하는 상인으로 (돈을) 묻어 두었다가 때를 기다리는 자는 엄한 형으로 세 번 가하고 전가사변 한다.195)

1659년(효종 10) 비변사에서 평안감영에 보낸 甘結에는 서로를 중심으로 지속적으로 화폐가 통용되는 실상이 나타나 있다. 강변의 각 읍196)에서 공적으로나 사적으로 돈을 통용하는 것은 내지와 별 차이가 없을 정도였다. 하지만 곧 이들 지역에 대해서도 돈의 사용을 금지하는 조치가 내려졌다.197) 당시 이 지역에 유입되는 중국전을 차단하고자 하는 의도가 있었다.

변읍에 유통 중인 동전을 관에서 사들여 이들을 내지로 이동하고자 했

---

195) 『度支志』 外篇八, 版籍司, 錢貨. 본 내용은 <표 1>의 9번에 해당한다.
196) 江邊은 江邊七邑을 지칭함. 강변칠읍은 압록강 연변에 위치한 義州, 江界, 楚山, 昌城, 朔州, 渭原, 碧潼을 말한다. 이들은 모두 청나라와 인접하고 있다.
197) 『度支志』 外篇八, 版籍司, 錢貨. 강변칠읍에서 외국의 전을 사용할 경우 一律로 처벌하기로 했다(『交隣志』 禁條 ; 『大典通編』 刑典, 禁制).

다. 이를 위해 그해 거두어들인 쌀과 매년 창고에 남겨 두었던 쌀을 우선
으로 해서 시장의 가격에 따라 교환하도록 했다. 즉 쌀값으로 전문을 받
고 시장에 내는 것이었다. 남은 곡식은 창고에서 조적으로 삼도록 하고
시장에서 거둔 돈은 감영으로 그 수량을 파악해 운반토록 했다. 그 과정
에서 쌀이 부족할 경우에는 은이나 포목을 이용하여 돈을 수납할 것을
지시하고 있다. 이러한 조치는 시장의 통화를 거두어들여 행전을 중단하
고 동시에 이 일대에 활동하는 잠상을 단속하고자 하는 목적이 있었다.
이 지역에서 당시 통용되던 화폐는 중국전이 큰 비중을 차지하고 있었다.

곡식과 바꾼 공고전은 호조로 이송하여 재정에 보충하게 했다. 그리고
民錢으로 곡식과 바꾼 돈은 내지의 환곡이 적은 곳으로 옮겨서 가을에
곡식과 바꾸어서 환자에 사용하도록 했다. 호조에 이송된 동전은 銅鐵로
사용하는 방안이 고려되었을 것이다.[198] 한편 민전에 대해서는 내지에
옮겨 이를 다시 錢穀과 바꾸고 있어 여전히 양서지역의 내지 고을에서
는 화폐가 유통되고 있음을 간접적으로 시사하고 있다.

전방위적인 행전중단 조치가 내려진 후에는 한양과 지방의 매매에는
은, 쌀, 무명, 베의 네 종류만 사용하도록 확정했다. 상인이 은이나 인삼
을 거래하면서 중국과의 교역을 목적으로 동전을 몰래 숨겨두는 폐단을
엄금하고자 한 것이다. 변읍지역에 대한 금전조치에 따라 향후 이들 지
역에서 돈을 사용하는 경우에 대해서는 一律로서 처벌한다는 것을 다시
한 번 강조했다.[199]

1656년(효종 7)에 한양에 대한 금전이 확정된 후 서로에 대해 행전중
단을 위한 노력이 강구되었으나 정책적 효과를 기대할 수 없었다. 1659
년(효종 10) 이전 까지는 여전히 서로에 상인을 중심으로 일반 백성에까
지 여전히 동전이 유통되고 있었다. 그리고 변읍금전 조치를 통해 이 일

---

198) 『承政院日記』 143, 孝宗7년 12월 乙未.
199) 『萬機要覽』 財用篇. 用錢之制限.

대의 통화를 회수하여 행전 중단책을 강화했다. 또한 중국전의 유입을 방지하고자 하는 의도 또한 작용했다. 여기에는 변방에서 동전을 이용해 중국과 사무역을 금단하려는 목적이 있었다.

IV. 숙종조 상평통보의 유통

1. 행전요구의 증가와 행전책의 계승

임란 이후 동전유통을 위한 노력이 지속된 결과 인조조의 朝鮮通寶, 효종대의 十錢通寶 등의 동전이 주조되고 도성과 개성을 중심으로 한 일부 지역에서 동전이 유통되고 있었다. 효종대에는 7년 동안 동전유통 시도가 지속되면서 서로일대에 동전유통이 지속되면서 전국적인 동시 행전의 가능성을 열어 놓았다. 현종조에는 비록 본격적인 행전책이 실행되지는 못했으나 상업지를 중심으로 동전이 통화의 기능을 수행하고 있었다.

숙종 초기 흉황이 지속되자 진휼의 이유로 재정 지출이 증대하고 수세의 어려움에 봉착하자 국가재정의 위기가 대두되고 있었다. 미와 포를 통한 수세와 그 관리의 문제점이 지적되었다. 미곡은 풍흉에 따른 변수로 인해 수세가 어려울 뿐 아니라 변질의 문제로 관리에도 한계가 있었다. 수세과정에 있어서도 미의 경우 이른바 '백옥'같은 고품을 요구함은 물론 수세 원액보다 운송비가 더 많이 소요되는 폐단이 있었다.200)

포는 수세과정에서 木品의 상승으로 인한 백성들의 원성이 높았다.201) 전세와 공물 및 노비신공에서 거두어들이는 면포의 수납시 법전

---

200) 『備邊司謄錄』 31, 肅宗1년 3월 27일.

에 규정된 5승 35척보다 고품을 요구하고 있었으며202) 그 기준도 관사마다 차이가 심하여 7~8승에 40척에 이르는 곳도 있었다. 미포가 일상 생활의 衣食에 소요되는 필수품임과 동시에 통화기능을 수행함에 따라 풍흉에 따른 유통의 제약과 물가 변동도 심했다. 의식에 소용되지 않는 새로운 통화의 요구가 높았으며, 이는 곧 수세의 합리화를 요구하는 민의 요구와도 관련이 깊었다.

1676년(숙종 2) 충청도 문의현에 사는 향리출신 박이화가 행전을 요청하는 상소를 올렸다.203) 그는 자신을 충청감영과 병영에서 향리로 종사하며 실무에 밝은 인물이라 밝히고 군정, 전정의 개선안과 함께 용전의 필요성을 주장했다. 박이화는 행전을 위해 전문의 공급과 수납 방법으로 시전을 이용한 錢文散布와 수세에 있어 전납의 확대를 제시했다. 그리고 일정 지역을 중심으로 행전을 시험한 다음 점차적으로 확산할 필요가 있다고 주장했다.

향리출신 박이화까지 동전유통을 주장한 현실은 당시 시장에서 새로운 통화로서 동전의 필요성이 중대되는 상황을 반영한 것이었다. 시장에서는 새로운 통화의 출현을 요구하고 있었으며 그 형태는 '동전'이었다. 대신과 실무관료들도 이미 이러한 현실을 인식하고 행전을 위한 주전을 단행했다. 주전과 동시에 행전의 개시 시점을 1678년(숙종 4) 4월 1일로 결정했다.204) 행전을 위한 절목을 6개조로 구성했다.205)

---

201) 한편 관사에서 보관하는데 있어서도 목은 米穀에 못지않게 어려움이 있어 腐敗하는 사례가 있었다(『承政院日記』 319, 肅宗12년 11월 癸卯).

202) 『備邊司謄錄』 33, 肅宗3년 4월 9일 ; 『肅宗實錄』 7, 肅宗4년 1월 戊子.

203) 『承政院日記』 253, 肅宗2년 4월 戊辰.

204) 『肅宗實錄』 7, 肅宗4년 閏3월 丙辰 ; 『承政院日記』 264, 肅宗4년 閏3월 丙辰.

205) '行錢節目'으로 언급되던 본 사목은 『備邊司謄錄』과 『承政院日記』의 기사에는 '行錢事目'으로 지칭하고 있다. 사목과 절목의 구분이 명확하지 않음에 따른 것이었다(『備邊司謄錄』 34, 肅宗4년 閏3월 25일 ; 『承政院日記』 264, 肅宗4년 閏3월 乙丑).

1. 전가가 너무 가벼우면 민간에서 사주하는 폐단이 없지 않고, 지나치게 무거우면 막히어 유통이 어려울 우려가 있다.『대명률』에 정해진 가치를 상고하고 송도에서 현재 사용하는 규례를 참고하여 400문을 은 1냥에, 40문을 은 1전으로, 4문을 은 1푼에 준하게 한다. 미가는 풍흉에 따라 높고 낮음이 같지 않아 일정한 항식으로 할 수는 없으나 잠시 현재의 시가에 따라 400문에 미 10두로, 40문에 미 1두, 4문에 미 1승에 준하도록 정식으로 한다.
2. 각 아문에서 주조한 전문은 먼저 시전에 나누어 주어 교역과 통행의 바탕이 되게 한다. 그 3년 동안 이윤을 취하길 기다린 뒤에 이익을 제하고 本錢價를 도로 거두어 받는다.
3. 형조·사헌부·한성부·의금부의 각종 속목은 모두 전화로 대신 받는다.
4. 시전에서 또한 자기들끼리 물력을 낼 일이 있는 일에는 반드시 전문으로 모아 쓸 일로 통보하고 시행할 일이다.
5. 삼사의 속목만을 (전문으로) 받으면 공사간의 출입하는 경로가 끊기고 넓어지지 않는다. 진휼청의 환자를 거두어 받을 때 전문으로서 정식에 의거해서 헤아려 마땅히 대신 받을 일이다.
6. 미진한 조건들은 추후에 마련한다.[206)]

전가의 경중에 따라 발생할 수 있는 사주의 폐단과 통용의 제한문제가 지적되었다. 전가는 전문의 가치를 지칭하는 것으로 액면가로 대표될 수 있다. 그러나 당시 소재가치, 즉 실질적인 전문의 소재가치로서의 경중도 포함하는 이중적 의미이다. 전문에 포함된 소재가치보다 전문가치가 높을 경우 동전을 녹여 그릇을 만들거나 조악한 전문을 주조하는 사주의 우려가 있으며, 또한 소재가치를 높여서 전가를 높게 책정하여 유통할 경우 고액화 되어 통행에 불리했다. 따라서 『대명률』의 조항과 행전이 이루어지고 있는 송도의 사례를 절충하여 전가를 산정했다. 대명률에도 시가에 따르도록 하고 있음에 따라[207)] 당시 전문이 유통 중인 송도의 시가가 참고 되었다. 전가를 정리하면 아래와 같다.

---

206)『備邊司謄錄』34, 肅宗4년 閏3월 24일. 내용은 <표 1>의 11번에 해당한다.
207) "依數准算 民間金銀米麥布帛諸物價錢 幷依時値"(『大明律直解』7, 戶律, 錢法條).

錢 400文=銀 1兩=米10斗, 錢 40文=銀 1戔=米 1斗,
錢 4文=銀 1分=米 1升

은은 이미 시장에서 통화 기능을 수행함은 물론 관사를 중심으로 재정 운용을 위해 축장되고 있는 상황으로 은가의 변동은 크지 않았다. 미는 풍흉에 따라 미가의 변동이 심했음에도 당시의 시장 상황에 따라 작전가를 설정했다.

전문을 시장에 공급하기 위해 시전이 활용되었다. 2조와 4조는 행전에 있어 시전의 역할을 반영하고 있다. 효종조에 시전을 중심으로 전문이 활발하게 유통되면서 행전에 기여한 바 있었다.[208] 각 아문에서 주조한 전문을 시전에 대여해 주고 3년 동안 이용하게 한 뒤 본전을 환수하도록 했다. 또한 시전간의 거래에 있어서도 전문으로 결제하도록 규정했다. 시장의 전문 공급뿐만 아니라 3조와 5조에 의해 속전의 징수와 환자를 전문으로 대납하게 하여 관에서 시장의 전문을 거두어들임으로써 통화에 대한 신인도를 보이도록 했다. 이러한 절목은 인조, 효종조의 행전을 위한 절목과 사목의 내용을 토대로 보완한 것이었다.

1678년(숙종 4)의 행전 실시 이후 지속적인 주전이 이루어졌다. 숙종조의 동전 주조는 효종대의 행전권 확산과정에서 주전량의 부족으로 행전에 실패한 사례를 교훈삼아 주전량의 확대에 주력했다. 중앙관사에서의 주전과 동시에 지방에서의 주전도 병행했다. 중앙관사의 동전을 지방에 확산시키는데 따른 운송의 어려움과 주전량의 한계를 극복하기 위해서였다. 관서와 호남의 감영과 병영에서 주전하는 것을[209] 시작으로 지방 주전이 확대되었다. 행전초기 주전량의 부족으로 행전이 원활하지 못한 것으로 판단되자 숙종은 동철 100근을 하사하여 주전을 독려함으로서[210] 동전유통을 위한 강한 행전의지를 표방했다.

---

208)『承政院日記』121, 孝宗2년 9월 庚辰 ;『承政院日記』137, 孝宗6년 10월 庚申.
209)『肅宗實錄』7, 肅宗4년 6월 壬申 ;『備邊司謄錄』34, 肅宗4년 6월 4일.

새로운 통화로서 동전이 요구되는 상황에서 행전을 단행하고 경향에서 동시에 동전을 다량 공급한 것은 기존의 행전책과는 차별화되는 부분이었다.211) 그 결과 행전초기에 이미 '民皆樂用, 民皆便之, 民皆大悅'212)이라는 평가가 나타나면서 시장의 반응은 긍정적이었다. 행전촉진을 위해 다량의 동전을 공급할 목적으로 '鍮器禁斷事目'의 발효 등을 통한 주전원료의 확보는 물론 錢品을 유지하기 위해 사주를 지속적으로 단속했다.

허적과 권대운의 행전 건의가 수용되면서 1678년(숙종 4) 4월 1일부터 동전을 시장에 유통하기로 결정했다. 영의정 허적은 동전의 유통 필요성을 역설하며 행전의 길을 넓히기 위해서는 국가에서 수납하는 부세의 일정부분을 전납화 해야 한다고 보고 있었다.213) 다만 인조·효종조의 행전 시도 과정에서 갑자기 전세, 대동미의 전납비율을 증대시킨 결과 전문방납에 따른 폐단으로 행전이 중단된 점을 경계했다.

형조·사헌부·한성부의 收贖과 推考贖木을 동전으로 받아 동전을 통용하게 하고자 했다.214) 1678년 京司에서 속목을 징수함에 있어 절가는 1필에 동전 5∼7전을 정식으로 한 이래 전가가 점차 하락함에 따라 1680년(숙종 6)에는 8∼9전으로 조정되었다.215) 이후에는 전가를 米와

---

210) 『肅宗實錄』 65, 附錄, 肅宗大王行狀.
211) 효종조에는 지방의 行錢지역에 대해 부분적으로 주전을 허용하였으나(『萬機要覽』 財用篇, 錢貨條) 숙종조의 지방주전에 비해 소극적이었고, 그 효과에 대한 언급도 나타나 있지 않다.
212) 『承政院日記』 265, 肅宗4년 6월 壬申 ; 『備邊司謄錄』 34, 肅宗4년 6월 4일 ; 『備邊司謄錄』 34, 肅宗4년 10월 1일 ; 『承政院日記』 266, 肅宗4년 10월 癸未 ; 『備邊司謄錄』 34, 肅宗4년 10월 17일 ; 『承政院日記』 268, 肅宗5년 1월 壬子 ; 『承政院日記』 268, 肅宗5년 1월 乙卯 ; 『備邊司謄錄』 35, 肅宗5년 1월 19일 ; 『承政院日記』 270, 肅宗5년 丙午.
213) 『備邊司謄錄』 34, 肅宗4년 1월 24일 ; 『承政院日記』 263, 肅宗4년 1월 乙未.
214) 『備邊司謄錄』 34, 肅宗4년 閏3월 24일.
215) 『承政院日記』 276, 肅宗6년 5월 辛亥.

木 등을 기준으로 시가에 따라 변동하게 했다.

속전을 징수하는 사례로 紙牌를 잃어버린 사람에게 속전을 징수하기도 했다. 1679년(숙종 5) 1월 대사간 권유는 지패 闊失者에 대해 속전을 과다하게 징수하는 점을 지적했다.216) 당시 지패를 잃어버린 사람에게 속전 70문을 징수하고 있었다. 한성부에서 舊牌를 新牌로 교체하기 위해 지패의 현황을 조사한 결과 분실한 사람이 1만 명에 이르고 있었다.217)

동전의 사용을 위해 속전을 징수했으나 한편으로 관사에서는 여전히 은과 포를 중심으로 한 수세를 통해 재정을 운영하고 있었다.218) 병조에서 징수하는 기·보병의 가포를 비롯하여 한성부의 공사징채 그리고 각 아문의 발매가와 호조의 온갖 價本은 모두 은과 포로서 받고 있었다. 행전에 있어 이를 주도하는 관사에서 동전을 이용하지 않고 은포를 중심으로 재정을 운영하게 되자 백성들은 동전유통의 가능성에 의문을 품게 되었다. 항간에는 동전은 민간에서만 이용되게 될 것이고 결국 동전의 유통이 폐지될 것이라는 우려가 팽배했다. 이러한 시장의 반응에 따라 결국 비변사에서는 병조, 호조, 한성부를 비롯한 각 아문에서 동전을 이용한 수세를 확대하도록 강제했다.

가포를 동전으로 거두는 과정에서 전납의 이점이 인식되기도 했다. 병조에서 가포를 동전으로 받기로 결정하고 군목 1필을 동전 5전으로 책정하여 받아들이자 기·보병들은 이를 유리한 것으로 인식하고 있었다.219) 당시 시장에서는 미가 귀하고 동전이 천한현상이 나타났기 때문

216) 『承政院日記』 268, 肅宗5년 1월 壬子.
217) 『備邊司謄錄』 35, 肅宗5년 2월 15일 ; 『承政院日記』 268, 肅宗5년 2월 庚辰.
    초기의 호패는 종이로 제작된 '紙牌'인 까닭에 일반 백성들이 3년 동안 온전히
    보관하기에는 한계가 있었다.
218) 『備邊司謄錄』 35, 肅宗5년 2월 20일 ; 『承政院日記』 268, 肅宗5년 2월 癸未.
    당시 騎步兵의 가포에 대한 절가는 1필에 5錢이었다. 진휼청에서 구휼을 위해
    발매하는 미는 市價가 1전에 米 5승이었으며 발매가는 7승이었다.

에 미가의 상승으로 인해 미를 이용해 동전을 마련하여 군목을 전문대납
하는 데에는 문제가 없었다.

2. 전납의 확대를 통한 행전 활성화

1678년(숙종 4) 행전절목의 반포 당시 속전의 징수뿐만 아니라 진휼
청에서 거두는 환곡에 대해서도 일부 전문으로 대신하도록 했다.[220] 이
듬해 진휼당시에는 환자를 동전으로 수납하도록 했을 뿐만 아니라 진휼
곡의 발매에도 동전을 이용했다. 진휼곡을 동전으로 발매하게 되자 돈
있는 사람은 살 수 있으나 돈 없는 사람은 구할 수 없는 상황이 벌어졌
다.[221] 진휼을 통한 동전이용 시도는 동전이용의 필요성을 높였다.

대사헌 오정위에 의해 전납의 범위를 확대할 필요성이 제기되었다. 그
는 民役 중에서 미로 수취하는 부분에 대해서는 당초에 정한대로 미로
거둔다고 하더라도 대동목면, 각사노비신공, 기보병가포에 대해서는 마
땅히 전문으로 대신 받도록 할 필요가 있다고 주장했다.[222] 좌의정 권대
운도 오정위의 의견에 동의하면서도 한편으로는 외방에 대해 강제하지
말도록 했다. 다만 동전이 없어서 전납할 수 없을 경우 상경하여 동전을
무역해서 납입하는 것도 허용하도록 했다. 이를 위해 비변사에서 마련한
절목은 아래와 같다.

    1. 병조의 보병 등 사람마다 2필을 내는 무리들은 원래의 수에서 절반을

---

219) 『備邊司謄錄』 35, 肅宗5년 3월 27일 ; 『承政院日記』 269, 肅宗5년 3월 壬戌.
220) 『備邊司謄錄』 34, 肅宗4년 閏3월 24일.
221) 『承政院日記』 269, 肅宗5년 3월 戊戌 ; 『承政院日記』 269, 肅宗5년 3월 庚申
   ; 『備邊司謄錄』 35, 肅宗5년 3월 29일.
222) 『承政院日記』 269, 肅宗5년 4월 壬申.
    騎兵·步兵의 가포는 면포 2疋이었다(『肅宗實錄』 29, 肅宗21년 10월 丁未).

전문으로 갖추어 낸다. 충찬위 등 매 사람당 1필을 내는 무리들은 원하
는 대로 목이나 전문으로 갖추어 내게 할 일이다.

2. 공조, 선공감, 상의원, 군기시, 교서관의 창준이나 장인 등을 비롯하여
각 아문 소속의 서원 중 2필을 내는 무리들은 원 수량 중 절반을 전문
으로 내게 할 일이다.

3. 의정부의 서리와 이조의 留曹書吏로 사람마다 2필을 내는 무리는 모두
전문으로 갖추어 낼 일이다.

4. 호조 소속의 시노비와 종친부·의정부 등 여러 상사(諸上司)의 각 아문
직공노비의 공목으로 매 사람 마다 2필, 1필 반, 1필씩 내는 무리들은
모두 전문으로 갖추어 낼 일이다.

5. 내수사 노비로 공목 각 1필 반을 내는 무리들이 본목 대신 전문으로
갖추어 내게 하는 일은 내수사가 스스로 헤아려서 처리 할 일이다.

6. 내시·환관의 보인과 솔정으로 사람당 2필을 내는 자와 장악원의 악공·
악생 등의 保는 본목이나 전문으로 스스로 원하는 대로 갖추어 내게 한
다. 내시부 노비의 공목에 있어서는 각사의 사례에 따라 시행할 일이다.

7. 양계에 있는 시노비와 內司奴婢로 貢紬布를 토산물로 바치는 무리들은
여기에서 거론하지 않는다.

8. 각종 면포와 전문의 값을 만일 모두 정식으로 영원히 준행하게 하고 때
에 따라 오르내리는 일이 없으면 혹 막히어 행하기 어려운 폐단이 없지
않다. 그해 농사의 풍흉과 목면 귀천을 보아 임시로 가감할 일이다.

9. 미진한 항목들은 추후 마련한다.[223]

군병과 서리, 노비 등이 납입하는 포목에 대해 전납하도록 했다. 군병
이 납입하는 2필과 각 아문의 서원·장인 등이 납입하는 2필에 대해서는
절반에 해당하는 1필을 동전으로 납입하도록 했다(1·2조). 의정부와 이
조의 서리 중 2필을 납입하는 부분과 호조 소속의 시노비와 종친부·의
정부의 직공노비들이 납입하는 貢木은 전액 동전으로 납입하도록 했다
(3·4조). 그리고 충찬위 소속이나 내시환관의 보인과 솔정을 비롯하여
장악원 소속의 보인에 대해서는 원하는 바에 따라 목면이나 동전으로 납
입하도록 했다(1·6조). 전납에 있어 목면과 동전의 절가에 대해서는 시

---

223) 『備邊司謄錄』 35, 肅宗5년 4월 9일. 본 내용은 <표 1>의 13번에 해당함.

가에 따라 조정할 수 있도록 했다.

각사 노비의 공목은 미로 납입하게 하여 경비에 이용하고 있었다. 그런데 4·5·7조의 사례에 따라 내시노비의 신공을 전문으로 수세하기로 하였으며, 다만 양계의 시노비에 대해서만 예외를 인정했다. 이러한 노비신공에 대한 전면적인 전납실시에 따라 각사의 미곡 지출을 충당할 수 없다는 문제가 지적되었다.224) 동지사 목래선은 삼남의 산군에 거주하는 노비공목만 동전으로 받고 연해의 각 고을은 예전대로 미로 받도록 하는 대안을 제시했다. 양서지역의 노비가 납입하는 紬布에 대해서는 호조의 재정 기반 유지를 이유로 동전으로 수세하는 것에서 제외 될 수 있었다.225)

전납을 확대하는 과정에서 논란도 있었으나 행전 절목과 사목의 보완을 통한 행전책의 방향은 유지되었다. 전문납의 확대와 동시에 전문방납이 우려되었다. 권대운은 외방에서 납부할 포에 대해 경중 인물 중에서 미리 동전으로 납입하고 지방에 내려가 포를 거두는 과정에서 두 배의 이익을 도모하는 폐단을 엄금하고자 했다.226) 전문방납을 행한 경중인물은 상인 혹은 부호가로 언급되었으며, 이러한 방납행위에는 인조 이래 행전을 실시하면서 지방관원과 연계된 양상을 보이고 있었다. 권대운 역시 이러한 전례를 경계한 것이었다.

전문방납을 방지하기 위해 作錢價를 시가에 맞추어 변경하도록 노력하였음에도 쉽게 고쳐지지 못했다. 남구만은 전문방납에 따른 폐단을 사실적으로 지적했다.

> (병조판서) 남구만이 아뢰었다. 본조에서 받는 목을 동전과 목면으로 반 씩 받도록 한 것은 대개 전문을 경외에 통행하고자 한 것이다. 그런데 각 읍

---

224) 『備邊司謄錄』35, 肅宗5년 5월 23일.
225) 『承政院日記』270, 肅宗5년 5월 乙卯.
226) 『承政院日記』269, 肅宗5년 4월 癸未 ; 『備邊司謄錄』35, 肅宗5년 4월 20일.

에서 민간으로부터 거두어 받는 것은 목필이다. 각 읍의 색리가 (거두어들인) 그 고을의 木을 가지고 서울에 와서는 돈으로 바꾸어 납입한다. 혹은 경중인 물이 동전으로 대납하고는 그 고을에 가서 목필을 대신 받는다. 이는 중간 이익을 엿보는 바탕이 되고 또한 행전하는 일에 무익하다. 또한 전가의 오르 내림은 변함이 없는 것이 아니어서 하나같이 시가를 따르고자 하여 점차 더 받게 되었다. 외방의 사람들은 또한 반드시 괴이하게 여겨 원망하는 것이 되 었다.227)

병조에서 기·보병의 가포를 징수하면서 동전으로 납입하는 것을 점차 확대한 결과 그 비중이 절반에 이르도록 했다. 이는 한양뿐만 아니라 지 방에까지 행전범위를 넓히려는 의도였다. 1682년(숙종 8)경에는 지방행 전에 이르지 못한 상황에서 지방의 색리와 한양의 상인·부호가를 중심 으로 방납이 계속되었다. 지방에서는 전가의 변동을 알기 어렵다는 점을 이용해 절가의 변동 정보를 반영하지 않고 절가에 비해 지방에서 목필을 더 수세하기도 했다. 이로 인해 백성들은 이러한 방납의 폐단을 곧 동전 유통으로 인한 문제점으로 인식하는 현상까지 나타나고 있었다.

군기시에서는 거두어들이는 은자에 대해서도 전문으로 대신 받도록 결정했다. 그러나 유혁연은 군문의 재정 운영에 있어 은화의 중요성을 지적하며 반대했다.228) 군문에서는 시가의 변동에 크게 영향 받지 않고 대외결제수단으로서 중요한 지위를 점하고 있는 은자를 확보하여 비상 시의 재정에 대비하고 있었다. 숙종은 군기시로 하여금 은의 本色을 보 전하고 다만 은을 이용한 식리활동의 결과물에 대해서만 동전을 이용하 도록 했다. 이러한 사정은 아래의 인용문에 잘 나타나 있다.

　　① (사헌부에서 아뢰었다.)지금 동전의 사용이 혼란스럽고 유통되지 않는
　　　 것은 오로지 200문으로 감해서 책정한데 있는 것이 아니라 각사에서
　　　 債錢을 받음에 있어 동전은 안 받고 은전만 받아 피차 경중의 구별이

227) 『承政院日記』293, 肅宗8년 9월 戊申.
228) 『承政院日記』271, 肅宗5년 7월 乙未.

현저히 드러나기 때문입니다. 관가에서 취사함이 이와 같은 것을 보고 백성들은 동전이 유통되기 어려운 폐단이라도 있을까 두려워하여 은화를 가진 자는 내다 팔려고 하지 않으니 은화는 더욱 귀해지고 동전은 더욱 천해져서 마침내 은화 1냥의 가치가 동전 400문에 이르게 되었습니다. (중략) 청컨대 모든 公私債를 은화와 동전의 구별 없이 내는 대로 받도록 규례를 정하여 시행하게 하십시오.229)

② (우의정 오시수가 아뢰었다.)대저 동전은 우리나라에서만 쓸 수 있고 (국제간에) 통용할 수는 없습니다. 그러니 각 군문의 뜻밖의 쓰임을 위해 동전으로 비축해 둘 수 없고 호조에는 더군다나 은화가 없어서는 안 됩니다. 이는 동전은 천하고 은화는 귀해서가 아니라 은화와 동전이 각기 쓰이는 곳이 있기 때문입니다.230)

군기시를 비롯한 각 군문과 아문에서 은을 중심으로 재정을 운영하면서 백성들은 동전의 사용을 기피하고 있었다. 각 관서에서는 채전을 징수하면서 동전이 아닌 은을 통해서만 수납하고 있었다. 관에서 스스로 동전의 통용에 부정적인 자세를 보이면서 간접적으로 태환에도 불신을 조장하고 있었다. 이러한 문제점에 따라 각 관사에서의 채전 징수는 동전과 은화 모두를 허용하도록 했다. 이러한 상황이 ①에 나타나 있다.

관사에서 은을 이용한 재정운영을 지속하지 않을 수 없었던 데는 ②의 사연이 있었다. 동전은 국내통화로 유통을 시작한 상태였다. 이러한 점은 선조조 이래 행전책에서 나타나는 일관된 방향이었다. 대외결제 수단으로는 인삼을 비롯한 은이 중요한 기능을 수행하고 있었다. 군문을 중심으로 한 중앙관사에서는 재정 비축 수단으로 안정적인 대외 결제수단이 필요했으며, 저장과 관리의 효율성이 높은 은이 선택되었다. 은 확보의 불가피성으로 인해 한성부에서는 공사채에 대해 본전은 은화로 받고 이자를 동전으로 받는 방안을 요청하여 절충될 수 있었다.231)

---

229) 『備邊司謄錄』 35, 肅宗5년 9월 22일 ; 『承政院日記』 273, 肅宗5년 9월 癸丑.
230) 『備邊司謄錄』 35, 肅宗5년 9월 23일.
231) 『肅宗實錄』 8, 肅宗5년 9월 癸丑 ; 『承政院日記』 273, 肅宗5년 9월 乙卯.

3. 숙종조 행전성공의 요인

고려시대의 주전을 통한 행전은 개성을 중심으로 한 일부 상인층, 혹은 대외 무역을 위한 보조 수단으로 모색되었다. 보초, 은화 등 다양한 화폐와 동시에 동전의 유통이 시도되었다. 이 과정에서 보초, 은화 유통정책의 변화와 더불어 동전에 대해서도 정책 변경을 거듭하면서 행전책에 대한 혼란이 가중되었다.

조선초기에도 국내 통화의 모색을 위해 전문의 주조와 유통이 시도되었다. 저화 유통을 위한 정책적 노력이 지속되는 가운데 보조화폐로서 동전이 검토되었다. 또한 유통책에 있어서도 시장의 성숙을 고려하지 않고 동전 전용만 강제하게 되면서 반작용이 컸다. 화폐정책에 있어서도 저화와 겸행하는 연장선상에서 여러 차례 정책적 시도가 계속되는 과정에서 오히려 화폐유통책에 대한 혼란이 가중되는 모습이었다. 그리고 무엇보다 자연재해로 인한 흉황은 동전유통책을 지속할 수 없게 만든 가장 큰 요인으로 작용하여 그 한계가 나타나고 있었다.

조선후기의 행전은 유통경제와 상업의 발달에 따른 경제기반의 변화가 중요한 요인으로 작용했다. 그럼에도 불구하고 행전책을 추진하는 과정에 행전을 위한 사목과 절목이 마련되는 등 정책적 지속성을 유지하고자 한 노력이 행전을 가능하게 한 하나의 요인이었다. 행전사목은 선조조에 처음 검토된 이후 숙종조 상평통보의 유통에 이르기까지 지속적으로 수정과 보완을 거듭했다. 특히 인조조에는 조선통보의 주조와 유통을 계기로 행전사목에 대한 현실적인 보완이 이루어졌다. 행전사목은 전문의 시장 산포와 아울러 전납을 통한 태환의 보장을 유도하는 방향으로 수정되었다. 이를 바탕으로 이후 사목에 대한 개선노력이 계속되었다.

행전에 대한 반대 보다는 방법론에 있어서의 의견대립이 주를 이루면서 행전책은 계속 추진되었다. 선조조의 행전 논의에 있어 행전 자체에 대한 반대가 아닌 주전원료의 부족에 따른 보완을 강조하는 현상이 나타나고 있다. 뿐만 아니라 정치권력의 향배에 따라 행전책에 대한 일시적인 조정은 있었으나 행전을 위한 노력이 지속적으로 추진됨으로써 정책의 일관성이 유지되었다. 이러한 장기간의 행전 정책은 지도층의 인식의 확대, 일반 민간의 화폐에 대한 인식을 고조시켰다. 숙종조 남인과 서인의 정책적 부침 속에서도 행전을 위한 시각에는 변함이 없었다. 이러한 행전에 대한 인식은 당시 중국과 일본의 행전 현실을 파악한 국제적 시각이 작용한 측면도 있었다.

숙종조에는 이러한 기반위에 동전공급의 비약적인 확대를 통해 행전이 가능했다. 선조조 이래 주전을 위한 동철의 확보가 행전에 있어 최대 난점으로 지적되고 있었다. 비록 광해조에 일본을 통해 주전원료가 유입되고 주전기술이 확립되었으나 인조조 행전에 있어 주조한 전문은 수 만 관에 지나지 않았다. 이에 효종조에는 동전의 확보를 위해 중국전의 수입은 물론 사주까지 허용하는 등 적극적으로 동전의 공급에 주력했다. 그럼에도 불구하고 지방행전을 위한 충분한 전화를 확보하기에는 한계가 있었다. 그러나 숙종조에는 확보된 주전원료를 바탕으로 경중의 주전관사는 물론 지방 감영을 중심으로 한 대읍에서 동시에 주전을 실시하게 되면서 행전을 위한 동전의 공급을 가능하게 했다.

행전초기에 상인을 중심으로 한 모리행위로 인해 주전과 동시에 동전이 상인층에게 집적되는 현상이 나타나면서 동전의 유통에 한계가 나타나기도 했다. 그러나 숙종조에 이르러 매매를 비롯한 다양한 경제활동에 동전이 이용되면서 동전유통이 활성화 되고 행전이 확대되었다.

유통경제의 발달로 민간에도 화폐의 필요성을 인식하기 시작한 것이 화폐 유통을 가능케 한 배경이었다. 그리고 행전 사목이 보완을 거듭하는 과정에서 일관된 행전책이 동전유통의 문제점을 해결함으로써 동전의 유통에 성공할 수 있었다고 본다. 또한 행전책을 실시하면서 국지적

인 유통에서 점진적으로 행전의 범위를 확대시킨 것도 성공의 한 요인이
었다.

제2장

동전유통의 확산과 사회현상

Ⅰ. 숙종 이전 행전권과 동전이용층
Ⅱ. 숙종조 주전양상과 행정권 확대
Ⅲ. 상평통보의 유통과 동전 이용양상

I. 숙종 이전 행전권과 동전이용층

1. 인조조 지방주전의 한계와 행전제한

선조·광해조에 행전논의가 있었으나 실행에 옮겨지지 못했으며 인조조에 비로소 행전의 본격적인 실행이 이루어졌다. 1623년(인조 1)에서 1626년(인조 4) 사이 부분적으로 주전이 이루어지고 행전을 도모하였으나 1627년(인조 5)의 정묘호란으로 인해 결실을 보지 못했다. 실질적인 주전을 통한 행전 노력은 1633년(인조 11)에서 1636년(인조 14) 병자호란에 이르는 기간이었다.

1633년(인조 11)의 행전에서는 주전의 확대를 통해 전문의 공급을 증대시킴은 물론 한양과 지방의 전문 가치 차등화를 도모하여 유통을 촉진하고자 했다. 당시 호조판서 김시양은 대동법은 물론 전문 유통에 대한 면밀한 검토와 시행을 주장했다.[1] 전문의 공급이 한양 일원에 한정된 현실을 지적하고 경중의 전을 외방에까지 유포하는 데에는 지방주전과 더불어 한양과 지방의 전문 가치를 차등화할 필요가 있다는 것이었다. 그는 경중의 전문만으로 지방에서 전문을 수세할 경우 전문방납의 폐단이 성행하게 될 것을 우려하면서 안동, 전주, 공주 등과 같이 지방에서도 전문을 주조하여 통화를 공급할 필요가 있음을 강조했다. 경중과 지방의 전문에 대해서는 가치를 차등화하여 유통을 활성화 할 것을 주장했다.

---

1) 金時讓은 인조 12년 2월에 호조판서에 서용되어 9월에 병조판서로 전직하기 까지 약 7개월 동안 호조판서로 있었다(金時讓, 『荷潭集』 卷11. 遺事).
  "國儲蕩竭經費告匱 而設鋪行錢湖西大同 皆是新創之事 必須心計周遍規畵精詳 然後 可以生財而繼用 法行而無弊也"(金時讓, 『荷潭集』 卷8, 疏箚, 辭戶判箚).

전가를 서울은 적고(少) 지방(鄕)은 많게(多) 하면 전문이 있는 자는 지방
에서 곡식을 무역할 것이고 곡식이 있는 자는 전문을 서울에서 거래할 것입
니다. 그런 뒤 미가 서울에 모일 수가 있고 전문은 지방으로 돌아갈 것입니
다. 백성에게 (전문으로) 부세하면 백성은 관에 납부할 수 있을 것입니다.[2]

전가의 산정 기준은 전문 대비 미의 교환 가치였다. 동일한 전문으로
한양에서 살 수 있는 미다 지방에서 구매할 수 있는 양을 더 많게 했다.
서울사람은 전문을 지방으로 가져가 미를 매득하게 될 것이고 지방에서
도 미를 가지고 상경해서 전문을 구하게 한다는 구상이었다. 이렇게 할
경우 당면한 문제인 전문의 지방 확산을 가능하게 하여 궁극적으로 전납
의 경로를 확대하더라도 문제없이 운영되어 전문 유통이 활성화 될 것으
로 기대했다. 그럼에도 당시 이러한 전문 혹은 미곡을 통한 무역은 상인
층에 국한되는 것이어서 동전의 일반 대중적 유통과는 거리가 있는 것이
라 하겠다.[3] 이러한 논의는 市價를 이중화 할 수 없다는 명분론이 강한
분위기 속에서 받아들여지지 못했다.[4]

1634년(인조 12) 지방에서의 주전이 시도되었다. 일본으로부터 유입
되는 동을 안동·전주·공주 등지로 보내어 한양에서와 같이 주전을 행하
도록 했다.[5] 안동의 경우 주전이 적극 고려되고 있었다.

안동부에서 돈을 주조하게 한 명령은 실로 민심에 부합하는 일입니다. 그
러나 생각건대 안동은 외진 곳에 있으므로 돈을 주조한 뒤에 右道의 백성들
이 오가며 교역하기에 형편상 어려울 듯합니다. 그리고 한 고을에서 주조하는

---

2) "錢價京少而鄕多 則有錢者 貿穀于鄕 有穀者 貿錢于京 然後可以 米聚於京 而錢
　歸於鄕 賦於民而 民可以納官 納于官而 官可以給民 周流無滯錢 方可以通行矣"
　(金時讓, 『荷潭集』 卷8, 疏箚, 陳錢貨箚).
3) "錢之未行 四方之物價各異 故利在於能運 若粟若布 籌數不可以盡覆 故利在於能
　察"(李瀷, 『星湖先生全集』 46. 論錢幣).
4) 『仁祖實錄』 29, 仁祖12년 2월 丁丑.
　지방 동전유통활성화를 위해 경상도 안동에서 주전이 시도되었다.
5) 『仁祖實錄』 29, 仁祖12년 2월 丁丑.

것이 무려 8천여 근이나 되면 일을 쉽게 끝낼 수 없습니다. 대구는 영남의 중심부 인데다가 행상들이 모여 드는 곳이고 鑄工도 그곳에 많습니다.[6]

안동이 경상좌도에 속해 있어 이곳에서 주전을 할 경우 경상우도 고을에 대해서는 공급이 원활하지 못한 문제가 언급되었다. 8천여 근에 이르는 규모의 동철을 이용하여 지방에서 주전하기에는 '鑄工'의 확보도 문제였다. 주전을 할 수 있는 공장과 장인을 동원하는데 한계가 있었던 것이다. 이러한 논란으로 인해 당시 경상감영이 위치한 대구에서의 주전이 고려되었다.[7]

지방에서의 주전은 안동 외의 지역으로 확대된 것으로 보인다. 1635년(인조 13) 황해도 해주와 경기도 수원에 대한 주전이 허가되었다.[8] 더불어 지방의 대읍을 중심으로 주전을 확대하는 방안이 논의되었다. 상평청에서는 당시 京中에서의 鑄錢局을 통한 주전의 한계를 인정하고 전국적인 행전을 위해서는 지방 큰 고을을 대상으로 자체적인 주전을 행할 필요가 있다고 보았다. 이러한 분위기 속에서 황해도관찰사 남선이 해주에서 주전을 허락해 줄 것을 요청함과 아울러 수원부사 윤지가 주전의 필요성을 주장하는 것을 계기로 지방에서의 주전이 허용되었다.

지방행전을 통한 동전 공급지역의 확대와 아울러 전납을 통해 동전 이용층을 넓히고자 했다. 선혜청에서는 당시 경기지방의 대동법 실시와 관련하여 대동미의 일부를 전문으로 납부하는 것을 허가해 주도록 요청했다.[9] 봄과 가을 두 차례에 걸쳐 각 8두씩 거두는 대동미의 10분의 1을

---

6) 『仁祖實錄』 29, 仁祖12년 3월 乙巳.

7) 대구에는 1601년 경상감영이 설치되었다. 활자의 주조에 있어 대구에서 만든 가장 오래된 활자는 현종14년(1673) 洛東契에서 洛東契活字 3만 5천여 자를 주조한 것이다. 이후 숙종32년(1706)에도 금속활자의 주조가 있었다(尹炳泰, 1989, 「慶尙監營과 大邱地方의 出版印刷文化」 『출판학연구』 31, 한국출판학회, 82~87쪽).

8) 『承政院日記』 46, 仁祖13년 1월 丁卯 ; 『仁祖實錄』 31, 仁祖13년 1월 丁卯.

9) 『仁祖實錄』 29, 仁祖12년 2월 庚辰.

전문으로 대납하게 하는 방안이다. 이 경우 경기지역 백성들이 '柴炭禽魚'로써 전문을 사들여 관에 납부하게 될 것이며, 이를 통해 농사지은 소출(米)이 남아서 별도로 이용할 수 있는 이로움이 있다는 지적이었다. 각사에서는 전문을 다시 공물주인들에게 전문으로 주어 전문이 경기지역의 백성들에게 산포되기를 기대했다. 그러나 이러한 방안은 전문이 전면적으로 유통되지 않는 상황에서 실현이 어려운 것이 또한 현실이었다.

호조에서는 노비의 신공에 대해서도 전문납을 적용하고자 했다.[10] 외방에 거주하는 노비의 신공은 노가 면포 2필에 저화 20장, 비는 면포 1필 반에 저화 10장이었다.[11] 인조조 전문의 유통을 위해 노비 신공에 대해서도 예전 저화의 비중에 따라 전문으로 환산하여 봉납토록 했다. 노가 납입하는 저화 20장에 대해 동전 20문으로 정가하고, 비의 저화 10장은 10문으로 환가하여 수납할 것을 건의하자 인조는 1635년(인조 13)부터 시행토록 결정했다.

경기 인근 군현으로서 '시탄어염'을 경성에서 무역하여 전문납을 수행할 수 있는 곳은 사대문 밖의 상업 발달 지역 일부, 혹은 그와 인접한 군현에 한정되었다고 볼 수 있다.[12] 행전 논의 당시 행전의 성공 가능성을 주장하는 입장에는 이러한 사대문 안의 경성에서의 현상에 한정해 판단한 것이라고 하겠다. 수원도 왕성에서 백리의 거리에 위치한 지방 대

---

10) 『承政院日記』 45, 仁祖12년 11월 戊辰 ; 『仁祖實錄』 30, 仁祖12년 11월 甲戌.
11) 『경국대전』에 의하면 奴는 면포 1필과 저화 20장, 婢는 면포 1필에 저화 10장을 납부하도록 규정하고 있어 『승정원일기』의 기사와 차이가 있다(『經國大典』 戶典, 徭役條. "奴綿布一匹 楮貨二十張 婢綿布一匹 楮貨一十張 或以綿紬正布代納者聽").
12) 광해군대에 도성내의 상업이 회복되어 갔으며, 17세기 후반에는 서울인근 도시가 배후 상업도시로 발전하고 있었다(고동환, 2000, 「17세기 서울상업체제의 동요와 재편」 『서울 상업사』, 태학사, 157~160쪽 ; 高東煥, 2002, 『朝鮮後期 서울商業發達史硏究』, 지식산업사, 77~79쪽 ; 최완기, 1997, 『한양』, 교학사, 258~259·286~287쪽).

읍으로서 지방 주전의 대상 지역이었다. 그럼에도 이른바 경성에서 '시탄어염'을 무역하여 전문을 준비하고 이를 바탕으로 전문납을 수행하기에는 한계가 있는 것이 현실이었다.13)

1635년(인조 13) 호조판서 김신국은 행전을 시도한 이후 개성부는 크게 통용되고 있으며 경중 또한 점차 유통되고 있는 것으로 판단했다.14) 여기서 경중이란 사대문 안 경성을 지칭하는 것이다. 이러한 상황에서 전문유통에 따른 모리행위와 반대집단의 등장으로 행전에 대한 부정적 여론에 봉착했다. 전문수납 실시 논의가 있게 되자 경기 여러 고을에서 지난해 收米한 것 중 미수분에 대해 전문으로 대신 받는다는 소식을 듣자 전문으로 납입했다.15) 경기에서 전문으로 바친 것은 한양을 통해 貿錢한 결과였다. 전문 수납의 논의가 진행 중인 상황에서 신속하게 전문의 무역을 통해 관에 납입 할 수 있었던 것은 제도적 변화에 편승해 이익을 도모하는 집단이 존재하고 있음을 보여준다.

17세기 초엽 전문의 유통을 지역적으로 경성을 제외한 지방과 계층적으로 관료와 상인을 제외한 일반 백성에게 확대하는 데는 한계가 있었다. 그럼에도 불구하고 지방에서 수세하는데 대해 수세액의 1/7을 전문으로 받고자 했다.16) 당시의 주전액이 2,000여 관에 불과한 현실에서 지방의 백성들이 전문을 접할 기회가 많지 않음에 따라 수령에 의한 전문 방납이 성행하게 되었다. 이러한 문제에 대한 대안으로 지방 주전은 물론 사전까지 고려되었으나 근본적인 해결에 한계가 있었다. 지방을 대상으로 한 전문 수세는 먼저 경기지방의 별수미를 전문으로 수납하는 선에서 조정되었다.17) 경기지방의 대동법 실시를 계기로 그 세액의 일부를

---

13) 『承政院日記』46, 仁祖13년 1월 丁卯 ;『仁祖實錄』31, 仁祖13년 1월 丁卯.
14) 『承政院日記』46, 仁祖13년 2월 辛丑.
15) 『仁祖實錄』29, 仁祖12년 2월 丁丑.
16) 『承政院日記』49, 仁祖13년 9월 壬戌.
17) 『仁祖實錄』31, 仁祖13년 10월 戊戌.

전문으로 수세하기 시작했으며, 각사에서는 공인에게 무역조로 전문을 지급했다.

전문의 가치를 米를 기준으로 규정함에 따라 봄과 가을 그리고 풍년과 흉년에 따라 미가 변동을 이용하여 이익을 취하는 집단이 등장했다. 상평청에서는 면포로 전가를 규정할 것을 주장했다.

> 錢價를 면포로 정하여 규정으로 하고 미가로서 정하지 않은 것은 (미의 가격이) 봄과 가을이 같지 않고 풍년과 흉년에 따라 값이 다르기 때문입니다. 면포는 통화이므로 그 값이 변하지 않고 전문 또한 통화이므로 면포로서 상준하여 값을 정한 것입니다. 미는 사람이 常食하는 것으로 통화가 아니므로 민간에서 수시로 오르내리는 것을 따릅니다.[18]

변동하는 미가에 따라 전문을 이용해 차익을 도모하고 관에는 정가에 따라 납입함으로써 문제가 발생했다. 미가 아닌 면포로서 전문 가격을 상준하게 하여 전가의 부침을 제한함으로서 전문을 이용한 모리배의 폐단을 불식시키고자 했다. 전문을 기준으로 미의 정가를 정하게 될 경우 전문 소유자의 편중에 따라 혹은 전문보유 집단에 의해 미가가 치솟는 문제가 발생했다. 따라서 면포를 기준으로 전가를 책정하면 '전문을 가진 자가 감히 미가를 급등시키지'못할 것이라 판단했다.

호조에서는 하배들에게까지 전문의 사용을 확대하려던 노력을 철회하고 그 범위를 문무백관으로 한정했다.[19] 三手軍의 料 중 10분의 1을 전문으로 지급하자 이들은 전문을 받음과 동시에 바로 상평창에 가서 米穀으로 바꾸어간 현실이 작용한 것이다.[20] 당시 상평창에서는 전문을 미곡으로 바꾸어 줄 만한 재정적 여유가 없자 무곡을 거부하고 민간에서의 轉賣를 강요한 것도 이러한 동전이용층의 확대를 제한하는 한 요인

---

18) 『仁祖實錄』29, 仁祖12년 3월 甲午.
19) 『承政院日記』49, 仁祖13년 7월 丙寅.
20) 『仁祖實錄』29, 仁祖12년 2월 丁丑.

이었다.

2. 효종조의 행전권과 동전 이용계층

김육은 개성부 유수로 재임하면서 이 일대에 전문이 유통되고 있는 상황을 파악하고 전문 유통의 필요성을 제기했다.[21] 개성에서는 당시 민간에서 전문을 사용하는 것이 중국과 별 차이가 없어서 전택과 노비를 비롯하여 柴草, 菜果에 이르기까지 모두 전문으로 매매하고 있었다. 전화의 품질과 가치에 대한 신인도가 확립되면서 어린 아이가 저자에서 매매를 할 수 있을 정도의 행전 분위기가 조성되어 있었다. 뿐만 아니라 강화, 교동, 풍덕, 장단, 연안, 배천 등지의 사람들이 개성에 와서 물품을 전문으로 매매함에 따라 개성을 중심으로 전문거래가 매우 활발한 상황이었다.

1651년(효종 2) 서로지역의 흉황에 대한 대책으로, 그리고 칙사의 왕래에 소요되는 경비의 조달을 목적으로 행전을 실시했으며, 이는 성공적인 것으로 평가되었다. 곧 이어 한양의 시전 상인의 요청에 따라 京中行錢이 西路行錢과 병행해 실시되었다. 이를 계기로 시전상인이 보유하고 있는 동전이 시장에 유입되면서 동전 이용이 활발해 질 것이라는 기대가 일었다.[22] 당시 추포에 대한 금단조치가 함께 단행되면서 한양에서 행전이 가능했으며, 이를 계기로 한양에서의 동전을 이용한 매매가 매우 활발해졌다. 부역을 위해 포목을 지니고 지방에서 상경한 僧軍이 한양에서 돈으로 매매하는 현실을 직면하고 곤란을 겪기도 했다.[23]

---

21) 金堉, 『潛谷先生遺稿補遺』, 兩西請用錢疏 ; 『增補文獻備考』 159, 錢貨.

22) 『承政院日記』 121, 孝宗2년 9월 庚辰 ; 『承政院日記』 121, 孝宗2년 9월 乙酉. 화폐가 널리 통용되던 영조 6년에도 삼남지방에는 綿布가 화폐기능을 대신하고 있었다(『度支志』 財用部, 錢貨條).

23) 『承政院日記』 123, 孝宗3년 2월 甲寅.

서울행전을 건의한 것은 한양의 시전상인이었다.[24) 행전을 위해 마련된 사목에는 시장의 물화거래는 동전으로서 통행하도록 규정했다. 화폐의 사용에 있어 동전이 필요한 경우에는 作錢價에 따라 당시 행전 주무관청인 상평청에 쌀을 납입하고 돈을 받아가도록 했으며, 그 반대의 경우도 허용했다. 이러한 행전을 위한 조치는 상인뿐만 아니라 일반 백성에게까지 화폐유통을 염두에 둔 것이었다. 뿐만 아니라 상인들에 의한 私鑄錢을 허용하면서 사주전과 官錢을 서로 교환하는 것도 허용했다. 이는 이미 단행된 사주전의 허용을 공식화한 것이었다. 이러한 행전을 위한 일련의 조치는 상인들을 중심으로 화폐를 유통시켜 한양에서의 행전, 나아가 서로행전의 촉진에 이르기까지 행전의 파급효과를 높이려는 목적이 있었다.

경중행전의 효과에 따라 지방에 대한 전납을 추진하는 과정에서 상인들의 동전 축장 문제가 제기되었다. 영의정 정태화는 1652년(효종 3) 초 화폐가 경외에 두루 통용되고 있지 않은 현실에서 대동미의 일부를 동전으로 거두기는 어렵다고 지적했다.[25) 왜냐하면, 상인들이 돈을 축장한 상태에서 전가가 오르기를 기다리고 있는 분위기였으며, 또한 이들이 납부일에 임박해서는 돈의 가치를 높여 일반 백성에게 내어주게 될 것이 우려되기 때문이라고 지적했다. 정태화는 납부 기한의 촉박함을 고려하지 않고 화폐납을 추진 할 경우 행전을 계기로 한 상인에 의한 또 하나의 防納 폐단이 발생할 것을 가장 우려하고 있었다. 그의 주장이 관철되어 전납에 대한 실시 시점은 그 해 가을에 재론하기로 했다.

경기지역의 대동미를 부분적으로 전납하는 것을 비롯하여 이 지역에 대한 행전은 예정대로 1652년 가을을 기점으로 실시되었다.[26) 전국적인

---

24) 『孝宗實錄』6, 孝宗2년 4월 庚午 ; 『承政院日記』121, 孝宗2년 9월 乙酉.
25) 『承政院日記』123, 孝宗3년 1월 壬寅 ; 『孝宗實錄』8, 孝宗3년 2월 癸卯.
26) 『孝宗實錄』9, 孝宗3년 11월 壬申.

흥황 속에서도 경기는 상대적으로 심하지 않은 점이 고려되어 동전이 준비된 고을에 한해 대동미 8두 중 1두를 돈으로 납입하도록 했다.27) 이로서 기전에 대한 행전이 부분적으로 실행에 옮겨지게 되었다.

서울행전과 연이은 京畿行錢으로 인해 화폐가 부분적으로 유통되고는 있었으나 전면적인 통행의 단계는 아니었다. 화폐 유통의 성공을 위해서는 일반 백성들까지도 돈을 소유하고 통용할 수 있어야 행전에 성공할 수 있을 것이라는 데에는 이론이 없었다.28) 서울행전의 실시와 동시에 선혜청의 돈을 주도적으로 받아간 것은 저자 상인들이었다. 더욱이 이들을 통해 시중에 유통된 돈의 액수가 적지 않았음에도 일반백성들에까지 화폐가 보급되지 못하는 것이 당시의 현실이었다. 시장에 유통된 화폐가 일부 시민들에게 편중되는 현상이 발생하고 있는 상황이었다.29) 행전지역의 확대와 동시에 동전을 지속적으로 공급하였음에도 이들 동전이 상인에게 집적되면서 일반백성들이 이용하기에는 한계가 있었다.

1654년(효종 5)에도 서로에 대한 지속적인 행전실태에 대한 관심과 아울러 서울행전을 위한 노력이 이어졌다. 한양의 쌀값이 상승하면서 쌀로 상평청에서 환전해 가는 사례가 줄어들자 강화도에 보관 중이던 쌀수 천석을 이용하여 물가를 조정하여 화폐유통을 도모했다.30) 호조에서도 서울행전에 소요되는 동전 주조를 위해 동철을 지원했다.31) 이러한 노력의 결과 한양에서의 화폐유통도 안정세를 보이고 있다고 판단되기 시작했다.

지방으로 행전범위 확대도 시도되었다. 1653년(효종 4) 김육은 東萊의

---

27) 효종 4년 경기의 春等 대동미에 대해서도 전납이 추진되었다(『孝宗實錄』 10, 孝宗4년 1월 甲申).

28) 『孝宗實錄』 8, 孝宗3년 2월 癸卯.

29) 『孝宗實錄』 8, 孝宗3년 2월 甲寅.

30) 『孝宗實錄』 11, 孝宗4년 10월 乙丑.

31) 『承政院日記』 130, 孝宗5년 1월 戊戌 ; 『備邊司謄錄』 孝宗5년 1월 8일.

동전을 사다가 영남과 호남의 各營에서 돈을 주조하게 하여 이를 바탕
으로 지방에서도 행전을 전면적으로 실시할 것을 제안했다.[32] 그러나
김육의 이러한 제안에 대해 회의적인 분위기가 만연했다. 행전에 충당할
정도의 주전을 위해서는 주전 원료인 銅이 풍부해야 함에도 당시 조선
에는 銅鑛이 없어 해외에 의존해야 하는 문제점이 크게 인식되고 있었
다.[33] 그럼에도 불구하고 김육의 주장에 따라 양남의 감영과 병영에 의
한 주전이 부분적으로 시도되었다.[34]

선혜청에서는 화폐가 널리 통용되지 못하는 문제점으로 화폐납에 따
른 방납의 폐단을 지적했다. 기전에서 봄과 가을에 거두는 대동미 8두
중 1두를 돈으로 받아들이면서 백성들은 한양의 방납 무리들을 통해 납
입할 전문을 마련하고 있었다.[35] 방납 대행자들에 의해 미곡에 대한 작
전가가 조종되면서 전납이 폐단으로 지적되었다. 이러한 문제에 대해 선
혜청에서는 시전을 이용해 전납을 대행하도록 하는 방안을 구상했다. 각
사에서 받아들이는 錢價米를 各廛에 분급해 준 다음 각전으로 하여금
상평청에 전을 납입하고 미를 받아가도록 했다.[36] 당시 기전을 비롯한
화폐유통 지역에서 일반 백성들은 여전히 동전을 화폐로 이용하지 않는
상황에서 국가에서 행전을 전제로 전납을 실시하자 화폐를 이용하고 있
는 시전상인들에 의해 방납이 성행했으며, 이는 하나의 폐단으로 작용하
고 있었다.

17세기 중엽 효종조에 서울행전을 하면서 상인들을 대상으로 화폐 사

---

32) 『孝宗實錄』 10, 孝宗4년 1월 甲申.

33) 『孝宗實錄』 10, 孝宗4년 3월 丁卯 ; 『孝宗實錄』 10, 孝宗4년 3월 庚午.
    상평청에서는 頒祿에 있어 半貫을 錢文으로 지급한 것이 효종 3년부터였으나
    전문의 부족으로 당해에는 실시가 어렵다고 지적했다(『承政院日記』 127, 孝宗4
    년 4월 壬寅).

34) 『承政院日記』 127, 孝宗4년 4월 辛丑 ; 『承政院日記』 127, 孝宗4년 4월 壬寅.

35) 『承政院日記』 137, 孝宗6년 10월 庚申.

36) 『承政院日記』 137, 孝宗6년 10월 庚申.

용 여부를 엄하게 감독하게 되자 마찰이 빈번하게 발생했다.[37] 한양의 행전을 안정시키기 위해 강력한 행전감독이 필요하다는 인식에 따라 상인들의 동전 사용 여부를 감독하는 行錢別將이 파견되면서 시전 상인들과 이들 사이에 빈번한 마찰이 초래되었다.

행전별장 평시령 안헌기가 牛馬塵의 시전 상인 김견, 박사남, 김지제 등에게 능욕 당한 사건이 발생하여 큰 논란이 되었다[38] 행전에 적극적인 경중의 상인들이었으나 시장의 동향에 무관하게 강행된 행전별장을 통한 행전 압력은 오히려 행전을 둘러싼 상인과 정부사이에 불신을 야기시키고 있었다. 한편으로는 상인과 일부 부유층이 동전을 선호하면서 이들에게 전문이 집적되어 시장에 다시 유통되지 못하는 문제가 발생하기도 했다. 유통되던 화폐가 수십만 관에 불과한 상황이었으며, 이러한 규모는 중인 10가구의 자산에 불과할 정도라는 지적은[39] 화폐의 집적현상을 암시한다.

상인층을 중심으로 화폐가 집적됨으로 일반백성은 화폐를 접할 기회가 축소되었다. 전문을 통한 납세과정에서 방납의 폐단이 나타나자 행전 중단이 논의되었으나 민유중이 상인 보유의 동전에 대한 처리 문제를 제기하면서 유예되었다. 상인들은 그들이 보유한 화폐를 납입할 기회를 보전하게 되면서 동전유통에 따른 피해를 최소화 할 수 있었다.

17세기 중엽 효종조에 국가에서는 동전의 유통 촉진을 위한 행전별장의 파견, 전답 등을 실시했으나 일부 상인 및 부유층의 용전과 그에 따른 폐단이 발생했다. 동전유통을 위한 노력은 이러한 사회적 문제에 대한 새로운 대안을 마련하지 못하고 罷錢을 결정할 수밖에 없었다.

---

37) 『孝宗實錄』8, 孝宗3년 2월 甲寅.
38) 『承政院日記』130, 孝宗5년 2월 己巳.
39) 『孝宗實錄』15, 孝宗6년 12월 癸未.

3. 현종조 은과 동전의 유통

1) 은화의 통화기능

17세기 중후반 국가에서 동전의 유통을 추진하고, 시장에서는 동전이 통화기능을 수행하고 있었음에도 관에서는 재정운영을 목적으로 銀을 비축하고 있었다. 각 아문에서 銀貨를 비축하여 쌓아두고 시장에 유통시키지 않자 은을 통화로 이용하고자 하는 민간에서는 이를 '囚銀'이라 비판하고 있었다.[40] 은화를 통화로 이용함에 있어 官民이 다투는 형국이었다.

관사의 은 확보노력은 계속되었다. 이정영은 평안감사로 재임당시 관향곡을 이용해 목면 수 백동을 무역하고 이것을 상인들에게 값을 낮추어 은으로 절가했다. 이 과정에서 절가규정보다 낮 은 값으로 은을 무역함에 따라 재정손실을 야기하면서 조정에서 논란이 일기도 했다.[41] 평안도 무과 급제자에게 수자리 면제를 조건으로 은 15냥씩을 바치도록 했다.[42]

관사에서 은을 확보하고자 한 것은 재정지출에 있어서 은이 중요한 비중을 차지하고 있었기 때문이었다. 1670년(현종 11)에는 경비보충과 기민구제를 목적으로 각 아문과 각 영으로부터 미곡 3만석을 비롯하여 은 7,100냥을 덜어 내기도 했다.[43] 같은 해 대흉년으로 인한 진휼을 목적으로 동원된 물력의 현황에 은이 큰 비중을 차지하고 있다. 그 현황은 표 2-1과 같다.

---

40) 『顯宗實錄』 9, 顯宗5년 11월 庚寅.
41) 『顯宗實錄』 15, 顯宗9년 10월 壬申 ; 『顯宗改修實錄』 顯宗9년 10월 壬申.
42) 『顯宗改修實錄』 21, 顯宗10년 4월 辛卯.
43) 『顯宗實錄』 18, 顯宗11년 7월 壬午.

〈표2-1〉 顯宗 11년 진휼을 위해 동원된 물력현황*

구분	銀	布	租	米
내용	司僕寺(5,000兩), 司饔院(500兩), 糧餉廳(1,000兩), 咸鏡監營(600兩)	忠翊府(20同), 平安兵營(150同), 平安監營(300同), 統營(300同), 慶尙監營(100同), 忠淸監營(20同), 全羅監營(40同), 全羅兵營(10同), 黃海監營(20同)	御營米(5,000石), 慶尙監營(8,500石), 全羅監營(7,300石), 忠淸監營(2,200石), 統營(7,000石)	統營(10,000石)
합계	7,100兩	960同	30,000石	10,000石

* 『顯宗改修實錄』22, 顯宗 11년 7월 28일 壬午.

1670년(현종 11) 대흉년으로 백성에 대한 구휼을 위한 재원을 확보하고자 노력했다.[44] 호서의 內浦와 영남우도의 海邑에서는 쌀값이 상승하자 감영에서는 은 300냥과 鹽作木으로 쌀을 사서 진구했다.[45] 한성은 賑救에 무명, 포, 쌀, 콩, 보리, 밀과 함께 은 66,800냥을 지출했다.[46]

16~17세기에 걸친 小氷期 기후로 인해 천재지변의 증대 속에서도 특히 1650~1700년의 기간은 기근과 질병으로 조선조 역사상 최악의 시기로 파악되고 있었다.[47] 현종조 1670~1671년 양년에 걸친 '庚申大饑饉'으로 인해 전국적 유민의 발생은 물론 질병이 확산되었으며, 이러한 현상은 17세기 후반 이래 흉년이 계속되면서 더욱 가중되었다.[48] 당시 한

---

44) 진휼청에서 강도의 미곡 3만석을 운반해 사용하고 은포는 각 아문에 나누어 보관하게 했다(『顯宗改修實錄』23, 顯宗11년 8월 乙巳 ; 『顯宗實錄』18, 顯宗11년 8월 丁未). 이들 은은 풍년에 곡식으로 바꾸어 이용하고자 했다.

45) 『顯宗改修實錄』23, 顯宗11년 10월 丁亥 ; 『顯宗實錄』18, 顯宗11년 11월 甲寅.

46) 『顯宗改修實錄』25, 顯宗12년 12월 丁未.

47) 李泰鎭, 1996, 「小氷期(1500~1750년)의 天體 現象的 원인」『國史館論叢』72, 國史編纂委員會, 95~110쪽.

48) 高東煥, 앞의 책, 38~39쪽 ; 김성우, 1997, 「17세기의 위기와 숙종대 사회상」『역사와 현실』25, 한국역사연구회, 23~32쪽.

양에서는 기근으로 인해 은 8냥으로 겨우 미 1석을 바꿀 수 있을 정도로 미가가 상승한 상태였다.[49] 이로 본다면 임란 직후이던 17세기 초부터 은이 시장에 유통된 이후 지속적으로 은이 화폐로 기능하고 있었음을 알 수 있다.

17세기 후반까지 도성을 중심으로 한 시장에서 柴草, 蔬菜 등과 같은 물품에 이르기 까지 모두 은자로 거래가 이루어지고 있었다.[50] 미곡, 면포와 더불어 은을 화폐로 이용하는 상황에서 동전의 유통이 시도되었다. 은을 이용한 매매와 진휼이 이루어진 것은 흉황에 이은 기근으로 물가가 상승한 요인이 작용한 측면이 있었다. 그럼에도 불구하고 은의 이용 증대는 시장에서의 동전이 새로운 화폐로 수용될 여지를 보여주고 있었다.

2) 동전유통 현실과 행전요구의 증대

1656년(효종 7) 전화유통 정책이 중단되었음에도 불구하고 시장에서는 여전히 부분적으로 동전이 유통되고 있었다. 1664년(현종 5) 강화유수 조복양은 鳥砲에 소요되는 화약을 마련하기 위해 전문을 이용할 것을 건의하는 과정에서 전화, 즉 동전을 이용하는 문제를 언급했다.

> 본부(강화부)와 개성부는 연접해 있으니 전화를 통행할 수 있습니다. 호조와 상평청에 있는 전화를 모두 (강화부로) 移給해 주신다면 그것으로 시범삼아 써서 (화약을) 무역할 바탕으로 하고자 하니 어떠하십니까?[51]

강화부에서는 습포를 실시하려 함에 있어 군병들이 사용할 화약이 부족했다. 습포에 사용할 화약을 강화부에서 감가로 발매해서 이를 군병들

---

49) 『顯宗實錄』 19, 顯宗12년 6월 癸巳.
50) 『承政院日記』 231, 顯宗13년 11월 甲午 ; 『承政院日記』 263, 肅宗4년 1월 乙未 ; 『備邊司謄錄』 34, 肅宗4년 1월 23일.
51) 『顯宗實錄』 9, 顯宗5년 8월 己巳 ; 『顯宗改修實錄』 11, 顯宗5년 8월 己巳 ; 『承政院日記』 184, 顯宗5년 8월 己巳; 『備邊司謄錄』 24, 顯宗5년 8월 16일.

이 사서 이용하도록 조치했다. 그러나 이후 강화부에서는 비상시를 대비해 비축해 두어야 할 화약을 다시 마련할 방안이 없었다. 강화유수 조복양은 당시 전문이 활발하게 유통 중인 개성을 통해 화약을 무역할 목적으로 호조와 상평청에 보관중인 전문을 이급해 주길 요청하게 되었다.

강화유수의 요청에 따라 상평청에서는 '十錢通寶' 20貫, 호조에서는 동전 100여관을 강화부로 이송했다.[52] 이러한 현실은 관 주도의 추가적인 주전사업과 이를 통한 행전노력은 당시 중단된 상태였음에도 불구하고 이미 주조한 전문을 관사의 재정보용을 위한 수단으로 활용하고 있음을 보여준다. 뿐만 아니라 개성을 중심으로 한 일부 시장에서는 국가의 행전 중단에도 불구하고 사적으로 여전히 전문이 통화로서 이용되고 있음을 보여준다.

1670년(현종 11) 병조판서 김좌명에 의해 행전의 필요성이 제기되면서 관에 의한 전화의 공식 유통이 허용되었다.[53] 용전을 논의하는 과정에서 이미 백성들이 동전을 매우 편리하게 인식하고 있다는 점이 언급되었다. 행전을 실시하게 되면 軍門의 군병을 대상으로 한 논상에서 동전으로 지출해도 수용될 것이라 언급하여 폭 넓은 동전의 유통과 이용이 가능한 정황이 암시되었다.

민간에서는 私鑄의 움직임도 있었다. 개성부에서는 동전을 사주한 일이 발생하자 극형을 적용할지 여부에 대한 논란이 일었다. 개성부의 사주죄인 當伊와 己男에 대해 대명률을 적용하여 死罪로 논단할지의 여부의 문제였다.[54] 1672년(현종 13)을 전후한 시기 관 주도의 동전 주조가 없는 상황이었음에 따라 조정에서는 개성부의 사주 문제에 대해 유연한

---

52) 『承政院日記』184, 顯宗5년 8월 己巳 ; 『備邊司謄錄』24, 顯宗5년 8월 16일.
53) 『顯宗實錄』18, 顯宗11년 12월 丙戌 ; 『顯宗改修實錄』23, 顯宗11년 12월 丙戌.
54) 이하 개성의 私鑄錢 문제에 대한 서술은 아래의 자료를 바탕으로 서술했다.
　　『承政院日記』231, 顯宗13년 11월 甲午 ; 『顯宗實錄』20, 顯宗13년 12월 己巳
　　; 『承政院日記』231, 顯宗13년 12월 己巳.

대처가 필요하다는 공감대가 형성되었다. 사주죄인에 대해 대명률을 적용한 사죄 논의가 중단되고 시장의 전화공급을 지원하기 위해 사주를 금단하지 않기로 결정되었다.[55]

사주가 금지되지 않음에 따라 다양한 사회 현상들이 나타났다.[56] 관주가 행해지지 않자 사적으로 유기를 부수어 전문의 모양으로 주조한 사주전이 통행되었다. 사주전으로 글씨가 없는 무문전이 등장하기도 했다. 관주가 행해지지 않으면서 동전의 필요로 인해 민간 시장에서 나타난 현상이었다. 동전의 유통 범위에 있어서도 개성부를 중심으로 성행하던 데서 나아가 인근의 4~5개 군뿐만 아니라 근처의 여러 읍에서 모두 사용하게 되었다. 송도에서는 전문의 유통이 활발하여 소소한 매매에까지 모두 동전을 이용하는 풍속이 정착되었다. 뿐만 아니라 동전의 계산단위에 있어 기존 '貫'과 '兩'이 구분 없이 사용되면서 혼란이 야기되던 데서 '兩'으로 단위에 대한 용어의 조정이 이루어졌다.[57]

동전의 유통을 촉진하기 위해 설치했던 鋪子를 둘러싸고 高利와 같은 사회적 폐단이 야기되었다. 포자는 17세기 초 인조조에 행전을 목적으로 설치되었으며,[58] 17세기 중엽 효종조에 김육의 건의에 의해 기전과 서로를 중심으로 포자를 설치하고 전문 유통을 위한 거점으로 이용되었다.[59] 17세기 후반의 현종조에도 행전을 위해 포자를 이용하고자 했다. 당시 관서(평안도) 지방과 해서(황해도) 지방에 설치 된 지 10여 년이 지난 포자가 존속해 있는 실정이 파악되었다.[60] 이러한 포자는 현종초기까지 존재하면서 식리활동으로 인한 문제를 야기시키며 폐지론이 대두

---

55) 『顯宗實錄』 20, 顯宗13년 12월 乙巳.
56) 『承政院日記』 231, 顯宗13년 11월 甲午.
57) 1文(葉)×10=1錢×10=1兩×10=1貫(緡)이 정식이었다. 그러나 1냥과 1관(민)이 혼용되어 사용되고 있는 것이 현실이었다.
58) 『承政院日記』 45, 仁祖12년 11월 辛酉.
59) 『孝宗實錄』 15, 孝宗6년 2월 癸未.
60) 『顯宗實錄』 8, 顯宗5년 6월 甲辰 ; 『備邊司謄錄』 24, 顯宗5년 6월 14일.

되었다.

> (좌의정 홍명하가 아뢰길) 貨物을 억지로 빌려주고 곧이어 도로 받아들이
> 지 않습니다. 여러 해 동안 이자를 불린 뒤에 이르러서야 (징수하는데) 그 사
> 람이 혹 도망하거나 혹시 죽게 되면 그 사람의 족속이나 이웃에 침탈해 징수
> 합니다. 도내의 사람들이 그 피해를 당하지 않은 자가 없습니다. 평안도는 雇
> 馬廳의 일로서 때문에 영원히 혁파할 수 없습니다. 황해도는 영원히 혁파하
> 여 이것으로 백성들의 원망을 없애지 않을 수 없습니다.[61]

포자가 행전을 지원할 목적으로 동전으로 물화를 매매하던 기능에서
변화하여, 17세기 중엽 식리를 목적으로 물건을 대여하면서 논란이 일었
다. 특히 이들 포자는 대여한 물종을 기한 내에 받아들이지 않고 이자를
더 받기 위해 장기간 대여를 연장하면서 폐단을 야기시키고 있었다.[62]
포자가 본연의 전문유통을 위한 상행위 기능에서 변질되어 식리를 통한
관청의 재정보용 수단으로 전락하고 있었던 것이다.[63]
포자의 역기능에 대한 문제 인식을 바탕으로 1670년(현종 11) 동전의
유통이 인정되면서 포자를 활용하고자 했다. 상인을 주축으로 포자를 통
해 동전이 유통되는 당시의 상황이 반영된 것이었다.[64] 김좌명은 행전

---

61) 『備邊司謄錄』 24, 顯宗5년 6월 14일 ; 『顯宗實錄』 8, 顯宗5년 6월 甲辰.
62) 포자에서는 전문을 이용한 식리활동도 했으나 목면을 통한 결재도 가능했다(『備
    邊司謄錄』 24, 顯宗5년 6월 14일).
63) 金容燮, 1980, 「朝鮮後期 民庫와 民庫田」 『東方學志』 23·24 ; 金容燮, 1984, 「民
    庫制의 釐正과 民庫田」 『韓國近代農業史研究』上, 一潮閣 ; 張東杓, 1990, 「朝鮮
    後期 民庫運營의 性格과 運營權」 『碧史李佑成敎授停年退職紀念論叢』 ; 金德珍,
    1992, 「朝鮮後期 地方官廳의 民庫設立과 運營」 『歷史學報』 133 ; 趙炳魯, 1994,
    「朝鮮後期 交通發達에 관한 研究-交通手段으로 驛馬確保를 中心으로」 『國史館
    論叢』 57.
64) 『顯宗實錄』 18, 顯宗11년 12월 丙戌 ; 『顯宗改修實錄』 23, 顯宗11년 12월 丙戌.
    현종 11년 전화의 유통이 허용되기 전에도 동전을 이용한 매매 사실이 확인된
    다. 현종 9년 朴己龍은 충청도 洪州에 위치한 자신의 畓 7斗落을 錢文으로 절가
    하여 방매했다(國史編纂委員會, 1994, 『古文書目錄』Ⅱ, 190쪽 明文429).

을 시도함에 있어 군문의 시상과 포자를 연계하고자 했다. 정초청에 포자를 설치하고 군병에게 전문으로 시상하여 군병들이 시상 받은 전문을 이용해 포자에서 매매하도록 함으로서 行錢 촉진을 도모했다.

17세기 말 숙종조의 행전에 있어서도 포자는 중요한 기능을 했다. 행전초기 호남의 전주와 호서의 공주·청주에 포자를 설치하여 행전을 활성화 하고자 했다.65) 경상도 병·수영에 대해서도 포자가 설치되었다. 평안도에서도 주전과 동시에 포자를 통해 동전을 공급하고자 하였으며,66) 관동에 米를 발송하는 과정에서도 포자를 통해 동전을 무역했다.67) 포자가 고리 행위로 인한 민폐를 야기하는 문제는 행전책 실시 과정에서 조정되었으며, 17세기 후반의 행전 과정에서 포자 설치의 확대를 도모했다.

Ⅱ. 숙종조 주전양상과 행전권 확대

동전유통과 이로 인한 동전이용양상과 사회경제적 변화 현상을 살펴보기에 앞서 1678년(숙종 4) 상평통보의 주조 이후 18세기 초까지의 정책적 지속성과 추이를 먼저 추적한다.

1. 상평통보의 형태와 성격

숙종조 주조되어 유통된 '상평통보'의 성격에 대해 살펴본다. 상평통보의 주조와 행전은 '行錢事目'을 통해 규정되었다.

---

65) 『承政院日記』 276, 肅宗6년 5월 23일.
66) 『承政院日記』 328, 肅宗14년 3월 13일.
67) 『備邊司謄錄』 53, 肅宗29년 1월 23일.

1. 사사로이 주전한 자는 一罪로 논단하고 捕告한 자는 論賞한다.
1. 잡철을 섞어서 돈을 주조한 자는 本衙門의 감역관원은 論罷하고, 감관 하리와 장인은 모두 邊遠定配한다.
1. 大錢 1貫의 중량은 12斤 8兩이고, 小錢 1관의 중량은 6근 4냥으로 式例로 한다. 이 수량을 지키지 않으면 본 아문의 관원 이하를 잡철을 섞어서 주조한 죄와 같이 논단한다.
1. 대전 1개를 小錢 4개로 통용한다. 대전은 豆錫으로 주조하고, 소전은 鍮鐵로 주조한다. 만약 철로써 대전을 주조한 자가 있으면 주조한 수량에 준하지 않고 주조한 자와 죄가 같다.
1. 전화가 中外에 유통된 뒤에야 영구히 통화로 사용될 수 있는 것이니, 각 아문의 저축하고 있는 전문의 수효를 기록하여 호조에 移文하면 호조로부터 팔도의 감영·병영·통제사영, 수영과 대읍의 都會處에 보내서 중외에 유통하게 할 것이다.[68]

'행전사목'은 『추관지』에 의하면 1675년(숙종 1)에 설행된 것으로 밝히고 있다. 그러나 이 당시 주전 사실이 확인되지 않음에 따라 본 내용은 1678년(숙종 4)의 상평통보 주전과 행전에 적용된 것으로 볼 수 있다.

사목에 의하면 동전의 주조에 있어 '銅' 외의 잡철을 섞어 주조함으로써 '錢品'을 저하시켰을 경우 담당관원을 논죄하기로 했다. 이러한 조치는 官鑄에 있어 주전의 이익을 도모하거나 挾鑄의 폐단을 사전에 방지하려는 목적이었다. 주조하는 상평통보는 大錢과 小錢이 있었다. 16兩 1斤을 기준으로 하였을 때[69] 대전은 1관에 200냥, 소전은 1관에 100냥으로 대전이 소전의 두 배 무게였다. 대전과 소전의 교환식은 소전 4개가 대전 1개에 준하도록 했다. 이는 대전이 소전의 두 배 중량일 뿐만 아니라 재질에 있어서도 대전은 豆錫이고[70] 소전은 鍮鐵[71]로써 차이가

---

68) 『秋官志』「考律部」行錢事目. <표 1>의 10번에 해당한다.
69) "六銖爲錙 二十四銖爲兩 兩有半爲捷 三兩爲鑸 六兩爲鍰 十四兩爲錠 十六兩爲斤凡三百八十四銖 二十四兩爲鎰 二斤四兩爲褁 十斤爲衡 十五斤爲秤 三十斤爲鈞"(『事類博解』「財寶門).
70) "凡錄以豆錫鑄成 豆錫本以銅錫化者 凡鍮錫之類 在古通稱爲銅"(柳馨遠, 『磻溪隧錄』 4,「田制後錄」 貨幣) ; "黃銅 赤銅和倭鉛鍊者 쥬셕, 豆錫 仝"(『物名考』

있었던 점이 고려되었다. 함석을 함유하여 주조한 것을 豆錫이라 할 경 우 이의 함유 여부에 따라 구분했다.[72]

17세기 초 인조조 '朝鮮通寶'의 주조에 있어서도 상평통보와 같이 대 전과 소전이 있었으며 재질에 따라 錫錢이 존재했었다.[73] 다만 조선통 보는 석전이 동전의 두 배 가치를 지니고 있음에 반해 상평통보는 네 배의 가치를 설정한 차이가 있다. 행전의 초기에 중앙에서 주전한 동전 을 지방 감·병영에 이송하여 행전을 하고자 했는데 이러한 내용이 사목 에 언급되어 있다.

숙종조에 주조된 상평통보의 형태는 아래의 인용문에 자세하다.

전문의 전면에는 '常平通寶' 4자를 쓰고 후면의 상단에서 주전한 官曹의 이름을 1자로 썼다. 호조에서 주조한 것의 경우는 다만 '戶'字만 쓰고 공조 주 전은 다만 '工'자만 써서 이것으로서 어느 관사에서 주조했는지를 표시했다. 후면의 하단에는 '二'자를 썼는데 이는 전 1문의 무게가 2□(錢)임을 밝히려 는 의도였다. 지금 선혜청에서 주조한 동전은 앞면의 상단에 '宣'자는 그대로 썼으나 (하단의) '二'자는 지우고 고쳐서 '天地玄黃'으로 고쳐 그 차례와 순서 를 정했다. '二'자를 메우고 한 글자를 배열하니 곧 冶所의 30개 화로에 배열 한 글자는 마땅히 30자가 되었다. 그리고 매번 (주조하고) 연마하는 등의 장 인은 장인의 이름을 나열해서 성책을 만들어 확인을 받은 다음 선혜청에 보

「赤銅」).

『五洲書種』에는 중국에서 倭鉛이라 하는 것과 일본에서의 亞鉛, 우리나라에서 含錫이라 부르는 것은 같은 것이라는 기록되어 있다.

71) "靑銅 赤銅和錫鍊者 者也 故鏡與錢 皆得号 靑銅, 鍮 鍮本石似金之稱 而今俗一 以 靑銅爲鍮"(『物名考』 「赤銅」) ; "鍮 鍮石似金 自然銅之精者 今所謂鍮 赤銅和 錫煉化者矣"(『才物譜』 1 「地譜」 鍮)

鍮器의 제작에 있어 합금비율과 금속의 성격에 대해서는 홍정실(1989, 『유기』, 대원사, 68~71쪽)과 李宗碩(1994, 『韓國의 傳統工藝』 「유기」, 悅話堂, 158~ 162쪽)의 논고 참고.

72) 숙종 16년 선혜청에서 주전할 당시 工匠들이 盜鑄 하는 과정에서 含錫을 사용하 지 않음으로서 錢品이 나빠지는 문제가 제기되었다(『承政院日記』 343, 肅宗16 년 10월 甲子).

73) 『仁祖實錄』 28, 仁祖11년 11월 壬辰.

관했다.[74)

동전의 앞면에는 '常平通寶'로 쓰고 뒷면에는 주조하는 관청의 이름자 중 한 자를 명기했다. 호조의 경우는 '戶', 공조의 경우는 '工'자를 쓰도록 하였는데 이는 주전한 관사를 밝혀 전품의 부실이 있을 경우 책임소재를 밝히려는 의도가 있었다.

1690년(숙종 16)을 전후한 시기 선혜청의 주전에서 鑄錢爐 별로 구분하여 공정에 참여한 장인들의 이름을 기록했다. 이러한 조치는 주조과정에서 협주와 같은 폐단을 비롯한 전품의 확인을 위한 목적이었다. 한편 당시 주조된 동전은 '折二錢'으로써 숙종초기의 석전의 품질에 준하는 것이었다.[75) 숙종조에 유통된 상평통보는 이러한 사목에 규정된 사항에 따라 주조되고 또한 경외에 유포되었다.

2. 주전원료의 확보

상평통보 유통 초기 주전을 위해 동광의 개발은 물론 銅器의 수합, 보유 동철의 활용, 倭銅의 수입 등 주전을 위한 원료 확보노력이 경주되었다. 전면적인 주전이 실시되자 1679년(숙종 5)에 숙종은 주전을 지원하기 위해 친히 동철 100근을 주전관사에 하사하기도 했다.[76) 더불어 각 관사에서 비축하고 있던 동철을 초기 주전의 중요한 재원으로 활용했다.[77) 그럼에도 불구하고 주전기관이 점차 확대되고 주전 계획량이 증대함에 따라 주전을 위한 핵심원료인 동철의 확보문제가 대두

---

74)『承政院日記』343, 肅宗16년 10월 甲子.

75) 선혜청에서는 주전초기 大錢 1文의 무게를 2錢에 준하게 했다(『承政院日記』 303, 肅宗10년 5월 丁丑).

76)『承政院日記』268, 肅宗5년 1월 乙卯 ;『備邊司謄錄』35, 肅宗5년 1월 19일 ; 『肅宗實錄』64, 肅宗大王行狀.

77)『肅宗實錄』8, 肅宗5년 1월 壬子 ;『肅宗實錄』8, 肅宗5년 1월 乙卯.

되었다.

동전유통 초기 동전이 유기로 개주되는 문제도 발생하고 있었다.[78] 시장에서 錢文의 가치가 유기보다 낮게 형성되면서 동전이 오히려 동기 주조를 위해 이용되기도 했다. 이러한 사회적 문제와 더불어 동철의 수급제한으로 인해 전화공급의 한계가 전문유통 확산을 어렵게 하고 있다는 지적에 따라 주전원료인 유기를 민간에서 확보할 목적으로 '鍮器禁斷事目'[79]이 마련되었다.

> 1. 유기를 금단하기로 이미 탑전에서 결정했다. 평상시 쓰이는 식기와 국그릇(羹器), 출행 때 가지고 다니는 행기(行器), 시(匙)·저(箸), 제사 때 쓰이는 잔대·촛대, 동화로(銅火爐), 새옹(沙用), 고오리(古五里), 탕자(湯煮), 타기(唾器), 대야, 세수소라(洗手所羅), 요강 등은 모두 백성들의 일상생활에 가장 필요한 것들이니 모조리 금단하기는 어렵고 이 밖에 각종 그릇은 여러 궁가와 사대부, 상놈을 막론하고 금년 2월 초10일부터 모두 사용하지 못한다.
> 1. 진상하는 그릇은 이 제한에 두지 않는다.
> 1. 위 항목의 15종 그릇 이외에 다른 그릇을 몰래 주조하거나 매매하다가 적발되면 밀매자와 주조자는 제서(制書) 위반죄로 무겁게 처단한다.
> 1. 유기장으로 주전청에 예속되기를 희망하는 자는 각 아문에서 일일이 허락하여 실업의 폐단이 없게 한다[80]

사목에 적시한 15종의 器皿 외에는 민간에서 유기를 제작하지 못하도록 규정했다. 일상생활에 널리 이용되는 식기를 비롯하여 匙箸 등에 대해서는 전면적으로 금지할 경우 저항이 클 것을 우려하여 부분적으로 허용했다. 祭器에 해당하는 잔대, 촛대 등도 유기의 사용을 허용해 주었다. 유기의 주조에 있어 진상품에 대해서는 예외를 두었다. 유기장은 주전청

---

78) 『備邊司謄錄』 35, 肅宗5년 2월 3일 ; 『承政院日記』 268, 肅宗5년 2월 戊辰.
79) 유기금단 사목은 '鑄錢事目'으로 인식되기도 했다(『承政院日記』 268, 肅宗5년 2월 癸未 ; 『訓局謄錄』 6, 肅宗5년 2월 18일).
80) 『備邊司謄錄』 35, 肅宗5년 2월 4일. <표 1>의 12번에 해당한다.

에 소속시켜 주전에 기여토록 했다. 이러한 유기의 사용을 제한하는 사목을 어길 경우 처벌하도록 하는 것을 내용으로 그해 2월 10일부터 실시하도록 했다.

'유기금단사목'에 규정된 15종외에 사용 중인 기명에 대해서는 유기를 관에 바치고 그 값을 받아 가도록 했다. 관에서는 이들 동기에 대해 銅 1근을 銀 2전의 정가를 적용했지만 절가가 시장의 가격보다 낮은 이유로 관에 납입하길 거부하고 땅에 묻거나 지방으로 보내어 방매하는 현상이 발생하기도 했다.

지평 신학은 민간의 유기 등을 사들여 주전하는 과정에서 관에서 취하는 주전의 이익이 과다함을 들어 이른바 '鑄給民錢' 할 것을 제안하기도 했다.[81] 이는 관에서 민간의 유기를 동전으로 주조한 후 일정 금액을 제하고 주전한 돈으로 환급해 주는 방안이었다. 어영청에서는 1681년 (숙종 7) 시장의 동철 만 여근을 모아서 주전재료를 확보하려 했다.[82] 행전 초기 동기수합을 통한 주전원료 확보 노력은 다양하게 시도되었다.

주전원료의 확보를 위해 일본으로부터 동을 수입했다. 행전 초기 주전량이 부족한 상황에 직면하자 송시열은 동의 확보가 용이하지 않은 현실에서 '鐵錢'을 주전할 것을 주장하기도 했다.[83] 이는 주전에 필요한 銅鐵의 부족현실을 반영한 것으로 일본동의 수입을 통해 해결을 모색했다. 숙종조에는 군기의 제작에 소요되는 동철은 동래를 통해 일본으로부터 수입하고 있었다.[84] 동래에서 일본으로부터 수입되는 동철의 규모는 표 2-2와 같다.

---

81) 『承政院日記』 268, 肅宗5년 2월 丙戌 ; 『承政院日記』 268, 肅宗5년 2월 丁亥 ; 『備邊司謄錄』 肅宗5년 2월 19일 ; 『承政院日記』 268, 肅宗5년 2월 辛卯.

82) 『承政院日記』 281, 肅宗7년 1월 丙辰.

83) 『肅宗實錄』 11, 肅宗7년 2월 丁亥.

84) 『備邊司謄錄』 32, 肅宗2년 3월 3일.

〈표2-2〉 1684~1710년간 日本銅의 輸入量*

연 도	수입량 (斤)	연 도	수입량 (斤)
1684(숙종 10)	169,749	1698(숙종 24)	26,453
1685(숙종 11)	91,142	1699(숙종 25)	626
1686(숙종 12)	315,015	1700(숙종 26)	1,100
1687(숙종 13)	264,235	1701(숙종 27)	4,456
1688(숙종 14)	188,577	1702(숙종 28)	24,726
1689(숙종 15)	281,732	1703(숙종 29)	300
1690(숙종 16)	587,969	1704(숙종 30)	5,251
1691(숙종 17)	437,667	1705(숙종 31)	5,351
1692(숙종 18)	421,874	1706(숙종 32)	55,200
1693(숙종 19)	681,387	1707(숙종 33)	3,426
1694(숙종 20)	692,353	1708(숙종 34)	4,009
1695(숙종 21)	372,252	1709(숙종 35)	56,796
1696(숙종 22)	628,348	1710(숙종 36)	72,150
1697(숙종 23)	1,436,000		

* 田代和生, 1981,『近世日朝通交貿易史の研究』, 創文社, 274쪽.

이 표는 1684년(숙종 10) 이래 숙종 말년까지 일본으로부터 유입된 倭銅의 수입현황이다. 약 26년간 수입된 동의 총량은 6,928,155斤이었다.[85] 수입된 이들 동은 화포 및 銅器의 제작 등으로도 소용됨에 따라 전량을 동전 주조에 이용되었다고 볼 수는 없다. 그러나 1698년(숙종 24)년 이후 동의 수입량이 급감한 것은 동전의 주조문제와 관련이 있다. 17세기 말 이래 더 이상의 주전이 행해지지 않음에 따라 주전을 위한 왜동의 수입이 감소한 것이다.

일본을 통한 동의 수입과 관련한 중앙 관사의 움직임도 확인된다. 1686년(숙종 12) 진휼청에서는 자체적으로 확보한 鑄鐵과 더불어 동래에서 무역한 동철이 만 여근에 이르렀다.[86] 1690년(숙종 16) 호조에서는 동래부를 통해 은 1만 냥으로 일본의 銅鐵과 鍮錫을 무역했다.[87] 1693

---

85) 田代和生, 1981,『近世日朝通交貿易史の研究』, 創文社, 275쪽.
86) 『承政院日記』 319, 肅宗12년 11월 癸卯.

년(숙종 19)에는 진휼청 주전을 위해 일본으로부터 동철을 수입했다. 倭
館을 통해 1년에 확보 가능한 철물은 3천여 稱이었다.[88] 훈련도감, 총융
청, 진휼청 등에서 주전을 위해 소비하는 것이 4천여 칭에 이르자 진휼
청에서 수입한 동철을 활용하게 되었다. 이 당시 1칭을 10근으로 가정하
면[89] 1년에 확보 가능한 동철이 3만근에 이르는 규모였으며, 이러한 동
철로 주전할 경우 주전량은 약 2만 냥 정도였다.

　일본을 통한 주전용 동철을 확보함과 더불어 중국 사신을 통해서도
부족한 동철을 조달했다. 1686년(숙종 12) 주전에 소용되는 含錫을 淸에
서 조달했다.[90] 사주전의 경우 함석이 포함되지 않고 鉛鐵을 이용하면
서 동전의 무게가 관주에 비해 가벼운 등 錢品이 떨어졌는데, 이러한 측
면에서 함석의 조달도 전품의 안정화를 위해 중요한 문제였다. 사신행차
시 원역들이 무역해 오는 함석은 금지된 무역품 이었음에도 유통 동전의
신인도 유지와 사주전 방지를 위해 수입했으며, 여기에는 조선에서 함석
의 가격이 상승한 요인도 작용했다.

　주전을 위해서는 동철과 함석을 확보하는 것 못지않게 鑄錢爐 운영을
위한 柴炭의 안정적인 공급이 요구되었다.[91] 수어청, 어영청, 훈련도감에
서는 시탄의 확보를 위해 산지를 절수 받거나 시장에서 무역했다.[92] 동

---

87) 『肅宗實錄』 22, 肅宗16년 12월 甲戌.
88) 『肅宗實錄』 25, 肅宗19년 7월 乙巳 ; 『備邊司謄錄』 47, 肅宗19년 7월 4일.
89) 정조연간에는 인삼의 무역을 위해 正稱을 10斤을 기준으로 했다(『正祖實錄』 9,
　　正祖4년 2월 甲戌). 『經國大典』에는 大稱, 中稱, 所稱으로 구분하고 각각 一百斤,
　　三十斤(或 七斤), 三斤(或 一斤)으로 밝히고 있다(『經國大典』 工典, 度量衡條).
90) 『備邊司謄錄』 40, 肅宗12년 6월 14일.
　　함석은 주전에 중요한 요소로서 전문의 품질을 좌우하는 재료였다. 이들 함석은
　　중국을 통해 수입되었는데 금수품중의 하나였다.
91) 효종조 山郡에서 주전하도록 한 것은 주전에 소요되는 柴炭의 확보를 고려한 측
　　면이 있었다(『萬機要覽』의 財用編 錢貨條).
92) 『承政院日記』 285, 肅宗7년 10월 庚辰 ; 『承政院日記』 267, 肅宗4년 11월 甲寅
　　; 『承政院日記』 268, 肅宗5년 1월 壬子 ; 『承政院日記』 267, 肅宗4년 11월 甲寅.

전유통 초기 시장에서 유통 혹은 사용되는 유기를 수용해서 주전 원료로 사용하는 것은 물론 일본을 통한 동철의 수입, 청으로부터의 함석의 확보, 그리고 주전에 필요한 연료에 대한 대책이 다각적으로 모색되었다.

숙종조에는 동전유통을 위해 사목을 마련하고 주전에 필요한 원료를 다각적으로 확보했다. 행전을 위한 전문의 주조와 공급을 위해 전문의 주조는 중앙관사와 지방 관청에서 동시에 이루어졌다.

3. 중앙관사에서의 주전

1) 1678년(숙종 4) 鑄錢七司 주전

동전유통의 논의가 지속된 결과 1678년 주전이 실시되었다.

> 戶曹, 常平廳, 賑恤廳, 御營廳, 司僕寺, 訓練都監에 명하여 常平通寶를 주전하게 하고 전 400문을 은 1냥의 값으로 정해 시장에 사용하게 했다.[93]

주전기관은 호조, 상평청, 진휼청, 어영청, 사복시, 훈련도감이 지정되었다. 중앙관서에서의 주전실시 기관은 이후 수어청이 추가되어 이른바 '鑄錢七司'로 확정되었다.[94] 이들 주전칠사를 중심으로 본격적인 동전주조를 통해 행전에 대비했다.

주전을 담당할 중앙관사로 정초청도 언급되었으나 실제 주전이 이루어지지는 않았다. 정초청은 경기지방 騎·步正兵의 番上宿衛를 전담하는 군영으로 서인의 정치적 기반이었으며, 이에 반해 남인은 訓練別隊를 그 기반으로 하고 있었다.[95] 따라서 숙종 초기 행전을 실시할 시점에 남인

---

93) 『肅宗實錄』 7, 肅宗4년 1월 乙未.
94) 『承政院日記』 264, 肅宗4년 閏3월 丙辰.
95) 陸軍本部, 1977, 『韓國軍制史-近世朝鮮後期篇』, 141~142쪽.
   현종 11년 김좌명은 정초청을 통해 행전을 시험하고자 한 바가 있었다(『顯宗實

정국하에서 남인의 핵심인 허적 등에 의해 정초청에 대한 주전 문제는 실행에 옮겨지지 못했다. 이러한 주전칠사를 중심으로 1678년(숙종 4) 1월 말부터 윤3월 말까지 약 3개월 동안 이루어진 주전량은 약 1천관 정도였다.[96)

2) 1679년(숙종 5) 錢賤과 주전 중단

1679년에 주전소에서 주전하는 과정에서 발생한 挾鑄문제와 더불어 錢品에 대한 논란으로 摘奸이 있었다.[97) 숙종은 이러한 문제에 대해 주전각사에 주전을 착실히 수행하라는 전교를 내림으로써 주전과 행전에 대한 의지를 피력했다. 원활한 주전을 위해서는 주전을 위한 재정적 지원의 문제가 관건이었다.

상평청은 물력 조달의 한계에 따라 주전이 실시되지 못했다.[98) 병조에서는 재원이 부족하자 병영으로부터 획급 받아 주전에 이용했다. 병조판서 김석주는 關西兵營의 목면을 획급 받아 이를 바탕으로 주전할 것을 요청하여 관철시켰다. 수어청은 9朔 동안 불과 300여관을 주조하는 데 그쳤으며, 군기시도 주전관사로 포함되어 11朔 동안 주전한 것이 500관에 불과했다.[99) 이는 이들 관사가 주전을 위한 물력이 부족한데서 기

録』18, 顯宗11년 12월 丙戌 ; 『顯宗改修實錄』23, 顯宗11년 12월 丙戌).

96) 『備邊司謄錄』34, 肅宗4년 閏2월 .

　　1천관은 1만 냥을 의미하는 것이 아닌 주전한 전문의 무게를 지칭하는 것으로 추정된다. 전문 1관의 전가가 약 5냥이었음을 감안한다면(『備邊司謄錄』35, 肅宗5년 2월 19일), 주조된 전문은 5천 냥 정도로 볼 수 있을 것이다. 다만 사료의 기록에는 주전한 전문의 중량과 전문의 가치에 대한 구분이 불명하므로 정확한 판단에는 어려움이 있다. 한편, 당시 주전을 수행한 중앙의 아문은 이들 외에도 병조가 더 있었으며, 1천관의 주전액은 병조의 주전량까지 포함하는 규모였다(『承政院日記』265, 肅宗4년 5월 甲子).

97) 『承政院日記』268, 肅宗5년 1월 壬子 ; 『承政院日記』268, 肅宗5년 1월 己亥.

98) 『承政院日記』268, 肅宗5년 2월 戊辰 ; 『備邊司謄錄』35, 肅宗5년 2월 5일.

99) 『承政院日記』268, 肅宗5년 2월 辛卯.

인하는 것이었다. 이러한 현실에 대한 대응으로 같은 해 3월 비변사에 주전소를 신설하여 주전했다.100) 비변사의 주전소는 興平尉의 집터에 신설하고 주전을 위한 鐵物과 銅錢, 銀, 布를 지원했다.

적극적인 주전 지원을 통한 주전의 독려로 주전량이 점차 증대되고 있었다. 4월경에는 중앙의 각 아문에서 주조한 것은 물론 지방의 감·병영에서 주조한 동전도 많아서 외방에까지 유통이 가능할 것이라는 전망이 일었다.101) 8월에는 주전의 과다로 인해 錢價를 조정할 필요가 있다고 지적되어 중앙관사의 주전을 중단하기도 했다.102)

행전초기 京都를 중심으로 동전이 유통되면서 錢賤현상이 대두되어 큰 문제로 부상했다.103) 이는 지방에서 주조된 동전이 수세 및 유통 과정에서 중앙에 집중된데 요인이 있었다. 각 아문별로 널리 주전을 행하는 것을 잠시 중단하여 이러한 전천 현상을 조정하고자 했다.104)

> (진휼청당상 부호군)오정위가 말했다. 앞으로 외방의 各官에서 주전을 청할 경우 고을의 사세로 보아 각자 주전하도록 할 수 없으므로 營門에 의지하도록 하여 함께 주전하도록 하소서. 지금 京衙門이 모두 (주전을) 중지하였는데 외방의 주전도 또한 모두 중지할까요?
>
> (우의정)오시수가 말했다. 외방에서 주전한 것은 부족하므로 바야흐로 서울로부터 실어 보내야 하는데 이때에 어찌 주전을 정지할 수 있습니까?105)

외방에 대해서는 營門을 중심으로 지속적으로 주전을 실시하도록 하면서 경아문에 대해서는 주전을 잠시 중단하도록 했다. 그에 따라 8월부터 중앙각사에서 주전은 중단된 상황이었다. 당시 각 아문에서 주조한

---

100) 『備邊司謄錄』 35, 肅宗5년 3월 29일.
101) 『備邊司謄錄』 35, 肅宗5년 4월 9일 ; 『承政院日記』 269, 肅宗5년 4월 壬申.
102) 『承政院日記』 272, 肅宗5년 8월 戊辰.
103) 『承政院日記』 271, 肅宗5년 7월 乙未.
104) 『承政院日記』 272, 肅宗5년 8월 戊辰.
105) 『承政院日記』 272, 肅宗5년 9월 乙巳.

동전은 약 26~40만 냥 정도였다.106) 9월 우의정 오시수의 주장에 따라
중앙관사의 주전이 부분적으로 다시 재개되면서 도성에서의 전천을 타
개하기 위해 주전한 동전을 영남과 호남 등의 지방으로 이송하도록 했
다.107) 훈련도감의 경우에는 전문을 영남에 보내어 還米했다.108) 이후
중앙관사 동전의 지방 이송 노력이 계속되었다.

3) 호조주관 동전공급 시도(1680~1684)

1680년(숙종 6) 부터는 중앙의 여러 관사에서의 주전관행을 호조를
중심으로 한 주전으로 전환하고자 했다.109)

> (호조판서 민유중이 아뢰길)근래에 錢幣가 크게 행해져서 京中에 受價 하
> 고자 하는 자는 미로 받기를 사양하고 동전으로 받기를 원합니다. 외방은 비
> 록 알 수 없으나 도성에서 개성에 이르기까지 동전을 사용하는데 폐단이 없
> 습니다. 지금 만약 더 주전한다면 錢賤의 폐단이 있을 것 같으니 불가불 모두
> 주전을 중단해야 하겠습니다. 지금 뒤로는 주전을 할 때에 각 아문이 전과 같
> 이 다투어 주전하지 못하게 하고 다만 호조로부터 미리 기구를 갖추어 봄에
> 나 더 주전하는 것이 좋겠습니다.110)

도성에서 개성에 이르는 지역에는 동전이 폭넓게 유통되고 있는 것으
로 평가되었다. 이러한 상황에서 동전을 더 주조할 경우 전천의 폐단이
우려된다고 보고 추가적인 주전은 실시하지 않기로 했다. 다만 동전가치

---

106)『承政院日記』273, 肅宗5년 9월 己酉.
　　송찬식은 은 1兩에 동전 200문의 절가를 적용했는데, 여기에는 睦來善이 시장의
　　전문을 거두는데 은 20만 냥, 오시수는 은 13만 냥이 소요된다고 한 주장을 근거
　　로 들었다(송찬식, 1997,「朝鮮의 貨幣」『朝鮮後期 社會經濟史의 硏究』, 一潮閣,
　　117~118쪽).
107)『備邊司謄錄』35, 肅宗5년 10월 6일.
108)『承政院日記』273, 肅宗5년 9월 庚申 ;『備邊司謄錄』35, 肅宗5년 9월 28일.
109) 송찬식은 중앙관사의 주전재개를 庚申換局으로 인한 남인정권의 실각과 서인정
　　권의 수립으로 설명했다(송찬식, 앞의 논문, 118쪽).
110)『承政院日記』279, 肅宗6년 10월 庚寅.

의 하락이 중앙의 各司 별로 무계획적으로 주전을 실시한 데 있다고 판단하고 이듬해부터 호조에서 주관하여 주전하도록 했다.

호조 중심의 주전방침에도 불구하고 각사 별로 주전의 요청은 계속되었다. 1681년(숙종 7) 어영청에서 군문의 재정 악화를 이유로 자체적으로 마련한 銅錫 만 여근을 바탕으로 주전 할 수 있도록 요청했다.111) 어영청에 대한 주전이 허용되면서 이를 계기로 호조 중심의 주전노력이 와해되었다. 병조에서도 아문의 물력감축을 이유로 주전을 통해 재원을 보충할 수 있도록 요청하여 병조에서의 주전이 이루어졌다.112)

주전의 중단과 실시를 반복하는 과정 중 전가의 하락으로 인한 '錢賤'이 발생할 경우 주전이 중단되었다. 1682년(숙종 8) 영의정 김수항의 주장에 따라 다시 경외의 주전이 중단되었다.

> 지금 돈이 매우 천해져서 銀 1냥의 값이 (동전) 2냥 반에 이르렀는데, 이같은 일이 그치지 않는다면 결코 영구히 통용될 길이 없을 것이니 매우 염려스럽습니다. 京外에서 동전주조 하는 것을 잠시 일체 중지시키고, (중략) 동전이 귀해지기를 기다려 다시 내어 쓰게 하면 동전을 통용시키는 방법에 합당할 듯합니다. 113)

지나친 주전으로 인해 전가가 하락하고 있다고 판단하고 이 경우 동전에 대한 신인도의 하락으로 이어져 행전에 부정적인 영향을 끼칠 것을 우려하고 있었다. 이러한 현상에 대한 대책으로 경외의 주전을 다시 중단시키기로 했다. 더불어 시장의 동전을 거두어들이기 위해 진휼청으로 하여금 미로 동전을 사들여 시장의 통화를 줄이고자 했다.

주전의 중단과 실시가 반복되는 것은 주전을 통한 재정보용을 모색하

---

111) 『承政院日記』 281, 肅宗7년 1월 丙辰.
112) 『承政院日記』 281, 肅宗7년 1월 庚午 ; 『肅宗實錄』 11, 肅宗7년 1월 庚午 ; 『承政院日記』 284, 肅宗7년 7월 甲戌.
　　 守禦廳에서도 주전을 실시하고 있었다(『承政院日記』 285, 肅宗7년 10월 庚辰).
113) 『備邊司謄錄』 36, 肅宗8년 3월 28일 ; 承政院日記』 289, 肅宗8년 3월 丁丑.

고 있던 중앙관사의 이해가 충돌했기 때문이었다. 주전의 중단에도 불구
하고 이미 주전을 위한 재원을 마련하고 있던 총융청과 공조의 요구에
따라 주전이 허락되었다.114) 호조를 중심으로 한 주전 노력은 1683년(숙
종 9)에야 비로소 시범적으로 실시되었다.

> 호조판서 윤계가 호조의 미곡이 기의 다 되었다 하여 다만 호조로 하여금
> 돈을 주조하게 하고, 각 아문에서 아울러 주조하는 것을 허락하지 말도록 청
> 했다. 숙종은 호조로 하여금 주조하여 쓰게 하였으니 따로 事目을 만들어 외
> 방에 신칙하라 했다.115)

호조에서는 미곡의 확보를 통한 재원의 보충이 원활하지 않게 되자
木과 동전으로 지출하면서 보유 동전의 규모가 줄어들었다.116) 부족한
재원을 보충할 필요에 따라 호조에서는 주전을 요청했다. 주전에 있어서
도 雜鐵을 섞어서 주조하는 폐단을 방지하고자 이에 필요한 事目을 별
도로 마련했다.117) 그러나 당시 주조된 동전은 이른바 '新鑄一兩錢'118)
으로서 기존의 '單子錢'이나 '折二錢'과는 비교되는 고액권을 주조하면서
반대에 부딪쳤다. 좌의정 민정중이 전문 가치를 변통할 경우 행전에 폐
단을 야기한다는 주장을 제기하면서 당시 주조된 동전은 시장에 유통되
지 못했다.

호조주관의 주전과 행전이 시도 되는 과정에서 다른 관사에서의 주전
은 중단되고 있었다. 어영청에서 상번하는 군병에 급료를 지급하기 위한
군수를 마련할 목적으로 주전을 요청했다.119) 하지만 좌의정 민정중은

---

114) 『備邊司謄錄』 36, 肅宗8년 5월 3일 ; 『承政院日記』 290, 肅宗8년 5월 丙辰 ;
　　 『備邊司謄錄』 36, 肅宗8년 8월 8일 ; 『承政院日記』 292, 肅宗8년 8월 壬午.
115) 『肅宗實錄』 14, 肅宗9년 1월 乙卯.
116) 『備邊司謄錄』 37, 肅宗9년 1월 15일.
117) 『備邊司謄錄』 37, 肅宗9년 1월 29일 ; 『承政院日記』 297, 肅宗9년 1월 壬申.
118) 『承政院日記』 299, 肅宗9년 7월 壬午.
119) 『備邊司謄錄』 38, 肅宗10년 2월 14일 ; 『承政院日記』 302, 肅宗10년 2월 己酉.

'三南月課價米'를 지원해 보충한다면 주전을 하지 않아도 된다는 대안을 제시하여 주전을 무마했다. 이후 다른 군문의 주전 요청에 대해서도 어영청의 원칙을 적용하여 호조주관 주전의 원칙을 지키고자 했다.

4) 錢賤으로 인한 주전 중단(1685~1689)

1683년(숙종 9)이후 중단되었던 주전은 1685년(숙종 11)부터 재개되었다. 1684년 工曹에서는 匠人 價布에 대한 수세가 부진한 이유로 재정 확보가 어려웠다.[120] 공조는 진휼청으로부터 木과 錢을 우선 貸用해 줄 것을 요청함과 동시에 장기적으로 주전을 통해 문제를 해결해 주길 요청했다. 이듬해 2월 경외의 주전이 중단된 상황에서도 공조로 하여금 10朔을 기한으로 한 주전이 허용되었다.[121] 공조의 주전을 계기로 군기시에서의 주전도 허용되면서[122] 중앙각사에 대한 주전이 재개되었다.

1686년(숙종 12) 총융청에서도 5朔을 기한으로 주전이 이루어졌다.[123] 총융사 구일은 총융청의 물력이 蕩殘되었다고 호소하고 전문 4,000냥과 正木 10同을 진휼청으로부터 貸出받아 주전을 위한 재정적 재원을 마련하였으며, 동시에 동래를 통해 동철 수급했다.

진휼청에서도 주전이 실시되었다.[124] 진휼청은 수세할 米·木이 饑荒으로 인해 확보되지 못했음은 물론 이미 재정적인 지출이 상당하여 需用을 감당할 수 없는 상황이라 주장하며 주전을 요청했다. 뿐만 아니라 鑄鐵을 만 여근 이상 이미 확보해 두었으며, 필요한 경우 동래를 통해 주전 원료를 수급할 방안을 제시했다. 이러한 요청에 따라 진휼청에 대한 주전이 실시되었다.

---

120) 『備邊司謄錄』 38, 肅宗10년 10월 27일 ; 『承政院日記』 306, 肅宗10년 10월 己未.
121) 『承政院日記』 307, 肅宗11년 2월 癸巳 ; 『備邊司謄錄』 38, 肅宗11년 2월 6일.
122) 『承政院日記』 310, 肅宗11년 9월 戊辰 ; 『備邊司謄錄』 39, 肅宗11년 9월 12일.
123) 『承政院日記』 315, 肅宗12년 5월 辛丑.
124) 『承政院日記』 319, 肅宗12년 11월 癸卯.

중앙 각사에 대한 주전이 확대됨에 따라 1689년(숙종 15) 錢賤 현상
이 대두되었으며, 이를 이유로 주전이 다시 중단되었다.

> 호조판서 권대재가 말했다. 호조의 주전은 무오년(1678)부터 지금까지 그
> 치지 않았으므로 주전한 수가 매우 많습니다. 시장에 錢賤하여 가치가 싼 것
> 이 실로 여기에서 말미암습니다. 도성의 백성들이 모두 불편한 것으로 여기니
> 본조의 주전을 지금 잠시 정지하는 것이 어떠합니까?
>   우의정 김덕원이 말했다. 우리나라는 미와 포가 의식의 밑천으로 돌아가
> 고 銀貨는 외국으로 돌아갑니다. 그리고 전화에 이르러서는 또한 우리나라
> 경내에 두로 통행하게 할 수 없습니다. 해마다 주전한 것이 있어 값이 천한데
> 이르렀으니 앞으로 다가올 錢法의 폐단을 염려하지 않을 수 없습니다. 지금
> 잠시 주전을 정지하는 것이 합당한 일인 듯합니다.125)

행전이 실시된 이후 호조를 중심으로 한 중앙 관사에서 주전이 계속
되면서 주전량이 증가하자 錢賤현상이 발생했다고 판단했다. 전가가 하
락함에 따라 동전의 신인도는 물론 거래에 있어 불편이 초래되고 있었
다. 京中의 전천현상을 타개하기 위해서는 부득이 주전을 잠시 중단해야
한다는 주장에 따라 주전이 다시 중단되었다.

5) 호조주관 주전 관철

1690년(숙종 16)에 선혜청에서 다시 주전이 이루어졌다. 선혜청에서
8월 2일부터 그해 10월 7일까지 주전한 동전은 모두 18,000냥에 이르고
있었다.126) 선혜청의 주전은 이듬해까지도 계속되었다.

1692년(숙종 18) 총융청에 대한 주전도 실시되었다. 총융청에서는 총
융사 장희재가 물력부족을 이유로 1년 동안의 주전을 요청했다.127) 총융
청은 주전을 통해 만여 냥의 이익을 얻어 재정에 보충할 수 있을 것을

---

125) 『承政院日記』 334, 肅宗15년 3월 庚午.
126) 『承政院日記』 343, 肅宗16년 10월 甲子.
127) 『備邊司謄錄』 46, 肅宗18년 8월 23일 ; 『肅宗實錄』 24, 肅宗18년 8월 庚子.

전망하고 있었다.128) 훈련도감에서도 주전이 이루어졌다. 훈련대장 이의
징은 도감에 비축된 銅錫을 이용해 주전할 것을 요청했다.129) 軍政과 관
련된 훈련도감의 재정보완을 위한 주전의 불가피성이 인정되어 주전하
는 기간과 화로의 수를 정한 다음 주전 하도록 했다. 훈련도감의 주전
기간은 12朔으로 결정되었다.130) 1693년(숙종 19)에는 상평청에서도 재
원보충을 이유로 주전을 요청하면서 그해 4월에서 12월까지 주전이 실
시되었다.131)

여러 관사에 대해 주전을 허용하면서 주전한 동전의 錢品에 차등이 생
기고 주전원료의 조달에 문제가 드러나자 이에 대한 대책이 논의되었다.

> 우의정 민암이 말했다. 여러 곳에서 돈을 주조하면 일정하지 못한 점이 많
> 습니다. 만일 어떤 아문이든지 주전을 전관하게 하면 이러한 폐단을 막을 수
> 있을 것이니 영상이 진달한 바가 참으로 옳습니다. (중략) 호조는 나라의 경비
> 를 맡은 곳이고 진휼청은 본래 들어오는 것이 없는데, 없는 속에서 있게 만들
> 어 불시의 수용에 응하는 곳이니 이 두 곳으로 하여금 주전을 전관하게 하여
> 돈을 유통시키도록 하는 것이 마땅합니다.132)

호조로 하여금 주전을 주관토록한 조치가 준수되지 못하고 주전 관사
가 다양했을 뿐만 아니라 주전 중단 조치가 내렸음에도 재정부족을 호소
하면서 주전을 요청하는 관사마다 주전을 허용한 문제를 전제로 한 민암
의 언급이었다. 전화 발행에 있어서 '貨權在上'133)의 원칙을 강조한 것이
었다. 그리고 호조로 하여금 주전을 전담하도록134) 한 과거의 규정을 재

---

128) 『承政院日記』 349, 肅宗18년 8월 庚子.
　　주전에 소요되는 동철은 병조로부터 銀 1만 냥을 대출받아 燕京 使臣편에 동철
　　을 무역하여 조달하고자 했다(『肅宗實錄』 24, 肅宗18년 10월 己亥).
129) 『備邊司謄錄』 46, 肅宗18년 10월 4일 ; 『承政院日記』 350, 肅宗18년 10월 戊寅.
130) 『備邊司謄錄』 47, 肅宗19년 7월 4일.
131) 『備邊司謄錄』 47, 肅宗19년 1월 5일 ; 『承政院日記』 351, 肅宗19년 1월 丁未.
132) 『備邊司謄錄』 47, 肅宗19년 7월 4일.
133) 李鍾英, 2003, 「李朝人의 貨幣觀」『朝鮮前期社會經濟史研究』, 혜안, 137~139쪽.

강조함과 동시에 진휼청에 대해서도 주전을 주관하도록 했다. 이러한 조치는 곧 호조와 상평청에 대한 주전실시를 의미하기도 했다.[135)]

1695년(숙종 21) 호조와 진휼청에 의한 주전 전담방침이 실시되었다. 흉황으로 재정이 고갈되자 상평청으로 하여금 1년 동안 40~50만 냥의 돈을 주조하여 외방에 나누어 주도록 했다.[136)] 이 해 11월에 시작된 주전은 1697년(숙종 23) 겨울까지 만 3년간 지속되었다.[137)] 이 기간 동안 진휼청에서 주전한 동전은 50여만 냥이었으며, 주전한 동전은 경중 각사는 물론 외방 各營, 江都·南漢의 軍需에 이용되었다.[138)]

진휼청의 주전을 마지막으로 중앙각사의 주전은 전면 중단되었다. 동전 공급의 증대로 錢賤현상이 나타나는 것은 물론 주전 과정에서 민간에서 私鑄하는 등의 폐단이 증대하고 있다고 판단되었기 때문이었다.[139)] 이후 주전을 위한 논의가 제기되었으나 주전에 이르지는 못했다. 1714년(숙종 40) 장령 최경식이 양역변통 논의 과정에서 줄어든 身布價를 군문의 주전을 통해 해결하자고 제안하였으나 수용되지 못했다.[140)] 그리고 1716년(숙종 42) 전가의 상승문제로 주전의 필요성이 제기되었으나 역시 실행에 옮기지 못했다.[141)]

---

134) 실록에는 戶曹만 언급되고 있다. 이는 상평청이 호조의 속아문인 데서 기인할 뿐 아니라 당시 상평청의 주전은 단회에 한해서 허용하였기 때문인 것으로 생각한다(『肅宗實錄』 25, 肅宗19년 7월 乙巳).

135) 이 과정에서 御營廳에서 築城에 소요되는 경비의 마련을 목적으로 주전을 요청했다. 그 결과 10朔 동안의 주전이 허용되었다(『承政院日記』 361, 肅宗20년 9월 戊寅 ; 『肅宗實錄』 29, 肅宗21년 12월 戊戌).

136) 『肅宗實錄』 29, 肅宗21년 9월 己丑 ; 『備邊司謄錄』 49, 肅宗21년 10월 2일 ; 『承政院日記』 371, 肅宗23년 4월 甲寅.

137) 송찬식, 앞의 논문, 126쪽.

138) 『承政院日記』 408, 肅宗28년 12월 甲午.

139) 『備邊司謄錄』 50, 肅宗25년 5월 17일 ; 397, 肅宗27년 5월 辛亥.

140) 『肅宗實錄』 55, 肅宗40년 8월 丙申 ; 『承政院日記』 485, 肅宗40년 8월 戊戌.

141) 『肅宗實錄』 58, 肅宗42년 10월 癸丑.

4. 지방주전을 통한 지방행전

1) 京外 동시행전을 위한 지방주전

1678년(숙종 4) 상평통보의 주조와 유통이 있기에 앞서 개성지역에는 인조조 이래 동전이 유통되고 있었다. 행전 결정에 있어서도 개성의 사례가 행전가능성을 검토하는 참고가 되었다.[142] 이러한 이유로 행전을 위한 주전을 논의하면서 지방 중 개성에 대해 가장 먼저 주전을 허용했다.[143] 개성으로부터 시작된 지방주전은 평안도와 전라도 감·병영을 대상으로 주전을 확대했다.

> 좌참찬 오정위가 아뢰었다. 전문은 지금 이미 통행하고 있는데 백성들이 모두 즐겨 사용하고 있어 행전에 어려움이 없을 듯합니다. 그런데 주조된 동전이 많지 않아 널리 통행할 수가 없습니다. 팔도의 감영과 병영에 또한 그 편리 여부를 물어서 동전을 주조하여 사용하여 통행할 뜻으로 대신에게 물어 처리하는 것이 어떠합니까?
> 영의정 허적이 말했다. 他道는 의당 그 편리 여부를 물어야겠습니다. 그런데 평안도는 (동전을) 통행해 사용하기에 가장 편리하고 전주는 인물이 번성하여 商賈가 통행하니 또한 행전하기 쉬울 것입니다.[144]

오정위는 지방에서 동전 부족으로 인해 행전에 어려움을 겪고 있다고 지적하고 전국적인 동시행전을 위해 팔도의 감영과 병영에서 주전할 것

---

142) 『備邊司謄錄』34, 肅宗4년 1월 24일 ; 『承政院日記』263, 肅宗4년 1월 乙未. 숙종4년 행전에 앞서 동전의 절가를 결정하는데 松都의 사례를 참고했다(『備邊司謄錄』34, 肅宗4년 閏3월 24일).

143) 『肅宗實錄』7, 肅宗4년 3월 丁丑. 개성에서의 주전을 실시하는 과정에서 후임 개성유수 鄭鑰이 민간의 私鑄를 허용함은 물론 收稅도 허용하여 큰 논란이 일었다(『承政院日記』269, 肅宗5년 4월 丁丑 ; 『承政院日記』269, 肅宗5년 4월 辛巳). 시장에 동전의 공급을 늘리기에는 官鑄 만으로 한계가 발생한데 따른 대책일 가능성이 있다.

144) 『備邊司謄錄』34, 肅宗4년 6월 4일 ; 『承政院日記』265, 肅宗4년 6월 壬申.

을 제안했다. 허적이 제안한 평안도 평양과 전라도 전주를 우선 행전지
역으로 하는 문제도 수용되었다.[145) 이들 지역은 商賈의 왕래가 빈번한
곳으로 상업이 발달한 지역이라는 특징이 있었다. 1678년의 주전은 전
국의 감영과 병영을 중심으로 실시되었다.

행전을 실시한 지 약 10개월 후인 1679년(숙종 5)에는 동전의 부족으
로 지방에 동전이 통행되지 않는 문제가 제기되었다.[146) 한양을 중심으
로 동전이 사용되고 유통되자 좌의정 권대운은 지방에 대한 행전방향을
제시했다.

    지금 듣자하니 여러 도의 감영과 병영에서 주전한 것이 이미 많이 있고
    경중에서의 주전이 또한 많다고 합니다. 지금 京外에 통행 할 만 하다고 하겠
    습니다. (중략) 만일 동전이 없어서 사용 할 수 없는 자는 상경해서 무역해
    가도록 허락해 주면은 좋겠습니다. 이렇게 하도록 먼저 여러 도에 분부하는
    것이 어떠합니까?[147)

권대운의 언급은 주전량이 충분함에 따라 지방에 대한 행전을 추진
할 수 있다는 것이다. 기존의 행전모색에 있어 지방에서의 통용이 실패
한 이유를 통화량의 부족에서 기인한 것이라는 인식을 반영한 것이다.
당시 중앙은 물론 지방으로 평안도와 전라도를 위시하여 각 지방의 감영
과 병영에서 주전이 이루어지고 있었다. 뿐만 아니라 주전한 동전이 한
양에 집중되는 현상이 나타남에 따라 지방주전과 동시에 부족한 동전을
한양에서 무역해 가는 방안도 구상되었다.

1679년 당시 경중의 행전이 활발한 상황에서 지방에 대한 행전이 모
색되었다. 주전과 전납을 통해 행전이 이루어 진 것은 三南과 강원도, 경
기도지역이었다. 양계와 양서지역에 대해서도 주전이 이루어졌다.[148) 이

145)『肅宗實錄』7, 肅宗4년 6월 壬申.
146)『備邊司謄錄』35, 肅宗5년 2월 15일 ;『承政院日記』268, 肅宗5년 2월 庚辰.
147)『承政院日記』269, 肅宗5년 4월 壬申.

러한 지방 주전과 행전에도 불구하고 전납이 유보된 지역도 있었다. 외방
에 대한 전납을 실시하면서 양계지방, 즉 평안도와 함경도는 예외로 했
다. 황해도의 경우에는 호조에서 소용하는 貢紬를 양서지역에서 조달하
는 이유로 전납지역에서 제외되었다. 호조에서 황해도에 대해 전납을 실
시할 경우 綿紬의 확보에 어려움이 있다고 주장한 데 따른 것이었다. 평
안도, 함경도, 황해도는 행전에도 불구하고 전납이 제한되었다.

경외 주전으로 인해 錢賤현상이 경중에서 나타나게 되자 중앙 각사에
대한 주전을 중단하도록 했다. 그러나 지방주전에 대해서는 입장을 달리
하고 있었다.

> 진휼청당상 부호군 오정위가 말했다. 지반번에 외방의 각 관청에서 주전
> 을 청한 것이 있었는데 여러 고을의 사세로 각자 주전하기에는 불가하였습니
> 다. 그러므로 營門에 붙어서 함께 주전하도록 하였습니다. 지금 서울의 아문
> 은 모두 정지 하였습니다. 외방의 바야흐로 주전하는 것을 또한 일체 중지하
> 오리까?
> 우의정 오시수가 말했다. 외방에서 주전한 것이 부족합니다. 그러므로 바
> 야흐로 경중으로부터 실어 보내야 하는데 이때에 어찌 주전을 정지하겠습니
> 까?149)

오정위는 京衙門에서의 주전이 중단된 것과 같이 지방에서도 주전을
중단해야 할 필요가 있는지 의문을 제기했다. 그는 외방에서 주전한 동
전은 지방 행전을 하기에는 부족할 뿐 아니라 오히려 한양에 집중된 동
전을 지방으로 이송하여 행전을 도모해야 한다는 입장이었다.

중앙관사에서 주전한 동전을 지방으로 하송하여 지방에서의 행전촉진
을 도모했다. 훈련도감에서는 동전을 영남으로 내려 보내 미곡과 무역했
다.150) 어영청에서도 주전한 동전을 영남으로 수송했다.151) 어영청에서

---

148) 『備邊司謄錄』 35, 肅宗5년 5월 23일 ; 『承政院日記』 270, 肅宗5년 5월 乙卯.
149) 『承政院日記』 272, 肅宗5년 9월 乙巳.
150) 『備邊司謄錄』 35, 肅宗5년 9월 28일 ; 『承政院日記』 273, 肅宗5년 9월 庚申.

주전한 동전 전량은 조정의 분부에 따라 영남의 영해 등의 고을에 보내
作米했다. 비변사에서도 중앙의 주전아문에서 주전한 동전을 영남과 호
남에 내려 보내고 있었다.152)

2) 동전의 중앙집중 문제와 지방주전 중단

지방에서의 주전을 통한 행전노력에도 불구하고 동전이 도성에 집중
되어 한양에서는 동전의 가치가 하락하고 있다는 허적의 지적에서와 같
이153) 지방행전의 성과는 기대에 미치지 못하고 있었다. 행전 초기 지방
에서 주조된 동전은 선도적인 행전지역, 즉 경중을 중심으로 한 일부지
역에서154) 유통되면서 동전이 특정지역에 집중되고 있었다. 이러한 문
제를 인식함에 따라 잠시 지방주전을 보류하는 방안이 모색되었다.

지방에서의 주전중단에도 불구하고 지방행전을 위해 상업이 발달한
대읍을 중심으로 행전을 위한 지속적인 동전유통 노력이 경주되었다.

> 병조판서 김석주가 아뢰었다. (중략) 한번 정체됨이 있으면 동전은 유통이
> 되지 못합니다. 지금 행전을 위해 해야 될 것은 또한 모름지기 급히 막혀있는
> 폐단을 통하게 하는 것입니다. 만약 호남의 전주나 호서의 공주, 청주 등과
> 같은 곳에 鋪子를 설치하고 백성들이 반드시 사용하는 物化를 쌓아두고 백성
> 들과 더불어 매매하게 한다면 행전의 편익을 알게 되어 점차 동전이 유통되
> 어 사용될 수 있을 것입니다.155)

---

151) 『承政院日記』 281, 肅宗7년 1월 丙辰.
152) 『備邊司謄錄』 35, 肅宗5년 10월 6일 ; 『承政院日記』 273, 肅宗5년 10월 丁卯.
153) 『肅宗實錄』 9, 肅宗6년 2월 癸亥.
154) 이 당시 都城에서 開城에 이르는 지역에는 동전이 원활이 유통되고 있었다(『承
     政院日記』 279, 肅宗6년 10월 庚寅. 개성에서 錢價를 시가의 변동에 따르게 함
     으로서 錢賤현상에 대처하는 모습은 이후 중앙정부의 錢價를 시가에 따르도록
     조정하는데 큰 영향을 미쳤다(『承政院日記』 276, 肅宗6년 5월 丙午).
155) 『承政院日記』 276, 肅宗6년 5월 辛亥.

지방에서의 행전노력을 중단할 경우 전국을 단위로 한 동전유통을 기약할 수 없다고 판단하고 행전책의 지속을 강조했다. 다만 김석주는 지방을 대상으로 한 전납의 확대를 위해 호남의 전주,156) 호서의 공주와 청주 같은 大邑, 즉 상업이 발달한 곳을 중심으로 동전을 매매에 이용하도록 하고자 했다. 당시 各司에서 목면으로 수세하면서 木品의 차등이 심하고 규정보다 好品을 요구하면서 폐단으로 지적되고 있었다. 이러한 문제는 동전을 통한 절가의 산정과 錢納을 통해 해결하고자 했다. 전납을 위해서는 동전의 지방유통이 요구되고 이를 위한 주전의 필요성이 대두하면서 호조를 중심으로 지방에서도 주전을 실시하도록 했다.157) 지방의 경우는 각도의 감사가 전담하여 주전을 주관했다.

지방주전을 실시하면서 官鑄를 통한 동전공급의 한계로 인한 私鑄의 필요성이 제기되었다. 경상도 관찰사 윤지완은 사주를 통해 행전을 확대하길 요청했다.158) 뿐만 아니라 지방주전 과정에서 사주의 폐단이 대두하기도 했다. 전주 판관 심즙은 수천관의 동전을 사주하고 다만 7~8백관만 문서에 남김으로써 파직이 논의되기도 했다.159) 지방에서의 주전량이 충분하지 못하고 사주 폐단이 일어난 가운데 이듬해에는 도성에 동전이 집중되어 錢賤의 문제도 제기되면서 京外의 동전주조가 모두 중단되었다.160)

1682년(숙종 8) 경외의 주전 중단 조치에도 불구하고 중앙관사에서 간헐적으로 주전이 이루어진 경우와 마찬가지로 지방에 대해서도 주전이 부분적으로 허용되었다. 황해감사의 啓聞에 따라 황해감영에서의 주

---

156) 하멜표류기에 전주는 이미 상업도시로 언급되고 있다(헨드릭 하멜 著·이병도 譯 註, 1997, 『하멜 漂流記-附 朝鮮國記』, 一潮閣, 39쪽).
157) 『承政院日記』 281, 肅宗7년 1월 庚午 ; 『肅宗實錄』 11, 肅宗7년 1월 庚午.
158) 『承政院日記』 282, 肅宗7년 3월 新米 ; 『肅宗實錄』 11, 肅宗7년 3월 癸亥.
159) 『承政院日記』 282, 肅宗7년 3월 壬申 ; 『肅宗實錄』 11, 肅宗7년 3월 壬申.
160) 『備邊司謄錄』 36, 肅宗8년 3월 28일.

전이 허용되었다.161) 전라감영에서도 관찰사 이사명이 진휼을 명분으로
주전을 요청하여 동전의 주조가 이루어졌다.162) 전라감영의 주전과 아
울러 三南監司의 주관으로 주전과 행전을 실시하도록 했다.163)

3) 錢品의 조절과 지방 巨邑 중심 행전

중앙과 지방에서의 주전 과정에서 雜鐵을 섞어 주전하거나 규정된 전
가의 비중을 지키지 않음에 따라 동전의 품질이 떨어져 이로 인해 화폐
로서의 신인도에 문제를 야기하고 있었다.164) 여기에 대한 대책으로 중
앙에서는 호조로 하여금 주전을 전담시킴은 물론 외방에 대해서는 감영
에 전품을 규정한 '鑄錢事目'을 반포하여 전품을 유지하고자 했다. 그럼
에도 불구하고 지방에서 주전한 동전의 품질이 열악하여 중앙에 전납된
동전이 '薄小'하다는 지적이 계속 제기되었다.

> (선혜청에서 아뢰었다.)전라감영에서 대동목대신 大錢으로 대신 올려 보낸
> 돈꿰미를 보니 그 동전이 자못 얇고 작습니다. 그러므로 즉시 저울로 달아보
> 니 1문의 무게가 불과 1전 8~9푼이고 혹 1전 6~7푼인데 그 사이에 간혹 2
> 전에 준하는 것이 있었습니다. 본청(선혜청)에서 일찍이 가지고 있던 전문으
> 로 비교해서 달아보니 본청의 大錢 1문은 그 무게가 2전에 준하고 혹은 2전
> 1~2푼이었습니다. (중략) 동전은 京外에서 통행하는 화폐로 마땅히 경외의
> 차이가 없이 같아야 하는데 本營에서 주조한 것이 경아문에서 주전한 것과
> 경중의 차이가 이와 같으니 전례에 따라 받을 수가 없습니다. 그 중에 경아문
> 에서 주조해서 本道에 유포한 것을 다시 올려 보낸 것을 가려서 받고 본영에
> 서 주조한 것은 모두 退送하고자 합니다.165)

---

161) 『備邊司謄錄』 36, 肅宗8년 5월 3일 ; 『承政院日記』 290, 肅宗8년 5월 丙辰.
162) 『肅宗實錄』 13, 肅宗8년 11월 癸酉 ;『肅宗實錄補闕正誤』 13, 肅宗8년 11월 癸酉.
163) 『承政院日記』 297, 肅宗9년 3월 乙卯.
164) 『承政院日記』 297, 肅宗9년 1월 壬申.
165) 『承政院日記』 303, 肅宗10년 5월 丁丑.

호남으로부터 대동목에 대해 전문으로 수세한 동전의 품질이 경아문 주전 전문보다 떨어지는 문제가 발생했다. 1문에 2전의 정식이 경아문의 주전에서는 준수되고 있었으나 감영전의 경우 1전 8~9푼에서 1전 6~7푼으로 정식에 미치지 못하여 동전이 '薄小'하다는 지적이었다. 경중 주전과 지방 주전의 동전에 대한 품질의 차이를 언급한 것이었다. 전납한 동전 중 한양에서 지방으로 하송한 전문에 대해서는 수납하되 지방전이 상송된 경우는 전수 퇴송하도록 했다. 아울러 호조에서 '見樣錢文'을 하송하여 지방에서 이를 바탕으로 개주하도록 조치했다.

평안도 지역에서의 주전도 이 일대의 거읍을 중심으로 먼저 이루어졌다. 영변의 축성에 소요되는 재원을 마련하기 위해 안주에서 주전이 이루어졌다.[166] 주전한 동전을 이용해 息利를 함으로써 이를 바탕으로 貿穀하여 영변의 축성에 지원하도록 했다. 안주는 병영이 있어 주전감독이 용이하다고 판단하고 병사 김성으로 하여금 주관하여 감독하게 함으로서 주전과 행전에 효과가 있었다.[167] 1687년(숙종 13)에는 평안도 전 지역을 대상으로 동전을 행용하도록 했다.[168] 영의정 남구만은 평안도의 행전을 위해 주전을 지속하길 요청했다.

> (영의정 남구만이 아뢰었다.)곡물을 무역하여 이미 수송한 일이 있었고 나그네와 商賈들도 동전이 통용되는 이익을 힘입고 있으나 주조된 것이 많지 않아 아직도 두루 보급이 되지 못하고 있으며 모은 동철도 남아 있는 수가 많다.[169]

주전을 통해 축성에 대한 재정적 지원은 물론 양향을 위한 재원으로 활용되어 미곡을 비축하는데 주전한 전문이 활용되었다. 주전과 동시에

---

166) 『肅宗實錄』 17, 肅宗12년 1월 戊寅 ; 『承政院日記』 313, 肅宗12년 1월 戊寅.
167) 『備邊司謄錄』 41, 肅宗13년 2월 12일.
168) 『承政院日記』 324, 肅宗13년 9월 壬子.
169) 『備邊司謄錄』 42, 肅宗14년 3월 15일.

행전을 실시하면서 商價를 중심으로 유통시킴으로써 동전이 유통되기 시작했다. 그럼에도 불구하고 이 일대에는 주전량이 많지 않아 행전범위의 확대에 한계가 있었다. 남구만은 이 문제의 해결을 위해 평안병영을 중심으로 1년의 주전을 추가로 허용해줄 것을 요청하여 수용되었다.[170]

1689년(숙종 15) 경에 경중은 물론 지방에서도 행전이 이루어졌다. 지방에서는 감영과 병영을 중심으로 주전과 행전이 이루어지면서 巨邑에서는 행전의 성과를 이룩했다. 1691년(숙종 17) 개성부에서 勅使의 支供과 營門 설치를 이유로 주전을 요청함에 따라 주전이 허가되었다.[171] 개성은 군문을 신설하면서 이에 소용되는 재원이 부족하였으며, 청의 칙사 접대에 따른 지방재정의 지출 문제가 항존하는 점을 고려한 주전의 허용이었다. 개성부에서 6~7개월 주전할 규모의 동철을 확보하고 있음에 따라 숙종은 5개월을 기한으로 한 주전을 허용했다.

> 송도는 다른 곳과 다르고 또 전화 유통의 근본이다. 금번에 특별히 주조하도록 하되 5개월을 시한으로 하며 20개 錢爐로 정하고 주조한 전문을 해조로 올려 보내어 간품하도록 하는 것이 좋겠다.[172]

호조판서 오시복은 개성에서의 주전에 있어 주전하는 화로, 즉 錢爐를 20개로 제한하고 주전에 雜鐵을 섞지 말고 錫鐵로 할 것을 강조했다. 주전에서 개성유수가 물력의 조달은 물론 전품에 대한 적간도 전담하기로 했다.[173]

---

170) 『肅宗實錄』19, 肅宗14년 3월 丙戌 ; 『承政院日記』328, 肅宗14년 3월 丙戌. 공홍도, 강양도, 황해도에서 전납을 실시하여 행전을 도모했다(『承政院日記』322, 肅宗13년 5월 己丑 ; 『承政院日記』325, 肅宗13년 10월 戊午 ; 『備邊司謄錄』41, 肅宗13년 10월 16일).

171) 『肅宗實錄』23, 肅宗17년 10월 甲辰.

172) 『備邊司謄錄』45, 肅宗17년 10일 24.

173) 이후 송도에서 주전요청이 있었으나 불허되면서 숙종조 송도에서의 주전은 숙종 17년이 마지막이 되었다(『肅宗實錄』38, 肅宗29년 1월 丙寅 ; 『承政院日記』

1691년(숙종 17) 이현일은 경연에서 영남지방에서의 주전을 요청했다. 그는 상평창과 선혜청의 동전을 영남의 巡營과 都會官에 보내어 백성들이 동전을 이용할 수 있도록 해 줄 것을 건의했다.[174] 그리고 상주, 예천, 대구 등과 같은 대읍은 비축된 동전이 상당하므로 이들 지역에서 주전하여 충분한 동전을 확보함으로써 행전을 지원할 필요가 있다고 주장했다.[175] 이현일의 요청이 비록 수용되지는 못하였으나 이미 이 일대에는 동전이 유통되고 있는 상황이었다. 경외 주전과 동시에 지방에 대한 錢納을 추진함에 따라 1695년(숙종 21) 경에는 전국적으로 동전이 유통되고 있다는 조정의 논의가 나타나기 시작했다.[176]

4) 지방행전 확대와 주전제한

1691년(숙종 17) 이후 지방에서의 주전은 중단된 상태였다. 1695년(숙종 21) 영동에서 주전을 요청했음에도 좌의정 류상운이 상평청 주전 동전을 하송하는 방안을 주장하며 지방주전을 반대했다.[177] 그는 영동에서의 주전을 허용할 경우 타도에 대해서도 주전을 제한하기 어렵다는 현실적 문제를 제기했다.[178] 상평청에서 1년 동안 40~50만 냥을 주전하여 주전한 동전을 강원도에 하송하도록 했다.

지방에서의 주전이 재개된 것은 1695년(숙종 21) 겨울 진휼을 목적으로 이조참판 이여가 지방에서 주전을 요청한 것이 계기가 되었다.[179] 숙

409, 肅宗29년 1월 丙寅).

174) 李玄逸, 『葛庵先生文集』 6, 「經筵講義」 辛未十月辛丑晝講.

175) 李玄逸, 『葛庵先生文集』 6, 「經筵講義」 辛未十一月壬戌晝講.
    그는 당시 상주와 예천에 국가적으로 동전을 유통시키고 있는 실태와 더불어 대구에도 비축한 동전이 많음을 지적했다(『備邊司謄錄』 45, 肅宗17년 11일 14일).

176) 『備邊司謄錄』 49, 肅宗21년 10월 25일.

177) 『肅宗實錄』 29, 肅宗21년 9월 己丑.

178) 『備邊司謄錄』 49, 肅宗21년 10일 2일.

179) 『備邊司謄錄』 49, 肅宗21년 11일 5일.

종은 이미 강원감영에서의 주전을 불허하고 상평청에서 주전해 이송하기로 한 점을 지적하며 반대의사를 표시했다.[180] 그러나 이여는 중앙관사의 주전만으로는 외방에서의 소요를 감당할 수 없다고 주장하며 강령하게 지방주전을 요청하여 관철시켰다.[181]

이여의 주장에 따라 관서와 영남에 대해 주전을 허용함과 동시에 호남에서의 동전 주조도 허용했다. 경기와[182] 강원도, 함경도에 대해서는 진휼청에서 주전한 전문을 이송하도록 제한했다. 호서(충청)와 해서(황해)지방에 대해서도 진휼청에서 동전 1만 냥을 지원해 주도록 했다. 지방에서의 주전은 관서(평안도), 영남, 호남에 대해 허용되었다. 거듭된 지방주전의 허용과 중앙관서에서 지방으로의 동전이송을 계기로 감·병영이 소재한 지역과 지방의 巨邑에서는 동전의 유통이 활발해지고 있었다.

지방감영에서도 동전의 확보에 여유가 생김에 따라 지방감영 사이의 동전을 이용한 획급이 가능하게 되었다. 1697년(숙종 23)에는 忠淸道監賑御史 민진원이 다음해의 농사를 위한 종자 구입을 목적으로 충청도에 대한 주전을 요청했다.[183] 그러나 조정에서는 주전을 허락하지 않고 호남의 동전 5~6만 냥 중 1만 냥을 호서 지역에 획급하도록 조치했다. 이러한 지방 주전도 1697년(숙종 23) 경외의 주전에 대한 전면적인 중단으로 인해 중단될 수밖에 없었다.

1697년의 지방 주전 중단 이후 평안도의 주전 요청이 있었으나 수용되지 못했다. 1717년(숙종 43) 평안감사 김유의 요청에 따라 진휼을 목

---

180) 남구만은 진휼청 주전을 통해 강원도에 동전 1만 냥을 이송하고 함경도와 경기도에도 이송해야 한다고 주장했다『備邊司謄錄』49, 肅宗21년 11일 5일).
181) 『肅宗實錄』29, 肅宗21년 11월 丁丑 ; 『備邊司謄錄』49, 肅宗21년 11월 21일.
182) 경기에 대해서는 이듬해 봄에도 구휼과 종자 구입을 지원하기 위해 戶曹와 宣惠廳에서 錢文을 代給하도록 했다『肅宗實錄』30, 肅宗22년 2월 己丑 ; 『承政院日記』363, 肅宗22년 2월 己丑).
183) 『承政院日記』374, 肅宗23년 11월 己丑.

적으로 주전을 요청하여 6개월을 기한으로 주전이 허용되었다.184) 그러
나 주전반대론자 들은 주전에 따른 폐단을 근거로 김유를 탄핵했다.

> 주전을 중지한지가 오래 되었으나 銅鐵이 매우 귀한 상황인데 이제 治所
> 를 설치하게 되면 때를 이용하여 값이 폭등하므로 그 비용을 보상할 길이 없
> 게 될 것이고, 기타의 폐단도 또한 적지 않을 것입니다.185)

당시 동철의 품귀로 인해 주전위한 동철의 확보가 용이하지 않고 주
전에 과도한 재정이 지출되는 문제를 지적했다. 뿐만 아니라 관에서 주
전을 위해 시장의 동철을 절가 매득 할 경우 동철가가 상승하여 주전을
통해 관이 확보할 수 있는 주전이익을 보장할 수 없는 문제가 지적되었
다. 하지만, 이미 조정에서 주전일수를 정해 주전실시를 명한 것이 번복
될 수 없다는 명분에 따라 주전이 강행되었다. 하지만, 이듬해 평안감사
조이중이 청의 칙사접대에 소요되는 비용이 증대됨에 따라 주전을 위한
재원이 부족하다는 이유로 주전 중단을 요청함으로써 주전이 중단되었
다.186) 주전 중단의 이면에는 평안감영에서 주전을 통해 남는 이익이 미
미하다는데 있었다.187)

지방 주전이 실시되는 과정에서도 제주지역에서는 주전이 이루어지지
않았다. 1719년(숙종 45) 제주에서의 주전이 제기되었다. 제조 민진원은
제주의 연이은 흉년에 대한 대책으로 주전을 통한 진휼의 필요성을 주장
했다.188) 그는 제주에서 3~4만 냥의 동전을 주전하여 진휼은 물론 흉년
에 대비하도록 할 것을 건의했다. 지방주전에 부정적인 의견에 대해 그
는 오히려 외딴섬인 제주는 경아문의 주조과정에서 나타나는 盜鑄와 私

---

184) 『肅宗實錄』 60, 肅宗43년 11월 庚申.
185) 『肅宗實錄』 60, 肅宗43년 12월 丙午 ; 『承政院日記』 505, 肅宗43년 12월 丙午.
186) 『肅宗實錄』 62, 肅宗44년 7월 甲子.
187) 『備邊司謄錄』 71, 肅宗44년 7월 18 ; 『承政院日記』 509, 肅宗44년 7월 甲子.
188) 『肅宗實錄』 63, 肅宗45년 6월 戊申 ; 『承政院日記』 516, 肅宗45년 6월 戊申.

鑄와 같은 폐단을 방지할 수 있는 장점이 있다고 주장했다.[189] 그러나 '絶島에서의 주전에는 간교한 폐단이 발생하기 쉽다'는 지적에 따라 주전에 이르지는 못했다.[190] 제주에 대한 주전이 이루어지지 못함에 따라 이 지역에는 19세기에 이르러서야 행전이 가능했다.

Ⅲ. 상평통보의 유통과 동전 이용양상

1. 錢納의 동향과 그 대응

1) 作錢價의 조정과 면포의 전납

동전의 유통을 계기로 부세에 대한 납입을 면포나 미곡 대신 동전으로 대신하는 전납이 정책적으로 추진되었다. 그리고 그 과정에서 동전유통이 확산됨에 따라 부세 부담층으로 부터 전납요구 현상이 나타났다.

행전초기에 전문에 대한 作木價 조정문제가 언급되었다. 1681년(숙종 7) 三南山郡을 대상으로 한 大同作木에 대한 절가가 조정되었다.[191] 기존 1필에 대한 동전 5전의 절가가 너무 낮게 책정되었다는 지적과 더불어 공물주인의 반발이 있게 되자 6전을 정식으로 조정했다. 이후 다시 7전으로 변경되었다.[192]

전납을 위한 작전가는 각 관사마다 일정하지 못함으로 인해 혼란이 발생하고 있었다. 호조판서 정재숭은 各司에서 작목하여 전문을 수세하는 규정이 통일되지 않음에 따라 외방에서 작전가에 대한 혼란과 문의가

---

189) 『備邊司謄錄』 72, 肅宗45년 6월 8일.
190) 『承政院日記』 519, 肅宗45년 10월 丙辰.
191) 『承政院日記』 281, 肅宗7년 1월 丁丑.
192) 『承政院日記』 284, 肅宗7년 7월 甲戌.

증가하는 문제를 제기했다.[193] 이러한 작전가의 불균형으로 인해 외방에서는 동전유통에 대한 불신으로 확산되는 분위기가 일었다. 호조에서는 이 시기 1필에 5전의 작전가를 7전으로 변경한 상태에서 다시 8전으로 개정하자는 요구에 직면했다. 이러한 논란은 관사에서 수세하는 목의 품질에 따라 작전가를 조절하자는 민정중의 제안이 수용되었다.

호조뿐만 아니라 병조도 시가의 변동에 따라 작전가를 조정했다. 필당 8전으로 작전가를 설정한 이후 시가가 1냥을 넘게 되면 백성들의 생활과 대응에도 영향을 미쳤으며, 병조의 동전을 이용한 재정운영에도 문제가 발생했다.[194] 외방에서 베를 납부하는 자들은 本木을 가져 왔다가 병조에서 정한 작전가보다 시가가 높음을 알고는 베를 동전으로 바꾸어 납입하는 것으로 대응했다. 재정운의 측면에서는 병조에서 朔布를 지급하면서 8전의 절가를 적용해 동전으로 지출하려 하자 소속 서원이나 군병들이 이를 거부했다. 거두어들인 동전을 지출할 길이 없게 되자 병조의 재정운영이 곤란해졌다. 결국 시가를 반영하여 기병·보병에 대해 면포를 필당 동전 1냥으로 상향하고, 그 외의 有聽軍布는 9전으로 작전가를 조정했다.[195] 병조에의 이러한 작전가 변동은 남구만의 언급에서 잘 나타나 있다.

> 요즘 병조에서 받아들이는 목은 '錢木參半'으로 하라고 정탈하셨습니다. 그러므로 당초에 목 1필은 전문 7전으로 대납하게 하였습니다. 전가가 점차 헐해지므로 점점 (동전의) 액수가 더해져서 지금은 1냥으로 받고 있습니다. 그런데 지금 시가는 本木 1필이 장차 1냥 3~4전에 이른다고 합니다. 종전에 1필을 7전으로 대신하였고 지금은 모두 1냥으로 계산해서 사용합니다. 그러므로 병조의 잃어버림이 이미 많습니다. 그런데 시가와 비교하여 또한 3~4전이 줄어들므로 비록 삭하에 (동전으로) 하고자 하나 받는 사람이 좋아하지

193) 『承政院日記』 284, 肅宗7년 7월 甲戌.
194) 『備邊司謄錄』 36, 肅宗8년 1월 10일 ; 『承政院日記』 287, 肅宗8년 1월 甲寅.
195) 『肅宗實錄』 13, 肅宗8년 1월 戊午.

않습니다. 그러므로 종전에 동전으로 받은 바는 모두 쓸모없는 것이 되었습니
다. 지금 병조에 갖춘 목의 탕갈이 이러하고 옮겨주는 길도 없으니 신번포를
받기 전까지는 모두 호조부터 받은 것으로 출급해 주고 만일 받길 원하지 않
으면 전문 1냥으로 계산해 주면 어떠합니까?196)

병조에서 전납 받는 과정에서 절가가 1필에 7전에서 1냥으로 상향되
는 배경을 언급하고 있다. 전문납의 시행과정에서 시가의 변동을 반영하
게 되면서 작전가는 점차 상향되었다. 병조에서는 7전에서 1냥으로 목필
대신 동전으로 절가하여 수세하였음에도 동전을 바탕으로 朔下로 지출
할 수 없는 상황이 발생했다. 시장의 시가보다 못한 절가로 병조 소속
서원이나 군병에게 삭료를 지급하려 하자 이들은 동전으로 받으려 하지
않았다. 뿐만 아니라 병조로서도 수세 과정에서 낮은 절가로 동전으로
수납 했다가 상향된 절가로 전문을 지출하게 되면서 재정에 있어서의 손
실을 감수할 수밖에 없었다.

2) 전납요구와 전납확대

동전의 유통 이후 부세의 수취에 있어서 목화 농사가 부실하거나 생
산이 어려운 경우 동전으로 대납하게 했다. 1684년(숙종 10) 호남에 목
화 농사가 부실하자 상납하는 대동목을 시가에 따라 전문으로 납입하도
록 했다.197) 1687년(숙종 13)에 江襄道에서는 면포 생산이 없다는 것을
이유로 동전으로 납입할 수 있도록 조처해 줄 것을 요청했다. 이에 따라
木材 등과 같은 산물을 무역해서 마련한 동전으로 호조와 선혜청에 납
입하는 면포를 대신하도록 했다.198)

흉년으로 인해 목화 농사가 전국적으로 부실해 지자 면포로 수세하는

---

196) 『承政院日記』293, 肅宗8년 9월 戊申.
197) 『承政院日記』303, 肅宗10년 5월 丁丑.
198) 『承政院日記』322, 肅宗13년 5월 己丑 ; 『承政院日記』322, 肅宗13년 5월 癸巳.

것을 동전으로 전환하게 된 당시의 정황은 영의정 남구만의 언급을 통해
확인할 수 있다.

> 현재 민간의 전답에 대한 세는 혹심하여 괴롭고 과중한 것이 아니나 신역
> 이 가장 감당하기 어려운 것으로 백성들의 근심과 원망이 오로지 여기에 있
> 습니다. 금년 목화농사의 부실이 또 이와 같으므로 경기에서는 砲保 외의 모
> 든 신역을 전문으로 받을 것을 이미 재가를 받아 알렸습니다. 그런데 양남에
> 는 목화가 완전히 실농한 지경에는 이르지 않았고 錢貨도 아직은 유행하지
> 않고 있습니다. 公洪道 이상에는 목화의 부실이 마찬가지라고 하니 공홍·강
> 양·황해의 삼도에는 포보 등 부득이 베로 납부해야 할 것을 제외한 온갖 신
> 역의 베는 모두 돈으로 대신 받아야 옳을 듯합니다.199)

1687년(숙종 13) 목화농사의 부실로 인해 경기에서는 砲保 외의 모든
신역을 동전으로 거두기로 한 반면 목화의 생산이 있는 양남은 예전대로
면포로 수세했다. 공홍·강양·황해도의 세 도는 꼭 면포로 납입해야 할
항목을 제외한 모든 신역에 대해 동전으로 수세할 것을 언급했다.

동전을 이용한 수세가 증가하자 각사는 재정지출에 있어서도 동전의
비중을 증대하고자 했다. 병조판서 이사명은 공홍·강양·황해의 삼도로
부터 수세한 동전을 바탕으로 병조의 각종 雇立軍兵의 料와 賞格 등에
전문으로 지출하는 것은 물론 각사에서 布로 지출하던 항목에 대해서도
錢과 布가 相半 되도록 비율을 증대시키도록 했다.200)

錢納의 범위도 부세 전반에 대한 전면적인 적용이 아닌 목화의 풍흉
의 문제나 진휼의 요소가 발생할 때 필요에 따라 부분적으로 실시되었
다. 이러한 추이에 따라 국가 수세 전반에 대해 동전납의 비율을 조정하
는 문제에 대한 논의가 일었다. 1689년(숙종 15) 영의정 권대운은 전납
의 확대 필요성을 아래와 같이 지적했다.

---

199)『備邊司謄錄』 41, 肅宗13년 10월 16일.
200)『承政院日記』 325, 肅宗13년 10월 戊午.

당초 전문을 주조할 때에 물력이 많이 들었고 행전한지 이미 오래되었으
나 다만 近京 수 백리 땅에서만 행해지고 遠道는 통행할 수가 없는데 이르렀
습니다. 이는 다름이 아니라 제반 身役을 각사에서 모두 布木으로 거두어들
이기 때문입니다. 그러므로 遠邑의 백성들은 동전을 쓸 곳이 없으니 동전이
통행되지 못하는 것이 이 때문 입니다. 지금 만약 서울의 각사에서 포목으로
받는 것에 대한 3분의 1을 동전으로 대신 받는다면 백성은 더욱 그 법을 믿고
동전은 반드시 먼 도에 까지 통행될 것입니다.201)

동전의 행전 범위가 한양을 중심으로 인근 수백 리에 한정되었으며,
원도의 경우에는 백성의 일상에까지 이용되지 못하고 있는 현실이었다.
이러한 현상은 관에서 수세하는 신역을 포목으로 수세하는 데 그 원인이
있다고 지적했다. 원도에 대해서도 동전을 이용한 부분적인 전납을 실시
하였으나 전문방납 등으로 인해 하층에까지 동전의 이용이 활성화되지
못하고 있었다. 권대운은 관에서 포목으로 수세하는 것의 3분의 1을 일
괄적으로 동전으로 대신하도록 함으로서 행전의 확대와 백성의 동전이
용을 촉진하고자 했다.

전납의 비중을 확대하고자 했으나 각 관사별로 수납하는 면포의 품질
이 상이한 데 따른 절가의 차이가 발생해 혼란이 일었다. 木品의 차등으
로 인한 전납혼란에 대해서는 1690년(숙종 16) 청주목사 조지석의 상소
에 잘 나타나 있다.

군병은 곧 砲保·騎步로서 반드시 細木으로 납입합니다. 그런데 다른 청에
납입하는 것은 각기 輕重이 있습니다. 노비로서 내수사와 호조에 소속된 것
은 반드시 세목으로 납입합니다. 그리고 각사에 납입하는 것 또한 많고 적음
이 있습니다. 저는 이러한 규례를 모르겠습니다. 언제 창시되었습니까? 요즘
비변사의 관문을 보니 또 전문을 정식으로 1필을 대신하게 해서 많게는 2냥
2~3전, 가운데 것은 1냥 8~9전, 적은 것이 1냥 4~5전에 이루도록 했습니
다. 동전은 하나입니다. 그런데 어찌 경중이 이렇게 크게 구별이 됩니까? 옛
제도에 상납하는 목품은 의례히 6승 35척을 기준으로 하였으나 요즘 軍木은

---

201) 『承政院日記』337, 肅宗15년 9월 庚子 ; 『備邊司謄錄』43, 肅宗15년 9월 8일.

7~8승 45척에 이르고 있습니다. 대동과 공목 또한 40여 척에 이릅니다. 무릇 관에 납입할 때 매번 아래가 손해 보도록 하니 소민의 보존하기 어려움이 족히 괴이한 것이 없습니다.202)

관에서는 면포로 수세함에 있어 細麤에 따라서 절가를 구분하고 있었다. 목품에 대한 기준은 법전의 규정보다 好品인 7~8승 45척의 목품으로 수세하는 관사도 존재하는 것이 현실이었다. 목품에 따라 折錢價에 차등이 발생하게 되고 이로 인해 전납을 확대하는데 혼란을 초래하고 있었다. 山郡의 大同木에 대해서는 한양의 시가를 적용해서 미로는 6두를 기준으로 작목하도록 하고 작전가는 1냥으로 결정했다.203) 미와 포 그리고 동전에 대한 절가를 정함으로써 경외의 작전가에 대한 하나의 기준을 제시하는 정도의 절충안이 논의되었다.

중앙과 지방의 동시 주전을 통해 행전을 전국으로 확대하고자 하는 노력은 1690년경부터 효과를 나타내고 있었다. 주전의 지속으로 인해 시장에서의 동전유통량이 증가하면서 전가가 떨어지면서 안정을 되찾고 있었다. 전가의 안정을 위해 호조에서는 수취하는 民役에 대해 동전을 기준으로 함은 물론, 진휼청에서도 各司에 移給하는 면포에 대해 전문으로 지급했다.204)

전납의 확대에 대한 논의가 이어졌다. 1691년(숙종 17) 이조참판 이현일은 흉황으로 인한 진휼 문제와 연계하여 大同, 田稅 중 綿布로 수취하는 어려움을 지적하고 전납을 주장했다. 영남의 목화 흉년으로 인해 면포의 비납이 어렵게 되자 전납을 요청한 것이었다.

신은 생각건대, 곡식이나 면포는 그해 작황의 풍흉에 따라 더하고 덜함이 있지만 銅錢의 경우는 水災나 旱災로 인해 줄어들지 않습니다. 따라서 옛날

---

202) 『承政院日記』 339, 肅宗16년 1월 丁未.
203) 『承政院日記』 339, 肅宗16년 1월 壬寅.
204) 『肅宗實錄』 22, 肅宗16년 12월 甲戌.

에 흉년을 만나면 반드시 동전을 더 주조하여 백성들을 구휼했던 것은 형세
가 실로 그러한 것입니다. 이제 만약 돈으로 면포를 대치한다면 반드시 앞서
와 같은 근심과 피해가 없어 실로 백성들을 여유 있게 하는 방도가 될 것입니
다. 신의 생각으로는 오늘날의 폐해를 구제하는 데는 돈을 통용하는 것만큼
이로운 것이 없다고 여겨집니다.[205]

목화나 미곡이 흉년일 경우 현물납을 하기에는 물가의 상승으로 인한
폐단이 심했다. 이에 이현일은 『周禮』에 '흉년에 鑄錢한다'고 언급된 점
을 인용하면서 동전을 이용한 부세납을 적극 주장했다.

3) 米布에 대한 전납과 錢木參半

경외에 동전유통 효과가 나타나기 시작하면서 면포를 중심으로 작전
하여 납입하도록 한 錢納을 米穀으로 납입하는 부세에도 적용하는 방안
이 제기되었다.

17세기 중엽 숙종 초기 동전의 유통을 시도하면서 환곡에 대한 전납을
일부 실시한 바 있으나 지속되지 못한 것과는 변화된 양상이었다. 1695
년(숙종 21) 지평 권업은 糶糴의 폐해를 지적하며 가을에 환곡을 받을 때
에 전납을 실시할 것을 건의했다.[206] 그는 미곡에 대한 작전가를 낮추어
서 동전으로 받아 백성의 부담을 줄이는 것은 물론 軍國의 비용에 보충
하는 방안을 제기했다. 전세를 중심으로 한 수세미에 대해서도 전납이 적
용되는 변화가 나타나고 있음을 보여준다. 이러한 양상은 1695년 대사헌
이언수의 상소를 통해서도 알 수 있다.

---

205) "臣竊以爲粟米綿布 以歲之豐歉而有所加損 至於銅鐵 不以水旱而耗減 故古者遇
凶歲 則必加鑄銅錢以救民 其勢固然也 今若以錢文代綿布 則必無如上患害而實爲
裕民之道 臣意以爲救今日之弊 莫如行錢之利也"(李玄逸, 『葛庵先生文集』6, 「經
筵講義」 辛未十月辛丑書講).
206) 『肅宗實錄』28, 肅宗21년 3월 丁卯.

청주 등 10여 읍의 조세를 배로 운반하여 상납하는 것은 산군의 예에 의하여 작전하여 상납하게 하소서. 아산·안흥·양진 등의 倉 곡물은 京倉에 대납하고 각 읍의 전세와 대동을 받아서 本官에 유치한다면 饑民의 은혜 입음이 매우 클 것입니다.[207]

삼남의 山郡에 대해서는 면포로 조세를 납입하게 한 반면 海邑은 미곡으로 대신하게 하고 있었다. 이언수는 청주 등에서 납입하는 미곡에 대해 산군에서 면포를 작전하여 상납하는 예를 적용해 주길 요청했다.

흉년으로 인해 미곡을 이용한 진휼과 수세에 어려움이 발생하자 지방에서는 동전으로 해결하고자 주전을 요청했다.[208] 강원도 등에서는 주전을 통해 진휼은 물론 세를 납입하는데 이용하고자 했다. 지방주전과 지방행전의 영향으로 진휼곡에 대한 환자에 대해서도 전납 조치가 이루어졌다.

1696년(숙종 22) 흉황이 발생하자 도성에서 거두는 환자에 대해서도 전납이 허용되었다.[209] 이에 대해 진휼청에서 원액을 감하는 것은 외방과의 형평성 문제로 인해 곤란하며 재정의 손실을 이유로 반대한 반면 耗穀만 감해 준 다음 나머지에 대해 전문으로 받아들이는 방안을 제시했다.[210]

전납을 실시하면서 절가를 시가에 준하게 할 필요가 있었다. 병조판서 이세화는 신역의 전납문제를 언급하면서 절가를 시가에 따라 변하게 할 것을 주장 했다.[211] 병조에서는 제반 신역을 동전으로 수세하면서 수년 전 '木賤錢貴'일 당시 1필에 동전 1냥 8~9전으로 代捧 한 절가에 대해[212] 당시 시장의 시세가 1필에 4~5냥으로 가격이 형성된 점을 들어

---

207)『肅宗實錄』29, 肅宗21년 10월 丁未.
208)『備邊司謄錄』49, 肅宗21년 11월 5일.
209)『承政院日記』368, 肅宗22년 10월 癸丑 ;『承政院日記』368, 肅宗22년 11월 甲寅.
210)『承政院日記』373, 肅宗23년 8월 丙子.
211)『承政院日記』374, 肅宗23년 10월 壬子.
212)『承政院日記』339, 肅宗16년 1월 丁未.

이를 적용할 것을 요구했다.

이러한 전납의 확대는 신역과 대동에 대한 이른바 '錢木參半'에 대한 논의로 이어졌다. 신역을 면포로 수세할 경우 면포가가 상승할 경우 백성들은 비납이 힘들어지고 이러한 수세의 난점은 결국 과중한 역의 폐단으로 이어질 우려가 있었다. 이에 동전과 면포를 각각 절반씩 수세하는 대안이 제시된 것이다.[213]

신역포에 대한 전납이 제기되자 海邑을 중심으로 면포 대신 作米를 통한 납부가 제기되었으나 운반과 수납과정에서의 폐단이 우려되었을 뿐만 아니라 미로 수세할 경우 백성들의 생계를 위협할 수 있다는 이유로 반영되지 못했다. 무엇보다 군문에서는 동전과 면포로 지출되는 항목이 많은 까닭에 굳이 미를 필요로 하지 않으면서 '錢布折半收捧'이 적용되었다.

신역에 대해 錢布를 절반씩 수납하는 논의에 이어 大同에 대해서도 전납의 비율을 통일할 필요성이 있다는 주장이 제기되었다. 대동에 대해 3분의 1을 作錢하게 했으나 신역에 대해 절반에 이르도록 전문으로 납입하게 하자 일관성의 유지를 명분으로 대동에 대해서도 적용할 필요가 있었다. '錢木參半'을 통한 신역과 대동목에 대한 전문으로 수세하게 되면서 납세의 부담이 경감된 것으로 평가되었으나, 錢과 木의 절가에 대한 논란의 여지는 남아 있었다.

> (영의정 류상운이 아뢰었다.) 지난해 시가가 금년보다 염가입니다. 목가는 금년이 지난해에 비해 배가 됩니다. 금년에 만약 지난해에 넉넉했던데 의거해 돈으로 정해서 받으면 흉년에 역가를 받기(責役) 어렵습니다. 민간에서는 좋은 곡식은 관에 내고 잡곡으로 호구합니다. 그런데 만약 목 1필가 4냥으로 예전에 의거해서 정식으로 받으면 1냥의 절가는 조 10두입니다. 그리고 4냥은 장차 40여 두입니다. 한집의 부자는 실로 납입할 동전을 변출 할 길이 없으니

---

213) 『承政院日記』380, 肅宗24년 8월 辛未.

1냥을 감하는 것이 좋을듯합니다.(후략)[214]

1698년(숙종 24) 전목참반을 통한 신역과 대동목에 대한 전납이 허용
되었으나 절가는 제때 반영되지 못하고 있었다.[215] 지난해 목 1필에 대
해 동전 4냥을 정식으로 했으나 이 해에 흉황으로 시장에서 목면에 대한
작전가가 상승하게 되면서 4냥은 매우 과중한 부담으로 작용하고 있었
다. 미를 통해 동전을 備納 하고자 할 경우 호당 조 40두를 지출해야할
상황이었다. 유상운은 1필을 4냥으로 절가하는 것이 과중하다고 주장하
면서 3냥으로 감해 줄 것을 요구했다.

전목에 대한 절가의 문제는 호조판서 민진장의 아래와 같은 지적에도
잘 나타나 있다.

> 지금 전가는 3두이고 목가로 15두입니다. 만일 1냥을 감해서 雇價로 준다
> 면 京軍이 원통함을 호소하는 폐단이 없지 않을 것입니다. 대동청에서는 7두
> 를 1필로 절가하되, 入京하면 5두는 京民에게 주고 2두는 운송비가 됩니다.
> 大同木價는 3냥 8전이지만, 대동을 설립할 당시의 본의에 차라니 관에서 손
> 실을 보더라고 백성들이 손실을 보지 않는다는 취지에 따라 대동으로 3냥을
> 받고 있습니다. [216]

대동목에 대해서도 절반을 전납하도록 이미 결정했다.[217] 다만 대동
목가는 1필에 3냥 8전이었음에도 대동법의 실시 의의가 백성의 부담을
줄이는 데 있음에 따라 3냥으로 감가했다. 그리고 10월 수세에 있어서는

---

214) 『承政院日記』 381, 肅宗24년 9월 辛卯.
215) 肅宗23년 米에 대한 銅錢의 절가는 米 2斗에 1兩이었다(『承政院日記』 373, 肅
　　宗23년 8월 丙子). 전납을 실시함에 있어 米穀을 이용해 동전을 마련하는 과정
　　에서 가을에 米價가 천해지고 전가가 상승하게 되면서 전납의 어려움이 초래되
　　기도 했다(『承政院日記』 385, 肅宗25년 6월 壬寅 ; 『備邊司謄錄』 50, 肅宗25년
　　6월 6일).
216) 『承政院日記』 381, 肅宗24년 9월 辛卯.
217) 『承政院日記』 381, 肅宗24년 9월 辛卯.

다시 1냥을 감해 2냥으로 거두었다. 신포와 대동포에 대한 전납에 있어
절가의 조정문제는 시가의 문제와 더불어 관의 재정지출적 측면도 고려
되고 있었다.[218]

목화의 풍년이 예상되자 신역과 전세에 대해 錢木參半하기로 한 조치
가 조정되었다.[219] 1699년(숙종 25) 목화의 풍년이 예상되고 면포가가
낮아질 것이라는 전망에 따라 돈으로 받는 것을 철회하거나 비중을 낮추
는 조치가 내려졌다. 이에 따라 군포 및 내수사에 납부할 각 관아의 노
비신공에 대해서는 면포로 수세하고자 했다.

목화의 값이 상승하게 되자 전납을 추진했다. 호조참판 이인엽은 목화
가 귀하게 되자 신포를 동전으로 납입함은 물론 절가를 낮출 것을 요청
했다.[220] 전납을 위해 목면의 절가가 시가보다 높게 책정되자 조정하여
낮추도록 했다. 이에 대해 좌의정 이세백이 동전과 면포의 시가 변동을
감안하여 조정할 필요가 있다는 데 동의했다. 이후 목화 값이 하락하자
절가의 조정을 통한 수세의 변화가 있었다.

> (공조참판 이인엽이 아뢰었다.)몇 해 전에 대동목을 折錢한 수가 매우 많
> 았던 것은 대개 무인년(1698)에 목화가 매우 귀했던 데서 연유합니다. 지난해
> (1701) 및 재작년에는 목가가 자못 천하였기 때문에 전문을 이미 5전을 감했
> 는데도 전문의 수가 적지 않습니다. 작년에는 각 읍에서 모두 本木으로 상납
> 할 것을 청하였고, 전문으로 상납하는 수가 전에 비해 크게 줄어들었으니 일
> 이 매우 염려됩니다. 지금 정식한 것으로 말하자면 1필의 값이 3냥 3전이고
> 미 1석의 代錢은 9냥 9전입니다. 목가는 점차 천해졌으나 절전가는 오히려
> 중하니 백성들이 동전을 납입길 어려워하는 것은 형세가 그렇습니다. 대동
> 목을 절전하는 수를 우선 감해서 1석을 7냥으로 定式하고, 각사에서 받아들

---

218) 군현의 재정운영에 있어서도 중앙관사와 동전을 매개로 한 조정이 있었다. 함경
     도 문천군에서는 1696~1697 양년에 京各司로 부터 貢物을 裁減 받은 외의 布
     에 대해 전문으로 절가한 다음 作米하여 유치해 두고 賑恤에 보충한 후 本布를
     진휼청에 납입했다(『承政院日記』383, 肅宗25년 1월 辛巳).
219) 『備邊司謄錄』50, 肅宗25년 10월 6일.
220) 『備邊司謄錄』51, 肅宗26년 9월 21일.

이는 것 역시 이에 의해 조금 감하는 것이 어떻겠습니까?[221]

목면가의 상승을 계기로 전납의 비중이 확대되고 절가도 높게 조정되었다.[222] 이후 목화의 풍년으로 목면가가 하락하게 되자 절가를 5전 가량 감해서 1필에 3냥 3전으로 조정했다. 하지만 이 또한 시가보다 높음에 따라 백성들은 전납보다는 본목으로 납입하려는 움직임이 일면서 절가를 감해서 약 2냥 5전으로 조정하여 전납 기조를 유지하고자 했다.[223]

신포와 대동목에 대한 전납뿐만 아니라 진휼 후 수세에서도 동전을 이용했다. 경기에서는 진휼을 목적으로 강화로부터 목 70동을 빌린 후 동전으로 還納하도록 했다.[224] 함경도에서는 1696년(숙종 22)과 1697년(숙종 23)의 흉년에 구호를 목적으로 진휼청으로부터 동전을 대출하여 이용했다.[225]

각 아문에서 받아들이는 은에 대해 은과 동전을 절반씩 받아들이는 방안도 시도되었다.[226] 1699년(숙종 25) 호조와 군문을 비롯한 各司에서는 은을 이용해 대외결제수단으로 활용함은 물론 재정비축의 수단으로 이용하고 있었다. 은과 동전을 반씩 거두어들임으로서 未納銀의 문제에 대처하고자 했다. 하지만 은에 대한 작전가가 낮게 책정된 것은 물론 전가의 잦은 변동으로 인해 본가를 보전하기 어렵다는 이유로 관사의 반발

---

221) 『備邊司謄錄』52, 肅宗28년 1월 18일 ; 『承政院日記』402, 肅宗28년 1월 丁酉.
222) 1695, 1696년에 기근이 심했으며 1698, 1699 양년은 전염병이 극심했다(『肅宗實錄』37, 肅宗28년 8월 庚寅).
223) 당시 전은 귀하고 미와 목은 천한 현상이 나타나고 있었다. 절가의 조정을 통해 二軍色木의 每疋가를 2兩 7錢으로 하고 一軍色木에 대해서는 필당 2냥5전으로 정식으로 했다(『承政院日記』402, 肅宗28년 2월 癸亥). 송찬식은 鷹師身役을 1군색목 절가에 맞추어 필당 2냥 5전으로 조절되었다고 지적했다(송찬식, 앞의 논문, 104쪽).
224) 『備邊司謄錄』50, 肅宗25년 11월 11일.
225) 『備邊司謄錄』51, 肅宗26년 10월 24일.
226) 『備邊司謄錄』50, 肅宗25년 5월 17일.

이었다. 그럼에도 불구하고 절반에 대해 동전으로 거둔 다음 전문을 바탕으로 은을 다시 확보할 수밖에 없다는 당위론이 우세하여 그해 10월까지 동전으로 수세했다.

2. 행전에 대한 대응과 동전의 이용

1) 모리배의 성격과 활동양상

조정에서는 민간에서 도적이 횡횡하고 부익부 빈익빈의 현상이 대두하는 것이 동전의 유통에서 그 원인을 찾고 있었다.

> (제조 민진후가 아뢰었다.) 지금 비로소 크게 행전하게 되었으나 폐단이 점점 늘어서 경성 사람도 또한 많이들 불편하다고 여기고 있습니다. 그리고 외방에 있어서는 도적이 이것으로 인해서 매우 성하게 되었습니다. 이른바 富民의 長利도 더욱 窮民들이 감당할 수 없게 되었습니다. 그러므로 백성들이 (행전을) 중지하길 원하지 않는 사람이 없으나 혁파하는 것은 진실로 가벼이 의논할 수 없습니다.227)

전문의 유통이 활발해 짐에 따라 새로운 폐단이 등장하는 것으로 인식하고 있었다. 경외에서의 도적의 횡행, 관부에서 공사 간에 賄賂가 행해지고 이익을 쫓아 인심이 간교해진 것이 모두 용전에 따른 것으로 보았다.228)

행전 초기에 시전을 통한 전문 공급이 이루어지고, 상인을 중심으로 행전되고 있었다. 전가 변동논의가 계속되는 상황에서 전가의 상향조정이 예상되자 이들 시전 상인들은 전문을 사들였다. 뿐만 아니라 부호들은 새 법령이 반포되기 전에 은화를 이용해 동전을 매입했다.229) 전문가

---

227) 『備邊司謄錄』 69, 肅宗42년 12월 25일 ; 『承政院日記』 499, 肅宗42년 12월 庚戌.
228) 『備邊司謄錄』 49, 肅宗21년 11월 21일.
229) 『承政院日記』 268, 肅宗5년 2월 癸未 ; 『備邊司謄錄』 35, 肅宗5년 2월 19일.

치가 은 1전에 400문에서 200문으로 조정됨에 따라 이들은 큰 이익을 도모할 수 있었다.

지방으로 행전이 확산되고 전문으로 부세를 수납하게 되면서 전문방납을 통해 이익을 도모하는 무리가 등장했다. 방납은 주로 '京人'에 의해 주도되었다. 이들의 활동을 방지하기 위해 중앙관서에서는 지방관을 단속하고 방납한 사실이 드러나면 행전아문의 관원도 중률로 논죄하도록 했다. 전가가 은 1전에 40문에서 20문으로 조정되는 논의가 활발한 상황에서 전문방납의 문제는 심화되었다.230)

방납의 문제는 주전과정에서의 통화 공급의 문제와 연관이 있었다. 행전 초기 경중주전은 활발했으나 지방에서는 주전량이 부족하면서 경중의 전문을 외방에 보내어 전문 대납을 활성화 하고자 했다. 이 과정에서 이조판서 이원정은 市民에게 전문을 내어주어 지방에서 사사로이 전문으로 매매하도록 하여 동전을 유통시키고자 했다. 그러나 시민들이 외방에서 강매하여 전가의 변동을 모르는 사람들에게서 이익을 취할 문제가 있었다. 뿐만 아니라 전문을 운반하기에도 한계가 있음에 따라 외방의 수령과 결탁해서 전문방납의 폐단을 야기하는 문제가 논의되었다.

병조에서 전목참반으로 수세하는 과정에서 외방으로부터 전문방납의 문제가 대두되었다.231) 병조에서 전문을 통한 신역가 수세의 목적은 경외에도 전문을 유통시키는 데 있었다. 그런데 경중 사람 중 신역가를 미리 전문으로 납입하고 지방의 고을에 내려가 木疋을 받는 과정에서 절가의 변화를 반영하지 않고 더 받아들임으로써 이익을 도모했다.

京中 富商輩는 절가의 변화에 편승하여 이익을 도모했다.232) 이들은 절가 20문으로 행전할 때 염가로 전문을 무역하여 저축해 두었다. 그리

---

230) 『承政院日記』 272, 肅宗5년 9월 乙巳.
231) 『承政院日記』 293, 肅宗8년 9월 戊申.
232) 『承政院日記』 273, 肅宗5년 9월 己酉.

고 40문의 절가로 관에서 수세할 경우 罔利를 도모했다. 이러한 움직임은 점차 小民에까지 확산되었다.

시전에서는 시장의 전가보다 더 받음으로써 이익을 도모하였을 뿐만 아니라 관에서 정한 절가도 준수되지 못하고 있었다.[233] 흉황으로 미가가 상승하자 관에서는 절가를 정해 시전에서 매매하도록 했다. 그러나 미가 비록 생계에 관련된 문제로 인해 관에 의한 강제적인 규제에는 한계가 있었다. 시가변동으로 인한 이러한 혼란은 숙종조 남인집권기에 발생하였으며, 경신대출척 이후 서인에 의해 정치적 축재로 지탄의 대상이 되기도 했다.[234]

용전이 이루어진 뒤로 亂塵이 더욱 증대되었으며,[235] 이들은 전문의 유통을 이용해 이익을 도모하고 있었다. 이른바 무뢰배가 곳곳에 무리지어 길을 막고 각전의 물화를 사사로이 매매하여 난전을 형성하면서 市民의 손해가 심했다. 형조, 한성부, 평시서, 사헌부 등에서 금단의 조치를 내렸음에도 불구하고 이들 난전에 대한 통제가 힘든 상황이었다.

행전을 위해 差人을 지방으로 보내어 이들로 하여금 전화로서 교역하게 하여 행전을 촉진하고자 하였으나 오히려 이들은 전문을 이용한 牟利에 치중하고 있었다.[236] 1682년(숙종 8)에 양남의 행전을 위해 상평청과 진휼청에서 지방으로 전문을 하송한 뒤 행전을 지원할 차인을 파견했다. 그러나 이들은 지방 행전이 원활하지 못한 상황에서 전가가 조정·정착되지 않은점을 악용하여 낮은 전가로 물화를 매매함으로써 이익을 도모하는 '常漢牟利輩'로 지목되었다.

---

233) 『承政院日記』 273, 肅宗5년 9월 戊午.
234) 『承政院日記』 276, 肅宗6년 4월 辛酉.
235) 『承政院日記』 294, 肅宗8년 10월 癸巳.
    이러한 亂塵의 폐단은 금단되지 못하고 계속 이어지고 있었다(『承政院日記』 444, 肅宗34년 9월 甲申).
236) 『備邊司謄錄』 37, 肅宗9년 1월 15일.

절가의 변동을 이용하여 상인들이 이익을 도모했다. 1689년(숙종 15) 까지 지속된 주전으로 인해 錢賤현상이 나타나자 주전이 잠시 중단되었다. 전문의 공급이 중단된 상태에서 풍년으로 미가가 하락하고 전가가 상승하기 시작하면서 '賤穀錢貴' 현상이 나타났다.[237] 아울러 전납이 실시되는 과정에서 지방의 鄕民들이 가장 큰 피해자로 인식되었는데, 향민 중에서도 농민들의 피해가 증가하여 巨弊가 될 조짐이 있었다. 상인들은 이 틈을 이용해 牟利를 행함에 따라 농민들의 침해가 더욱 심화되고 있었다. 미곡생산의 증가에도 불구하고 주전 부족으로 전납을 위해 소요되는 미곡의 양은 증대하는 것이 농민에게 있어 가장 큰 문제였다. 상인들은 저가로 미곡을 대량으로 무역 한 후 전문에 대비한 미가 변동의 추이에 따라 이익을 도모했다.

2) 모리층의 확대

동전의 유통 이후, 관에 납부하여야 할 大同錢文을 경중에서 무역하여 이익을 도모하는 모리층이 등장했다.[238] 진산군에서는 戊寅條(1698) 전문과 면포를 진세번, 김중구, 김하징 등을 통해 상송했다. 진세번 등은 한양에 당도하여 주인 류승백과 모리를 도모하고 실액을 관에 납입하지 않은 사실이 드러났다. 추문한 결과 진산군에서 상납한 전문 1,140냥을 한양으로 싣고 왔으나 중간에 팔아서 이들이 모리하여 써버린 사실이 들어났다. 이들은 각읍의 色吏로서 公貨를 가져와 주인에게 다시 팔아 모리를 도모했다.

전문의 유통으로 관사의 재물을 횡령하는 일이 빈번 하다는 지적이 일었다.[239] 고성현령 이태현은 태상시에 있을 당시 東籍田의 곡물을 남

---

237) 『承政院日記』 341, 肅宗16년 4월 辛巳.
238) 『承政院日記』 390, 肅宗26년 4월 丁卯.
239) 『肅宗實錄』 39, 肅宗30년 4월 庚辰.

용한 뒤 수백관의 돈으로 미봉했다.[240] 뿐만 아니라 경주인들이 지방에서 납입할 전문을 횡령하기도 했다.[241] 1691년(숙종 17) 토산현의 경주인이었던 김신영은 토산에서 경사 각 아문에 납입하는 전문 100여 냥을 횡령했다가 발각되나 횡령액을 환납했으나 결국 10여 냥은 미납했다. 1704년(숙종 30) 수어청에서 城役의 재원 마련을 위해 차송한 차인은 전문을 횡령했다. 수어청에서는 수천 냥의 전화를 차인을 통해 호남에 보내어 이들의 무역을 통해 이익을 도모하여 성역의 재정에 보태고자 했으나 이들 차인들은 오히려 이를 이용해 모리를 함으로서 논란이 일었다.[242]

1708년(숙종 34) 배천군의 유학 이권은 지나친 식리로 인한 폐단을 정소했다.[243] 행전 이후 12息을 규정하였음에도 봄에 빌려주고 가을에 갚을 때에 1貫의 息을 적용하여 10배의 이익을 취하는 행위가 행해지고 있음을 지적했다. 지나친 식리행위가 성행함에 따라 그 폐단의 근원이 행전에 있다는 지적이 일고 있었다. 전지평 홍호인은 부호에서 取息하는 것이 지나치므로 법으로 금할 것을 요청했다.[244] 심지어 여러 군문이나 각사에서 債錢을 빌려주고 이익을 도모하면서 적게 빌려주고 많은 것을 취하면서 아문만 이익을 취하고 백성에게 해만 끼치고 있는 상황이었다. 이에 외방의 감영·병영과 영문에서도 이를 금단하도록 했다. 식리를 통한 이익 도모 활동이 증가하자 이에 대한 제한이 요구되었다.

　　근래에 부유한 백성들의 利殖을 늘리는 방법이 甲利에 이르러서 지극합니다. 이식을 늘리는 것이 한정과 절제가 없어 더러 달마다 그 이식을 받아들여 한 해가 되지 않아 갑절에 이르게 되는데, 심지어 곡식이 귀할 때에는 한 말

240) 『肅宗實錄』 45, 肅宗33년 8월 甲申.
241) 『備邊司謄錄』 45, 肅宗17년 6월 22 ; 『承政院日記』 345, 肅宗17년 6월 丙子.
242) 『承政院日記』 442, 肅宗34년 4월 乙亥.
243) 『承政院日記』 444, 肅宗34년 8월 癸亥.
244) 『備邊司謄錄』 肅宗34년 9월 11일 ; 『承政院日記』 444, 肅宗34년 9월 甲申.

의 쌀이 돈으로 환산하여 한 냥인데 가을에 이르러 두 냥을 돌려받아 쌀로
계산하면 거의 5~6갑절이 되니 小民이 어떻게 곤궁하지 않을 수 있겠습니
까? 이제부터 제도를 정하여 官貨인 경우에는 銀錢을 논할 것 없이 경외의
각 아문에서 일체로 환상의 예를 따라 10분의 1 이식을 늘리게 하고, 민간의
경우에 미곡은 10분의 5를 적용하고, 은전과 포는 10분의 2를 적용하여 이식
을 늘리도록 하소서.245)

부민들이 동전의 유통을 계기로 식리를 심하게 하는 당시의 상황을
언급하고 있다. 행전 이후 봄에 전문을 대출하고 가을에 배 이상 징수하
는 폐단은 한양뿐만 아니라 지방에서도 횡행하고 있었다.246)

대동미를 전문으로 먼저 대납한 후 정식 이상의 미곡을 취함으로써
이익을 도모하기도 했다.247) 사인 이공윤은 춘천의 대동미 500여 석에
대해 재해를 입었다고 진휼청에 보고했다. 그리고 여기에 대해 전문으로
대납해 주길 요청한 후, 낮은 절가로 계산하여 전문을 납입했다. 이에
대해 춘천에서 절가 이상의 미를 취함으로서 큰 이익을 보았다.

1711년(숙종 37) 한성부에서는 賭錢하는 폐습이 문제로 대두되었다.

근래에 여염의 惡少輩들이 혹은 投牋, 혹은 骨牌를 해서 서로 賭錢을 하
여 하루 낮 밤 사이에 한 사람이 지는 부채가 수백 관에 이르고 있습니다.
出債할 때는 명문을 만들고 賭錢하는 사람은 빈손으로 입장해서는 부채를 진
뒤에는 내어 주지 않습니다. 그러면 돈을 가진 사람이 곁에서 채전을 주어 비
록 잠시사이에 반드시 배의 이익으로 문서를 만드니 하루저녁 사이에 여러
번 문서를 만들어 수십 배에 이릅니다. 그 문서를 관에 올려 받고자 하면 빚
을 진 사람은 부모처자를 갖추어 갚지 않을 수 없으며 집이 기울고 파산하는
데 이릅니다. 248)

---

245) 『肅宗實錄』 62, 肅宗44년 9월 庚寅.
246) 『備邊司謄錄』 73, 肅宗46년 3월 15일.
247) 『肅宗實錄』 54, 肅宗39년 閏5월 戊申 ; 『備邊司謄錄』 肅宗39년 閏5월 13일 ;
　　　『備邊司謄錄』 肅宗39년 閏5월 16일.
248) 『承政院日記』 463, 肅宗37년 11월 壬辰.

이 인용문은 무예별감 박팽령의 사례를 언급한 것이다. 그는 骨牌로 도박하는 사람을 그의 숙부 집에 모아서는 15냥을 바탕으로 부채 지는 사람에게 돈을 빌려 주어 차차 이익을 도모했다. 그는 결국 58냥에 대한 문서를 작성한 뒤 30냥을 받아 내었으며, 나머지 28냥을 추문하고 있었다. 박팽령에 대한 추문 과정에서 그가 돈을 가지고 사람들을 속인 정황과 더불어 행전 이후 도박의 만연한 상황이 묘사되었다.[249]

3) 盜鑄와 私鑄錢의 대두

행전 초기에 사주문제가 빈번하게 발생하였으며, 이에 대한 처벌 문제로 논란이 일었다. 이는 인조·효종조의 사주 허용의 전례에 따라 사주 금단에 대한 인식이 확고하지 못하였을 뿐만 아니라 사주이익을 쫓는 무리가 항존 하는 데 따른 결과였다.

숙종조 상평통보의 주전과 행전 당시 大明律에 의거 사주자를 一罪로 논단하도록 했음에도 불구하고 捕告者에 대한 논상이 가벼워 실효성이 없었다.[250] 뿐만 아니라 사주가 은밀하게 이루어지는 까닭에 관에서 색출해 내는 데 한계가 있었다. 사주전 관련자들에 대한 포고가 사주를 방지하는데 중요함에도 불구하고 논상이 현실적이지 못하다는 지적에 따라 도둑을 잡은 사례를 적용해 그에 준하는 포상을 하도록 했다.

1678년(숙종 4) 행전과 동시에 한양에서 사주자가 적발되었다. 우변포도청에서 놓친 사주전문 賊魁가 명례방동의 사인 오시발가에 숨어드는 사건이 발생했다.[251] 포도청에서는 군관 윤기상을 파견하여 잡아오도록

---

249) 구례 운조루의 토지매매명문 중에는 투전 과정에서 부채를 진 이유로 해서 전답을 방매하는 사례가 있다.
250) 『備邊司謄錄』34, 肅宗4년 10월 1일 ; 『肅宗實錄』7, 肅宗4년 9월 丙寅. 私鑄罪人 日隱金·朴孝信에 대해 不待時處斬하고 그의 처자는 盜賊例에 따라 奴子로 定屬시켰다(『承政院日記』267, 肅宗4년 12월 己丑).
251) 『承政院日記』267, 肅宗4년 11월 甲寅 ; 『承政院日記』267, 肅宗4년 11월 庚申.

했다. 윤기상이 私鑄人을 잡으려고 하자 오시발의 가노들이 막아서는 것
은 물론 윤기상을 결박하고 그의 칼을 부수고 패도도 압수하기까지 했
다. 이 사건은 종사관을 파견하여 윤기상을 구하고 사주인을 잡아들였을
뿐만 아니라 오시발 형제는 邊遠定配 조치 되었다.

행전초기의 사주문제는 관청의 주전과 연관되어 있었다. 사주가 금지
된 상황에서도 개성에서는 관에 의해 사주가 실시됨으로써 논란이 되었
다.252) 대사헌 오정위는 송도에서 민간에 사주를 허용하는 대신 그 전의
일부를 수세하고 있다는 소식을 접하고 진위를 의심했다. 개성부 유수
정륜이 법을 어기고 사주와 사주전의 유통을 허가한 사실을 확인하고 그
를 遞差했다. 뿐만 아니라 관동지방에서는 富商에게 사주를 허락하고 그
들에게서 稅錢을 거두기도 했다.253)

전가변동으로 인한 논란이 가중되면서 주전이 잠시 중단된 틈을 이용
해 주전소의 장인들이 사주를 도모했다.254) 주전소의 주전설비를 이용
하여 장인들에 의해 사사로이 주전이 이루어지자 좌우포도청에서 단속
하여 사주자의 포착은 물론 주전기계까지 搜捕했다.

1679년(숙종 5)을 전후한 시기 사주의 움직임은 전가의 개정과 관련
되어 있었다. 은 1전에 전문 40문에서 20문, 그리고 다시 40문으로 변경
되는 과정에서 차익을 도모하기 위한 사주전이 이루어졌다. 뿐만 아니라
상평통보의 주전에 있어 小錢과 大錢이 주전되었는데, 대전을 사주할 경
우 액면가 보다 7배의 이익이 보장됨에 따라255) 이를 목적으로 사주가
성행하기도 했다.

---

252)『承政院日記』269, 肅宗5년 4월 丁丑 ;『承政院日記』269, 肅宗5년 4월 辛巳.
253)『備邊司謄錄』49, 肅宗21년 11월 21일.
254)『承政院日記』272, 肅宗5년 9월 乙巳.
　　匠人의 하루 주전량을 500문으로 정했다. 그런데 주전이 장기화 되면서 일에 익
　　숙해지고 일에 여유가 생기자 장인들이 공적인 주전을 빙자해 사주하는 일이 빈
　　번해 졌다(『承政院日記』273, 肅宗5년 9월 己酉).
255)『承政院日記』272, 肅宗5년 9월 乙巳.

주전에는 銅鐵과 含錫이 이용되었다. 사주전의 경우 함석이 포함되지 않고 鉛鐵을 이용하면서 전품이 떨어져서 무게가 관주에 비해 가벼웠다.[256) 함석은 중국을 통해 수입되는 금수품으로서 고가의 물품이었다. 선혜청에서 사주를 방지하고자 주전이 있은 다음 전문의 부호에 따라 주전야소와 담당 장인의 이름을 기록한 성책을 작성하게 했다. 이로서 한성 오부에 명하여 함석을 포함하지 않고 연철만으로 주조한 것을 적발하게 했다. 적발된 전문은 이미 작성된 성책과 대조하여 주전하는 주전로에서 장인이 盜鑄한 사실을 추문토록 함으로써 사주를 방지하고자 했다. 이 경우 관의 주전을 틈타 도주한 것과 사사로이 주전한 사주죄인에 대한 처벌은 구별하여 도주의 경우 정배하게 하고 사주는 일죄로 논단하도록 했다.

17세기 말 행전이 활성화 되면서 사주에 가담하는 신분층의 구성이 다양해지고, 사주가 행해지는 지역도 확대되고 있었다. 士族의 여자가 사주에 참여기도 했다. 판서 이경증의 손부인 과녀 박씨가 사주를 했다.[257) 사족의 여자가 주전을 주모한 일이 발생하자 행전에 대한 폐단으로 지적되면서 주전 중단 요청이 일기도 했다.[258) 과녀 박씨는 집에다 주전을 위한 冶爐를 설치하고 3일 동안 주전을 행하다가 捕廳에 잡혔다.

1698년(숙종 24)까지도 도주 및 사주가 횡행했다.[259) 판윤 민진장은 도주하는 무리가 섬으로 들어가 몰래 주조하자 경기수사로 하여금 譏捕하게 했다. 민진장은 이듬해에도 이러한 도주의 문제에 대해 엄단하고자 했다. 이듬해 좌의정 최석정은 이러한 사주의 폐단을 강하게 문제삼았다.

---

256) 『承政院日記』 343, 肅宗16년 10월 甲子.
　　採銀이 활발해 지자 은화를 위조하는(假造銀貨·僞造銀貨) 일이 발생했다. 이는 전문위조보다 엄히 처벌하고자 하여 '不待時處斬'하도록 했다(『承政院日記』 350, 肅宗18년 10월 戊子).
257) 『肅宗實錄』 30, 肅宗22년 3월 戊辰 ; 『承政院日記』 364, 肅宗22년 3월 戊辰.
258) 『肅宗實錄』 30, 肅宗22년 8월 丙戌.
259) 『承政院日記』 378, 肅宗24년 4월 甲寅.

　　전문의 冶鑄는 본래 그 법이 있어서 만약 그 分數에 의거하여 주전한다면 錢品이 참으로 좋아지겠으나 盜鑄者는 쓰지 못하는 철을 섞기 때문에 주조가 점점 좋지 않게 되니 참으로 痛駭스럽습니다. 외방의 사주폐단에 이르러서는 날로 더욱 심하여 (중략) 의당 감영 수사 통제사로 하여금 각 鎭堡에 신칙하여 각별히 적발하되 그 체포자는 사목에 의하여 논상 할 것을 분부함이 마땅합니다.260)

　사주가 성행함에 따라 시장의 전문 품질이 저하되고 있었다.261) 관주의 경우에 있어서도 규정된 전화의 품질을 지키기 위해 노력하는 상황에서 사주로 인해 전화의 품질이 저하되는 일이 심해지고 있었다.

　사주가 증가하는 요인으로 동래에 들어오는 동철을 관에서 적극 주전에 이용하지 않은 데 있다고 보았다.262) 주전이 일시 중단되면서 관에서 왜로부터 수입한 동래의 철물을 무역하지 않으면서 이거슬이 商賈들에게 적치되고 있었다. 적치된 동전을 소화하기 위해 사주가 발생하게 되었다. 호조에서는 이들 철물을 매수함으로써 사주를 줄이고자 했다.

　전가가 하락하는 요인을 사주에서 찾기도 했다. 사주가 성행하는 문제는 승지 조태구에 의해 언급되었다.

　　(좌부승지) 조태구가 아뢰었다. 당초에는 사주의 무리를 듣지 못했습니다. 지금은 지방의 산과 바다 사람이 없는 곳이면 사주하는 자가 있다고 하니 특별히 신칙하지 않을 수 없습니다.
　　'예전에 배를 타고 바다에 가서 사주하는 자가 있었는가?'라고 숙종이 말했다.
　　(영의정) 서문중이 말했다. 사주의 법은 중외에 모두 신칙하였습니다. 그런데 대게 당초에는 전문에 이익이 있어 사주하는 사람이 혹 있었습니다. 지금은 이익이 없어 처음만 못합니다.263)

---

260) 『備邊司謄錄』 50, 肅宗25년 5월 17일.
261) 『肅宗實錄』 32, 肅宗24년 5월 己卯.
262) 『備邊司謄錄』 50, 肅宗25년 6월 6 ; 『承政院日記』 385, 肅宗25년 6월 壬寅.
263) 『承政院日記』 390, 肅宗26년 2월 甲申.

조태구는 지방에서도 사주가 행해지고 있는 상황을 지적했다. 영의정 서문중은 비록 사주의 폐단이 있다 하더라도 사주이익 감소로 다소 진정되는 국면이라 보고 있었다. 형조판서 김구는 각 아문에서 주전을 중단한 상황임에도 불구하고 전가가 날마다 천해지는 것은 민간에서의 사주에서 기인하는 것으로 지목했다.264) 그는 민간에서의 사주가 峽中·島中에서까지 이루어지고 심지어 바다에 배를 띄워놓고 盜鑄·私鑄를 행함에 따라 폐단은 극에 달하고 있다고 보았다. 이에 엄히 법을 세워서 통제사·만호 등에게 특별히 단속하도록 강조했다.

---

264) 『承政院日記』397, 肅宗27년 5월 辛亥.

제3장

국가왕실과 민간의 동전이용 실태

Ⅰ. 행전초기 軍營과 王室의 동전 운영

Ⅱ. 동전유통과 매매관행의 변화

Ⅲ. 貢物文記에 나타난 결제화폐의 추이

Ⅳ. 행전과 洞契 운영의 변화

I. 행전초기 軍營과 王室의 동전 운영

1. 훈련도감의 주전과 용전

주전을 통한 행전책의 실시에 있어 훈련도감 운영의 단상을 살펴보기 위해『訓局謄錄』을 분석한다. 동전유통 문제와 관련하여 검토할 훈련도감에 대한 검토 시기는 행전 직후인 1679년(숙종 5)에서 1694년(숙종 20)까지이다.[1]

1) 1670년대 주전을 통한 동전공급

훈련도감은 1678년(숙종 4) 정월 이른바 '鑄錢七司'의 하나로 호조와 더불어 주전을 담당한 관서였다. 이듬해 2월 주전에 필요한 물력의 조달을 위해 '鍮器禁斷事目'이[2] 마련되었다.『훈국등록』에는 훈련도감에서 주전을 실시하던 상황에서 주전 원료의 수급문제와 관련한 문제가 언급되어 있다.

1679년 비변사에서 훈련도감에 보낸 甘結에는 주전 원료의 확보를 위

---

[1]『훈국등록』은 장서각 소장 자료이다(귀K2-3400)이다. 행전 초기부터 17세기까지의 현전하는 자료는『訓局謄錄』6권~12권으로 각 권별수록 시기는 6권(1679년), 7권(1680년), 8권(1682~1683년), 9권(1687년), 10권(1691년), 11권(1693~1694년)이다.『훈국등록』의 사료적 특징과 현황에 대해서는 정해은(2000,「藏書閣소장 軍營謄錄類 자료에 대한 기초적 검토」『藏書閣』4, 한국정신문화연구원, 134~142쪽)과 최효식(2000,「藏書閣 소장 자료의 軍制史的 의미」『藏書閣』4, 한국정신문화연구원, 95~99쪽)의 논문이 있다.

[2]『備邊司謄錄』35, 숙종5년 2월 4일.
유기금단 사목은 '鑄錢事目'으로 인식되었는데(『承政院日記』268, 숙종5년, 2월 癸未 ;『訓局謄錄』6, 己未-1679 2월 18일), 이는 유기의 확보를 통한 주전 원료의 확보 목적이 반영된 결과이기도 했다.

한 破鐵價의 조정현황을 밝혔다.3) 錢價가 加定됨에 따라 파철의 품질에 따라 가격도 연동되었다. 기존에는 품질에 관계없이 파철 100근에 은자 15냥이었으나 파철가의 조정을 통해 일반 파철의 경우에도 20냥으로 절가했다. 뿐만 아니라 파철의 종류도 軟黃鍮器, 豆錫, 熟銅, 鍮鑞, 含錫 등으로 세분화했다.

전문을 사기 원하는 사람은 軟黃鍮器 1근에 小錢 50문, 常破器 1근에 소전 40문으로 융통해서 판다. 大錢은 정식의 의거해서 계산해서 할 일이다.4)

파철의 종류에 따라 전문을 받고자 할 경우 소전 40~50문에 이르는 정식을 적용했다. 파철 방매자가 大錢을 원할 경우에는 소전과의 절가를 적용하도록 했다.5)

민간의 동철 수합을 통해 주전을 시행하면서 이미 정해진 '鑄錢法'에 따라 동전의 주조가 이루어졌다. 그 결과 7근의 銅으로 동전 1貫을 주전 하였으며, 주전관사에서는 7근의 동가로 1냥 4전을 지불했다. 주전한 동전 1貫의 錢價가 5냥임에 따라 이 당시 관에서는 주전을 통해 4배의 이익을 도모하고 있었다.6) 훈련도감에서 주전을 통한 차익을 도모함에 따라 민간에서는 행전책에 대한 불신을 유발하기도 했다.

17세기 후반 행전초기 중앙관서의 재정운영은 현물과 銀布를 중심으로 이루어진 반면 동전에 대해서는 민간위주로 행전이 추진되면서 시장에서는 동전유통에 대한 불신이 초래되었다. 이를 해소하기 위해 훈련도감을 중심으로 한 중앙관사에서는 진휼을 위해 시가보다 낮은 가격에

---

3) 『訓局謄錄』 6, 己未 2월 12일.
4) 『訓局謄錄』 6, 己未 2월 12일.
5) 숙종 1년의 행전사목에 의하면 大錢 1개를 小錢 4개로 통용한다고 밝히고 있다 (『秋官志』 「考律部」 行錢事目).
6) 『訓局謄錄』 6, 己未 2월 18일. 숙종 1년의 행전사목에 '小錢 1貫의 중량은 6근 4냥'이었다(『秋官志』 「考律部」 行錢事目).

米를 전문으로 방매했다.

> · 병조에서 받는 騎步兵의 가포와 한성부의 公私徵債, 각 아문에서 발매
>   하는 값을 비롯한 호조의 凡百價를 은과 포로 거둔다. 전화는 다만 민
>   간에서 유통되므로 민간에서는 혹 오래지 않아서 혁파할까 의심하여 불
>   신이 있다.
> · 훈국과 진휼청은 각기 미 500석을 매일 발매하여 오로지 구황하고 하나
>   같이 행전의 바탕이 되게 했습니다. 그런데 시가는 1냥에 미 5승이나
>   공가는 1전에 미 7승으로 백성들이 다투어 쫓아 어지러워 졌습니다.[7]

위의 인용문은 우참찬 오정위가 행전 이후 錢文價의 잦은 개정으로
인해 백성들의 불신이 높아지고 있는 분위기와 더불어 관에서도 은과 포
를 중심으로 한 수취관행이 지속되면서 행전 혁파에 대한 불안감이 고조
되고 있다고 지적한 것이다. 그는 이에 대해 목 1필을 전문 5냥을 정식
으로 삼고, 납입에 있어서는 木이나 錢등 백성들이 원하는 바에 따라 수
취하도록 했다.

병조판서 김석주는 도성의 기근이 심화되자 훈련도감과 진휼청에서
미를 전문으로 발매하여 구황하고자 했다.[8] 이는 시장의 전문을 관에서
수용함으로써 국가의 행전 의지를 시장에 확인시킴과 동시에 진휼도 도
모하려는 의도였다.

훈련도감을 비롯한 중앙 각사에서는 錢文收捧을 실시함은 물론 받아
들인 전문을 바탕으로 朔下에 대해서도 전문으로 지급했다.

> 騎步番布를 받는 것과 下脊背의 朔下는 마땅히 5전을 정식으로 합니다.
> 지금 민간에 米貴錢賤인 상황에서 5전의 값은 백성들에게 도움을 주는 방도
> 이겠습니다. 그러나 각사에서 삭하를 받는 무리들은 장차 이것으로 밑천을 삼
> 아 복역 할 수 없습니다. 지금 이후로는 6전으로 개정하여 공사 간에 통용하

---

7) 『訓局謄錄』 6, 己未 2월 18일.
8) 같은 해 9월에도 각 군문과 호조에서 경중에 미곡을 발매하도록 했다(『訓局謄錄』
   6, 己未 9월 23일).

는 것이 매우 편하고 좋겠습니다.[9]

이 당시 번포에 대한 전문 절가로 목 1필에 5전으로 정하자 백성들은 미가가 높은 상황을 이용하여 전문을 확보하고, 전문으로 역가를 전납하고 있었다. 반면에 각사에서 공사원에 지출하는 삭하도 동일한 기준으로 전문으로 지출하면서 이를 바탕으로 복역하는 하리들의 생계문제가 대두되었다. 부제학 유명천이 풍흉과 시가의 고하에 따른 절가의 조정 필요성을 주장하면서 비로소 1필에 7전을 정식으로 조정되었다.[10]

행전을 위한 노력에도 불구하고 중앙 각사에서는 전문보다 은을 선호하고 있었다.

조정에서 200文으로 액수를 정했으나 市廛에서는 반드시 전문을 더한 뒤에 교역을 허락하고 있습니다. 이는 실로 공사 간에 쓰임이 다르고 명실이 같지 않아 장차 방해가 되어서 좋은 법이 행해지지 않으면 어찌 크게 애석한 일이 아니겠습니까? 마땅히 해당 아문에 명해서 무릇 받아들이는 것에 전문을 물리치고 은을 취하지 않도록 해서 백성을 위하는 것을 이와 같이 하십시오.[11]

은전 1냥을 전문 200문으로 절가를 낮추자 시장에서는 현실보다 낮은 절자로 혼란이 초래되고 있었다. 중앙 아문에서도 전문보다 은을 통한 수취와 운영을 선호하고 있는 상황이었다. 이에 전문수취의 활성화를 통한 원활한 행전을 모색하게 되어 훈련도감에 적용되었다.

훈련도감에서는 양향을 준비하기 위해 주전한 전문을 활용했다.

강도에 舍庫를 지어서 군수기계를 이미 옮겨두었습니다. 그리고 약간의 粮餉은 별도로 조치하지 않을 수 없습니다. 도감의 전문(都監錢)을 영남에 내

---

9) 『訓局謄錄』 6, 己未 3월 24일.
10) 이후 외방의 納布에 대해 錢文으로 방납하고 지방에서 배로 징수하는 폐단이 발생하자 이를 엄단하도록 했다(『訓局謄錄』 6, 己未 4월 19일).
11) 『訓局謄錄』 6, 己未 5월 13일.

려 보내어 지금 바야흐로 쌀로 바꾸고 그 쌀을 반드시 해읍에 획급합니다. 이
로서 군문에서 내려 보낸 船隻으로 운송해 강도의 고사에 운송합니다.[12]

훈련도감에서는 1627년(인조 5) 정묘호란 당시 강화도에 군기와 화기
를 보관하기 위해 仙源庫를 설치하고 운영했다.[13] 이후 1675년(숙종 1)
9월에 선원고 근처에 별도의 庫舍를 마련하고 군수를 갖추고자 했다. 이
에 따라 훈련도감에서는 도감의 전문을 이용하여 영남에서 米를 확보한
후 확보된 양향을 강도로 이송하고자 했다.[14] 이른바 '도감전'은 주전아
문인 훈련도감에서 주전한 동전을 지칭한다. 훈련도감은 행전초기 주전
주관 관서로서 주전을 통한 동전의 시장 산포를 주관했다.

2) 『1680년대 동전운영 모색

행전초기 훈련도감 등에서 적극적인 용전을 실시하지 않으면서 행전
에 대한 불안감이 유발되기도 했다. 훈련도감에서 주전된 동전은 지방으
로 보내져 발매 되었다.

> 요즈음 各廳에서 주전한 전화를 거두어 모아 삼남에 내려 보낼 때에 절가
> 를 정해서 보내지 않을 수 없었습니다. 그러므로 그 거리의 가깝고 먼 것에
> 따라서 영남은 전문 1전에 미 1두 2승으로 折米하고, 호서는 1두로 해서 그
> 것으로 시장에 발매해서 민간에 통행하는 전화의 바탕으로 삼았습니다.[15]

인용문은 부호군 강세구가 외방의 미가가 상승함에 따라 미 대신 면
포로 납입하려는 경향이 발생하고 있으며, 전납을 시행함에 있어서도 절
가를 시세에 맞추어 낮출 필요가 있다는 의견을 제시하며 언급한 내용이

---

12) 『訓局謄錄』 6, 己未 9월 28일.
13) 『訓局事例』(藏書閣 K2-3403), 仙源庫, 仁祖 5년-丁卯 4月日條.
14) 都監錢價米를 실은 배가 致敗하는 일이 잦았다(『訓局謄錄』 7, 庚申-1680 5월
    29일 ; 『訓局謄錄』 7, 경신 7월 23일).
15) 『訓局謄錄』 7, 庚申 正月日.

다. 행전을 활성화하기 위해 훈련도감 등에서 주전한 전문을 三南에 보내 발매하였으며, 이를 위한 절가가 설정되었다. 이후 시장의 상황에 따라 미에 대한 전문의 절가가 호서의 경우 3승이 감가 되었다.

훈련도감의 경우 이 시기 오로지 전문만 기반으로 재원을 확보·운영하고 있지는 않았다. 1680년(숙종 6) 4월 8일 숙종은 兩局과 精抄廳으로 하여금 冷雨에 호위한 군병에게 미와 전을 내려 주도록 했다. 당시 장관 이하 277貝, 군병 5,807名에 대해 미 1두를 지급하고 그에 더해 추가로 지급해야할 전문에 대해서는 비축량이 부족함에 따라 正木과 미로 대신 마련해 지출했다.16)

행전초기 훈련도감을 통한 전문 유통이 시도된 결과 이후에도 도감의 포수들이 난전을 설치하고 동전을 통한 상행위를 일삼으면서 문제가 되기도 했다.

> 행전 후에 난전의 무리들이 날마다 더하고 달마다 성합니다. 도감의 포수와 官家·勢家의 노자, 여러 官司 하인, 여항의 무뢰배가 작당하고 무리를 이루어 각처 거리와 삼문의 길가에서 날마다 구름처럼 모였다가 혹은 흩어지면서 온갖 각종 물화를 어지러이 팔지 않음이 없습니다.17)

동전유통을 확대하기 위해 행전 초기에 주전아문을 중심으로 점포를 설치하고 이곳에서 전문을 통한 매매를 장려했다. 이로 인해 훈련도감의 포수 등이 난전을 무작위로 설치해 문제가 되었다.18) 시전의 실업을 유

---

16) 『訓局謄錄』 7, 庚申 4월 8일·9일.
   숙종 8년 10월 추위에 대비해 군문의 군졸에게 冬衣를 준비할 재원을 제급하려 함에 있어 경신년의 전례를 참고하여 전문이 아닌 2인당 正木 1필을 지급했다(『訓局謄錄』 8, 壬戌-1682, 10월 22일).
17) 『訓局謄錄』 7, 庚申 6월 30일.
18) 훈련도감에서는 경비의 조달을 목적으로 둔전의 남설, 買販을 통한 取利는 물론 공공연한 난전활동을 전개했다(崔完基, 1997, 『朝鮮後期 船運業事硏究』, 一潮閣, 233쪽). 훈련도감의 포수와 鑰匠이 결탁하여 鑰器를 주조·발매하는 문제도 禁斷조치 되었다(『訓練都監』 7, 庚申 11월 30일).

발하는 것이 논란이 되어 이들에 대한 난전 엄금조치가 내려졌다.[19]

도감 소속 포수들의 시장교란 문제와 더불어 1680년(숙종 6) 전가가 하락하자 동전유통에 대한 불신이 높아지면서 경외 주전 중단 조치가 내려지며 훈련도감의 주전도 중단되었다.[20] 훈련도감은 동전의 주조는 물론 행전을 위한 기구로서 행전책의 향배에 따라 민감하게 반응했다.

1683년(숙종 9) 훈련도감에서는 미가가 상승함에 따라 군병에 대한 料를 목면과 전문을 이용해 지급했다.

> 훈련도감의 군병에게 三手糧으로 계산해서 放料한 뒤로는 1년에 부족한 수가 의례 14,000여석에 이릅니다. 그리고 도감의 군병 등이 받은 料米는 6두에서 12두까지 많고 적음이 같지 않습니다. (중략) 그 나머지 米斗는 시장 값에 따라서 목면이나 전문으로 대신 지급하면 그들이 원통하게 여기는 것이 없을 것입니다.[21]

호조에서는 三手米를 바탕으로 훈련도감 소속 군병들에게 방료하고 있었으나 재원이 부족함에 따라 지급액에도 편차가 있었다.[22] 호조는 훈련도감과의 조정을 통해 9두 이상 지급받는 군병을 대상으로 초과하는 부분에 대해 시가에 따라 목면이나 전문으로 대급했다. 호조에서 미곡의 확보가 용이하지 않자 錢木을 바탕으로 훈련도감 군병에 대한 지출을 실시한 것이었다.

한편, 호조에서는 미곡에 대한 전문의 절가가 하락하는 錢賤에 대해 경외의 아문에서 주조한 동전의 품질에 문제가 있기 때문이라고 판단했다. 뿐만 아니라 이로 인해 호조의 재원 운영에 차질이 발생한 것으로

---

19) 『訓局謄錄』8, 壬戌-1682, 3월 27일.
20) 『備邊司謄錄』36, 肅宗8년 3월 28일 ; 『承政院日記』289, 肅宗8년 3월 丁丑.
21) 『訓局謄錄』8, 癸亥-1683, 정월 27일.
22) 전답 1결에서 1두 2승씩 징수하는 삼수미는 훈련도감의 재정 독립을 보여줌과 동시에 호조로 부터의 지원이 삭감되어 재정안정을 확보하기 어려운 상황을 반영하고 있다(崔完基, 앞의 책, 232쪽).

주장하여 호조주관의 주전을 관철시켰다.23) 이로 인해 훈련도감에서는 주전을 통한 도감 재원의 운영에 제한이 발생했다.

1687년(숙종 13) 畿甸의 농황이 좋지 않음에 따라 京各司와 군문에서 받는 각양 신역에 대해 포와 미 대신 전문으로 대납하도록 했다.24) 훈련도감에도 부분적으로 이러한 원칙이 적용되었다.

> 三道의 신역은 이미 전으로 대봉하도록 허락한 후에 여러 雇立軍兵에 대한 賞格으로 주던 물종 또한 마땅히 전문으로 지출한 뒤에라야 막히고 난처해지는 근심이 없겠습니다. 금년은 각사에서 布로 지출하는 것은 錢布로 반반씩 내어주도록 분부하심이 어떠하십니까?25)

미와 포로 수취하던 신역에 대해 전문 대납이 허용되었을 뿐만 아니라 병조판서 이사명은 병조의 군병에 대한 상격도 전문을 이용하도록 주장했다. 동전에 바탕을 둔 지출은 점차 확대되어 각사의 재정지출에 대해서도 布로 이루어지던 부분을 점차 '錢布相半'하도록 했으며, 훈련도감도 준용되었다.26)

'전포상반'의 원칙에도 불구하고 훈련도감과 삼군문의 운영을 위해 소요되는 미와 포에 대해서만은 전납을 제한했다.

> 砲保는 각 수에 따라 목을 거두어서 군병의 衣資로 삼는데 전문으로 대신 받아 다시 목으로 바꾸면 그 일이 편하지 않습니다. 여러 도의 전문으로 대신 납입하는 곳의 포보는 모두 목으로 상납할 일로 통지하며, 금위·어영군의 보인은 미와 목으로 모두 재난을 입은 경중에 따라 감해주고 그 나머지 作木하는 곳은 이미 전문으로 대신 납입하도록 하였습니다. 本米에 있어서는 上番軍兵의 糧米이므로 모두 본미로 납입하도록 합니다.27)

---

23) 『訓局謄錄』8, 癸亥, 정월 29일.
24) 『訓局謄錄』9, 丁卯-1687, 10월 11일.
25) 『訓局謄錄』9, 丁卯, 10월 13일.
26) 황해도의 경우 목화의 흉황으로 納布에 대해서도 錢納이 허용되었다(『訓局謄錄』9, 丁卯, 10월일).

훈련도감 소속 군병의 衣資로 지출되는 부분에 대해서는 운영의 불편을 빌미로 전납이 허용되지 않았을 뿐만 아니라 금위영과 어영청에 있어서도 상번 군번의 糧米 지출을 이유로 本米로 상납하도록 했다.[28] 훈련도감에서는 행전 이후 미, 목 외에 전문을 이용한 재원의 운영을 도모했음에도 여전히 미와 목에 바탕 하거나 현물을 통한 운영 비중이 높았다.[29]

3) 1690년대 훈련도감의 용전

훈련도감의 지출에 있어 부분적으로 동전의 사용이 확대되고 있었다. 1691년(숙종 17) 慕華館 試藝에서 오발 사고로 숨진 前哨官 김기인에게 군문에서 棺槨價를 비롯한 米布를 지급했다.[30] 당시 관판가는 전문 10냥과 價布 5필이 지출된 사례는 그 한 예이다.

신포에 대해서도 전문으로 대납 받아 운영했다.

> 금번 강도의 성역은 三軍門에서 완전히 담당하므로 재해를 입은 고을의 신포는 견감하여 錢布로 참작해서 마련해 갖춘다. 매 필마다 전문 1냥 2전 5푼으로 마련해서 지출한다.[31]

강화도의 축성을 훈련도감과 삼군문에서 담당하면서 재해를 입은 고을의 부담량을 감액함은 물론 가포로 전액 거두지 않고 전문과 포를 반반으로 수세하도록 했다. 훈련도감에서는 목 150동 중 70동에 대해 折

---

27) 『訓局謄錄』 9, 丁卯, 12월 1일.
28) 다만 江襄監司 權是經의 장계에 따라 原城縣에 대해서만 삼군문에 대해 전문으로 대납하는 것이 허용되었다.
29) 창설초기 훈련도감의 주요 소요경비는 정기적 급료, 試才·鍊才에 대한 논상, 衣資의 지급, 赴防者에 대한 妻料의 지급이었다(車文燮, 1989, 『朝鮮時代軍制研究』, 檀大出版部, 170쪽).
30) 『訓局謄錄』 10, 辛未-1691, 5월 19일.
31) 『訓局謄錄』 10, 辛未, 6월 24일.

錢했다.

9월 강화도의 성역이 마무리되자 여기에 동원된 砲保와 元軍에 대해 동전으로 犒饋했다.

> 의영청의 사례에 따라 매 1명마다 호궤하는 값을 전문 3냥으로 마련해서 기한에 앞서 미리 내려서 각 牌마다 역사를 마치는 데 따라 분급하고 이어서 내려 보내 역사를 마친 뒤에도 머무르는 폐가 없도록 함이 어떠합니까?[32]

훈련도감에서는 성역에 동원된 雇立된 부역군은 역사가 끝나고 바로 흩어지지만 포보나 원군에 대해서는 호궤 없이 방송한 전례가 없다고 주장했다. 이에 따라 이들에게 어영청의 사례에 따라 매 명당 3전을 지급했다.[33]

1693년(숙종 19)에는 각 아문에서 필요에 따라 주전이 이루어지던 관행을 제한하고 호조와 상평청에서 주전을 주관하도록 했다. 다만, 훈련도감에 대해서는 이미 수행 중이던 주전에 한해 마무리하도록 하는 조치가 이루어졌다.

> 훈련도감과 총융청은 12삭을 기한으로 정했으며, 이 두 군문의 주전이 끝난 뒤에 진휼청 주전을 명년 정월부터 시작한다 하니 어찌할지 모르겠습니다. (중략) 훈련도감과 총융청은 이미 조정으로부터 주전 허가를 받았기에 지금 도리어 철수하기 어렵습니다. 정해진 달수에 준한 뒤에는 정지하게 하고 그 뒤에는 비록 경외의 주전을 청하는 곳이 있어도 절대로 허락하지 않습니다.[34]

1692년(숙종 18) 주전요청에 따라 이듬해 4월부터 진휼청, 훈련도감, 총융청을 통한 주전이 동시에 추진되면서 주전에 필요한 鐵物이 부족해

---

32) 『訓局謄錄』 10, 辛未, 9월 17일.
33) 특별히 도감의 兼軍官 張是奎를 보내 전문을 분급하여 위로하도록 했다(『訓局謄錄』 10, 辛未, 9월 19일).
34) 『訓局謄錄』 11, 癸酉-1693, 7월 3일.

졌다. 여러 아문에서 주전이 이루어지면서 철물가가 상승하고 이에 따라 전품이 떨어지는 문제가 있었다. 이런 문제인식에 따라 수시로 여러 아문에서 주전하기보다 호조와 상평청 주관으로 주전을 추진하기로 했다. 다만 훈련도감과 총융청에 대해서는 이미 주전을 허용한 점을 고려하여 12삭을 채우도록 했다. 이로서 훈련도감은 자체 주전을 통한 재원 조달이 일시 중단되었다.

1694년(숙종 20)부터 훈련도감에서는 주전을 통한 재원의 보완과 운영이 곤란해지자 砲保木의 품질을 상향했다.

> 훈련도감 포보목은 군병의 衣資로, 전례에 따라 조밀하게 직조한 것을 받습니다. 그런데 지난해 목품이 매우 높아서 8～9升 細木으로 받아 이미 터무니없어 여러 고을에 폐를 끼쳐 곤궁한 백성들이 원통함을 호소함이 극에 달했습니다.[35]

대동목의 경우 5승목 35척이 기준이었으나 당시 木品이 높아져 7승목 45척으로까지 상승하고 있었다. 더욱이 훈련도감에서 포보목에 대해 8～9승을 세목으로 받고 이에 미치지 못할 경우 點退함으로써 부세 담당자의 부담이 증대했다. 목의 품질이 높아 포보목을 작전할 경우 10냥에 이르렀는데,[36] 주전에 대신한 훈련도감의 재원 마련 대응이 이러했다.

같은 해 7월에는 通津 文殊城의 성역을 삼군문에서 담당했다. 훈련도감은 역군의 모집과 운영에 소요되는 재원을 호조와 병조로부터 지원받았다.

> 문수성 성역은 송도의 포보 400여 명과 해서의 김천, 평산, 서흥 등 세 고을의 포보 500여 명을 마땅히 사역하려는 뜻으로 지난해 이미 定奪 받았습니다. 그 수를 합해 계산하면 근 1,000여 명입니다. 이 외에 달리 미루어서 사역

---

35) 『訓局謄錄』 11, 甲戌-1694, 5월 14일.
36) 숙종 16년 당시 포보에 대해 7～8승목 45척의 세목을 받고 있었으며, 1필에 대해 2냥 내외로 절가했다(『承政院日記』 339, 肅宗16년 1월 丁未).

할 역군이 없습니다. 비록 閑雜人을 모립 하더라고 그 雇價가 매 명당 목면 3필, 미 9두라고 합니다. (중략) 가을 군병의 衣資로 장차 나누어 줄 木이 없습니다. 지금 성역의 공장역포 또한 마련할 길이 없으니 민망하고 우려스럽습니다. 매년 재감된 포를 예전에 호조와 병조에 명하진 전례에 따라 떼어 주어 채워주소서.[37]

어영청과 금위영은 上番軍兵을 除番하여 부역시킴으로서 2천여 명의 역군을 확보할 수 있었으나, 훈련도감은 달리 역군을 마련할 수 없었다. 이에 지난 1691년(숙종 17) 강도의 축성 당시 경기 각 고을의 포보에 대해 신포를 면제하고 사역한 전례를 적용했다. 그 결과 송도를 비롯한 서흥 등지의 포보 1,000여 명을 동원함과 동시에 모립을 통해 역군을 보충하고자 했다.

축성을 위해 역군을 모립 할 경우 이들에 대해 지출되는 米木의 재원이 필요했다. 당시 도감에서는 가포 30여 동만 확보되어 운영이 어려운 상황이었다. 뿐만 아니라 1687(숙종 13)～1693년(숙종 19) 사이 포보의 가포에 대한 災減으로 미처 받지 못한 가포 824동 28필마저도 견감하려는 움직임이 있었다. 훈련도감은 가을 군병의 衣資 마련은 물론, 성역의 工匠役布를 준비할 수 없는 상태였다. 결국 확충하지 못한 성역을 위한 재원을 병조와 호조로부터 충당 받을 수밖에 없었다.

주전이 중단된 훈련도감으로서는 호조 등으로부터 재정적 지원을 통해 해결할 수밖에 없었다. 그런데 훈련도감에 획급할 재원에 대해 병조와 호조의 입장차이가 있었다. 포를 作銀하여 운영하고 있는 병조는 銀布參班으로 훈련도감에 획급하자고 주장한 반면, 주전아문인 호조는 銀錢參班을 요청했다. 숙종은 훈련도감에 대한 지원이 군병의 衣資를 목적으로 하고 있으므로 好品의 목으로 하도록 했다.

문수성의 성역이 마무리될 즈음 훈련도감에서는 역에 동원된 포보에

37) 『訓局謄錄』 11, 甲戌, 7월 15일.

대한 호궤를 江都築城의 전례에 따라 전문으로 하고자 했다. 이에 따라 文殊山築城都廳으로 하여금 훈련도감 역군에게 매 1명당 3전을 호궤조로 지출하도록 했다.[38]

9월 초 축성이 마무리 되자 9월 23일 문수산축성도청에서 賞格을 논의했다. 삼군문을 대상으로 지위와 역할에 따라 加資, 除授가 이루어지거나 馬, 弦弓, 米布 등의 현물이 지급되었다. 훈련도감 소속 군병 중 전문을 통해 論賞 한 부분이 있다. 대표적 사례는 아래와 같다.

> 14牌將 별무사 한량 정귀현-本錢 1,700냥을 맡아 처리해서 利錢 700냥을 갖추어 납입하고, 본전도 또한 그대로 냈다.
> 料販監官 기패관 전만호 김세장-本銀 400냥을 맡아 관리해서 利銀 1,238냥을 갖추어 납입하고, 본은 또한 그대로 냈다.
> 燔灰監官 전사과 방균-전문 200냥을 맡아 石灰 1,000석을 무역해 납입했다.
> 貿灰監官 수솔 최상립-전문 195냥을 맡아 회 1,500석을 무역해 납입했다.[39]

전체 상격대상자는 모두 34원이며, 이들 중 4원이 銀錢의 운영에 대한 공로가 인정되었다. 별무사 정귀현과 기패관 김세장은 은과 동전의 본전을 운영해 변리를 납입했다. 번회감관 방균과 무회감관 최상립은 전문을 바탕으로 회를 무역해 납입한 공이 인정되었다. 훈련도감을 비롯한 삼군문이 주축인 축성도청에서는 전문을 바탕으로 殖利한 원역에 대해 논상 함으로써 전문을 이용한 재원운영에 대해 의미를 부여했다.

10월 10일에는 능행에 수행한 훈련도감의 장교군병과 무예별감에 대한 호궤도 전문으로 했다.[40] 호궤를 위해 호조로부터 전문 738냥을 수송해 왔으며, 장교에 대해서는 매원 당 3전식, 군병은 매명 당 1전 6푼 5리씩 분급했다. 호조주관의 주전이 실시되면서 훈련도감에 대한 재원

---

38) 『訓局謄錄』 11, 甲戌, 8월 30일.
39) 『訓局謄錄』 11, 甲戌, 9월 23일(「通津文殊山築城時監董員役別單」).
40) 『訓局謄錄』 11, 甲戌, 10월 10일.

의 지원이 동전을 통해 이루어졌다.[41]

2. 왕실의례에서의 재정지출

동전의 유통 이후 왕실에서 동전을 이용한 재정지출의 사례를 단적으로 보여 주는 자료로 의궤를 참고 할 수 있다.[42] 행전초기에 해당하는 1720년대 이전의 자료로 현전하는 자료 중 전문을 이용한 지출 기록 언급된 의궤는 8건 내외이다.[43]

1) 嘉禮都監

『嘉禮都監儀軌』는 1627년(인조 5)에 거행된 소현세자『가례도감의궤』에서 1906년(광무 10) 순종-순종비『가례도감의궤』에 이르기까지 279년간 작성된 20건이 현재 전하고 있다.[44] 이들 중 동전의 유통 계기로 가례

---

41) 훈련도감은 도감군에게 급료와 保布를 지급했으며, 이들에게 군무를 부과하기 위해 조총·화약·군장 등의 군수품을 제공해야 했다(金鍾洙, 2003, 『朝鮮後期 中央軍制硏究 - 訓練都監의 設立과 社會變動』, 혜안, 174쪽).

42) 의궤는 국가 및 왕실의 각종 행사를 정리한 자료이며, 이들 중 왕실행사와 관련한 기록을 별도로 분류할 수 있다. 이영춘(1995, 「朝鮮時代의 王室 典禮와 儀軌-藏書閣 所藏本 儀軌類 文獻을 중심으로」, 『藏書閣』 1, 한국정신문화연구원, 67~76쪽)은 가례, 존숭례, 상례와 장례, 복위례, 빈례, 효친례에 대해서는 왕실전례로 분류했다. 최근 신병주(2011, 「조선왕실 의궤 분류의 현황과 개선 방안」, 『朝鮮時代史學報』 57, 朝鮮時代史學會, 253~254쪽)는 의궤를 '왕실의 일생'과 '왕실의 활동'이라는 범주로 분류할 것을 제시했다.

43) 『明聖王后殯殿都監儀軌』(奎13544, 1683년) ; 『仁敬王后國葬都監都廳儀軌』(奎13553, 1681년) ; 『仁敬王后殯殿都監儀軌』(奎13554, 1680년) ; 『仁顯王后國葬都監都廳儀軌』(奎13555, 1701년) ; 『仁顯王后魂殿都監儀軌』(奎13556, 1701년) ; 『莊陵修改都監儀軌』(奎13505, 1699년) ; 『獻陵碑石重建廳儀軌』(奎13501, 1695년)

44) 姜信沆, 1994, 「儀軌硏究 序說」, 『藏書閣所藏 嘉禮都監儀軌』, 韓國精神文化硏究院, 10쪽.

에 있어 화폐를 이용한 실태를 살펴보기 위해 1681년(숙종 7) 숙종-인현
왕후『가례도감의궤』와 1759년(영조 35) 영조-정순왕후『가례도감의궤』
를 비교검토 한다.45)

숙종-인현왕후『가례도감의궤』는 1681년 1월 3일 숙종비 인경왕후
가 사망 한 뒤 왕비책봉 논의의 시작에서부터 六禮를 거쳐 인현왕후를
맞이하는 5월까지 가례의 절차를 총정리 하여 편찬했다.46) 3월 8일 會
同坐起에서 예조가 올린「都監事目單子」가 결정되었다. 사목에는 원역
과 장인의 요포 지급에 대해 규정되었다. 중요 내용을 정리하면 아래와
같다.

> 1. 원역녹사 1, 서사 1, 서원 3, 고직 4, 사령 20명을 호조와 병조에 명해
>   서 料布를 주되 서리 12인은 각사에서 요포를 받으므로 겸해서 사환함.
> 1. 제색장인에 대한 賞役價인 米布는 호조와 병조에 명해서 수량대로 내
>   어 수송할 일.
> 1. 별궁 수리고 서원 1, 고직 1, 사령 1에 한해서 일을 마친 사이에 호조와
>   병조에 명해서 요포를 줄 일이다.47)

동원된 원역을 비롯하여 장인에 대해 요포, 즉 미와 포를 이용한 지출
이 이루어졌다.48)

3월 11일에는 호조와 병조에서는 도감에서 사환하는 녹사, 서사, 사령

---

45) 『가례도감의궤』의 현황과 소장정보는 이미선(2005,「肅宗과 仁顯王后의 嘉禮
   考察-藏書閣 所藏 '嘉禮都監儀軌'를 중심으로」,『藏書閣』14, 한국학중앙연구원,
   140~142쪽)의 논고에 자세하다.
46) 이미선, 앞의 논문, 162쪽. 심승구(2007,「조선시대 왕실혼례의 추이와 특성」,『朝
   鮮時代史學報』41, 朝鮮時代史學會, 131~133쪽)는 국혼에서 친영이 본격적으
   로 시행된 것이 인현왕후 민씨의 가례라고 지적하고 이는 유교이념에 입각한 혼
   례제도로의 전환을 나타낸다고 강조했다.
47) 숙종-인현왕후『嘉禮都監儀軌』,「都監事目單子」, 辛酉(1681) 3월 8일.
48) 소용되는 雜物 및 物力은 각사로부터 지원되었으므로 도감에서 미, 포 등의 현
   물 화폐를 이용한 구매 등이 이루어지지 않았다.

등에 대한 요포를 사목에 의거해서 지급하기 위해 도감으로 이송했다.
3월 17일에도 호조와 병조에서는 도감의 제색공장 등에게 줄 요포를 분
급하기 위해 價布 10동과 米 40석을 전례에 따라 마련하여 가례도감으
로 수송했다.[49]

4월 26일 도감에 동원된 원역과 공장 등에 대한 요포 지출 규정인 「貝
役工匠等料布上下式」이 정해졌다. 그 내역은 아래와 같다.

> 無料書吏-포1필 미9두, 유료서리-미6두, 도청서리만 지출
> 서원-포1필 미6두, 針線婢--포1필 미6두
> 장인-포1필 미9두, 內助役-포2필 미3두
> 引鉅軍-포3필 미3두, 募助役-포3필 미3두
> 內外醫女 등에게 食物 미 1석[50]

도감에 소속된 서리, 서원, 장인을 비롯한 내조역, 모조역 등에 대해
날마다 지출하는 요포의 내역이다. 요포는 미와 포를 통해 지출되고 있
었다.[51]

17세기까지 가례에 반영된 재정 운영이 미와 포 중심이었다면, 동전
이 유통된 18세기 이후의 가례에서는 요포를 미포와 더불어 전문으로도
지출했다. 영조-정순왕후『가례도감의궤』는 1759년(영조 35) 5월부터 6
월까지 영조가 김한구의 딸을 계비로 맞이하는 의식의 전 과정을 기록한
것이다.[52] 의궤에는 가례에 갖추어야 할 물목은 물론 장인과 모군에게
지급할 料布 등에 전문이 이용된 실상이 기록되어 있다.

---

49) 숙종-인현왕후『가례도감의궤』, 「移關秩」, 辛酉 3월 11일·3월 17일.
50) 숙종-인현왕후『가례도감의궤』, 「甘結秩」, 辛酉 4월 26일.
51) 도감의궤를 수정할 때에도 5월 16일에서 다음달 15일까지 한 달 동안 서리 3인,
　　고직 1명, 사령 3명 등에 대한 요포를 호조와 병조에서 도감으로 수송하도록 했
　　다(숙종-인현왕후『가례도감의궤』, 「甘結秩」, 辛酉 5월 20일).
52) 申炳周, 2000, 「'英祖貞純后 嘉禮都監儀軌'의 구성과 사료적 가치」『書誌學報』
　　24, 韓國書誌學會, 108쪽.

「都監擧行物目別單」53)에는 納采, 納徵, 親迎 등 가례에 직접적으로 소요되는 물목을 비롯하여 '水剌間所用', '燈燭房所用' 등과 같이 가례도감에서 필요로 하는 물목을 밝히고 있다. 도감에 정리한 '本房輸送'과 '內需司輸送'에는 전문을 이용한 가례 소용 물목 준비 현황이 기록되어 있다.

〈표3-1〉「도감거행물목별단」중 본방과 내수사 수송의 내용

구분	本房 輸送	內需司 輸送
내용	銀子 500兩-戶曹 錢文 150貫 　-75관 호조, 75관 병조 木綿 15同-병조 綿紬 2동 布子 3동 米 100石 太 50석-이상 호조	전문 300관(減100관, 實200관) 　-100관 호조, 100관 병조 목면 30동(감10동, 실20동)- 병조 鍮鐵 300근(감200근 실100근) 鑄鐵 800근(감500근 실300근) 銅鐵 300근(감150근 실150근) 鍮鑞 200근(감100근 실100근) 　-이상 호조 不待報 수송

'본방수송'의 경우, 전문 150관에 대해 호조와 병조로부터 각기 75관씩 본방으로 수송하도록 했다. 이 외에도 은자, 목면, 포자, 미, 태 등을 수송하여 소용하도록 했다. '내수사수송'의 경우에는 전문 200관에 대해 호조와 병조에서 각각 100관씩 부담하며 더불어 목면, 유철, 동철 등도 내수사에 지원하여 필요한 물목을 제작하도록 했다.54) 본방과 내수사에 수송할 물목은 호조와 병조에서 마련했으며, 소용되는 전문에 대해서도 언급되어 동전이 재정운영에 이용되고 있음을 보여준다.

　1759년(영조 35) 5월에는 가례도감에서 각양 공장에게 料布로 지출하고자 米 200석, 木 20동을 수송해 줄 것을 호조와 병조에 移文했다. 그에 따라 미 200석과 목 10동, 그리고 전 1,000냥을 호조와 병조로부터 지원받았다.55) 가례도감에서는 같은 달 5월 도감의 장인 수가 증가하고

---

53) 영조-정순왕후 『가례도감의궤』, 「啓辭秩」, 己卯(1759) 5월 9일.
54) 이들 내역은 1749년(영조25) 간행된 『國婚定例』(권1, 「王妃嘉禮」)를 준용한 것이었다.

수리소의 別工作 장인에 대한 요포 소요가 발생하자 호조와 병조로부터
미 70석과 목 15동을 지원받았다.[56] 미와 포를 통한 요포의 지급도 지속
되었으나 호조와 병조로부터 지원받은 동전을 이용한 재정 운용도 이루
어졌다.

2) 殯殿魂殿都監

1683년(숙종 9) 12월 5일 明聖王后 金氏(1642~1683)가 승하하자 이
듬해 4월까지 국장에 있어 殯殿과 魂殿都監의 운영 내역을 정리한 것이
명성왕후『빈전혼전도감의궤』이다.[57] 이 의궤는 「殯殿都監儀軌」와 「魂
殿都監儀軌」의 합본으로 구성되어 있다. 그 중 「혼전도감의궤」를 중심
으로 19세기 말 국장에 있어서 재정 운영과 동전 이용의 실태를 살펴본
다.[58]

12월 10일 도감에서는 「도감사목」을 통해 국장에 소요되는 재료 및
공장의 차출 등에 대해 규정함과 동시에 소속 서원, 고직에 대한 요포지

---

55) 5월 11일 병조에서는 목 10동과 전 1,000냥을 도감으로 수송했다(영조-정순왕후
『가례도감의궤』, 「來關秩」, 기묘 5월 11일). 한편, 5월 7일자 甘結에 의하면 호
조와 병조로부터 받은 목과 포의 현황이 '木布取來數'로 정리되어 있다. 호조로
부터는 미 270석, 병조로 부터는 목 30동에 대해 목이 17동 25필이며 錢이
1,750냥 이었다(영조-정순왕후『가례도감의궤』, 「甘結秩」, 기묘 5월 7일).

56) 영조-정순왕후『가례도감의궤』, 「移文秩」, 己卯 5월.
도감에서 사용할 정철 250근과 숯 40석에 대해 삼군문과 총융청에서 이송하도
록 이문했다. 표 3-1에 제시된 물목이 요포지급 외에 기명제작을 목적으로 하고
있음을 나타낸다.

57) 國葬에는 國葬都監을 비롯하여 빈전도감, 혼전도감, 산릉도감을 설치하여 각각
소관 업무를 수행했다(박종민, 2005, 「조선시대 국장도감 내 일방(一房)의 역할
과 기능」『民族文化』28, 民族文化推進會, 265~266쪽).

58) 魂殿은 국상에 신주를 봉안하는 전각(윤정, 2005, 「조선시대 魂殿 운영에 대한
기초적 정리」『奎章閣』28, 서울대학교 奎章閣, 93~98쪽)으로 기존 전각을 전
용하는 특징이 있다(신지혜, 2010, 「조선조 숙종대 혼전조성과 그 특징에 관한
연구」『건축역사연구』19, 한국건축역사학회, 32쪽).

급과 모립 역군에 대한 給價 문제를 규정했다.

> 1. 혼전을 설치한 뒤 일이 끝나고 서원 3명을 더 차출한데 대한 요포는
>   해당 관서에 명해서 판결해 줄 일이다. (후략)
> 1. 역군은 그 일한 것의 많고 적음을 살펴서 해당 아문으로 하여금 급가하
>   여 모립 할 일이다.[59]

소용되는 물력에 대해서는 각사로부터 지원 받도록 했다. 다만, 혼전
의 설치 후 차임된 서원에 대한 요포는 별도로 판결하고, 소요되는 역군
은 급가하여 모립 하도록 했다.

이듬해 정월에는 공장과 모군에게 지급할 요포와 역가에 대해 논의되
었다.

> 갑인년 봄 國恤때 등록을 가져다 살펴보니 여러 工匠과 募軍 등의 役價를
> 분급하기 위해 은자 1,000냥, 미 320석, 목 16동을 도감에서 지출하였습니다.
> 경신년 국휼 때에는 도감에서 단지 미 149석 가량, 목 15동 30필쯤으로 米布
> 지출이 많고 적음이 앞과 뒤가 같지 않습니다. (후략)[60]

갑인년, 즉 1674년(현종 15)의 국휼은 곧 효종 비 仁宣王后 德水張氏
의 국장을, 경신년은 1680년(숙종 6) 숙종비 仁敬王后 光州金氏의 국장
을 지칭한다.[61] 도감에서는 지난 국휼에 있어서 공장과 모군에 대한 역
가 지급기록을 확인한 결과 1674년에는 은자, 미, 목으로 지출하였으며,

---

59) 明聖王后『殯殿魂殿都監儀軌』, 「魂殿都監儀軌」, 都監事目.

60) 明聖王后『殯殿魂殿都監儀軌』, 「魂殿都監儀軌」, 稟目秩, 甲子(1684) 1월 6일.

61) 국장의 추이와 혼전의 설치에 대해서는 장경희(2008,「조선후기 魂殿 成造 木手
    연구」『한국학연구』29, 고려대학교 한국학연구소, 294~295쪽)의 논고에 자세
    하다. 갑인년, 경신년 국장과 관련된 장서각 및 규장각 소장 의궤와 등록은 다음
    과 같다.
    『仁宣王后國恤謄錄』(장서각 K2-2997), 『仁宣后殯殿都監儀軌』(규장각 奎13535),
    『仁敬王后殯殿都監儀軌』(奎3554), 『仁敬王后國葬都監都廳儀軌』(奎13553), 『仁
    敬王后國恤謄錄』(奎18181・K2-2995)

1680년(숙종 6)에는 미와 목으로 지출함과 동시에 규모에도 차이가 나고 있음을 발견했다. 행전이 이루어지기 전에는 은자와 미목으로 재정을 지출하였으며, 1678년(숙종 4) 행전 후에도 역가에 대해 미목을 중심으로 운영되었음을 보여준다. 1683년(숙종 9)의 명성왕후 빈전도감에서도 1680년의 전례를 준용했다.[62]

2월 2일 도감에서는 소요되는 雜物의 車價에 대한 지출을 규정했다. 이 과정에서 1680년의 전례가 참고 되면서 행전 직후 전문을 이용한 운영이 시도된 사실이 확인되었다.

> 경신년등록을 가져다 살펴보니 雜物輸入 車價가 江運은 매 수레마다 錢文 3전식이고, 京運은 매 수레 당 전문 1전 5푼을 정식으로 헤아려서 주었다. 우리 도감은 지금 錢文이 없고 단지 미와 포만 있어 布로 折價하되 예전의 定式에 의거해서 계산해 줄 일이다.[63]

경신년, 즉 인경왕후 국장에서는 雜物의 운반에 있어 江運은 매 수레 당 전문 3전을, 京運은 전문 1전 5푼을 정식으로 한 것을 확인했다. 다만 당시 도감에 전문이 없는 관계로 포에 대한 전문의 절가를 기준으로 환산하여 지급하고자 했다.

경신년의 1680년 인경왕후『빈전혼전도감의궤』에는 1683년 명성왕후『빈전혼전도감의궤』에서도 언급된 바와 같이 잡물 운송 車價에 대한 式例가 명기되어 있다.[64] 이 식례는 인경왕후 빈전혼전도감에서 기존 의궤에서 잡물 거가에 대한 식례를 확인할 수 없음에 따라 강운과 경운

---

62) 3월 16일 魂殿儀 등과 관련한 「諸色工匠料布上下式」에는 장인과 모군에 대해 미포로 요포를 지급했다(明聖王后『殯殿魂殿都監儀軌』, 「魂殿都監儀軌」, 來關秩, 甲子 3월 16일). 그 내역은 아래와 같다.
"匠人 1朔價-포1필 미9두, 募助役 1삭가-포3필 미5두, 內助役 1삭가 포2필 미5두, 募軍 1삭가 포3필 미5두"

63) 明聖王后『殯殿魂殿都監儀軌』, 「魂殿都監儀軌」, 稟目秩, 甲子 2월 2일.

64) 仁敬王后『殯殿魂殿都監儀軌』, 「魂殿都監儀軌」, 稟目秩, 辛酉(1681) 1월 19일.

에 대해 새로운 정식을 마련한 것이었다. 다만 당시 도감에 전문이 없음에 따라 木으로 市値를 고려하여 절가해서 지출하도록 했다.

1680년(숙종 6)을 전후한 행전초기 국장에 錢文을 통한 재정운영이 시도되었음에도 도감에 확보된, 혹은 획급된 동전이 없는 실정이었다. 이에 따라 전문액수에 대해 木을 통해 절가해서 운영했다.

3) 奉陵改修都監

『思陵奉陵都監儀軌』는 1698년(숙종 24) 단종이 복위되자 이듬해 단종비 定順王后 礪山宋氏(1440~1521)의 산릉을 경기도 양주에 조영하면서 그 전말을 기록한 의궤이다.[65]

1698년 11월 9일에 봉릉도감의 사목이 마련되었다. 이들 중 요포 지급과 관련한 주요 내용은 아래와 같다.

> 1. 서사 1인, 서리 5인은 각 아문에서 料布를 받는 서리로 뽑아서 사환하며, 서원 10인, 고직 10명, 사령 20명, 경도감 고직 1명, 사령 2명을 전례에 따라서 호조와 병조에서 요포를 題給 함.
> 1. 능소 역군은 근례에 의거해서 모군, 승군 할 일.[66]

도감에 소속된 서사, 서리 등은 각사에서 요포를 지급 받는 자를 대상으로 차출하며, 그 외의 인원에 대해서는 호조와 병조에서 요포를 제급해 주도록 했다.[67] 능역에 동원되는 역군은 모군하거나 승군을 활용토록 했다.[68]

---

65) 『思陵奉陵都監儀軌』(장서각, K2-2318 ; 규장각 奎14821). 무인년(1698) 9월 30일에서 기묘년(1699) 6월 6일까지의 기록이다.

66) 『思陵奉陵都監儀軌』, 「啓辭秩」, 戊寅(1698), 11월 9일. 한편, 莊陵에 대해서도 물력의 동원 및 재원의 운영은 思陵과 동일하게 논의되었다.

67) 도감에서는 호조와 병조로 하여금 11월 9일을 기준으로 1朔 요포를 마련해서 수송하도록 했다(『思陵奉陵都監儀軌』, 「移文秩」, 戊寅, 11월 13일·17일).

68) 모군은 京募軍으로 入役하도록 했다(『思陵奉陵都監儀軌』, 「啓辭秩」, 戊寅, 11월

도감에 소용되는 財力은 외방에서 取用하도록 결정됨에 따라 각도의
감영과 병영에 米와 木에 대한 수송을 지시했다.[69] 평안감영에서는 예
정된 正木 30동에 대한 전문 대납을 도감에 요청했다.

> "금년 큰 흉년을 당해 예전에 비축해 둔 것을 振救에 모두 썼습니다. 乙丙
> 丁 3년은 혹 탕감 받거나 혹은 전문으로 代捧하였으므로 지금 重記에는 다만
> 26척의 목만 있습니다. 지금 30동은 결코 준비해서 올려 보낼 길이 없습니다.
> 만일 전문으로 대납하게 허락해 주시면 수를 채워서 상납이 가능한지 살펴
> 볼 수 있습니다."라는 평안감영의 보고가 있었다. 전문과 正木을 반씩 수송
> 하는 것이 마땅할 일이고 京市에 정목 1필은 정가가 전문 5냥이니 여기에 의
> 거해서 折錢한 다음 올려 보내 양이 줄어드는 폐단을 없도록 할 일이다.[70]

평안감영에서는 1698년(숙종 24)의 흉황으로 인해 진휼에 많은 재정
을 지출하였으며, 1695(숙종 21)~1697년(숙종 23)에도 흉년을 이유로
감영에서 부담해야 할 草價木에 대해 300동씩 탕감 받거나 錢文代捧 했
다고 언급했다. 따라서 감영의 재정이 고갈된 상태에서 봉릉도감에서 책
정한 정목을 상납할 길이 없자 지난해의 사례와 같이 전문으로 대신 납
부하도록 해 줄 것을 요청했다. 도감에서는 전문대봉을 허용하면서도 정
목 1필에 대해 전문 5냥이라는 京中市價를 적용시킴으로서 도감 재원을
안정적인 확보를 도모했다.

황해감영에서도 12월 18일 감영에 책정됨 軍木 15동에 대해 전문 대
납을 요청했다.[71] 목화 흉년으로 細木을 준비할 수 없다고 호소한 다음

    10일). 한편, 도감에서 운용하고 남은 백 수십 石의 米穀을 사릉이 소재한 楊洲
    에 劃給하여 糴糶에 보용하도록 했다(『思陵奉陵都監儀軌』, 「啓辭秩」, 己卯
    -1699, 2월 22일).
69) 『思陵奉陵都監儀軌』, 「移文秩」, 戊寅, 11월 17일.
70) 『思陵奉陵都監儀軌』, 「移文秩」, 戊寅, 11월 30일.
71) 『思陵奉陵都監儀軌』, 「移文秩」, 戊寅, 12월 18일. 15同에 대해 7동을 전문
    1,750냥으로 작전하여 11駄로 실어 보냈다. 다만 목 8동 중 1동은 麤布인 관계
    로 퇴자를 받았다(『思陵奉陵都監儀軌』, 「移文秩」, 己卯, 1월 3일).

근년에 조정에서 木錢參半으로 收捧하는 령이 내려진 점을 강조했다. 이
에 따라 목 1필에 5냥을 기준으로 錢文代送해 주길 요청해 수용되었다.
도감에서는 상송 예정이었던 목 중 8필을 작전한 전문 1,000여 냥 중
먼저 700냥을 상송하도록 조치했다.[72)

　도감에서 운영한 경아문과 외영의 미포 상송의 내역을 정리한 현황은
표 3-2와 같다.

〈표3-2〉 도감의 「京衙門外營米布」의 取用 현황*

구분	내 용	구분	내 용
진휼청	미 1,200석 內 724석6두 取用 475석9두 不取	황해감영	군목 15동내 본목 12동 10필 2동40필 대전문 700냥
어영청	미 300석 내 255석7두5승 취용 44석7두5승 불취	황해병영	군목 15동내 본목 8동 7동 대전문 1,750냥
사복시	미 200석 내 181석14두5승 취용 18석5승 불취	전라병영	군목 20동내 본목 15동 5동 代銀子 250냥
금위영	미 300석 내 216석10두 9승 5홉 취용 83석4두5홉 불취	전라좌수영	군목 13동
평안감영	정목 30동내 本木 18동 30필 11동20필 代錢文 2,850냥	전라우수영	군목7동대전문 1,750냥
평안병영	軍木 30동	함경감영	5升布 20동
已上 : 목 96동40필, 포 20동, 은자 250냥, 전문 7,050냥, 미 1,378석8두9승5홉			

* 『思陵奉陵都監儀軌』, 「移文秩」, 己卯, 2월 26일.

---

72) 『思陵奉陵都監儀軌』, 「移文秩」, 己卯, 2월 19일.
　이에 앞서 감영에서는 상송예정이었던 木 8필에 대해서도 作錢해 주길 요청했다
　가 작전한 전문의 운송과 도적으로 부터의 보호가 어렵다는 이유로 다시 목으로
　상송해 주길 청원하기도 했다.(『思陵奉陵都監儀軌』, 「移文秩」, 己卯, 1월 3일·
　29일)

진휼청, 어영청 등의 중앙 각사에 대해서는 미곡을 취용했으며, 지방 감영과 병영은 포목에 대해 부분적으로 錢文, 銀子로 절가하여 받았다.[73] 외방은 진휼 등에 대한 재정지출로 인해 상품의 포목을 준비할 수 없었을 뿐만 아니라 행전 초기 경외 동시 주전과 같은 지방주전의 확대로 전문의 확보가 용이한 측면이 있다는 점이 고려된 것이기도 했다.

도감에서는 물력의 운송에 대한 비용을 전문을 이용해 지출했다. 나아가 운송의 고역화 및 폐단의 유발이라는 문제를 해결하기 위해 운송가의 전문 지급과 더불어 전문을 이용한 물력의 京中貿易을 통한 납입이 시도되었다.

> "草, 炭石의 무역의 일은 민간에 상세히 물으니 穀草 1駄를 경중으로 실어 오는데 그 값이 전문 1냥 4전이며, 炭 1태는 1냥 8전이라고 합니다. 馬貰를 제한 탄 1석 값 전문 7전, 곡초 1동 값 전문 5전 식으로 값을 주어서 무역해서 사용한다면 백성들의 원통함이 없겠습니다."라는 양주목의 첩보가 있었다. 이에 의거해서 탄가로 전문 150냥, 초가로 전문 40냥으로 지급하니 편한 데로 무역해서 납입함으로써 때에 따라 쓸 수 있도록 할 일.[74]

사릉이 조영되고 있었던 경기도 양주목에서 穀草, 炭石의 마련과 운용의 개선안을 제시했다. 양주목에서는 탄과 초에 대한 한양으로의 운반 비용의 문제와 더불어 역의 동원에 따른 폐단으로 어려움이 많았다. 이에 도감에서 지출하는 운송가를 양주목에 지원하여 이 재원을 바탕으로 경중에서 무역해 납입해 줄 수 있도록 요청했다. 도감에서는 양주목의

---

73) 도감에서 정리한 「米布實入秩」에 의하면 목 54동28필13척, 포 12동38필, 전 5,047냥 1전, 은자 147냥8전, 미 1,178석5승 등이었다(『思陵奉陵都監儀軌』,「移文秩」, 己卯, 2월 26일). 도감재원의 물종별 구성을 통해 조선후기의 지급 표준 및 지급수단의 변천을 구분한 연구에 따르면 17세기까지 '米·木經濟期', 18∼19세기 초반은 '米·木錢經濟期Ⅰ:동전에 의한 면포 대체기'로 구분되었음을 알 수 있다(박이택, 2004, 「서울의 숙련 및 미숙련 노동자의 임금, 1600∼1909 – '儀軌' 자료를 중심으로」 『수량경제사로 다시 본 조선후기』, 서울대학교 출판부, 56쪽).
74) 『思陵奉陵都監儀軌』,「移文秩」, 己卯, 1월 10일.

요청에 따라 탄가와 초가 운송비 190냥을 양주목에 지급했다. 뿐만 아니라 도감에서는 상인이나 백성들이 곡초와 탄석을 도감에 팔고자 할 경우에 대해 모두 전문으로 무역해 주었다. 이는 전문을 통한 무역의 실시를 언급한 것이다.[75]

모군과 장인에 대한 요포에 대해 지급정식은 전문 바탕으로 산출되기도 했다. 도감에서는 이듬해인 1699년(숙종 25) 정월부터는 모군 料布를 1朔에 목 2필, 백미 9두로 정했다.[76] 도감에서 운영한 각종 역가의 사람당 1삭에 대한 지출 현황은 표 3-3과 같다.

〈표3-3〉 도감의 '各樣役價一朔上下式'*

구분	내용	구분	내용
募軍	미 9두, 목 2필 반	引鉅軍	미 9두, 목 2필 반
匠人	미 9두, 목 1필	無料書吏	미 9두, 목 1필
內助役	미 6두, 목 2필	假使令	목 2필
募助役	미 9두, 목 2필	都廳 書吏·庫直, 各所 書吏·書院·庫直 : 料米 6두	
火丁	미 6두, 목 2필	都廳軍間直	미 6두, 목 2필 반
卜直	미 6두, 목 1필	文書直	미 6두
船軍匠	미 9두, 목 2필	車夫	미 9두, 목 2필 반

* 『思陵奉陵都監儀軌』, 「移文秩」, 己卯, 2월 26일.

모군과 장인 등에 대해서는 미와 목을 기준으로 지급했다. 당시 목품이 저하됨에 따라 이들에게 지급된 요포가 모군과 장인에게 큰 불만이었다.[77] 이에 따라 도감에서는 京市의 세포 값 作錢價로 삼아 요포에 대한

---

75) 경중에서 陵所에 이르기까지의 車價는 전문으로 지출되었다(『思陵奉陵都監儀軌』, 「移文秩」, 己卯, 2월 26일).

76) 『思陵奉陵都監儀軌』, 「移文秩」, 戊寅, 12월 20일.

77) 『思陵奉陵都監儀軌』, 「移文秩」, 己卯, 1월 29일. 상송된 목면의 품질이 저하됨에 따라 1삭 요포 목 2필에 대해 2필 반으로 개정하기도 했다(『思陵奉陵都監儀軌』, 「移文秩」, 己卯, 2월 26일).

정식을 마련했다.78)

전문을 통한 봉릉도감의 재원운영은 장릉의 조영에서도 확인된다. 『莊
陵修改都監儀軌』는 단종의 능인 영월의 장릉에 1699년(숙종 25) 6월 23
일 능의 莎草가 마르고 土脉이 흘러내리자 이에 대한 보수를 실시하고
윤7월 24일 의궤의 수개에 대한 결정이 내려지기까지의 전말을 기록한
책이다.79)

7월 21일 도감에 소속된 서리 3인과 사령은 소속 아문으로부터 요포,
즉 朔布를 지급받도록 했다. 이에 따라 병조에서 7월 21일 會同日을 기
준으로 1朔의 朔布를 우선 마련해서 지급했다.80) 그리고 윤7월 17일 도
감에서는 호조와 영월부에 이문한 내역에서 전문을 활용한 기록이 확인
된다.

> 이번에 수개할 때 이번 봄 도감에서 쓰고 남은 것이다. 戶曹의 會錄 중에
> 미 10석 2두 2승, 전문 44냥 7戔, 목 19필, 太 3두를 사용 했다.(후략)81)

장릉개수도감에서는 호조에 회록 된 미, 목, 태를 비롯하여 전문 44냥
7전을 지출했다. 이로서 능의 개수에 전문을 통한 지출이 이루어졌음을
알 수 있으며, 이는 행전 초기의 왕실의례에 전문이 이용되지 못했던 상

---

78) 도감은 의궤의 임금지급방침을 변화시키지 않으면서도 대전 비율을 바꿈으로써
실질임금수준이 시장임금수준과 같아지도록 조절 할 수 있었으며, 도감에서 비
숙련노동자들을 강제로 동원할 수 는 없었다(차명수, 2009, 「의궤에 나타난 조선
중·후기의 비숙련 실질임금 추세, 1600~1909」『경제사학』 46, 경제사학회, 1
5~16쪽).
79) 『莊陵修改都監謄錄』(규장각, 奎13505).
80) 『莊陵修改都監謄錄』, 己卯(1699) 7월 21일 ; 「移文秩」, 己卯 7월 21일.
산릉역에 있어 17세기 초·중엽은 結布制가 시행되면서 募立制가 본격화 되었으
며, 17세기 말엽에 각 아문에 비축되어 米布의 예비 재원을 산릉역의 경비로 운
영하게 되었다(윤용출, 1999, 『조선후기 요역제와 고용노동』, 서울대학교출판부,
195~196쪽).
81) 『莊陵修改都監謄錄』, 己卯 윤7월 17일.

황에서 변화된 현실을 반영한 기록이다.

Ⅱ. 동전유통과 매매관행의 변화

1. 분석대상 자료

1) 자료 현황

17세기를 전후한 시기 시장에서의 통용화폐의 추이와 동전유통의 양상을 살피는 용이한 자료는 각종 매매명문을 들 수 있다. 고문서 자료는 당대의 이해관계가 반영된 것으로 기록의 신빙성이 높다. 특히 매매명문은 매매물에 대한 권리의 향배와 관련한 것으로 기록의 정확성을 기했다.[82] 관찬사료에 산견되는 통화 정책과 동전 이용의 거시적 추이에 대한 검토를 바탕으로 매매명문을 활용하여 행전의 실제를 검토하고자 한다.

분석대상 매매명문은 17세기를 중심으로 하면서 18세기 초 까지 형성된 자료이다. 동전의 통용이 17세기 말에 나타났으며, 이로 인한 동전이용의 실태를 살피기 위해서는 18세기 초반까지, 즉 행전에 성공한 숙종의 재위년(1720) 까지를 살펴볼 필요가 있다. 현재까지 매매자료는 다양한 매매물을 대상으로 작성된 방대한 자료가 소개되었다. 그럼에도 17세기 매매명문 특히 康熙年間 이전의 자료는 상대적으로 자료가 빈약하고 18세기 후반 이후의 자료가 대부분을 차지하고 있다.[83] 분석대상 매매

---

82) 매매명문의 성격과 특징에 대해서는 아래의 연구를 참고했다.
　　朴秉濠, 1974,『韓國法制史攷-近世의 法과 社會』, 法文社 ; 朴秉濠, 1996,『近世의 法과 法思想』, 도서출판 진원.
83) 국사편찬위원회에서 발간한 목록에 의하면 明文은 전체 1,342점이며, 이들 중 1600~1720년 사이에 작성된 자료는 107점이다(國史編纂委員會, 1994,『古文書

명문은 2007년 현재까지 간행·소개된 자료를 대상으로 한다.

매매명문 중 작성연도가 간지로 기록되어 작성연도 확인이 부정확하거나 결락 등의 사연으로 명문내용에 대해 정확한 정보를 얻을 수 없는 자료는 제외했다.[84] 또한 매매수단을 분석하는 본 연구의 목적에 따라 매매수단과 매매가가 기재되어 있지 않은 상환, 상납, 환퇴와 관련한 명문은 제외했다.[85] 이와 같은 부정확하거나 분석범위를 벗어나는 자료를 제외한 현재까지 확인된 분석대상 매매명문은 총 1,761점이다. 현전하는 매매명문은 당대에 형성된 자료의 일부에 불과하다. 따라서 본고의 분석 결과를 일반화하기에는 부분적 제약이 전제되지 않을 수 없지만, 동전이용의 실태와 관련된 경향성에 대한 참고에는 유효한 의미가 있다.

분석대상 자료는 현재까지 책과 웹으로 공개된 자료를 대상으로 했다. 자료 공개처에 따른 매매명문의 분포를 정리하면 20곳에 이르고 있으며 그 현황은 표 3-4와 같다.

가장 많은 분석대상 자료가 소개된 곳은 한국학중앙연구원으로 951점이며, 전체 분석자료의 54%를 점한다. 이 외에도 국립중앙도서관과 국사편찬위원회에서 각각 288점과 161점의 자료를 발견할 수 있었다. 서울대학교와 영남대학교를 비롯하여 각 대학에서 소장한 자료도 많은 비중을 차지하고 있다.

한국학중앙연구원의 경우 『고문서집성』을 82집까지 간행하면서 자료 소장처 별로 자료를 공개했다.[86] 이들 자료는 개별 문중은 물론 서원소

目錄』II).

84) 『古文書集成』50, 土地明文10·土地明文30 ; 『古文書集成』38, 토지명문303 ; 宋俊浩·全炅穆, 1990, 『朝鮮時代 南原 屯德坊의 全州李氏와 그들의 文書(I)』, 全北大學校 博物館, 152쪽. 賣買文書10.

85) 納上(『古文書集成』38, 土地明文192·土地明文293·土地明文346·土地明文381), 相換(『古文書集成』33, 土地明文25·土地明文30), 還退(『古文書集成』27. 土地明文7) 등의 사례가 있다.

86) 1982, 『光山金氏烏川古文書』; 1983, 『扶安金氏愚磻古文書』(1998, 『集成』2-

⟨표3-4⟩ 간행처별 매매자료 분포현황

순번	간 행 처	계	비 고
1	한국학중앙연구원	951	문중자료
2	국립중앙도서관	286	수집자료
3	국사편찬위원회	161	수집자료(日本所在)
4	서울대학교(규장각)	114	수집자료
5	영남대학교	99	문중자료, 수집자료
6	전북대학교	49	문중자료
7	역사학연구회	37	수집자료
8	전남대학교	18	문중자료
9	단국대학교	11	서원자료
10	순천대학교	7	수집자료
11	국립민속박물관	6	수집자료
12	국립박물관	6	수집자료
13	국민대학교	5	수집자료
14	서울역사박물관	2	문중자료
15	국세청 조세박물관	2	수집자료
16	전라북도	2	문중자료
17	경기도박물관	2	문중자료
18	광명문화원	1	문중자료
19	고문서학회	1	문중자료
20	문화재관리국	1	문중자료
	총 합계	1,761	

扶安 扶安金氏篇 도판) ; 1986,『集成』3－海南尹氏 正書本 ; 1990,『集成』6－
義城金氏川上各派篇(Ⅱ) ; 1994,『集成』16－河回 豐山柳氏篇(Ⅱ) ; 1996,『集
成』27－靈光 寧越辛氏篇(Ⅰ) ; 1996,『集成』29－龍淵書院(Ⅰ) ; 1997,『集成』
32－慶州 慶州孫氏篇 ; 1997,『集成』33－寧海 載寧李氏篇(Ⅰ) ; 1998,『集成』
36－龍仁 海州吳氏篇 ; 1998,『集成』37·38－求禮 文化柳氏篇(Ⅰ)·(Ⅱ) ; 1998,
『集成』39－海南 金海金氏篇 ; 1999,『集成』41－安東 周村 眞城李氏篇(Ⅰ) ;
2000,『集成』45－扶餘 恩山 咸陽朴氏篇 ; 2000,『集成』50－慶州 伊助 慶州
崔氏·龍山書院篇(Ⅰ) ; 2001,『集成』57－晋州 雲門 晋陽河氏篇 ; 2003,『集成』
65－慶州 玉山 驪州李氏 獨樂堂篇－ ; 2003,『集成』67－羅州會津 羅州林氏
滄溪後孫家篇 ; 2004,『集成』72－南原·求禮 朔寧崔氏篇(Ⅰ) ; 2004,『集成』
75－南原·求禮 朔寧崔氏篇(Ⅱ) ; 2004,『集成』76－密陽 密城朴氏·德南書院篇
; 2005,『集成』79－仁同 仁同張氏 旅軒宗宅篇 ; 2006,『集成』82－寧海 務安
朴氏篇(Ⅰ)(이상『古文書集成』을『集成』으로 축약하였음. 간행지는 76집까지는
한국정신문화연구원, 79집 이후로는 한국학중앙연구원이다).

장 자료 등을 포괄하고 있다. 『고문서집성』에는 매매명문뿐만 아니라
입안, 패지, 분재기 등 자료분석과 관련한 다양한 문서도 일괄적으로 소
개하고 있어 분석대상 자료의 내용을 유기적으로 파악하기에 매우 용이
한 특징이 있다.

국립중앙도서관은 1973년에 고문서해제를 통해 자료를 소개한 바 있
다.[87] 자료 중 목록과 원본을 대조한 결과 오류가 있거나 원본확인이 불
가능한 자료 사례가 있어 이들은 분석대상에서 제외하거나 오류내용을
수정하여 분석에 반영했다. 토지매매명문의 경우 해제집에 土地文記로
분류된 1번에서 265번까지가 분석의 대상이다. 이들 중 원본확인이 어
려운 자료 6건을 비롯하여 분재기를 매매명문으로 분석한 사례 6점, 施
主나 上納明文 및 牌旨로 확인된 자료가 모두 5건이었다. 그리고 연도분
석이 잘못된 결과 분석대상 시기를 벗어난 자료도 3건 발견되었는데 이
들은 모두 분석대상에서 제외했다.[88] 국립중앙도서관 자료는 전답매매
와 관련한 명문이 절대다수를 차지하며 노비매매의 사례는 4건만이 분
석대상으로 파악되었다.[89] 목록에 소개되지 않은 새로운 자료를 발견하
거나 粘連文記로 분류된 자료의 분석을 통해 추가한 사례도 있다. 새로

---

87) 국립중앙도서관, 1972, 『국립중앙도서관 고문서해제』Ⅰ ; 국립중앙도서관, 1973,
　　『국립중앙도서관 고문서해제』Ⅱ.
88) 원본을 확인하지 못한 자료 6건(1번, 2번, 18번, 151번, 173번, 200번), 분재기
　　자료 6건이다.
　　29번은 普光寺에 畓을 施主하는 명문이고 41번은 門中契로부터 빌린 穀物을 갚
　　을 길이 없자 계에 상납하는 명문이다. 211번과 235번은 매도한 토지를 상전에
　　게 상납하는 내용이다. 연도분석이 잘못된 사례는 35번, 150번, 256번이다. 35번
　　매매문기의 경우 康熙9년(1670)의 자료로 파악하였으나 자료 확인결과 隆熙4년
　　(1910)의 자료였다. 150번은 강희44년(1705)의 매매로 적고 있으나 乾隆44년
　　(1779)의 자료이다. 264번은 패지로서 매매문기가 아니다(이상의 자료번호는 국
　　립중앙도서관 목록집의 번호이다).
89) 1번에서 23번까지가 1720년 이전까지의 자료이며, 이들 중 5번, 13번, 17번, 18
　　번을 제외하고는 분재기자료이다. 다만 21번의 경우 贖身文記이다.

발견한 자료는 21점으로 이들 중 17점이 목록에 점련문기로 분류되어
있었다. 이들 점련문기는 立案이 대부분이었으나, 입안에 매매명문이 점
련되어 있어 분석에 포함시켰다.90)

국사편찬위원회에서는 일본소재 한국고문서를 조사·영인한 자료집을
통해 분석대상 자료를 확인할 수 있었다91) 자료집에는 소장처별로 京都
大 63건, 天理大 12건, 早稻大 5건의 매매자료 원문이 공개되어 있다.
이 외에도 국사편찬위원회 소장『고문서목록』에 소개된 자료가 81점으
로 이는 원본을 확인하지 못하고 목록의 내용을 참고했다.92)

서울대학교 간행자료는『고문서집진』과『고문서』에 수록된 자료가
분석대상으로, 규장각 소장자료가 그 대상이다.93)『고문서집진』을 통해
土地文記와 土地·柴場文記를 분석자료로 이용하였으며,『고문서』에서
는 典當文記, 家屋文記, 奴婢·自賣文記 등을 분석대상으로 활용했다.94)

영남대학교 간행자료는 도서관, 박물관에 소장된 문서를 비롯하여 민
족문화연구소에서 조사·간행한 자료에서 분석대상 매매명문을 확인했
다.95) 영남대학교 박물관에서 간행한『古文書』에 수록된 자료 중 寧海
務安朴氏자료는『古文書集成』에 중복 수록됨에 따라 후자를 기준으로

---

90) 목록집의 자료 중 점련문기를 분석한 것은 12번, 19번, 54번, 81번, 103번이다.
91) 崔承熙, 2002,『日本所在 韓國古文書』, 國史編纂委員會.
92) 國史編纂委員會, 1994,『古文書目錄』Ⅱ.
　　 목록집에는 발수급자 및 매매물의 위치와 매매가를 중심으로 기재되어 있으나
　　 이 또한 내용이 일정하지 않아 문서의 전체 내용을 파악하는데 한계가 있다.
93) 서울大學校附屬圖書館, 1972,『서울大學校所藏 古文書集眞』; 서울大學校奎章
　　 閣, 2004·2006,『古文書』28·29·30.
94)『古文書集眞』에 수록된 奴婢文記 중『古文書』에 수록된 자료가 있으므로 중복
　　 되지 않도록 했다. 이와 아울러 土地文記의 경우『고문서』를 통해 전모가 공개
　　 되지 않았으므로『고문서집진』에 소개된 자료만 이용한 한계가 있다.
95) 嶺南大學校 中央圖書館, 2003,『嶺南大學校 圖書館 所藏 古文書目錄』-南齋文庫
　　 ; 嶺南大學校 博物館, 1993,『古文書』; 李樹健 編著, 1982,『慶北地方古文書集
　　 成』, 嶺南大學校 出版部 ; 嶺南大學校 民族文化研究所編, 1992,『嶺南古文書集
　　 成』(Ⅰ)·(Ⅱ), 嶺南大學校 出版部.

자료를 활용했다.96) 『경북지방고문서집성』의 경우 경북지역의 안동김
씨, 광산김씨, 진성이씨, 의성김씨, 경주손씨, 풍산류씨 등의 자료를 수
록하고 있다. 이들 자료는 원본 이미지가 아닌 정서본으로 소개되었으므
로 『고문서집성』에서 도판을 확인할 수 있는 자료는 참고했다.97)

전북대학교에서는 대학박물관의 소장자료뿐만 아니라 현지조사를 통
해 파악된 문중자료도 공개했으며, 이들 중 분석대상 자료를 확보했
다.98) 歷史學硏究會 간행 자료는 周藤吉之가 그의 논문에서 소개한 자
료이다.99) 전남대학교는 장성 행주기씨 고문서를 소개한 자료집을 분석
대상으로 삼았다.100) 분석대상 자료 중 단국대학교 공개 자료는 대학 부
설 퇴계학연구소에서 간행한 『도산서원고문서』Ⅱ에 소개된 자료가 그
대상이다.101) 국립박물관으로 공개처를 분류한 것은 국립중앙박물관과
국립전주박물관에서 간행한 『조선시대고문서』 도록에 소개된 자료를 지
칭한다.102) 이상의 자료 공개처 외에도 개별 자료집 및 보고서 등에 소
개된 자료도 포괄하여 분석범위에 포함시켰다.103)

---

96) 嶺南大學校 博物館, 1993, 『古文書』 ; 韓國學中央硏究院, 2006, 『古文書集成』
    82 - 寧海 務安朴氏篇(Ⅰ).
97) 그럼에도 불구하고 경주 경주손씨, 경주 여주이씨(독락당), 안동 풍산류씨의 일
    부자료는 『고문서집성』의 도판에 소개되지 못함에 따라 보완했다. 그리고 『嶺南
    古文書集成』(Ⅱ) - 晦齋李彦迪家門古文書는 『古文書集成』 65 - 慶州 玉山 驪州
    李氏 獨樂堂篇과 수록 자료의 중복이 많으나 후자를 기준으로 했다.
98) 전북대학교 박물관, 1998, 『박물관 도록-고문서』 ; 全北大學校附屬博物館, 1986,
    『全羅道 茂長의 咸陽吳氏와 그들의 문서』(Ⅰ) ; 宋俊浩·全炅穆, 1990, 『朝鮮時
    代 南原 屯德坊의 全州李氏와 그들의 文書』(Ⅰ), 全北大學校 博物館.
    한편, 『박물관 도록』에 수록된 자료 중 咸陽吳氏와 全州李氏 자료집에 소개된
    것은 제외했다.
99) 周藤吉之, 1937, 「朝鮮後期の田畓文記に關する硏究(一)」『歷史學硏究』 7-7~9,
    歷史學硏究會.
100) 全南大學校博物館, 1999, 『古文書 調査報告 第五冊 - 古文書』.
101) 檀大出版部, 1997, 『陶山書院古文書』Ⅱ, 檀國大學校附設退溪學硏究所.
102) 國立全州博物館, 1993, 『朝鮮時代古文書』 ; 국립중앙박물관, 1997, 『국립중앙박
     물관 소장 - 조선시대고문서』.

2) 자료의 재구성

매매명문의 종류는 매매 대상물에 따라 土地, 奴婢, 家舍, 船隻, 柴場 등 매우 다양하지만, 토지와 노비, 家舍 매매명문이 주류를 이루고 있다. 17세기에서 18세기 초까지의 매매명문을 중심으로 데이터를 확보하여 이를 통계적으로 활용하여 분석했다. 매매명문의 기재내용에 따라 항목을 구분하여 데이터베이스를 구축했다.104)

개별 매매명문에 대한 데이터베이스를 위해서는 매매명문 양식에 대한 분석이 전제되어야 한다. 매매명문은 15세기 이후 시기별로 기재문구나 지역적인 특징이 있다 할지라도 전체적인 내용 구성은 조선후기까지 큰 변함이 없다. 뿐만 아니라 매매물에 따른 기재내용도 또한 대동소이하다. 매매명문의 작성양식과 문서의 사례는 그림과 같다.

---

103) 순천대학교박물관, 2005, 『옛 문서로 만나는 선비의 세계』; 국립민속박물관, 1991, 『생활문화와 옛문서』, 1991; 국립민속박물관, 『古文書 資料 飜譯 및 解題』; 國民大學校博物館, 1996, 『雪村家蒐集古文書』; 國民大學校 博物館, 1996, 『雪村古文書Ⅱ-조선시대 매매거래 문서』; 서울역사박물관, 2002, 『寄贈遺物目錄Ⅱ』; 국세청 조세박물관, 2005, 『國稅廳所藏 古典資料의 調査 및 解題研究』; 全羅北道, 1994, 『全北地方의 古文書(2)』; 경기도박물관, 2003, 『全州李氏(白軒相公派) 寄贈古文書』; 경기도박물관, 2006, 『靑松沈氏 晩圃家 寄贈古文書』; 광명문화원, 2006, 『경산 정원용 가승 고문서 해제』; 金炫榮編, 1994, 『大丘月村丹陽禹氏古文書』, 韓國古文書學會; 문화공보부·문화재관리국, 1986, 『1986 動産文化財指定報告書』.

104) 전경목, 2006, 「'유서필지'編刊과 고문서학적 의의」『儒胥必知』, 사계절, 378~379쪽.

〈그림3-1〉田畓賣買明文의 사례*　　　　〈그림3-2〉儒胥必知의 形式**

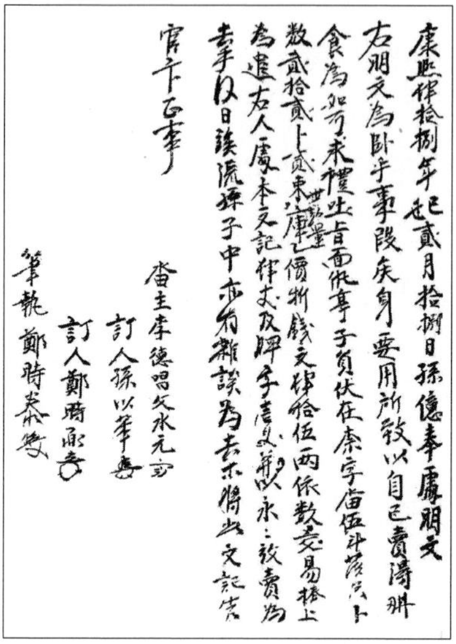

*『古文書集成』38-求禮 文化柳氏編(Ⅱ), 土地明文344, 293쪽.
**『儒胥必知』文券類, 畓券.

이상의 매매명문의 기재 사항에 따라 데이터 분석을 위한 내용을 항목별로 정리하면 아래와 같다.

①년 ②월일, ③매득자, ④매매사유, ⑤소유경위, ⑥대상물 소재지, ⑦매매대상, ⑧규모, ⑩매매가, ⑪방매자, ⑫증인, ⑬증보, ⑭필집[105]

분석 항목 중 매매시기와 매매자의 정보를 비롯하여 매매사유 및 매매대상물 등에 대한 정보는 明文을 통해 확인할 수 있다. 방매자와 매득자의 정보 및 매매물의 소재지 등의 성격은 매매와 관련한 입안, 소지, 호적류(호구단자·준호구) 등의 문서를 통해 정보를 적극 보완했다.

매매물의 성격에 따라 매매명문을 구분하여 동전유통과 매매실태 검

─────────────
105) 전경목 외 옮김, 2006, 『儒胥必知』, 사계절, 278~283쪽.

토에 활용하고자 한다. 매매대상물은 이미 언급한 바와 같이 田畓, 奴婢, 家舍로 대별할 수 있다. 분석대상 매매명문 중 매매대상물에 따른 분포 현황은 표 3-5와 같다.

〈표3-5〉 매매물에 따른 분석대상 매매명문 현황

구분	家舍	노 비			전 답			기타	총계
		노	비	노비	전	답	전답		
건수	72	63	59	74	375	1,031	60	27	1,761
소계	72	196			1,466			27	

가사와 관련된 매매는 家垈, 家舍, 空垈로 다시 구분할 수 있으며, 이들은 모두 家舍로 분류했다. 가대는 건물을 포함하지 않는 건물지만을 지칭하는 것으로 田으로 이용되면서 家垈田으로 등장하기도 했다. 가대전과 관련한 매매사례는 17건이며 이들 중 가대전만을 매매한 것은 8건이다.106) 공대의 경우 間數로 규모를 표기하고 있다. 공대와 가사가 함께 표기할 경우 각각 구분하여 간수를 밝히고 있다.107) 공대의 경우 거주하지 않는 가사를 지칭하거나 전답으로 이용되지 않고 있는 상태의 家基를 말한다고 하겠다. 이러한 측면에서 가대와 유사한 성격을 지닌다고 볼 수 있으며 모두 23건의 사례가 있다.

명문에는 가사의 형태에 따라 초가, 와가 등 가옥의 형태를 밝혀 적었다. 이러한 사례 외에 廊, 亭子로 기재된 각 2건도 가사로 분류했다.108)

---

106) 垈田으로 나타나는 사례가 5건 있다(國史編纂委員會, 1994, 『古文書目錄』Ⅱ, 186쪽, 379번 ; 韓國精神文化硏究院, 1986, 『古文書集成』2 − 海南尹氏篇 正書本, 326쪽 − 土地文記487·325쪽 − 土地文記482번·324쪽 − 土地文記477 등이다).

107) 家垈의 경우도 間數를 밝히고 있을 경우 空垈로 산입했다. 3건의 사례가 있다. 國史編纂委員會, 2002, 『日本所在 韓國古文書』, 425쪽, 家垈空垈文記3 ; 서울大學校, 2004, 『古文書』29, 456쪽, 家屋文記83 ; 서울大學校, 2006, 『古文書』30, 291~292쪽, 家屋文記417.

하나의 매매명문에 가옥의 형태가 초가, 와가 등이 혼재되어 기재된 사
례는 10건이다. 가옥이 아닌 공대만 매매한 사례는 23건이며, 가사와 공
대를 함께 매매한 매매명문이 31건이다. 이 외에도 家垈田이 8건, 家舍
만 매매한 것이 10건, 空垈만 기재된 것이 23건이며, 가사와 공대가 함
께 매매된 경우가 31건 이다. 이상의 사례에 따라 전체 가사매매로 분류
된 매매명문은 모두 72점이다.

　노비에 대한 매매명문은 196건이 있다. 매매에 있어 노와 비로 구분
하여 매매하거나 노비를 함께 매매했다. 奴를 매매한 사례가 63건, 비를
매매한 경우가 59건, 그리고 노비를 함께 거래한 것은 74건이다.[109]

　전답 매매의 경우도 전과 답 그리고 전답의 매매로 나눌 수 있다. 전
을 매매하는 사례는 375건, 답의 경우는 1,031건, 그리고 전과 답을 함
께 매매하는 것은 60건이다. 田의 경우 경작물에 따라 太, 牟 등으로 구
분할 수 있으며, 牟의 종류도 皮牟, 春牟, 秋牟 등 다양하다.[110] 畓의 경
우도 경작물이 租正, 租, 荒租 등으로 구분된다.[111] 그러나 전답의 경우
위와 같이 경작물의 종류를 구분하지 않은 매매명문의 사례가 943건으
로 전체 1,031건에 대해 91%를 차지하고 있다.

　기타의 물종에 대한 사례는 27건이다. 가사의 매매와 관련한 경우에

---

108) 서울대학교 규장각, 『古文書』 29, 家屋文記9 ; 『古文書集成』 2 - 부안 부안김씨
　　편, 明文17.
109) 이들 외에 노비와 전답을 함께 매매한 것이 1건으로 1604년의 매매이다(한국정
　　신문화연구원, 『古文書集成』 41 - 안동 진성이씨편, 立案7). 그리고 노비의 매매
　　에 있어서 孕胎兒도 함께 방매하는 사례가 1건 있다(李樹健編著, 1984, 『慶北地
　　方古文書集成』, 嶺南大學校出版部, 617쪽, 權旺粘連文記).
110) 분포현황은 아래와 같다.

田種	未詳	태	피모	모	춘모	미모	춘미모	미	마전	추모	총 합계
분포	209	99	22	22	16	2	2	1	1	1	375

111) 反畓 6건도 畓으로 처리했다. 번답의 경우 1668년(1건), 1713년(2건), 1714년(1
　　건), 1717년(1건), 1720년(1건)이다. 한편 畓種은 正租(60건), 租(19건), 荒租(5건),
　　正種(2건), 麥·早稻畓(각1건)이다.

있어서도 가대를 비롯하여 전답과 果木을 함께 매매하는 명문 9건은 기타로 분류했다. 가사와 전답 혹은 공대와 苫畓 등을 함께 매매한 11건도 이에 해당한다. 이상의 사례 외에도 馬(1건), 船隻(1건), 柴場(5건) 등을 매매하는 사례도 있다.

분석대상 매매명문 1,761건 중 단일 매매대상물로는 畓에 대한 매매명문이 1,031건으로 가장 많은 비중을 차지하고 있으며, 이어 田의 매매사례 375건이다. 전답에 대한 매매명문이 전체 사례 중 1,466건으로 83.3%를 점하고 있다. 이에 반해 노비에 대한 매매명문은 196건으로 전체 분석대상 중 11.1%이다.

분석 대상자료를 문서의 원소장처 지역에 따라 구분함으로써 동전의 지역별 유통추이 검토에 활용할 수 있다. 전체 자료 중 653건이 자료의 전래경위를 알 수 없는 자료로서 박물관, 도서관 등에서 수집한 이른바 수집자료이다. 이들 자료는 전체 중 37%를 차지한다. 여기에 해당하는 대표적인 소장기관으로는 국립중앙도서관, 국사편찬위원회, 서울대학교 등이다.112)

소장처 확인이 가능한 경우 매매와 관련한 지역적 정보의 확보는 물론 매매자의 성격 등을 관련문서를 활용하여 밝힐 수 있는 장점이 있다. 명문의 원본소장처 확인이 가능한 자료를 지역별, 원소장처별로 구분하면 36개 가문 및 서원 등으로 나눌 수 있다. 소장처 확인이 가능한 자료로서 가장 많은 자료를 찾을 수 있는 경우가 전라도 해남의 해남윤씨자료이다. 해남윤씨의 사례는 562건으로 전체의 31.9%를 차지하고 있어 향후 분석에 있어 전체 통계에 미치는 영향을 고려해야할 필요가 있다. 전라도 구례 문화유씨는 『고문서집성』 37·38을 통해 127점의 명문이 소개되었다. 이들 외에도 경상도 경주의 경주손씨와 경주최씨, 지례의 연안이씨, 예천의 안동권씨 등에서 30건 이상의 사례를 찾을 수 있었다.

---

112) 자세한 내역은 '<표3-4> 간행처별 매매자료 분포현황'을 참고바람.

지역별, 소장처별 분석자료의 분포현황을 정리하면 표 3-6과 같다.

<표3-6> 매매명문의 소장처별 분포현황

순번	원 소장처	합계	순번	원 소장처	합계
1	수 집 자 료	653	20	안동 의성김씨	8
2	해남 해남윤씨	562		용인 해주오씨	8
3	구례 문화유씨	127	22	밀양 밀성박씨	7
4	경주 경주손씨	51	23	남원 삭녕최씨	5
5	경주 경주최씨	36	24	안동 안동권씨(풍산)	4
6	지례 연안이씨	33	25	안동 광산김씨	2
7	예천 안동권씨	32		해남 김해김씨	2
8	부안 부안김씨	29		진주 진양하씨	2
9	남원 전주이씨	23		부안 제주고씨	2
	무장 함양오씨	23		나주 나주림씨	2
	안동 풍산류씨	19		안동 안동권씨(유곡)	2
11	경주 여주이씨	19	31	금천 동래정씨	1
	영해 재령이씨	19		廣州 전주이씨	1
14	영광 영월신씨	18		고령 선산김씨	1
	장성 행주기씨	18		대구 단양우씨	1
16	안동 진성이씨	15		용인 청송심씨	1
17	부여 함양박씨	13		인동 인동장씨	1
18	안동 도산서원	11		합천 용연서원	1
19	영해 무안박씨	9		총 합계	1,761

　지역별 소장처 분포현황은 경상도, 전라도, 경기도의 순으로 많은 비중을 차지하고 있다. 경상도의 경우는 20개 처의 다양한 소장처와 지역에 걸쳐 자료가 분포하고 있다.[113] 이에 반해 전라도는 11개 처이며, 이 중 해남이 압도적인 비율이다. 경기도는 금천, 광주, 용인 지역의 자료를 찾을 수 있다.[114] 함경도, 평안도, 황해도 지역의 자료는 현전하지 않는다.

---

113) 이 지역에 대한 조사가 중점적으로 이루어졌을 뿐만 아니라 문헌의 보존에 있어 전란·사회적 변화에도 큰 영향을 입지 않은 요인이 작용했다.

114) 부여의 함양박씨 자료는 17세기까지 경기도 금천 일원을 배경으로 자료가 형성되었으며, 다만 현재의 소장지가 부여이므로 매매와 관련한 지역특성 분석에 있

분석대상 자료는 전라도, 경상도, 경기도, 충청도 등의 순으로 많은 비중을 차지하고 있다. 전라도의 경우 해남의 해남윤씨 사례 562건을 비롯하여 구례의 문화유씨 등 중요 10개 처에 모두 811점이 분포하고 있으며, 그 비중도 46.5%로 가장 높다. 경상도는 경주, 안동을 중심으로 한 20개 처에 걸쳐 273점의 자료가 분석대상으로 전체 자료 중 15.5%의 비중을 차지하고 있다. 경기도는 함양박씨 자료를 포함해 24건에 불과하고 그 비중은 1.4%정도이다. 이 외에 일부 충청도의 자료가 확인된다.

2. 행전 전후 결제수단의 변화

1) 행전 이전 결제화폐의 다양성

임진왜란 이전에 작성된 매매명문을 분석한 연구를 통해 매매에 대한 결제수단으로 布와 米를 중심으로 하면서 牛馬 등의 현물이 주로 잉용된 것이 규명되었다.[115] 16세기 이후 시장에서는 포의 경우 木綿이 주된 결제 수단으로 이용되면서도 이른바 麤布로 대표되는 조악면포가 시장에서 등장하여 화폐로서의 이용에 혼란을 초래하면서 널리 통용된 것으로 알려져 있다.[116] 이러한 관행은 17세기 후반까지 이어졌으며, 조선전기 유통화폐의 현실과 큰 변화가 없었다. 그러나 1678년(숙종 4) '常平通寶'가 통용되면서 매매 및 시장에서의 통화에도 큰 변화가 초래된 점은 주목할 필요가 있으며, 면포와 미곡 중심의 화폐환경에서 동전으로 전환

어 충청도가 아닌 경기도로 분류했다.
115) 李在洙, 2001, 「朝鮮中期 田畓賣買 實態研究」, 慶北大 博士學位論文 ; 周藤吉之, 앞의 논문 ; 이헌창, 1999, 「1678~1865년간 貨幣量과 貨幣價値의 推移」『經濟史學』27, 경제사학회 ; 김소은, 2004, 「16세기 매매관행과 문서양식」『16세기 한국 고문서연구』, 아카넷.
116) 宋在璇, 1985, 「16世紀 綿布의 貨幣機能」『邊太燮博士華甲紀念 私學論叢』, 三英社 ; 李在洙, 2003, 『朝鮮中期 田畓賣買研究』, 集文堂.

되는 유기적 과정도 또한 중요한 의미를 지닌다.

17세기 교환수단으로 이용된 화폐의 실상을 매매명문을 통해 구체적으로 추적할 수 있다. 조선후기를 대상으로 할 경우, 매매명문에 등장하는 매매수단은 매우 다양하지만 크게 布木, 穀物, 錢文으로 구분할 수 있다.

포목의 경우는 麻布와 목면으로 다시 구분이 가능하며, 그 성격 또한 매우 다기하다. 전체 자료 중 17세기를 전후하여 등장하는 결제수단으로서 마포의 종류는 마포, 五升布, 價布(家布), 細布 등의 사례가 있다. '布'를 '마포'로 규정하는 문제에 대해서는 논란이 있을 수 있다. 『經國大典』에는 國幣로서 布貨와 楮貨를 규정하고 있으며,[117] 포화는 곧 마포를 지칭한다. 그런데 이는 세종조『경국대전』편찬당시의 논의가 반영된 것이며, 성종조 간행 시점에는 마포 대신 면포의 통용이 일반화 되면서 면포가 정포의 위치를 차지하게 되었다.[118] 그럼에도 불구하고 조선후기 국가의 수세에는 作布, 作木 등으로 포와 목을 구분한 사실이 확인되고, 매매명문의 기재에 있어서도 '목', '목면'과 '포' 등 그 표현에 차이가 있다.

명문에 기재된 포, 즉 마포의 종류는 포, 오승포, 세포로 구분할 수 있다. '布'로 등장하는 경우는 3건이나 그 품질에 대해서는 정확하게 알 수 없다. 오승포는 이른바 5승 35척의 정포로서 신역 수세의 수단인 '價布'와 동일한 개념으로 보인다.[119] 이러한 오승포의 사례는 5건이다. 細

---

117) 『經國大典』「戶典」, 國幣條.
　　　포와 면면에 대해 구별하고 있다(『仁祖實錄』1, 仁祖元年 3월 甲寅).
118) 宋在璇, 앞의 논문, 391쪽 ; 이종영, 1992, 「이조초 화폐의 변천」『인문과학』7, 연세대학교.
119) '家布'로 등장하는 사례 1건이 있다(『古文書集成』38 - 토지명문 378, 429쪽). 이는 '價布'의 차음표기로 추정되며, 문기의 기재 양식에 있어 '價折價(家)布'로 명기되어 있다. 한편 이들 3건의 자료는 모두 구례 문화류씨 자료이다. 한편, 현종조에 진휼을 목적으로 각 아문에서 물력을 지원한 현황에 의하면 銀을 비롯하여 正木, 正布, 價布 등이 나타나고 있다(『備邊司謄錄』20, 顯宗1년 12월 4일).

布로 매매된 경우는 2건이다. 세포는 '七升細布'의 사례에서 보는바와 같이120) 5승포보다 높은 품질의 마포를 지칭하는 것이라 하겠다.

17세기~18세기 초의 매매명문 사례 중 포를 매개로 한 거래는 10건이 확인된다. 이들 중 마포가 단독 결제수단으로 등장하는 것은 3건이다.121) 그 외에는 우마, 목면, 正租, 전문 등과 함께 결제수단으로 이용되었다. 마포는 동 시기 주요 결제 수단으로서의 성격을 나타내고 있지 못하다.

목면을 통한 매매는 520건으로 이들 사례를 통해 여러 종류의 '木'을 확인할 수 있다. '목' 즉 목면(木棉, 綿布)은 품질과 용도에 따라 다양한 형태로 기재되고 있다.122) 매매명문에 등장하는 목면의 현황을 정리하면 표 3-7과 같다.

결제수단으로 등장하는 목면은 매매명문에서 다양하게 표기되어 있으며, 이들은 목의 품질에 따라 분류할 수 있다. 가장 사례가 많은 표기 형태는 '木綿'으로 265건이다. 木(122건), 木綿(140건), 木疋(1건)123) 등으로 등장하는 사례에 대해 일괄적으로 목면으로 결제한 것으로 구분했다. 매매명문에 결제수단으로서 목면으로 기재된 사례는 전체 목면관련 한 매매결제 수단 520건 중 51%였다.124)

---

120) 『古文書集成』 27, 토지명문13.
121) 太種 1두락전을 가포 2필, 2두락답을 가포 7필, 그리고 5두락답을 세포 4필로 매매한 사례.
122) 木種에 대한 파종은 4월에 있었다(權鼈, 『竹所日記』, 乙丑年 四月 初八日). 목종은 木花로 추정된다(權鼈, 『竹所日記』, 乙丑年 五月 初四日).
123) 木은 綿布로서 方言이라고 지적되고 있다(木者綿布方言也 - 金坽, 『溪巖日錄』 3, 己未 二月十日).
124) 임란이후 17세기까지를 대상으로 한 매매명문사례 998건에 대해 '목면'을 통한 매매의 사례와 전체 매매자료 중에서 차지하는 비중은 아래와 같다.

연도	1593 ~1600	1601 ~1610	1611 ~1620	1621 ~1630	1631 ~1640	1641 ~1650	1651 ~1660	1661 ~1670	1671 ~1680	1681 ~1690	1691 ~1700	총계
사례	15	5	8	16	10	14	101	25	65	4	2	265
비중(%)	32	22	33	37	26	33	64	50	45	3	2	27

〈표3-7〉 木綿을 이용한 교환수단의 종류

구 분	내 용	사 례
木綿	木, 木綿, 木疋	265
正木	正木綿(正木, 木綿正木, 木正木), 大同木	108
常木	常木, 時用木, 時用常木, 灾常木	11
4승목	正四升木綿(木綿正四升)	2
	四升木(木四升)	2
4~5승목	正四五升木綿(正四五木)	2
	四五升木(木綿四五升, 木綿四五升木, 四五木, 四五木綿, 四五升木綿)	32
5승	正五升木綿(木綿正五升, 木綿正五升木, 正五升木)	8
	五升木(五升木綿, 木綿五升木)	14
5~6승	正五六升木綿(木綿正五六升)	4
	五六升木(木綿五六升, 木綿五六升木, 木五六升, 木五六升木, 五六升, 五六升木綿)	31
6승	正六升木綿(木綿正六升木, 正六升木), 六升木	3
	六升木	5
6~7승	正細木, 六七升木(六七升, 六七升細木, 細木)	7
7승	七升長准木	1
7~8승	七八升木(七八升, 木七八升, 七八升細木)	7
4~8승	木四八升	1
행용목	行用木,(木綿行用木, 木綿行用, 木行用)	9
기타	白木·白紬(4), 步木·步兵木(3), 好木(1)	8
	합 계	520

正木의 사례는 108건으로 전체 목면으로 거래한 자료 중 21%였다. 정목에 대한 매매명문에서의 표기는 正木, 正木綿, 大同木 등으로 나타나고 있다. 정목은 대동목의 사례에서 보듯이 5승목 35척을 기준으로 하고 있다고 본다.

常木으로 분류된 사례는 상목 8건을 포함하여[125] 時用木, 時用常木, 灾常木이 각 1건으로 모두 11건이다. 상목은 품질이 좋지 못한 면포를

---

125) "建關綿布 前年徵民間 一結一疋 細至八九升 長至四十尺 僅乃備納 而至是聞之 則納于朝給價役使者 皆五升常布 盖下吏私自美換也 我國弊端皆此類 可歎可歎" (金坽, 『溪巖日錄』 1, 丁未 六月十日).

지칭하는 것으로 3승목 정도의 수준을 가리킨다고 본다. 매매명문의 매매 대상이 토지와 노비, 가사 등으로 이들은 비교적 고가의 매매 내용을 담고 있음에 따라 상목의 사례가 소수라고 볼 수 있다.

목면, 정목, 상목의 사례를 제외한 매매명문에 기재된 목면의 종류는 4승목에서 7~8승목에 이르기까지 다양하다. 매매명문에 기재된 목면이용 결제 중 이와 같이 목면의 승수가 명기된 사례는 9종으로 구분할 수 있다. 4승목, 4~5승목, 5승목, 5~6승목, 6승목,[126] 6~7승목,[127] 7승목,[128] 7~8승목,[129] 4~8승목의 경우이다. 이들은 다시 정4승목, 정4~5승목, 정5승목, 정5~6승목, 정6승목, 정세목으로 '정목'으로 명기한 목면과도 구분된다. 4승목에서 7~8승목에[130] 이르는 목면에 대한 승수에 따른 시기별 매매수단으로서의 기능에 있어서의 차별성과 특징적 경향성은 확인되지 않는다. 단지 품질이 좋은 목면이 17세기 후반에 등장하는 점이 주목된다. 步木, 步兵木은 군역으로서 납부하는 목면을 지칭한다.[131] 이 외에도 行用木, 白木, 白紬 등의 사례가 확인되고 있으며,

---

126) "黃監軍銀價布細六升四十尺已納官 而又以稅豆七斗 出布一疋 升尺皆如銀價"(金坽, 『溪巖日錄』 7, 丙子 九月一日).

127) 대동미를 베로 환산하여 수납할 때 현종조에는 6,7승포로 39척까지 이르게 되었다(『顯宗改修實錄』 9, 顯宗4년 10월 壬寅). 내노비의 신공포는 전례에 4승포 2필이었는데 현종조 무렵에는 포의 등급이 점차 높아서 6·7승포에 이르고 있었다(『顯宗改修實錄』 12, 顯宗5년 12월 庚午).
"尹東聘琴是咸等三結布及支待雜物價布 一八結二疋 昨日始分付 而督迫如火 三結布則如稅布之好 六七升四十尺也 民力已渴 買之不易 織之未及 閭里遑遑 如墜塗炭"(金坽,『溪巖日錄』 6, 甲戌 四月七日).

128) "五結布 以七升三十八尺爲準 此則由金自點主張也"(金坽, 『溪巖日錄』 6, 壬申 四月十三日).

129) "且稅木苛刻 無如今歲 至以七八升爲之"(金坽, 『溪巖日錄』 3. 己未 二月二十九日).

130) "馬價七八升四十一尺 價折黃豆十六斗 我戶則尭從處 難得貸出 其窘可知 他邑則五六升三十七尺 望間當畢納云"(金坽, 『溪巖日錄』 7, 戊寅 十月八日).

131) '회봉목'을 대일 외교와 관련하여 해석한 이재수의 연구 성과가 참고 된다. 이들 외에 棺板, 저화, 錦으로 거래된 사례도 있다.

'好木'의 경우와 같은 사례는 목면의 품질을 객관화하기 어려운 측면이
있다.

곡물류를 매매의 결제수단으로 매매명문에 기록된 사례는 217건이다.
명문에 등장하는 결제수단으로서 곡물의 종류와 현황은 표 3-8과 같다.

〈표3-8〉 곡물을 이용한 결제의 종류

구분	내 용	사례
租	正租(183), 荒租(6), 租(12), 陣中租(1)	201
米	米(2), 白米(5)	7
牟	正牟(1), 皮牟(1)	2
太	太(3), 黃豆(1), 馬太(1)	4
기타	栗(1), 正種(1), 木麥(1)	3
합 계		217

곡물의 종류에 따라 조, 미, 모, 태 등으로 구분할 수 있다. 곡물류를
결제수단으로 이용해 매매한 사례 중 가장 많이 매매명문에 기재된 사례
는 '租'로서 모두 201건이다. 조는 겉벼(籾)로서 도정하지 않는 벼를 지
칭하는 것이다.132) 정조는 털 없는 겉벼,133) 황조는 까끄라기가 그대로
있는 거친 벼를 지칭한다.134) 陣中租의 사례는 1건으로 1636년(인조 14)
3월 25일 해남 해남윤씨 매매명문에서 확인된다. 이 사례에 의하면 6두
락의 답을 해남윤씨가에서 매득하면서 진중조 17석으로 매매가를 결제
했다.135) 진중조는 병자호란 당시 남한산성 등의 진중에 보내는 군량을
지칭하는 것이다.

---

132) 『續大典』 2, 戶典, 倉庫 ; 『經世遺表』 7, 地官修制, 田制7.
133) 『萬機要覽』 財用編6, 還摠 ; 朝鮮總督府編, 1976, 『朝鮮語辭典』, 亞細亞文化社,
    741쪽(=籾).
134) 稷唐荒租相代(『續大典』 2, 戶典, 倉庫).
135) 『古文書集成』 3, 土地文記67.

'米'로 구분할 수 있는 것은 米와 白米가136) 있으며, 이는 도정과정을 거친 벼로서 쌀을 말한다.137) 미로 매매된 사례는 7건이다. 미의 경우 3월과 8월에 각 1건, 백미는 3월 10월(2건), 윤10월 11월에서 확인된다.138) '牟'는 大麥과 상통하는 의미로 보리를 지칭하며, 피모는 겉보리이다. 보리를 이용한 결제사례는 2건으로 정모(7월)와 피모(3월) 각각 한 사례만 확인된다.139) '太'는 콩으로서 大豆를 지칭한다.140) '粟'은 田菩薩이다.141)

매매결제수단에 곡물을 이용한 사례 중에서는 정조가 가장 주요한 결제수단이었다. 월별 곡물을 통한 결제수단의 추이에 있어 1월~3월에 집중되고 있는데, 이는 이 시기가 춘궁기로서 미곡이 귀함에 따라 토지, 노비 등의 매매에 있어 고액결제 수단으로 미곡이 이용되었기 때문이다.

포목, 곡물을 매매수단으로 하는 사례 외에도 牛馬, 棺板 등을 이용하는 사례도 있다. 하지만 이러한 사례는 이들이 단독의 결제수단으로 매매명문에 기재되지 못하고 곡물, 포목 등과 함께 등장하고 있다. 이와 같이 포목, 곡물을 비롯한 다양한 매매수단이 복합적으로 기재되며 매매된 매매명문의 사례는 79건이다.

---

136) 白米는 漢菩薩이라고 한다(權鼈, 『竹所日記』 東人方言).

137) 朝鮮總督府編, 1976, 『朝鮮語辭典』, 亞細亞文化社, 370쪽.
   조와 미는 구분되었다. 현종조 洪重普가 星山 수령일 당시 價布 1匹가가 租는 60斗였으나 作米했을 경우 12斗였다(『顯宗實錄』 8, 顯宗5년 4월 29일 辛酉).

138) 4월 말일 경에 畓에 移秧이 이루어졌다(權鼈, 『竹所日記』, 乙丑年, 四月 二十八日·五月 初三日·初七日·十二日).

139) 麥의 파종은 2월에 이루어지고 있었다(權鼈, 『竹所日記』. 乙丑年 二月 初三日·初五日·初七日·十二日·二十二日 ; 丙寅年 二月 二十七日·二十九日·三十日 ; 三月 二日·十一).

140) 『萬機要覽』 財用編2, 田結 ; 『牧民心書』 3, 奉公, 文報.
   4월에 太를 심었다(權鼈, 『竹所日記』, 乙丑年 四月 初五日·初十日). 豆는 太라고 했다(權鼈, 『竹所日記』 東人方言). 太는 方言으로 黃豆이다(金玲, 『溪巖日錄』, 戊辰六月九日).

141) 權鼈, 『竹所日記』 東人方言.

매매명문에 기재되어진 주요 결제수단의 성격을 정리할 수 있다. 포목의 경우는 마포와 면포를 포함하는 분류이며, 면포는 품질에 따라서 常布를 비롯하여 7~8승목에 이르기까지 매우 다양했다. 곡물은 종류와 품질에 따라 4종으로 구분할 수 있었다. 동전을 이용한 매매는 명문에 '錢文'으로 기록되어 있는 특징이 있다.

2) 행전과 매매수단의 변화

임란 이후 지속적으로 동전의 유통을 시도하였으나 이후 가시적인 성과를 이룩하지 못했다. 1678년(숙종 4) 상평통보의 주조와 유통를 계기로 급속도로 동전이 시장에 유통된 것으로 파악되고 있다. 이러한 현실 속에서도 동전이 매매에 있어서 결제 수단으로 등장한 것은 17세기 말부터였다.

동전의 유통 이전에는 목면을 중심으로 한 포목과 租로 대표되는 곡물이 매매결제 수단으로 널리 유통되는 상황이었다. 매매 결제 수단을 포목과 곡물, 그리고 전문으로 대별하였을 경우 교환수단으로 이용되는 추이를 도표로 나타내면 그림 3-3과 같다.

〈그림3-3〉 賣買明文의 결제수단별 사례분포

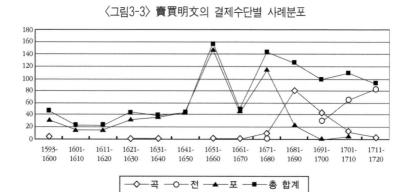

목면으로 대표되는 포목을 이용한 매매는 조선전기 이래 지속적인 보편적 통화로서 이용되고 있었다. 이에 따라 17세기 초까지 포목이 매매 결제수단의 주요 통화로서 기능하고 있음을 알 수 있다. 포목의 화폐기능은 17세기 후반기에 있어 1671~1680년까지는 결제수단 화폐로서 절대적인 빈도수와 비중을 차지하고 있다. 특히 17세기 중엽에는 포목을 이용한 매매의 비중이 극에 달해 절대적인 통용화폐로 사용되었음을 알 수 있다. 매매에 있어 포목류를 이용한 결제수단의 분포를 좀 더 살펴보면, 1650년대의 사례 급증에 이은 1660년대의 급감과 다시 1670년대의 급증이후 지속적인 감소 경향으로 정리될 수 있다. 1660년대에 비록 사례급감 현상은 이었으나 전체 매매사례에 있어서 포목을 이용한 결제 비중은 높은 경향을 유지하고 있음을 알 수 있다.

17세기 중엽 곡물류를 이용한 매매가 증가하면서 포목의 비중은 상대적으로 점차 감소하기 시작했다. 곡물을 이용한 매매는 17세기 중엽까지 간헐적으로 나타나고 있었으나 두드러진 현상을 찾을 수는 없다. 1650년(효종 1) 이후 점차적인 증가세를 나타내고 1681~1690년에는 그 사례가 급격히 증가하면서, 전체 매매에 있어 63.5%를 곡물을 이용해 결제했다. 이는 포목을 이용한 매매가 감소하는 것과 상대적인 현상으로서 매매에서의 결제 화폐가 포목에서 곡물로 전이 된 현상으로 주목된다. 하지만, 곡물을 이용한 매매는 1691년(숙종 17) 43.3%로서 주된 화폐로 기록된 이후 점차 사례와 비중에 있어 감소경향을 나타냈다.

錢文, 즉 동전을 이용하여 매매한 명문은 1660년대 까지 전혀 발견되지 않는다. 1670년대에도 단 한건의 사례만 확인되고 있다. 1678년(숙종 4) 상평통보의 유통 단행이 이루어진 뒤에도 동전을 이용해 노비, 전답의 매매가 이루어지고 있지 못한 것이 현실이었음을 보여주고 있다. 이러한 경향은 1690년(숙종 16)까지 전문을 이용한 매매 사례가 확인되지 않는 사실에서도 알 수 있다. 동전이 17세기 말 신속하게 주된 매매결제

의 화폐로서 이용된 사실은 매매명문에 기재된 결제수단의 시기별 추이
를 비율로 나타낸 그림 3-4를 통해 확인할 수 있다.

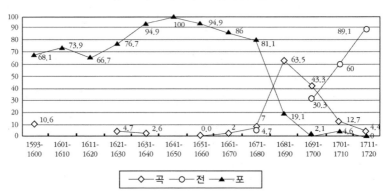

〈그림3-4〉 매매명문의 결제수단별 비율 분포

상평통보의 유통을 계기로 조정에서는 가사, 노비, 전답의 매매는 전문
으로 반액을 거래하도록 강제했다. 뿐만 아니라 매매가의 전액을 은이나
베로써 거래할 경우에는 빗기(斜出)를 허락하지 않도록[142] 했다. 그럼에
도 불구하고 매매에 있어 이러한 규약이 준수되지 않았다. 다만 이러한
동전을 이용한 매매의 강제는 도성 내에서의 매매에 한정되었거나, 이 또
한 잘 지켜지지 않았다고 본다. 이러한 현상은 동전유통 초기 동전이 매
매에 있어 주요 화폐로 시장에 받아들여지지 못했던 사실을 보여준다.

동전을 이용한 매매는 1690년대부터 급증하기 시작했다. 전 시기에는
사례를 찾아볼 수 없었음에 반해 1690년대에는 전체 매매명문 중
30.3%가 동전이 결제 수단으로 기재되어 있다. 이는 매우 급격한 통용
화폐의 전환을 예고하는 것이었다. 1700년대에는 매매결제수단의 60%
가 동전으로 결제되어 동 시기 미곡이 12.7%, 포목이 4.6%였던 것과는

---

142) 『秋官志』「考律部」 行錢事目.

대조적으로 동전이 주된 화폐로 이용되고 있음을 알 수 있다. 1710년대
에는 약 30% 증가한 89.1%의 매매명문에서 동전이 결제수단으로 기록
되어 있다. 동전을 이용하여 매매한 사례와 비중이 급속도로 증가한 것
은 바야흐로 동전이 통화로서 정착되어가고 있음을 잘 보여준다.

  1678년(숙종 4) 동전유통 이후에 일시적으로 곡물을 이용한 매매가
증대되고 면포의 통화 기능이 위축되는 측면이 주목된다. 1681년(숙종
7)에서 1700년(숙종 26)까지 약 20년간은 매매명문에 있어 중요한 결제
수단으로 곡물이 이용되고 있었다. 1691~1700년 사이 전문을 이용한
매매사례가 증대 및 확대 되면서 주된 통화로서의 입지가 미곡에서 전문
으로 전환되었다. 매매명문에 나타난 결제수단의 추이는 1670년(현종
11)까지 면포주도의 매매경향에서 1680~1700년 곡물의 통화가치로서
의 급부상, 그리고 1690년(숙종 16) 이후 동전유통과 주된 통화로서의
기능 확대로 정리될 수 있다.

  매매명문에 있어 결제수단의 추리를 살펴봄에 있어 전체 자료 중 해
남윤씨 소장자료가 차지하는 비중이 550건으로서 약 1/3을 차지하는 점
을 고려할 필요가 있다. 해남 해남윤씨 자료에 반영된 특성이 전체 통계
에 영향을 미칠 개연성이 있다. 즉 해남지역의 동전유통 경향이 다른 지
역의 사례로 일반화 될 소지가 있다는 점이다. 이러한 개연성 여부를 확
인하기 위해 해남의 해남윤씨 사례와 비교 가능한 사례수를 지니고 있는
경상도 지역의 매매명문의 경우를 비교할 필요가 있으며 이는 그림 3-5
와 3-6을 통해 확인할 수 있다.

  해남윤씨 자료를 대상으로 한 자료에 의하면 1680~1690년 사이 미
곡을 이용한 매매의 사례 건수가 급격히 증가하는 양상을 단적으로 잘
보여주고 있다. 이러한 해남의 해남윤씨 사례는 그림 3-4의 경향과 동일
하게 나타나고 있다. 경상도의 자료를 대상으로 검토한 결과에서는
1680~1690년 사이 자료의 사례 부족으로 인해 공백으로 나타나고 있

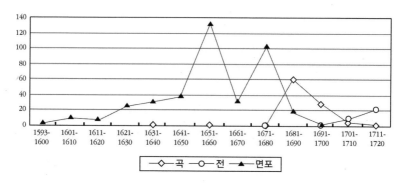

〈그림3-5〉해남윤씨 매매명문의 매매수단 추이

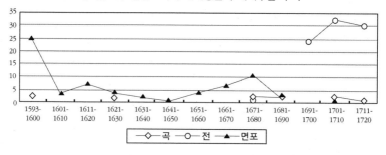

〈그림3-6〉경상도지역 매매명문의 매매수단 추이

다. 다만 면포를 이용한 매매가 1680년대 감소하고 있으며 1690년대 전문을 이용한 매매가 급증한 것으로 보아 해남윤씨의 사례와 유사한 경향성을 보이고 있다고 볼 수 있다. 따라서 17세기 말 동전이 매매에 있어서 주된 화폐로 이용된 현상은 전반적인 경향으로 파악할 수 있다.

3. 매매명문을 통해 본 동전유통권의 변화

매매명문을 바탕으로 한 매매결제 수단의 변화 추이를 살펴봄에 있어, 매매명문이 작성된 지역적 정보를 확보함으로서 지역별 유통 화폐의 변화양상을 추적할 수 있다.

매매명문에는 방매자의 거주지가 기록되어 있거나 관으로부터 발급받은 입안을 통해 거래가 이루어진 지역의 정보를 확인할 수 있다. 생원진사시나 문과 합격자의 경우 방목에도 거주지가 기재되어 있다.[143] 이와 동시에 호구단자, 준호구, 분재기를 비롯한 각종 치부자료와 같은 방증자료와 함께 전해진 매매명문의 경우에는 이들 자료를 통한 검증을 통해 매매명문이 형성된 지역적 배경을 확인할 수 있다.

소장처가 분명하고 매매와 관련한 자료 및 매매주체의 정보를 확인할 수 있는 관련자료가 풍부한 경우에도 매매자의 거주지를 알 수 없는 사례가 많다. 이 경우 문서가 전하는 가계의 역사, 거주지 변동의 사실을 통해 확인할 수 있다. 조선시대에는 처향, 외가를 따라 이거하거나 사환 등의 이유로 거주지가 변동하기도 했다. 그럼에도 17세기 중반 이후부터는 대게 거주지가 정착되는 경향이 있어 세거지가 곧 문서의 형성지가 되는 사례가 다수이다.[144] 매매명문 자료가 전하는 문중의 경우에는 자료의 전래와 관련한 가계의 역사와 문서의 형성과정은 밀접한 관련성을 확인할 수 있었다. 따라서 문중 가전자료의 경우 매매명문이 형성된 지역적 배경을 문중 거주지의 향배를 통해 확인할 수 있다.

방매자와 매득자의 관계를 정리하여 매매자에 따라 자료를 구별했다. 방매자와 매득자의 거주지가 상이한 경우에는 방매자와 매득자의 지역적 배경을 각각 단일 사례로 계산했다. 이는 매매자의 거주지가 상이할 경우 상호간에 매매결제 화폐에 대한 합의가 작용해야 유통화폐가 변화될 수 있다는 전제에 따른 것이다. 다만, 양측의 거주지가 동일한 경우

---

143) 崔珍玉, 1998, 『朝鮮時代 生員進士硏究』, 集文堂.
144) 국립중앙도서관 소장자료 중 원본이 확인된 308건과 규장각 소장 명문 121점을 비롯하여 일본소재 한국고문서(국사편찬위원회, 2002) 80점의 자료가 있다. 이들 509점에 대한 데이터를 입력한 결과 경기, 충청, 강원일대의 토지를 매매하고 있으며 매매자 또한 문기의 기록에 산견되는 바에 의하면 이들 지역에 거주하고 있는 것을 확인할 수 있다.

동일 건으로 분석했다. 매매자료에 대한 지역적 분포를 군현단위로까지 제한하기에는 자료 모집단의 한계가 있음에 따라 각 도별로 구분했다. 분석대상 자료에 대한 도별 분포 현황을 나타내면 표 3-9와 같다.[145]

〈표3-9〉매매명문 자료의 지역별 분포 현황

구분	한성부	경기도	충청도	전라도	경상도	강원도	계
소계	17	21	3	768	244	4	1,057

전체 1,761건의 자료 중 매매자의 거주지 확인이 가능한 1,048건의 사례를 토대로 방매자와 매득자의 거주지가 상이한 사례를 포함하여 1,057사례에 대한 지역적 분포를 정리했다. 전라도가 768건으로 가장 높은 비율을 나타내며, 경상도가 244건으로 그 다음이다. 충청도과 강원도, 한성부 등의 사례는 유의미한 분석 의미를 지니기에 충분하지 못한 상황이다. 전라도의 경우에 있어서도 해남의 사례가 563건으로 가장 높은 빈도를 보이고 있는데, 이는 해남의 해남윤씨 자료가 끼친 영향 때문이다. 이 외에 군현별 분포는 전라도 구례 133건, 경상도 경주 124건이 많은 사례를 나타내고 있다. 구례의 경우 구례 문화유씨의 사례가 많은 비중을 차지하며, 경주는 경주최씨와 경주손씨 자료가 많이 포함되었다.

매매수단의 추이와 경향에서 살펴본 바에 의하면 1690년(숙종 16)을 전후한 시기에 매매명문에서 동전을 이용한 결제가 등장하기 시작하고 있다. 각 도별 매매명문의 분포가 균일하지 못하고 편중된 양상을 나타내고 있으나 매매명문에서 전문을 이용한 매매가 등장하는 사례를 중심

145) 군현별로 정리하면 다음과 같다. 경기도(경기2, 금천14, 마전1, 양천2, 여주2), 충청도(공산1, 서산1, 아산1), 전라도(강진2, 고부2, 광주1, 구례133, 나주2, 남원6, 남평1, 무장1, 부안29, 영광19, 영암1, 운봉1, 임실4, 임피1, 장흥2, 해남563), 경상도(경상1, 경주124, 대구4, 밀양8, 선산5, 안동41, 영주1, 영천3, 영해38, 예안3, 의성1, 인동6, 청도2, 청하1, 합천1), 강원도(고성1, 평창1, 평해1, 횡성1)

으로 각 도별 동전 이용의 추이, 그리고 나아가 군현별 동전을 통한 매매의 양상을 살필 수 있다.

한성부의 경우이다. 한성부 거주자의 매매 사례 18건 중 1644년(인조 22) 한성부에 거주하는 홍참봉댁 노 응남이 해남에 거주하는 이에게 노를 방매하면서 正木으로 결제하는 매매명문까지는 목면으로 결제되었다.146) 1662년(현종 3) 이후에서 1686년(숙종 12)까지의 매매명문에서는 은자, 정은자가 매매결제수단으로 기재되어 있다. 1696년(숙종 22) 한성부에 거주하는 성생원댁 노 차선이 금천에 있는 밭을 매득하면서 정은자와 함께 전문이 매매결제수단으로 등장하고 있다. 한성부에서 1690년대에 동전이 매매의 결제화폐로 등장하지만 보다 많은 사례를 보완 할 경우 이보다 앞선 시기 동전을 통한 매매가 이루어진 근거를 확보할 수 있을 것으로 예상된다. 17세기 말 이후의 매매에서는 전문이 주된 결제수단을 유지하고 있다.

이와 관련하여 1679년(숙종 5) 유학 윤동미가 윤니산댁에 노비4구를 전문 30냥에 방매하는 매매명문이 있다.147) 이 매매명문은 이들 인물이 한양에서 사환할 당시에 작성된 것으로 자료가 가전되고 있는 전라도 해남지역의 매매실상을 반영했다고 보기 어렵다. 오히려 경중, 혹은 경기도에서의 매매실상으로 이 시기를 전후한 시기 畿甸에서는 동전이 유통되고 있는 실상을 반영하고 있다고 본볼 수 있다.

경기도의 사례는 다수의 군현에 소수의 자료가 다량 분포하고 있다. 함양박씨 고문서 중 1702년(숙종 28)에 유학 박세빈이 처남인 유학 이정열에게 밭을 방매한 매매명문이 있다. 이 매매명문에 의하면 박세빈은

---

146) 다만 1629년에 사부 윤선도가 한양에 있으면서 한성부에 거주하는 전찰방 김정립으로부터 비를 매득하면서 백금165냥을 지출한 사례가 확인되는데 이는 한양에서의 거래였다(『古文書集成』 3, 노비문기6).

147) 양주에 있는 조모의 분산을 운구하고자 한다는 내용으로 보아 서울·경기 상황을 반영하고 있다(『古文書集成』 3, 奴婢文記43).

10여 년 전에 금천 구로리에 소재한 8복7부의 밭을 전문 70냥에 매득했음을 알 수 있다. 그 후에 10여 년 동안 경식하다가 부득이한 용처가 발생하면서 1702년(숙종 28)에 처남 이연열에게 그 밭의 하변 4복7부를 전문 25냥에 방매하고 있다. 1702년 매매 당시에도 물론 전문을 이용한 매매를 하고 있으나 이보다 이른 시기 적어도 17세기 말에는 동전을 이용했음을 보여준다.

한편, 이헌창은 1680년대에는 동전을 이용한 전답매매가 제한적이었으나 1690년대에는 경기도의 각지는 물론 충청도 등지로 확산되고 있다고 언급하고 있다.[148] 매매명문을 통해 확인되는 전문을 통한 매매는 1690년(숙종 16) 이후이지만 일찍이 한양을 중심으로 상업이 발달하였음은 물론 화폐유통 정책이 한양에서 집중적으로 추진된 점을 감안한다면 늦어도 1680년(숙종 6)을 전후한 시기 한양을 중심으로 한 경기지방까지 동전이 매매에 이용되었다고 볼 수 있다.

강원도는 삼척지역 고문서에 대한 조사결과를 참고 했을 경우 18세기 이후의 자료에서 지속적으로 전문을 이용해 매매를 하는 양상을 확인할 수 있다. 강원도는 춘천, 원주 일대를 중심으로 한 소위 영서 지방과 삼척 일대의 영동 지방은 동전의 유통에 있어 구분될 필요가 있는데, 영서 지방은 이보다 이른 시기에 동전이 유통되었을 가능성이 높다.

충청도 지역 매매에 있어 동전이용의 추이는 周藤吉之의 연구에 대한 분석을 통해 추적할 수 있다. 그는 일찍이 전답매매명문의 내용분석을 통해 화폐유통 문제에 주목했다. 그는 본인이 수집한 경기·충청 및 강원도 일부지역의 자료를 분석대상으로 설정했다.[149] 그의 자료 분석에 의하면 대체로 강희 20년(1681) 이전은 전답 매매에 있어 목면을 중심으로 포,

---

148) 이헌창, 앞의 논문.

149) 周藤吉之, 앞의 논문. 전체 37건의 자료 중 춘천의 자료가 6건 포함되어 있다. 춘천의 경우 한양과 지근한 거리로서 경기도의 여느 군현과의 차별성을 부여하기 어려운 면이 있다.

곡, 두, 우, 마 등이 교환수단으로 이용되었고, 강희 초년에는 은으로 교환하는 현상이 나타났다고 보았다. 그는 1681년(숙종 7) 이후에 전답 가격은 오로지 동전으로써 표시하고 목면 등의 교환은 점차 희소해진 것으로 규정했다. 이로 본다면 충청도 지역도 畿甸지역 보다는 늦을지라도 적어도 17세기 말에 동전을 이용한 매매가 이루어졌음을 알 수 있다.

전라도의 경우 1696년(숙종 22) 해남에 거주하는 가선대부 송우심은 충의위 최홍립에게 노비를 방매한 후 '京錢' 47냥으로 대금을 지불했다.[150] 1698년(숙종 24) 구례에 거주하는 박귀상이 우상경으로부터 3升 落畓을 매득하고 전문 1냥의 값을 지불했다. 이상의 두 사례는 해남과 구례를 중심으로 추정할 경우 1696년과 1698년에 전문으로 거래되기 시작한 상황을 보여주고 있으며, '京錢'의 사례에서 보듯이[151] 한양의 전문 유통이 지역에 영향을 미치고 있음을 알 수 있다.

전라도에서는 1696년경에 전문을 이용한 매매가 부분적으로 나타나기 시작했으며, 1705년(숙종 31)을 전후한 시기에는 주도적인 결제수단의 역할을 수행하게 되었다고 하겠다.[152] 이러한 경향은 무장의 함양오씨의 경우에서 1697년(숙종 23) 이미 전문을 이용한 매매가 발견되고 있

---

150) 『古文書集成』3, 노비문기25 ; 이에 앞서 숙종 5년의 전문을 통한 매매사례가 있으나 이는 한성부의 상황으로 추정했다(같은 책, 奴婢文記43). 한편, 숙종 10년에는 전라감영에서 주전한 大錢이 京衙門에서 주조된 동전보다 경중의 차이가 현격함에 따라 대동목의 전납에 있어 문제가 발생했다. 즉 지방주전 동전을 돌려보내고 한양에서 주조해 지방에 보낸 동전만 錢納 하는 것을 허용하도록 한 조치가 내려졌다(『承政院日記』303, 肅宗10년 5월 12일 丁丑).

151) 숙종 43년 豊德 소재의 田을 매매하면서 매매가를 '京錢文參拾兩' 밝히고 있다(國史編纂委員會, 1994, 『古文書目錄』Ⅱ, 179쪽 - 明文284). 철종 13년(1862)에 京錢所에서 전라도 무장현에 살던 金孝吉 등에게 발급한 尺文에도 京錢이 나타나고 있다(전북대학교 박물관, 1998, 『박물관 도록-고문서』, 122쪽).

152) 이재수는 해남지방 전답매매명문의 분석을 근거로 해남지역의 경우 전답의 매매가는 1681년 까지는 목면으로 거래되었으며, 1707년부터 모두 錢文으로 거래된 것으로 결론지었다(이재수, 2001, 앞의 논문).

는 점에서도 확인할 수 있다.[153] 1708년(숙종 34)경에 삼남 지역에 대한 收租가 '錢木參半'에 이르렀다는 것은 이미 이보다 앞서 동전이 널리 유통되고 있는 현실을 방증한다.[154]

경상도에서는 1683년(숙종 9) 경주에서 은을 이용한 매매가 등장한 이래 1690년(숙종 16) 전후까지 은을 이용한 전답과 노비를 매매한 명문이 빈번하게 확인된다. 1693년(숙종 19)의 경주지역 매매명문에서 은과 함께 전답을 전문으로 매매한 사례가 확인된다. 특히 경주 지역에서는 1693년 이후 지속적으로 전문을 통한 매매가 이루어졌다. 안동의 경우는 1697년(숙종 23) 전답매매명문에서 전문을 이용한 매매가 확인되며, 이후 전문을 이용한 매매가 일반적으로 나타나고 있다. 금릉(김천)의 연안이씨 자료에서는 1696년(숙종 22) 전답매매에서 전문을 이용한 매매가 등장한 이후 전문을 이용한 매매가 일반화 되었다. 예천의 경우에도 1696년에 노비와 전답을 전문으로 매매한 사례가 확인되고 있다.

17세기 말 매매명문에서 전문, 즉 동전을 이용한 매매 사실이 확인되고 있었다. 이시기는 영남에 대한 전문 유통을 적극 추진하던 시점이기도 했다.

> "신(이조참판 이현일)이 지난달 입시 했을 때 감히 영남에 錢幣의 통용을 앙청하였습니다. (중략) 현재 영남은 상주·예천 등지에서 이미 돈을 통용시켰고 대구도 돈을 비축했다 합니다. 조정에서 대동미·전세·무명의 징수를 돈으로 대신 바치게 하면 거의 이익을 볼 것입니다."[155]

1678년(숙종 4) 동전의 통용이 있은 후 1691년경에 이르러 영남의 상주, 예천, 대구를 중심으로 동전유통이 모색되고 있는 상황을 언급하고 있다. 매매명문에서 영남지역의 동전 이용 경향은 이와 관련이 깊다고

---

153) 전북대학교부속박물관, 1986, 『전라도 무장의 함양오씨와 그들의 문서(Ⅰ)』.
154) 『備邊司謄錄』 59, 肅宗34년 1월 19일.
155) 『備邊司謄錄』 45, 肅宗17년 11월 14일.

할 것이다.

황해도 지역의 동전유통의 실상은 매매명문이 아니라 일기자료를 통해 엿볼 수 있다. 1696년 황해도 암행어사의 소임을 맡은 박만정의 일기인『海西暗行日記』에 의하면 이 당시 황해도 지방에서 동전이 민간의 매매에 활용되고 있음을 알 수 있다.156) 목면을 팔아 전문을 마련하거나 전문을 기준으로 미가를 계산하였을 뿐 아니라 행자를 전문으로 지출했다. 그리고 그는 書啓에서 白川, 信川, 新溪, 康翎, 松禾, 殷栗 등지의 고을에서는 속전, 공물매매, 군포수납 등을 비롯한 관청재정을 전문으로 확보하고 있음을 알 수 있다. 이로서 17세기 말에 황해도지역에도 동전이 활발히 유통되고 이용되었음을 알 수 있다.

한편, 동전유통이 다른 지역보다 늦게 허용되거나 유통된 사실이 확인된다. 관서지방 중에는 '關西江邊'의 경우, 미곡과 포목을 이용한 매매가 18세기 중엽까지 성행했다. 1731년(영조 7)이 되어서야 동전을 이용해 매매하도록 강제하게 되면서 이 지역에 동전이 유통되게 되었다.157) 동전유통이 19세기까지 제한된 지역도 있었다. 함경도의 단천 이북 지역은 19세기 초까지 동전의 통용을 제한하고 있었다.158) 제주도의 경우에는 19세기가 되어서야 비로소 동전을 이용한 매매가 확인된다.159) 1719년(숙종 45) 제주도에 대한 주전 논의가 제기되기도 했으나 당시 '絶島에서 주전할 경우 간교한 폐단이 생길' 우려가 있다는 지적에 따라 중단되고 말았다.160) 이후 19세기 매매명문에서 전문을 이용한 매매사실을 확인할 수 있다.

---

156) 朴萬鼎著·李鳳來譯, 1976,『海西暗行日記』, 高麗出版社.
157)『英祖實錄』29, 英祖7년 6월 4일 乙未 ;『承政院日記』, 英祖7년 6월 4일 乙未·5일 丙申·16일 丁未·20일 辛亥.
158)『萬機要覽』財用編, 錢貨條.
159) 高昌錫, 2002,『濟州道古文書研究』, 世林.
160)「肅宗實錄」64, 肅宗45년 10월 17일 丙辰 ;「承政院日記」519, 肅宗45년 10월 17일 丙辰.

한성을 비롯한 경기와 충청도 지역에서는 1680년대, 혹은 1678년(숙종 4) 상평통보의 유통 이후 비교적 빠른 시기에 동전이 보급되고 유통되었다고 본다. 이는 1678년 동전이 유통되기 이전부터 조정차원에서 여러 차례 지속된 동전유통 정책에 대한 효과와 더불어 한양을 중심으로 한 일대의 활발한 상업적 활동과 관련이 깊다고 본다.161) 경상도는 1690년대 초, 전라도는 1690년대 후반에 매매명문에 동전을 이용한 모습이 나타난다. 이로서 17세기 말에는 삼남을 비롯한 전국의 대부분지역에서 토지와 노비의 매매에 있어서 동전이 이용되고 있었다.

4. 행전을 전후한 매매양상의 추이

매매명문을 대상으로 동전유통과 그로 인한 매매관행의 변화 현상을 살펴 볼 수 있다. 이를 위해 년, 월별 매매의 추이와 매매과정에서 제시된 매매사유 등을 중심으로 검토한다. 분석대상 자료 중 문서의 작성연대가 정확하지 않은 자료는 제외했다. 이를 바탕으로 1600년(선조 33)에서 1720년(숙종 46) 사이에 작성된 매매명문을 대상으로 10년 단위로 연도별 자료의 분포 현황을 정리하면 표 3-10과 같다.

〈표3-10〉 연도별 매매자료의 분포 현황

연도	1600~ 1610	1611~ 1620	1621~ 1630	1631~ 1640	1641~ 1650	1651~ 1660	1661~ 1670	1671~ 1680	1681~ 1690	1691~ 1700	1701~ 1710	1711~ 1720	총계
자료	56	62	65	58	68	191	92	235	203	224	226	281	1,761

---

161) 숙종조 동전의 유통은 한양을 중심으로 통용한 뒤 외방에 파급시키는 방향이었다. 숙종 5년경에 이르러 중외 동전유통 문제가 논의되고 있다(『備邊司謄錄』 35, 肅宗5년 4월 20일). 그리고 외방에 대해 비로소 동전이 통용된다는 분위기는 숙종 15년을 전후하여 나타나고 있다(『備邊司謄錄』 43, 肅宗15년 9월 8일).

분석 대상이 된 자료는 1600년 이후 17세기 중엽까지 큰 변함없이 정체된 후 효종재위기간인 1650년대에 191건으로 1640년대의 68건에 비해 2.8배 급증했다. 이러한 상승세는 1660년대 92건으로 일시적인 감소를 겪은 후 1671년(숙종 12) 이후부터 다시 지속적인 상승세를 나타냈으며, 18세기 초에는 281점으로 극에 달했다.

분석대상 자료의 분포는 자료의 보존 및 전래 문제와 관련한 현상으로 볼 수도 있지만 17세기 중엽 이후 흉년으로 인한 貧寒 문제, 納稅의 변화 등의 요인이 일부 작용한 측면이 있었다. 뿐만 아니라 大同法의 실시와 연계하여 錢納을 실시하면서 동전의 마련을 위한 매매가 이루어진 측면이 있었다. 1678년(숙종 4)의 전국적인 행전의 이루어진 이후 1690년을 전후한 시기 지방에서의 행전이 본격화되는 시점에서 분석대상 자료가 증대한 것은 주목되는 현상이다. 동전의 가치저장 수단으로서의 활용, 태환에 대한 신인도 확보 등으로 인한 화폐로서의 동전에 대한 신뢰 문제는 물론 息利를 위한 동전의 활용 문제 등으로 인한 영향으로 인해 행전이 매매 증대에 영향을 미쳤을 가능성이 있다.

동전의 유통을 계기로 한 월별 매매관행의 변화와의 관련성을 추적하기 위해 자료를 월별로 계열화 했다. 작성 연대 및 월에 대한 기록이 결락 등으로 인해 확인하기 어렵거나 기록되어 있지 않은 사례 44건은 분석대상에서 제외했다.[162] 매매가 성사된 후 시일이 경과하여 매매명문을 작성했다고 밝힌 명문이나,[163] 입안의 경우 점련된 매매명문이 결락

---

[162] 작성월일을 기재하지 않은 사례는 2건이다. 국립중앙도서관 고문서(古朝51-다87-86)와 고문서집성 토지명문이다(韓國精神文化研究院, 1997, 『古文書集成』 32 - 慶州 慶州孫氏篇, 563쪽, 土地明文148번).

[163] 월별 분석에 있어서 『古文書集成』 3, 土地文記488번의 경우는 병인년(1686)의 매매에 대해 1715년에 다시 문서를 작성한 사례로서 특징적이다. 『古文書集成』 2, 明文28의 경우도 갑신년(1704)의 매매에 대해 1709년에 다시 작성한 문서이다. 『慶北地方古文書集成』, 粘連文記 297 權晊粘連文記의 매매명문 중에는 壬子年(1672)의 매매에 대해 1698년에 명문을 작성한 내용을 토대로 재

된 사례도[164) 분석대상에서 제외했다. 이상의 사례를 제외한 분석대상 전체자료는 1,698건이다. 이들을 대상으로 월별 매매 사례의 분포를 정리하면 그림 3-7과 같다.

〈그림3-7〉 매매자료의 月別 분포 추이

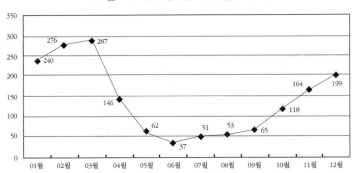

매매빈도의 저점은 6월로서 37건이며, 최고점은 3월의 287건이다. 전체적인 매매추이는 7월 이후부터 9월까지의 완만한 증가세에 이은 10월에서 3월까지의 급격한 증세, 그리고 6월까지의 급락으로 정리할 수 있다. 4월에서 9월 사이의 매매의 경향은 4월의 하락경향과 6월의 최저점을 제외하면 5월 이후 60건 내외의 매매건수를 나타내며 매매 정체기로 볼 수 있다. 매매가 전월에 비해 눈에 띄게 증가한 10월부터 이듬해 3월까지 약 5개월 동안 집중적으로 매매가 이루어졌다. 10월 이후의 상승세는 私債·還上·身貢緋衲을 비롯하여 흉황과 가난 등이 중요 매매요인으로 기록되고 있다.

구성했다.

164) 崔承熙, 2002, 「天理大學所藏韓國古文書－奴婢文記1」『日本所在 韓國古文書』, 國史編纂委員會, 218~219쪽 ; 서울大學校 奎章閣, 2006, 『古文書』30, 410~411쪽, 奴婢·自賣文記55.
노비자매문기의 경우는 매매내용 재구성 과정에서 매매가 이루어진 月에 대한 정보를 확인할 수 없어 이에 대해서는 미상으로 처리했다.

　월별 매매추이의 변화에 있어서 윤달의 매매사례는 19건에 불과하다.
윤달매매의 사례가 다른 달과 큰 차이를 나타내고 있는데, 이는 윤달이
2～3년에 한번 돌아온다는 특징을 고려할 필요가 있다. 윤2월은 1600년
(선조 33)에서 1720년 사이 단 3회뿐이다.[165) 이들 19건의 사례에 대한
검토 결과 매매가 윤달에 특별이 성행하거나 기피되어진 특별한 개연성
을 찾을 수는 없었다.

　동전의 유통을 계기로 이를 전후한 월별 매매추이의 변화양상을 살펴
본다. 이미 살펴본 바와 같이 매매명문의 사례에서는 1690년(숙종 16)
이후 동전을 이용한 매매가 주도적인 경향으로 나났다. 이를 바탕으로
1690년 이전을 실질적인 행전 이전의 단계로, 그리고 그 이후를 행전 이
후로 설정하여 행전을 전후한 시기의 매매명문을 토대로 한 매매관행의
추이를 살펴볼 수 있다. 1,698건의 매매명문을 토대로 행전을 전후한 시
기 월별 매매건수와 그 비율의 추이를 표로 나타내면 그림 3-8, 3-9와
같다.

〈그림3-8〉行錢前後 월별 매매 건수

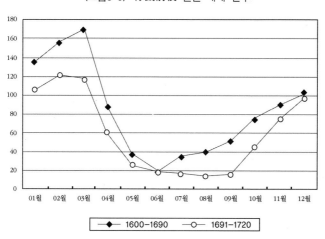

165) 윤2월이 존재하는 해는 1602년 1621년 1670년뿐이다(韓甫植 編著, 1987, 『韓國
　　年歷大典』, 嶺南大學校出版部).

〈그림3-9〉 行錢前後 월별 매매사례 비율

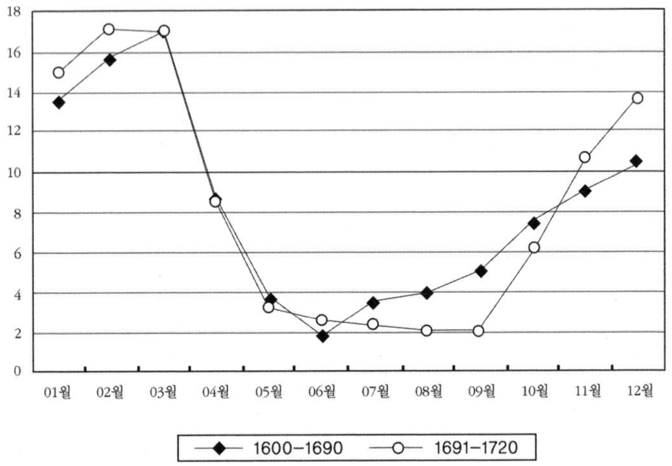

— ♦ — 1600-1690   — ○ — 1691-1720

〈표3-11〉 行錢前後 월별 매매건수와 비율의 추이

연도	01월	02월	03월	04월	05월	06월	07월	08월	09월	10월	11월	12월	전체
1600~	135	156	168	86	38	19	35	39	50	75	90	102	993(건)
1690	13.6	15.71	16.92	8.66	3.83	1.91	3.52	3.93	5.04	7.55	9.06	10.27	100(%)
1691~	105	120	119	60	24	18	16	14	15	43	74	97	705(건)
1720	14.86	16.97	16.83	8.49	3.39	2.55	2.26	2.12	2.12	6.08	10.6	13.72	100(%)

그림 3-8은 행전을 전후한 시기 월별 매매사례의 추이를 나타낸 것이며, 이를 바탕으로 연간 전체사례에 대한 월별 매매사례의 비율의 추이를 묘사한 것이 그림 3-9이다. 그림에 대한 자료 분포 현황은 표 3-11이다.

매매 사례와 빈도에 대한 월별 매매 추이는 유사하게 나타나고 있다. 대체로 4월에서 9월은 매매의 감소기 및 정체기로 나타났다. 그림 3-9를 통해 동전유통 전후한 시기 월별 매매관행의 변화상을 보다 분명하게 확인할 수 있다. 1600~1690년 사이에 형성된 매매명문을 통해 3월부터 급격한 매매빈도의 하향세로의 전환과 6월 최저점, 그리고 이후의 완만한 상승세를 확인할 수 있다. 1691~1720년에 작성된 매매명문의 감소

경향은 3월 이후 9월까지 이어지고 10월부터 가파른 상승세로의 전환을
확인할 수 있다. 이러한 경향은 다소의 차이는 있으나 6월 이후 3월까지
의 지속적인 매매사례의 증가와 4월에서 6월까지의 가파른 감소세로 정
리된다.

　동전유통 이후의 매매관행의 변화 측면에서 살펴보았을 때, 1691년
(숙종 17) 이후의 사례에서는 6월을 기준으로 9월까지 줄어드는 경향인
반면, 1690년 이전의 경우는 6월 이후부터 지속적인 상승세로 나타나는
차이가 있다. 특히 동전의 유통 이후 연간 전체매매에서 7월에서 10월
사이의 매매사례가 차지하는 비율이 동전유통 이전의 경우 보다 낮게 나
타나고 있다. 더불어 11월~2월 사이의 매매 비중은 행전 이전보다 행
전 이후가 더 높다. 토지, 가사, 노비 등의 매매를 대상으로 한 분석임에
따라 이러한 변화에 대한 원인은 다양하게 해석 될 수 있으나, 동전의
유통으로 인한 상대적인 하절기의 매매빈도 감소와 동절기의 매매빈도
증대도 있었음을 방증한다고 볼 수 있다.

　노비와 전답 등 매매대상물에 따른 연도별, 월별 매매추이의 특징과
동전유통 문제와의 관련성을 살펴볼 필요가 있다. 대상자료 1,698건을
대상으로 매매대상에 따라 노비, 전답, 가사로 구분한 분포 현황은 표
3-12와 같다.166)

---

166) 작성 연월일 미상 44건을 비롯하여 閏月 19건을 포함하고 있다. 자료의 현황을
　　정리하면 아래와 같다.

구분	노 비			전 답			家舍	기타	총계
	노	비	노비	전	답	전답			
건수	63-5=58	59-3=56	74-2=72	375-17=358	1,031-29=1002	60-5=55	72-2=70	27	1,698
소계	186			1,415			70	27	

〈표3-12〉 매매물에 따른 시기별 자료 분포현황

매매물 연도	노 비 매 매				전 답 매 매				가사 매매	기타
	노	비	노+비	계	전	답	전+답	계		
1600-1610	2	4	5	11	12	20	5	37	3	3
1611-1620	4	1	5	10	17	26	2	45	1	1
1621-1630	3	2	4	9	9	39	1	49	5	1
1631-1640	3	1	1	5	10	36	3	49	3	1
1641-1650	2	2	0	4	12	43	4	59	1	1
1651-1660	0	3	7	10	37	124	4	165	9	2
1661-1670	3	2	4	9	15	53	2	70	5	3
1671-1680	4	8	8	20	59	128	7	194	10	3
1681-1690	8	9	7	24	38	121	3	162	7	2
1691-1700	10	10	8	28	52	118	7	177	7	1
1701-1710	9	7	10	26	41	128	10	179	9	3
1711-1720	10	7	13	30	56	166	7	229	10	6
총 계	58	56	72	186	358	1,002	55	1,415	70	27

노비매매의 경우 노와 비, 그리고 노비를 함께 매매한 경우를 구분했으며, 전답매매도 전과 답을 구분하여 매매한 사례와 전답을 일괄 매매한 사례로 나누었다. 가사매매의 경우는 모집단의 부족으로 인해 특별한 경향성을 발견하기 어려운 한계가 있다.

노비매매에 있어 시기별 매매사례의 추이를 나타내면 그림 3-10과 같다. 노와 비로 구분하여 연도별 매매경향의 추이는 모집단이 많지 않아 특성을 찾기 어렵다.167) 다만 노비 매매사례 전체를 대상으로 한 시기별 변화에 있어서는 전반적으로 1650년(효종 1) 이전의 감소세에서 1651년(효종 2) 이후 상승세로 전환하고 있다. 이러한 현상과 관련한 동전유통 문제와의 개연성을 발견할 수 없다.

---

167) 1651~1660년간에는 奴의 매매 사례가 발견되지 않는다.

〈그림3-10〉 연도별 노비매매 사례의 추이

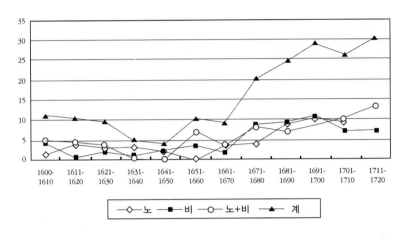

전답에 대한 연도별 매매사례의 추이를 그림으로 나타내면 그림 3-11
과 같다. 전과 답을 구분하여 매매사례의 연도별 변화양상을 살펴본 결
과 1650년(효종 1) 이후 매매명문의 사례가 증가하는 유사한 경향성이
나타났다. 전답에 대한 매매 사례는 증가세 속에서도 1651~1660년 사
이 급격한 증가, 1661~1670년 사이에 급격한 일시적 격감현상이 나타
났다.168) 1671~1680년 사이 다시 1650년대의 증가세를 회복한 후
1680년대 소폭 감소가 있기는 했으나 증가세는 지속되었다. 이러한 연
도별 노비와 전답의 매매명문 사례의 추이는 동전의 유통 문제와 관련성
을 발견하기 어려운 측면이 있다.

---

168) 이 시기는 현종재위 연간이기도 했다.

〈그림3-11〉 연도별 전답매매 사례의 추이

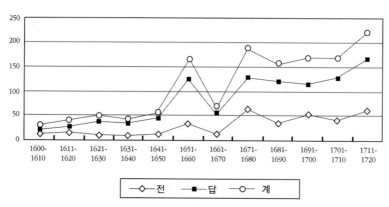

월별 노비와 토지의 매매 양상의 변화를 1690년(숙종 16)을 기준으로 한 행전 전후로 구분하여 추적할 수 있다. 노비매매명문을 대상으로 한 월별 노비매매 사례의 추이를 나타내면 그림 3-12와 같다. 노와 비에 대한 매매명문을 분리하여 월별 매매추이를 살펴보기에는 모집단의 규모가 작고 그에 따른 경향성을 발견하기 어렵다. 1600～1690년 사이의 매매명문을 대상으로 할 경우 월별 최다 사례가 2월의 15건에 불과하다.169)

행전을 전후한 시기 구분 없이 노와 비, 그리고 노비의 매매를 포괄하는 186건의 사례를 통해 모집단의 규모를 보완하여 노비매매의 월별 경향을 살펴 볼 수 있다. 이 경우 10월～4월까지 상대적으로 노비의 매매 사례가 높게 나타난다. 이는 농번기에는 노비의 노동력 소요에 따라 매매 감소하였고 농한기에 매매가 빈번했다고 볼 수 있으나 동전유통과의 관련성은 낮다.

---

169) 1600～1690년간 2월의 사례가 15건이다. 1691～1720년의 경우는 3월의 사례가 14건으로 최다이다.

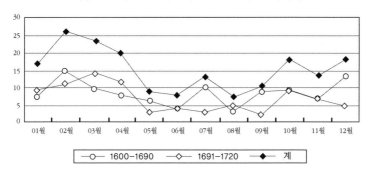

〈그림3-12〉 행전을 전후한시기 월별 노비매매의 양상

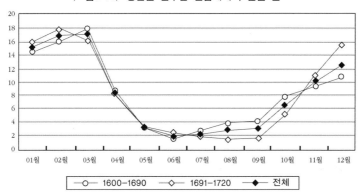

〈그림3-13〉 행전을 전후한 전답매매의 월별 분포

　전답매매와 관련해서는 전답매매 전체 자료를 대상으로 하거나 전과 답에 대한 매매 사례의 구분을 통한 매매경향의 추이를 살펴볼 수 있다.

　전답의 매매와 관련한 월별 매매의 분포현황은 전답매매명문 전체를 대상으로 표현하면 그림 3-13과 같다. 1600～1690년 사이 행전 전과 1691～1720년 사이 행전 후의 사례 분포는 그림 3-8 및 3-9와 유사한 경향을 나타내고 있다. 이러한 결과는 전체 매매명문 중 전답매매와 관련한 자료의 비중이 전체사례 중 83.3%를 차지하는 상황이 반영된 측면이 있다. 그럼에도 불구하고 이미 언급한 바와 같이 동전유통으로 인한 요인도 있었다.

〈그림3-14〉 전과 답의 월별 매매자료 분포비율의 추이

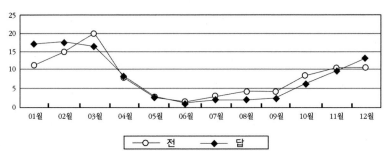

전답 매매에 있어 전 혹은 답에 대한 매매에 있어 월별 매매 추이의 차이, 그리고 동전유통을 전후한 전과 답의 월별 매매추이의 변화 양상을 검토할 수 있다.

전과 답을 구분하여 월별 매매사례의 추이를 타나내면 그림 3-14와 같다. 田은 3월에 연간 매매 중 19.8%가 이루어지면서 매매비중의 정점을 기록한 이후 6월까지 매매사례가 가파르게 감소했으며, 7월부터 완만하고 지속적인 증가세를 보이고 있다. 10월에서 3월 사이에 전체 밭 매매의 75.7%가 이루어졌다.

畓의 매매사례에 있어서도 3월에서 6월까지의 매매 빈도와 비율의 감소 경향에 이은 7월에서 9월까지의 완만한 상승세가 나타나는 것은 밭과 유사한 경향이다. 다만 10월 이후의 매매 비중의 증대는 12월까지 지속되고 1월에서 3월 사이 16~17%의 비중을 유지하며 정체된 국면을 나타내고 있다. 이러한 현상은 밭의 매매 사례에서 1월~3월까지 지속적으로 상승하고 3월에 정점을 나타낸 것과는 다소의 차이가 있다. 논의 매매는 10월 이후에서 3월까지 연간 매매의 80.6%가 이루어졌으며, 이 중에서도 1~3월이 전체의 51.19%를 점하고 있다. 전과 답의 월별 매매 경향은 12월~3월 사이에 집중되었으며, 6~9월 사이의 매매는 상대적으로 낮게 나타났다.

〈그림3-15〉 행전을 전후한 전의 월별 분포비율

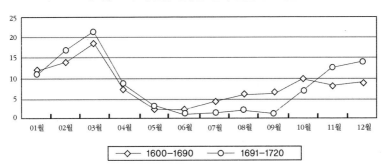

행전을 전후한 시기 토지 매매의 변화를 전답별로 구분하여 살펴볼 수 있다. 행전 전후를 기준으로 월별 밭의 매매 분포비율은 그림 3-15와 같다. 밭의 매매는 1690년(숙종 16) 이전 동전이 유통되기 전의 경우에는 비록 4월~9월까지 매매 빈도가 낮은 경향임에도 불구하고 전체적으로 6월 이후부터 매매가 증가하여 3월까지 지속적인 증가가 이루어졌음을 알 수 있다. 이러한 경향 속에서 4~5월 매매비율이 급감했다. 월별 매매 비율은 행전 이전에 1~3월 사이의 매매가 연간 매매의 44%를 점했으며, 특히 10~3월 사이의 매매가 연간 매매 중 71.3%였다. 1년 중 3월이 연간 매매의 18.7%가 이루어져 가장 비중이 높다.

행전 이후의 경향은 4월~9월 사이 매매의 빈도가 낮게 나타난 뒤 10~3월 매매비중이 높아 행전 이전의 경향과 큰 차이를 보이지 않는다. 그러나 그 비율의 추이에 있어서는 행전 이후 연간 매매에 있어 4~9월의 매매 비중이 감소하고 10~3월의 빈도가 높은 차이를 나타낸다. 1~3월에 연간 매매의 49%가 집중되었으며, 10~3월의 매매가 81.9%이다. 월간 매매비율에서 정점을 기록한 3월은 21.5%였다. 田의 매매 사례에서 행전 이후에는 10~3월에 행전 이전보다 매매가 집중되었으며, 특히 1~3월의 매매가 절반가량 이루어진 특징이 있다. 그리고 행전 이전에는 6월의 매매 저점 이후 점진적인 매매 빈도의 증가 경향이었음에 반해

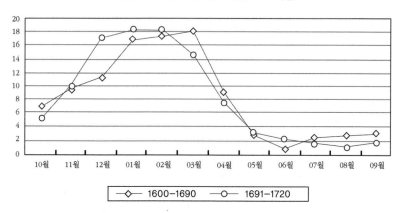

〈그림3-16〉 행전전후 답의 월별 매매비율

행전 이후 6월에서 6~9월 사이 매매정체기가 나타났다.

행전을 전후한 시기 畓의 월별 매매의 분포비율은 그림 3-16과 같다. 1690년(숙종 16) 이전의 경우, 10월에서 3월까지 매매사례가 가파르게 증가한 이후 4월부터 다시 급감하기 시작하여 6월에 저점을 이루었으며, 9월까지는 매우 완만히 증가했다. 분포의 비율에 있어서도 10~3월 사이 연간 매매 중 79.1%의 매매가 이 시기에 이루어졌다. 3월에는 17.97%로 정점을 기록하여 1~3월 사이에 연간 매매의 51.7%가 이루어졌다. 행전 이후에는 10~3월 사이에 연간 매매의 82.3%가 성사되었으며, 이 중 12~2월의 매매가 52.7%였다. 10~3월 사이에 매매가 집중되는 현상은 행전 전후에 관련없이 변함이 없다. 다만 전체의 절반 이상 매매가 이루어진 시점이 행전 이전에는 1~3월이던 것이 행전 이후에 12~2월로 약 한 달의 시차를 보이고 있다.

Ⅲ. 貢物文記에 나타난 결제화폐의 추이

17세기 후반 동전의 유통에 앞서 토지매매 등의 사례에서와 같이 은이 화폐로 이용되었다. 이와 관련하여 공물권의 매매 등과 같은 고액거래에 은자의 이용과 그 화폐의 변화 추이를 살펴볼 수 있다.

은을 이용한 매매는 서울에서 이미 16세기 말에서 17세기 초에 다수 사용된 것과는 달리 경상도와 전라도 지방에서는 17세기 말에야 사용되었다.170) 매매명문에서 은자를 사용한 거래는 17세기 말에 나타나고 있었다. 토지매매 보다 고가의 거래인 공물권의 매매에 있어 결제화폐로 이용되는 양상을 은자에서 동전으로 전환되는 문제와 관련하여 검토한다.

공물권의 매매와 관련한 이른바 '공물문기'는 국립중앙도서관과 서울대학교 규장각한국학연구원 소장 공물문서와 공인문서로 분류된 자료가 있다.171) 공물문기로 분류된 자료 중 공물의 매매를 대상으로 하지 않거나, 매매대상이 공물권의 매매로 확정하기 어려운 경우에 대해서는 분석대상에서 제외했다.172) 공물문기의 성격을 확인할 수 있는 분석대상 자료는 모두 557건이다. 국립중앙도서관과 규장각 소장 공물문서와 공인문서에 대한 시기별 매매수단의 추이를 정리하면 표 3-13과 같다.

---

170) 이정수, 앞의 논문, 118쪽.
171) 국립중앙도서관, 1973, 『국립중앙도서관 고문서해제』Ⅱ ; 서울大學校奎章閣, 2004, 『古文書』29 - 私人文書·貢人文書等.
172) 國立中央圖書館 청구기호 : 우촌古文2102.5-42 貢物文書(목록 35번). 향교통문에 대한 목록의 경우 제외했다. 입의의 사례도 제외했다(87, 89번 자료).

〈표3-13〉 공물문서와 공인문서에 나타난 결제수단의 추이

비고	17세기후반		18세기전반		18세기후반		19세기전반		19세기후반		총 합계	
	사례	%	사례	%	사례	%	사례	%	사례	%	사례	%
錢文			13	10.7	45	23.1	80	44.0	42	89.4	180	32.3
銀子	10	90.9	103	84.4	118	60.5	74	40.7	5	10.6	310	55.7
銀子·錢文					2	1.0	1	0.5			3	0.5
白木	1	9.1									1	0.2
未詳			6	4.9	30	15.4	27	14.8			63	11.3
계	11	100	122	100	195	100	182	100	47	100	557	100

매매에 있어서의 결제 화폐를 은자와 전문으로 크게 구분하여 살펴볼 수 있다. 이 경우 17세기 후반에서 18세기 까지는 은자를 매개로 한 거래가 압도적이다. 19세기 전반은 결제화폐에서 은자와 전문의 비중이 비등한 상황에서 전문의 비중이 높게 나타났으며, 19세기 후반에 이르러 전문을 매개로한 결제가 은의 비중을 능가했다.[173]

공물권의 매매와 같은 토지매매보다 더 큰 규모의 거래에서는 은자가 18세기 까지 고액 화폐로서 주된 결제 수단으로 기능했음을 알 수 있다. 19세기에 이르러 동전으로 전환되었으나 여전히 은자가 함께 이용되고 있었다. 17세기 후반부터 동전이 유통되었다고 보았을 때 소규모의 거래에서는 동전 활용이 비교적 이른 시기에 빠르게 확산되었으나 공물권의 매매와 같은 규모가 큰 거래에서는 18세기까지 여전히 은이 주요 화폐로 이용되고 있음을 알 수 있다.

공물을 매매하는 사유가 밝혀진 문서를 통해 은자를 화폐로 이용하는 배경과 범위를 추정할 수 있다. 공물문기에 기재된 매매사유는 '要用所致'가 일반적이지만 부채나 貢物對答를 이유로 제시한 사례도 확인된다.

---

173) 이헌창, 2006, 『화폐와 경제 활동의 이중주』, 국사편찬위원회.

18세기 초까지의 사례 중 부채로 인한 매매의 경우를 살펴본다. 1658년(효종 9) 시비 옥지는 家夫가 병환으로 세상을 떠나자 喪需와 매장에 소요되는 물품을 마련하기 위해 은자를 대출받았다. 그녀는 대출 은자를 상환할 길이 없게 되자 경상도 봉화의 공물권을 正銀子 60냥에 異姓四寸弟 난영에게 방매했다.174) 1683년(숙종 9) 형기석이 부모의 장사를 지내는 과정에서 부채가 발생하자 공물권을 방매했다.175) 1709년(숙종 35)에는 故上護軍 金錫昌의 妻 李氏와 그의 子壻들은 경상도 선산관 호조 공물 중 大同廳 陳省 7張을 이천근에게 팔았다. 본 공물권은 김석창이 1660년(현종 1) 방두완으로부터 매득한 것이었지만 1708년(숙종 34) 김석창이 세상을 떠나면서 처 이씨를 비롯한 아들과 사위가 장사를 위해 貸債를 한 후 상환할 길이 없게 되자 방매했다.176) 1718년(숙종 44) 김인걸은 김극령에게 司宰監貢案付 호남 영광관 공물권을 丁銀子 180냥에 방매했다. 김인걸이 방매한 공물은 先妣가 생시에 매득한 것이었지만, 그의 어머니 상례 과정에서 부채를 지고 해마다 利息이 증가하자 감당하지 못해 방매했다.177)

貢物對答의 어려움으로 인한 매매도 있었다. 1725년(영조 1) 세상을 떠난 방필도의 아내 김씨는 신지검에게 봉상시 대답공물을 방매했다. 그녀는 봉상시에 납입할 공물인 中脯를 달리 措備할 길이 없는 것이 방매의 사유라고 밝혔다.178) 이 외에도 매매사유 '他貢物 移買次'와 같이 이매를 목적으로 한 사례도 확인된다.179) 이와 같이 17~18세기 동안 은

---

174) 國立中央圖書館 청구기호 : 우촌古文2102.5-8 貢物文書.
175) 國立中央圖書館 청구기호 : 우촌古文2102.5-10 貢物文書.
176) 國立中央圖書館 청구기호 : 우촌古文2102.5-14 貢物文書.
177) 國立中央圖書館 청구기호 : 우촌古文2102.5-24 貢物文書.
    1719년 貢物文記에도 母主初喪時 負債를 이유로 司宰監貢案付 京畿 廣州官 燒木 1,400斤 貢物을 매매하는 내용이 있다(國立中央圖書館 청구기호 : 우촌古文 2102.5-25 貢物文書).
178) 國立中央圖書館 청구기호 : 우촌古文2102.5-36 貢物文書.

〈그림3-17〉貢物文記의 실례*

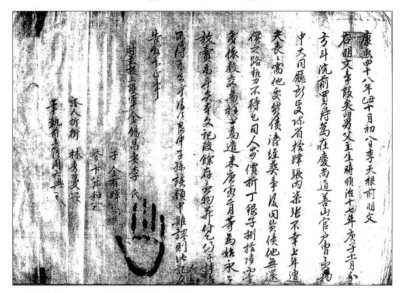

* 國立中央圖書館 청구기호 : 우촌古文2102.5-14

자도 부분적으로 고액거래의 결제뿐만 아니라 부채 상환 등의 이유로 화
폐로 여전히 기능하고 있음을 알 수 있다.

임란 후 은의 사용은 호조의 재정 운영에 있어 매우 중요한 부분을
차지하고 있었으며,[180] 대 중국 무역의 결제는 물론 사신의 행차를 위한
비용 조달에 있어 중요한 비중을 차지했다.[181] 토지와 노비 등의 매매명
문에 있어서도 은이 교환수단으로 등장하고 있다. 조선후기 은이 공식적
인 결제수단으로서 기능하고 있었음을 알 수 있다.

---

179) 국립중앙도서관 문서 중 78번, 94번, 97번 등의 사례.
180) 박소은, 2003, 「17·18세기 호조의 銀 수세 정책」『韓國史研究』121, 韓國史研
　　究會 ; 박소은, 2004, 「17세기후반 호조의 재정수입 확보책」『朝鮮時代史學報』
　　31, 朝鮮時代史學會.
181) 한명기, 2001, 『임진왜란과 한중관계』, 역사비평사, 214~223쪽.

16세기 중엽, 특히 임란을 전후한 시기 상인층이나 국가의 재정에 있어 은이 유통되기 시작했다. 조선후기 동안 상인층은 물론 국가 재정의 운영에 있어 은은 중요한 화폐로 기능하고 있었다. 더불어 공물권의 매매와 같은 고액거래에 있어 동전과 더불어 결제화폐로 조선후기에 이용되고 있었다.

Ⅳ. 행전과 洞契 운영의 변화

동계, 족계를 비롯하여 서원 등의 단체의 운영에서 재원의 운영에 대한 회계는 유통 화폐의 영향이 반영되어 있으며, 이러한 실상은 '傳與'의 과정을 정리한 고문서를 통해 확인할 수 있다.

각종 계의 운영은 전답을 바탕으로 계금을 조성하여 운영되었다.[182] 포목과 곡물을 중심으로 회계를 진행하고 이러한 실상이 각종 '傳與記'나 '扶助記' 등에 남겨졌다. 17세기 후반 동전의 유통 이후 이들 계에서 남긴 계문서에서 동전을 이용한 실상은 18세기 후반부터 확인된다.

상례의 부조에 있어서는 포목, 백지, 건어물 등이 지출되었다고 회계 기록에 등장하고 있으며, 18세기 중엽 이후부터 이러한 현물과 더불어 전문이 함께 이용되었음을 확인할 수 있다.[183] 계금의 운영 부분에 있어

---

182) 족계, 동계의 연원과 고문서적 성격에 대해서는 아래의 논고를 참고바람.
　　鄭求福, 2000,「韓國 族契의 淵源과 性格」『古文書硏究』16·17, 韓國古文書學會.
183) 1717년까지는 전답으로 운영하다가 1758년의 완의에서 貸錢의 운영모습이 보인다(『古文書集成』77, 齋舍完議, 449~466쪽). 부조는 1745년의 상례에 전문으로 부조하는 사례가 있다(『古文書集成』77, 佳道谷祔葬考位不忘記, 510~527쪽). 이들 외에 족계나 상례 부조 시 전문을 이용한 사례를 확인할 수 있는 것은 아래와 같다.
　　『古文書集成』67, 初喪下記(1788년 正祖12), 292쪽 ;『古文書集成』65, 喪葬給物記(1714~1735)·門契案(1746)·帖下謄錄(1708~1799) ;『古文書集成』64, 酬

특히 부조는 현물부조의 관행이 강함에 따라 동전이 부조에 이용되는 데에는 시장의 동전유통 이후 일정 시일이 지나야 가능했음을 보여준다.

경주지역에서는 행전과 동시에 동전을 이용해 부조한 실상을 확인할 수 있다. 경주 강동면 국당리의 상동계 관련 고문서는 1633년(인조 11)에서 1766년(영조 42)에 이르는 동계관련 문서가 남아 있다. 「洞案」, 「許廳案」, 「里中喪事賻物」 등의 자료이다. 이들 자료 중 「里中喪事賻物」에는 1675년(숙종 1)에서 1729년(영조 5) 사이 마을의 상사에 있어 부조한 내용과 부물이 기록되어 있다. 부조물은 주로 賻木과 白紙가 이용되었으나, 1698년(숙종 24) 정종주의 상사에 賻木條로 錢 2戔과 白紙 2卷을 동계에서 부조한 것을 계기로 '木' 대신 동전이 부조에 이용되기 시작했다. 동전을 이용한 부조가 이루어지기 이전에는 洞員 본인의 상사에 대해서는 부목 2필과 백지 2～3권을 동규로 하고 있었다. 賻木에 대해 먼저 동전으로 作錢한 이후 1706년(숙종 32) 부터는 백지에 대해서도 동전으로 대신하기 시작했다.[184] 이러한 실상을 반영한 국당리 상동계 문서는 그림 3-18과 같다.

〈그림3-18〉 慶州 菊堂里 上洞契 文書

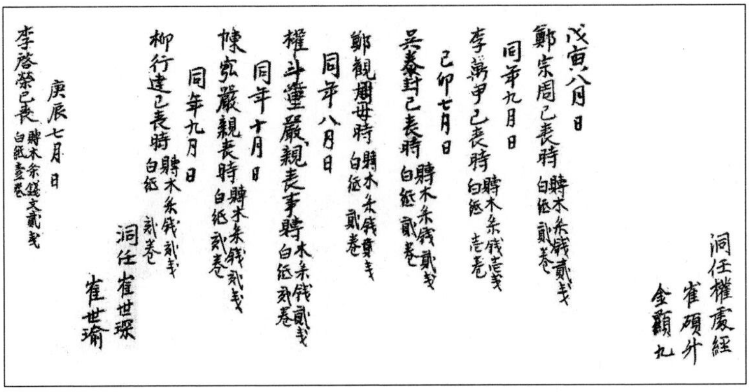
洞任權處經
崔碩升
金顯九
戊寅八月日
鄭宗周己喪時 賻木条錢貳戔 白紙貳卷
同年九月日
李萬尹己喪時 賻木条錢壹戔 白紙壹卷
己卯七月日
吳泰封己喪時 賻木条錢貳戔 白紙貳卷
鄭觀周母時 賻木条錢壹戔 白紙貳卷
同年八月日
權斗璡嚴親喪事時 賻木条錢貳戔 白紙貳卷
同年十月日
陳宏巖親喪時 賻木条錢貳戔 白紙貳卷
同年九月日
柳行達己喪時 賻木条錢貳戔 白紙貳卷
洞任崔世琛
崔世瑜
庚辰七月日
李啓榮己喪 賻木条錢文貳戔 白紙壹卷

報錄(1760～1773) ; 『古文書集成』 62, 契案(1753～1773) 등.

184) 韓國學中央研究院, MF35-9932(慶州 菊堂里 上洞契文書).

경주 외동읍 방어리의 상동계 문서에서도 동계 운영에 있어 동전 이
용의 변화와 같은 현상을 확인할 수 있다. 방어리 상동계 문서는 1690년
(숙종 16)에서 1739년(영조 15)까지 洞案을 비롯한 관련 고문서로 구성
되어 있다. 이들 자료 중「射契傳與記」의 米穀과 什物에 대한 인수인계
기록에는 계의 회계에 전문이 이용되는 실상이 반영되어 있다. 전여하는
물목 중 미곡에 대해 1697년(숙종 23)부터 동전으로 代捧하여 결산하는
사례가 확인되며, 1711년(숙종 37) 부터는 모든 전여 내용에 대해 동전
을 이용한 회계가 이루어졌다.185) 이러한 상황을 반영한 방어리 상동계
문서는 그림 3-19와 같다.

〈그림3-19〉慶州 防禦里 上洞契 文書

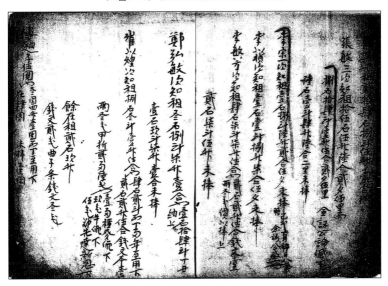

---

185) 韓國學中央研究院, MF.35-9931(慶州 外東邑 防禦里 上洞契文書).

서원의 재정 운영에 동전이 이용되었다. 경상도 울산의 구강서원『考
往錄』에는 서원창건 이후 서원의 재정운영과 관련한 기록이 수록되어
있다. 17세기 중엽 동전이 유통되기 이전 구강서원의 건립과정에서 울산
의 인근 사족으로부터 租와 錢으로 出物을 받았다. 1659년(효종 10)에
租 151석, 錢 1,080냥의 기금을 조성한 것을 비롯하여 1664년(현종 5)에
조 108석, 전 730냥에 대한 마련이 있었다. 그리고 1666년(현종 7)에는
조 231석과 전 1,840냥을 조성하여 서원 건립의 경제적 기반을 구축했
다. 뿐만 아니라 구강서원에서는 재정적 기반의 확대를 목적으로 바다와
인접하고 있는 지리적 이점을 활용해 南草, 鹽, 北魚 등을 원거리와 무역
함으로써 경제적 이익을 도모했다. 무역이 이루어진 1659년~1697년 동
안 서원은 錢으로 매매대금을 결산했다. 이를 토대로 1675년(숙종 1) 이
후 서원 건립 역사를 시작 할 수 있었으며, 서원건립에 소요된 경비는
모두 7,512냥 2전 이었다.[186] 이처럼 울산지역은 1678년(숙종 4) 동전이
유통되기 이전부터 서원의 건립 준비 과정에서 錢이 이용되고 있었음을
알 수 있다.

경주의 용산서원의 운영을 정리한『龍山書院考往錄』에는 1700(숙종
26)~1744년(영조 20) 사이의 서원의 경제적 운영상을 담고 있다. 본「고
왕록」에 의하면 경주 인근의 서원, 각 마을, 후손 등으로부터 미곡, 백지,
목면을 비롯한 각종 현물은 물론 동전으로 부조 및 기금을 수납하고 있
음을 알 수 있다. 1700년부터 경주향교, 옥산서원, 서악서원 등에서 동전
으로 용산서원에 부조했다. 1700년(숙종 26)에서 1711년(숙종 37) 사이
의 부조 내역을 사례로 살펴보면, 동전을 통한 부조는 各面洞에서 7냥3

---

186) 이상의 서술은 이수환(2001,「울산 鷗江書院의 설립과 賜額過程」『朝鮮後期書
院研究』, 一潮閣, 2001. 43~52쪽)의 논고를 참고하였음. 이러한 울산의 구강서
원의 사례는 효종조에 이루어진 행전정책의 영향으로 볼 수 있다. 다만, '錢'이
'銀錢'을 지칭 한다고 볼 수 있으나 전체 회계의 규모가 서원 건립의 범주를 벗
어나므로 동전으로 볼 개연성이 더 높다고 하겠다.

전, 軍官廳·養武堂·作廳 등에서 24냥 6전, 경주최씨 후손들이 136냥 2전
이었다.[187] 이로써 경주지역의 동전유통과 거의 동시에 서원의 재정 운
영에도 동전이 이용되고 있음을 알 수 있다.

---

187) 鄭萬祚, 2005,「朝鮮後期 書院의 財政運營 문제에 관한 一試論」『龍山書院』, 집
   문당, 135~136쪽.

제4장
화폐와 경제생활의 변화

Ⅰ. 17세기 전반 선물과 매매
Ⅱ. 17세기 후반 화폐 이용의 양상
Ⅲ. 18세기 전반 동전 이용의 증대
Ⅳ. 18세기 후반 동전 이용의 다양화

I. 17세기 전반 선물과 매매

1. 이정회의 매매와 선물수증

1) 저자와 자료소개

松澗 李庭檜(1542～1612)의 『松澗日記』는 1577년(선조 10)에서 1612년(광해군 4)까지 작성된 자료이다. 이정회의 경제생활을 살펴보기 위해 그의 전체 일기 중 17세기 초에 해당하는 1603년(선조 36)에서 1612년간 작성된 일기를 검토한다.[1] 이정회는 진성이씨로, 진성이씨는 토성지 경상도 진보를 떠나 조선초기부터 경상도 안동에 정착하여 세거하고 있었다. 이정회는 분석대상 일기를 쓴 17세기 초에 한양에서의 관직생활을 마무리하고 고향 안동에 머물면서 유향소의 좌수로서 안동사림을 주도함은 물론 松澗精舍에서 후학들을 육성했다.

일기는 간략한 사실기록을 메모형태로 기록하는 것을 위주로 하면서도 자신과 주변정황에 대한 객관적 기술 태도를 견지하고 있다. 일기 내용의 대부분은 제사와 교유관계를 중심으로 한 봉제사 접빈객이며, 농업현황에 대한 기록도 확인된다.[2] 그리고 그의 경제생활과 관련한 기록으로는 매매 및 수증과 관련한 기사가 있다.

---

1) 안동의 진성이씨 문중의 형성과정에 대해서는 아래의 논고를 참고바람.
　金文澤, 2004, 『16～17世紀 安東의 眞城李氏 門中 研究』, 韓國學中央研究院 博士學位論文.
2) 일기의 성격과 내용에 대한 소개는 아래의 논고가 있다.
　丁淳佑, 1998, 「松澗日記의 資料的 性格과 意味」 『韓國史料叢書18-松澗日記』, 韓國精神文化研究院.

2) 농업경영에 기반 한 매매와 수증

이정회의 『송간일기』를 바탕으로 농업경영의 실태를 분석한 연구에 의하면 당시 진성이씨 일가는 인근의 농장뿐만 아니라 군위군과 같이 원격지에도 농장을 경영하고 있었다.[3] 이정회는 이러한 농장의 경영에 큰 관심을 기울여 木麥, 米牟, 木花, 黍의 파종, 이앙, 제초, 타작 등에 대해 자세히 기록함은 물론 농업 경영과 관련된 날씨의 변화에도 민감했다. 그는 농업경영에 따른 생산을 바탕으로 부세의 납입[4] 및 자급적인 생활을 유지하고 있었다.

자급적인 경제활동 이외에 타인과의 거래관계에 대한 기록이 확인된다. 이를 정리하면 표 4-1과 같다. 이정회가 매매한 것은 牛肉, 家舍, 鷹子, 鳥銃, 豹皮 등이었으며, 현물을 수수한 기록은 魚物, 賻物 등이 있었다.

〈표4-1〉『송간일기』에 나타난 이정회의 매매와 선물기록

년	월일	내 용	비고
1604(선조 37)	8.11	·擘兒屠牛買肉	
1605(선조 38)	2. 9	·往見越家汝實買鷹	
	3.11	·朴希春朴泳來 家舍買賣成文 趙元處	
1606(선조 39)	7.22	·食後往亭話 買肉共罷	
1607(선조 40)	1.10	·眞寶人買豹皮去	
1608(선조 41)	4.13	·李季孚鷹子買來	
	4.23	·仲賀送魚來	
1609(광해군 1)	2.10	·見盖瓦事 賣鳥銃	
	6.26	·兩城主送賻物	擘兒身死
	6.28	·靑松送賻物 業長賻物來現 □致賻	

---

3) 金建泰, 1997, 『16～18世紀 兩班地主層의 農業經營과 농민층의 동향』, 成均館 大學校 博士學位論文, 50～57쪽.
4) 癸卯 七月十一日乙丑 晴熱 終日在家 壬寅田稅 以牟一結收米并十斗式納官 辛亥 二月十八日戊子 大口役價五疋入送
이 외에도 還上을 받아 오는 기사가 자주 나타나고 있다.

이정회가 매득한 것은 우육, 매(鷹子), 표피였다. 1604년(선조 37) 8월
에 擘兒, 즉 이정회의 아들 이벽이 소를 도살한 곳에서 고기를 사왔다.
1606년(선조 39) 7월에는 이정회가 직접 인근 정자에 가서 담소를 나누
고 돌아오는 길에 고기를 샀다. 이정회는 매득 대상으로는 鷹子에 대해
특별한 관심을 기울이고 있었다. 1605년(선조 38) 2월에 李汝實에게서
매를 산 기사를 비롯하여 1608년(선조 41) 4월에도 매를 매득했다. 그는
매를 이용해 주로 꿩을 잡았으며5) 잡은 꿩은 食物로 이용했으며, 이는
방매를 목적으로 이용하였을 가능성이 있다. 1607년(선조 40) 정월에는
진보사람이 이정회로부터 豹皮를 사가기도 했다.

일기에 기록된 이정회가 방매한 물종에는 가사와 조총이 있다. 1605
년 3월에는 조원에게 가사매매성문을 작성해 주었는데 이는 가사의 방
매를 목적으로 한 것이었다.6) 1609년(광해군 1) 2월에는 이정회가 鳥銃
을 팔기도 했다. 『송간일기』의 매매기사에는 매매가에 대한 언급이 없
는 제약이 있으나, 이들 매매물은 농장의 경영을 통해 획득하기 어려운
물종을 대상으로 한 특징이 있다.

물품을 성물로 조고 받은 수중에 대한 기록에 있어 이정회는 받은 것
에 대해 기록을 우선시하고 선물한 내용은 적지 않았다. 1608년 4월에
향청의 우중하가 물고기를 보내왔다. 1609년 6월 19일 그의 아들 이벽
이 세상을 떠나자 고을 수령과 청송의 인척·지인들이 賻物을 보내 왔다.
그리고 이정회가 안동을 중심으로 경상도 일대를 돌아보는 여정길에 인
척·지인가에서 숙박을 해결하고 있으며 별도의 지출에 대해서는 언급이
없다.7) 여기에는 별도의 비용을 지불하지 않았을 가능성이 매우 높다.

---

5) 癸卯十二月初五日丙戌 鷹子都捉八雉,; 甲辰十月初四日庚戌 (中略)食後仍放鷹東
山洞內外 放捉五首.
6) 일기 기사에 등장하는 박희춘과 박영은 문서의 작성 과정에서 증인이나 필집으
로 참여하였을 가능성이 크다.
7) 아래의 기사 등과 같은 사례이다.

이정회의 일기에 선물 수증기사가 소략하게 나타나고 있는 것은 이문 건(1494∼1547)의 『묵재일기』나 유희춘(1523∼1577)의 『미암일기』에 서의 사례와 같이 선물을 위주로 한 경제활동, 혹은 경제생활을 한 것과 는 양상이 다르다고 볼 수 있다. 이정회가 당시 사환하지 않고 향중에 머물면서 거주지 인근의 향중인사와 교유하고 있었던 것도 요인으로 작 용했고 볼 수 있다.

2. 김광계의 부조와 매매활동

1) 저자와 자료소개

경상도 예안(현재의 안동)의 광산김씨 예안파 대종가에는 4대에 걸쳐 작성된 일기가 현전하고 있다.[8] 일기는 金垓→金光繼→金磏·金硊→金 純義로 이어지는 광산김씨 문중 인물에 의해 120여 년 동안 각각 작성 되었다.[9]

안동김씨 예안파는 고려조 개경에 거주하다 조선초기 金務가 안동으 로 이거한 이래 그의 증손 김효로(1454∼1534)에 의해 예안현 오천에 정착하였으며, 그의 후손들은 대대로 이 일대에 세거했다. 일기를 남긴 김광계는 인조반정을 계기로 교관에 천거된 바 있으나 출사하지 않고 고 향 예안에서 활동했다. 김광계는 24에서부터 64세까지 일상생활을 일기

甲辰十月初三日己酉 晴 率孼兒曉發 秣馬李太夫家 仍放鷹 投宿申今守家
8) 오천 광산김씨 일기의 소개는 아래의 논고를 참고하였음.
   張弼基, 2000, 「解題」 『果軒日記 外』, 國史編纂委員會, 807∼814쪽.
9) 가계 및 일기의 구성은 아래와 같다. ('[ ]'는 일기 작성기간)

金垓(1555∼1593)┬─金光繼(1580∼1646)──金磏(1612∼1659)──金純義(1645∼1714)
始齋   │ 梅園日記[1603∼1643] 默齋日記[1636∼1639] 果軒日記[1662∼1714]
鄕兵日記   └─金光實(1585∼1651)┬─金磏(出系)
[1592∼1593]   └─金硊(1615∼1670)──金純義(出系)
                   汝溫日記[1639∼1643]

로 기록하였으며, 이는 『매원일기』로 정리되었다. 일기에는 그의 경제생
활과 관련한 매매활동 및 상호부조의 내용을 확인할 수 있으며, 이는 17
세기 초의 경제적 상황을 담고 있다. 한편, 현전하는 광산김씨 4대 120
여 년간에 걸친 일기에도 조선시대 생활일기의 구성내용을[10) 담고 있으
므로 지속적인 연구가 필요한 측면이 있다.

2) 부조와 매매활동

김광계의 『매원일기』에는 지인과의 교유관계를 중심으로 기술하고
있어 경제활동과 관련한 내용은 상대적으로 자세하지 않다. 다만 전답의
운영을 위해 날씨의 변화 및 타작, 이앙과 관련해서는 상세히 기록하고
있다. 뿐만 아니라 그가 일상에 매매하거나 부조한 기록도 산견되고 있
는데, 이를 정리하면 표 4-2와 같다.

〈표4-2〉『매원일기』의 매매와 부조내역

연	월일	수 취	비 고
1607(선조 40)	1.13	·買馬	
	7.28	·買得牛胃	
1608(선조 41)	3.22	·買藥	
1609(광해군 1)	6.9	·買犬而烹	
	11.1	·買試紙	
1614(광해군 6)	12.4	·賣書僧 買琴譜	
1626(인조 4)	12.3	·府吏給木送之	
1635(인조 13)	1.17	·購物 綿布至百餘疋 衣服亦多	柳季華喪
1637(인조 15)	5.13	·京中藥商 貿易	
	10.17	·貿藥事 往安東邑內	
1639(인조 17)	5.16	·杜詩諺解 賣僧 不得買	

---

10) 장필기(앞의 논문, 811쪽)는 조선시대 생활일기의 내용구성을 다음과 같이 정의
하고 본 광산김씨가 일기도 여기서 벗어나지 않는다고 보았다.
①자연현상, ②奉祭祀 接賓客, ③교우관계, ④농사, 노비와 토지와 관련된 경제
활동, ⑤지방통치관계, ⑥향촌활동, ⑦시문활동, ⑧취이활동, ⑨科試활동, ⑩정
국동향 및 견문활동

일기에는 매매와 관련한 것으로 食物, 藥, 서책 등이 있다. 식물로는 牛胃나 犬과 같은 육류를 매득했다. 1607년(선조 40)에는 김광계가 牛胃를 사자 洞親이 그의 집에 와서 나누어 가져갔으며, 1609년(광해군 1) 6월 9일에는 개를 사서 삶아 먹었다. 김광계는 자신의 治病뿐 아니라 의학적 지식을 바탕으로 인근 지인들에게도 일정한 의료행위를 하게 되면서 약재를 구매하는 일이 있었다. 1608년(선조 41) 의원에 가서 약을 사 왔으며, 1638년(인조 16) 안동읍내에 약을 사러 다녀오기도 했다. 그리고 1637년(인조 15)에는 한양에 사는 賣藥人 이양일이 김광계의 집에 방문하여 유숙하자 洞人 금호겸 등 여러 사람이 와서 唐材를 무역하기도 했으며, 김광계도 매득했을 가능성이 높다.

도서구입은 僧을 통해 이루어졌다. 1614년(광해군 6) 책을 파는 僧人을 만나 琴譜를 샀다. 1639년(인조 17)에는 僧으로부터 『杜詩諺解』를 매득 했으나 고가여서 실행에 옮기지 못했다. 승인 외에도 試紙를 누군가로부터 매득한 기록이 있다. 그의 일기에서 매매활동에 대한 기록은 확인되나 결제수단과 금액에 자세한 부연이 없다.

부의나 贐行物로는 목면을 지급했다. 1635년(인조 13) 김광계는 류계화의 부음을 듣고 문상한 자리에서 士友들이 모두 賻物을 보낸 사실과 더불어 부조의 현황을 듣고 기록했다. 유계화의 상에 있어 상가에서 받은 부물은 면포가 백여 필에 이르고 의복이 또한 많았음을 알 수 있다. 그리고 1626년(인조 4) 장령에 보임된 叔이 병환으로 부임하지 못했는데 이를 알리러 온 府吏에게 구면인 관계로 신행물을 건넸다. 府吏의 이름은 오효의로 그가 김광계에게 인사를 하고 떠나려 하자 술과 목면을 주었다.[11]

김광계가 활동할 17세기 전반기만 하여도 선물의 수수행위가 매우 빈

---

11) 인조 21년에는 易東書院에 도둑이 들어 綿布 1동을 비롯하여 米豆와 雜物을 잃어버렸다. 이는 서원재정의 운영이 면포와 미곡으로 이루어지고 있었음을 간접적으로 보여주며, 더불어 당시 서원의 화폐운영 실태를 반영하고 있다.

번하고, 때로는 이를 통한 경제활동의 개연성이 있었다는 점을 고려할
때, 그의 일기에는 오히려 선물을 수증한 기록이 확인되지 않고 있다.
이는 그가 출사를 하지 않고 예천에 머물면서 향중 지인들과 교유하고
있었을 뿐만 아니라 일기 자체의 기록에 있어서도 경제적 활동에 대한
내용이 누락되고 있는 것과도 관련이 깊다. 그럼에도 불구하고 일부 나
타나는 매매사실과 부의, 신행물의 지급 등과 관련해 보았을 때 대체로
목면을 통한 거래가 이루어졌을 가능성을 잘 보여준다.

3. 권별의 선물과 매매활동

1) 저자와 자료소개

權鼈(1589～1671)은 그의 생활을 기록한 『竹所日記』를 남겼다.[12] 권
별의 본은 예천이고 호가 '竹所'이다. 경북 예천군 용문면 죽림리에서 출
생하여 일생동안 이 일대를 무대로 생활했다. 그는 병자호란이 일어나자
창의한 이후 일생동안 과거에 응시하지 않고 고향에 은거했다.

권별의 『죽소일기』는 1625년(인조 3)과 1626년(인조 4) 兩年에 걸쳐
작성된 일기이다. 이 일기는 그의 나이 37～38세를 배경으로 하고 있다.
일기의 내용은 저자가 관직생활을 하지 않고 일생을 향리에 은거한 까닭
으로 저자의 신변에 관련된 일이나 주변에서 발생한 일에 대한 서술이
중심을 이루고 있다. 신상의 병세와 처방은 물론 당시 전염병으로 인한

---

12) 이하 권별에 대한 인물소개 및 자료개관은 아래의 논고를 정리했다.
丁淳佑·權敬烈, 1997, 「草澗日記의 資料的 性格과 意味」 『草澗日記-附:竹所日
記』, 韓國精神文化硏究院, ⑬～⑭쪽.
한편 『草澗日記』는 권별의 父 權文海(1534～1591)가 1580년에서 1591년 동안
작성한 친필 일기이다. 본고에서는 「죽소일기」를 대상으로 하고 있음에 따라 본
일기를 기준으로 주석 처리했다.

실상뿐만 아니라 양반층의 교유 모습이 자세히 서술되어 있다.

『죽소일기』에는 파종·이앙과 같은 농촌생활의 모습도 담고 있어 당시 예천을 중심으로 한 이 일대의 사회경제상을 엿볼 수 있는 자료이다. 1625년 일기는 정월의 병증에 대한 자세한 기록에 이어 매달 전답의 경영상을 기록하고 있다. 이듬해의 일기는 내용이 비교적 소략하며 다만 10월~11월 관동지역을 다녀온 일기가 중심을 이루고 있다.

2) 선물수증과 매매활동

1625년(인조 3)과 1626년(인조 4) 두 해의 일기 중 전자가 상대적으로 경제활동과 관련된 기록이 풍부하다. 일례로 전답의 경영에 있어서도 1625년 일기에는 파종과 수확에 대해 일일이 파악하고 있으나 이듬해의 기록에는 거의 관심을 기울이고 있지 못하다.13) 1625년에 권별이 수취 및 발송한 내용을 정리하면 표 4-3과 같다.

1월 7일은 권별의 병환이 깊어지자 장여능이 生梨 8개를 주었으며, 妹主가 婢 둘을 시켜 泉豆粥, 淸樑糜, 白元糜를 보내왔다. 장여능은 일전

〈표4-3〉 1625년 일기에 기록된 권별의 선물 수증현황

월일	수취	발송	비고
1월 7일	·張汝能 : 生梨 10개 ·妹 : 泉豆粥,淸樑糜,白元糜		前日 生梨 10개
2월 9일	·主簿宅 : 民魚 半尾, 生羌		
11일	·從男 : 牛四足		
20일		·愚谷 : 牛黃	
3월 5일		·烏川 : 泉豆, 木瓜	
4월 5일		·愚谷 : 魚 1器	
11일	·任別監 : 鮒魚		
5월 1일	·叔主 : 酒米 10斗		

13) 본문에서는 구체적인 언급이 없으나 '稅米'의 수수나 座首 등과의 빈번한 접촉 등으로 볼 때 권별은 鄕任을 수행하고 있었던 것으로 추정된다. 이에 따라 그가 鄕校를 출입하거나 수령과 빈번한 접촉의 내용 등이 주를 이루면서 생활관련 기록은 줄어들었다고 본다.

에도 권별의 아내가 병중에 있을 때 生梨 10개를 준 일이 있었다. 이 외에도 2월 9일 主簿宅에서 民魚 半尾 生羌 六角을 선물해 준 것을 비롯하여 같은 달 11일 從男이라는 인물이 우족을 권별에게 주었다. 4월 11일에 권별은 임별감댁으로부터 鮒魚를 구해서 먹었다. 권별이 선물한 것으로는 우곡댁에 牛黃을 보내거나 안동의 烏川에 녹두와 모과를 발송한 것이다.

1626년(인조 4)에는 지방관으로부터 선물 받은 기록이 있다. 10월 4일 관동으로 여정을 떠나 그달 12일 강릉에 도착해서는 府白으로부터 米 8두, 太 3두 등의 선물을 行粮으로 받았다. 11월 6일에는 춘천에 이르러 찰방 윤유안이 銀魚와 熊膽, 五味子를 주었고 더불어 목사가 生雉 1首를 행량조로 권별에게 선물했다.

『죽소일기』에는 선물의 수수 기록 중 음식이나 약재를 비롯한 食物의 수수 기사가 많다. 그리고 여정 중 지방관으로부터 粮米를 선물받은 사실을 확인할 수 있다. 반면 매매 실상을 담고 있는 일기 기록은 두 건이 있다.14) 1625년(인조 3) 4월 승려가 『剪燈新話』를 팔려 하자 木을 주고 샀다.15) 그리고 같은 달 奈城에서 소금을 무역하고자 米 13두를 지출했다.16) 이듬해 12월에는 流里洞에 있는 집을 팔았으나17) 매매가는 나타나 있지 않다. 당시 전답의 매매에 목면이 주된 거래 수단으로 나타나는 것으로 보아 가옥의 매매에 면포가 이용되었을 가능성이 크다. 권별의 일기를 통해 볼 때 동 시기 매매에는 미와 포를 이용하고 있었다.

---

14) 일기에 정리된 미곡의 수확량은 아래와 같다. (1석=15斗 기준)
    정축년(답-1석 7두, 전-5석 12두), 병인년(전답-27두 5석)
15) 二十一日戊戌 晴 有僧賣剪燈新話者 給木買之(「竹所日記」乙丑 四月二十一日)
16) 二十六日癸卯 晴 換塩事米十三斗送于奈城夢懸自海上來(「竹所日記」乙丑 四月二十六日)
17) 『竹所日記』, 丙寅, 十二月 十九日

Ⅱ. 17세기 후반 화폐 이용의 양상

1. 정시한의 시장거래와 동전이용

1) 저자와 일기내용

愚潭 丁時翰(1625~1707)은 1686년(숙종 12)부터 1688년(숙종 14)까지 영남, 전라, 충청, 강원도 일대를 여행한 일기인『山中日記』에는 동전유통 초기 이 일대 화폐유통의 실상이 반영되어 있다. 정시한은 羅州丁氏로 한양에서 출생했지만18) 아버지 정언황이 강원감사를 마지막으로 강원도 원주 법천의 別墅에 정착하면서 이곳에서 성장했다. 그는 법천에서 이현일·이유장 등과 교유하며 학문에 정진했다. 遺逸로 숙종 17년(1691) 정월 사헌부지평에 천거되었으나 출사하지 않았다. 이즈음 선고와 선비의 상을 당하였으며, 60이 넘은 나이에 喪制를 엄수하여 사림들 사이에 명성이 높았다. 정시한이 여행을 떠나『산중일기』를 기록한 것도 이시기였다.

정시한은 그의 나이 62세부터 3년 동안 여행한 기록을 「山中日記」로 남겼다.19) 여행은 세 차례에 걸쳐 이루어졌다. 첫 번째는 1686년 3월에

---

18) 정시한의 생애는 연보(丁時翰,『愚潭先生文集』11, 年譜)에 자세하다.
19)『산중일기』의 내용과 여정에 대한 분석은 김동욱(김동욱, 1997, 「愚潭 丁時翰의 '山中日記'」『建築歷史研究』13, 한국건축역사학회)의 논고를 참고했다.『산중일기』는 지금까지 두 차례에 걸쳐 번역 소개 되었다. 내역은 아래와 같다.
    金誠贊 譯註, 1999,『山中日記』, 국학자료원 ; 신대현 번역·주석, 2005,『산중일기-17세기 선비의 우리 사찰 순례기』, 혜안.
    이에 앞서 민영규에 의해 연세대학교에서『산중일기』를 영인했다. 본고에서는 이를 참고했다.
    閔泳珪 輯交, 1968,『人文科學資料叢書 1 - 山中日記』全, 延世大學校 人文科學

서 이듬해 1월까지 고향 원주에서 속리산, 지리산을 여행했으며, 두 번째 여행은 1687년(숙종 13) 8월에서 10월까지 금강산과 동해안 일대를 답사했다. 그리고 마지막으로 1688년(숙종 14) 4월부터 9월까지 안동, 경주, 대구 등을 여행했다. 세 번에 걸친 여행은 그 목적을 각기 달리하고 있었다. 첫 번째 여행은 여행지의 산과 절의 암자를 찾는 것이었으며, 두 번째 여행은 금강산을 다녀오는 것이 목적이었다. 그리고 세 번째는 영남지방의 선현유적을 답사하기 위한 여정이었다.[20]

2) 여정에서의 편의와 물품수증

정시한은 여정 중 숙식의 대부분을 지인이나 인척의 집에서 해결했다. 사찰을 방문하거나 山僧들과의 교유가 빈번함에 따라 山寺에서 유숙하며 식사를 해결하는 일 또한 빈번했다. 다만 여정을 위해 일정량의 糧米를 준비함으로써 긴급한 소용에 대비했다. 그리고 인척, 산승, 지방관으로부터 경제적 지원을 받고 있었다.[21] 이러한 현황을 정리하면 부록-3과 같다.

인척으로부터 糧米를 지원 받았다. 정시한은 1686년(숙종 12) 3월 13일 원주를 출발하여 그달 27일 경상도 김천 직지사에 머물 때 인근 상주목에 사는 '黃妹'가 糧米 10斗를 비롯해 大米, 粟米, 太 등을 지원해 주었다. 그해 10월 초2일 충청도 보은에 있을 때 또한 경상도 상주의 인척 노서주로부터 米 6斗를 받았다. 1688년 영남을 답사하는 여정에서 경상도 북부지역에서는 영주 일대에 있는 친척들로부터 도움을 받았다. 이 기간 동안 대구 동화사에 머물 때에도 인근의 나주정씨 친척들로부터 경

研究所.

20) 정시한의 세 차례에 걸친 여정은 【부록 2】를 참고바람

21) 여행 중의 양식은 대개 집에서 조달했다. 다음 행선지로 떠나기 전에 노가 집으로 가서 양식과 필요한 물품을 가지고 예정 장소에 가지고 오는 방식을 취했다 (김동욱, 앞의 논문, 153쪽).

제적 지원을 받을 수 있었는데, 8월 8일 정익형이 藥果, 太 2升을 보내
온 것 등의 사례가 그것이다.

지인으로부터 지원을 받은 것은 1687년(숙종 13) 금강산 여정에서 확
인할 수 있다. 9월 29일 崔東稷의 집에 유숙하였는데 정시한을 비롯하여
그의 일행인 문원권과도 서로 구면인 사이였다. 최동직은 白米 2斗 5升,
馬鐵, 馬糧, 魚物 등을 정시한 일행에게 건넸다. 10월 12일 강릉의 도사
정태방의 집에서 유숙하였는데 정시한의 지인이었다. 정태방은 일행에
게 숙식은 물론 糧米 1斗와 魚物, 馬粥 등을 제공했다.

정시한이 여정 중에 사찰을 자주 방문하고 또한 머물게 되면서 山僧들
과의 교유도 빈번했다. 사찰에 머물 때 정시한은 일정정도의 糧米를 지
출하였으나 산승들은 정시한에게 숙소를 비롯한 별도의 양미를 제공하기
도 했다. 후자의 경우 정시한이 사찰에 장기간 머물 때에 산승들로부터
경제적 지원이 있었다. 그는 1686년(숙종 12) 5~8월 지리산의 암자에 머
물렀으며 1688년(숙종 14)에는 6~8월 동안 대구 동화사에 있었다.

1686년 5월 26일 연곡사에 있던 僧統 如印 등은 정시한에게 斗米와
靑苽를 供饋하였으나 米는 사양하고 받지 않았다. 6월에는 養眞菴과 千
人菴에서 淸醬, 甘醬, 煎醬 등을 보내왔다. 8월 25일에는 僧 能衍이 糧
米 3升을 건네기도 했다. 대구 동화사에 머물 당시에는 6월 24일 僧 靈
俊이 淸苽, 甘醬 등을 주었고, 8월 21일에는 僧 崇憲이 海松子, 乾柿 등
을 보내주었다. 승려들로부터 받은 것에는 糧米도 있었으나 醬類와 과일
류가 많았다.

정시한은 60세의 나이에 부모의 상을 엄수하여 효행으로 이름이 높았
으며, 그의 학문적 성취 또한 남달랐다. 그는 비록 출사를 하지는 않았다
하더라도 유일로 천거되는 등 사림사회에서 명망이 높았다. 이러한 그의
사회적 위치에 따라 여정 중에 있는 고을 수령들로부터 경제적 지원을
받을 수 있었다.

정시한은 1686년(숙종 12) 4월 11일 경상도 함양에 도착하여 실상사를 중심으로 지리산 일대의 사찰을 전전했다. 특히 5월 1일 부터 8월 15일 경 까지는 눈병과 다리·허리 통증으로 지리산 金流洞菴에서 요양했다. 이 과정에서 함양 수령의 경제적 지원이 특별하였는데 기록상에는 6회에 걸쳐 米穀 24斗, 木 1疋을 비롯하여 각종 醬, 魚物, 筆墨 등이 확인된다. 정시한이 9월 8일 함양을 떠나려 하자 수령은 餞別 잔치를 베풀어 줌은 물론 粮饌과 行資를 넉넉히 주었다.

1687년(숙종 13) 금강산을 답사하는 일정에서 襄陽衙에서는 粮米 1斗와 饌을 정시한에게 건넸다. 이듬해 경상도 선현의 유적들을 답사하는 일정에서도 군위, 청송, 진보를 비롯한 지방수령으로부터 경제적 지원을 받았다. 8월 29일 군위수령은 정시한에게 粮米 3斗와 약과, 鰒魚, 燒酒 등을 보내왔다. 9월 3일 진보현감도 粮米 2斗와 馬粮 2두 등을 선물했다.

정시한은 다양한 경로를 통해 물적인 지원, 선물을 받음과 동시에 이와 달리 빌려서 충당한 경우도 있었다. 그는 빌린 물종에 대해서는 별도로 구별하여 기록하고 있다. 1686년 8월 초3일 정시한은 구례의 吉祥臺菴의 僧 淸彦으로부터 米 6升을 빌린 것을 시작으로 7일과 10일에도 曉源 老長으로부터 모두 米 10升을 빌렸다. 그리고 8월 13일에도 효이 노장에게서 다시 米 5승을 빌렸다. 8월 14일 함양 수령으로부터 米穀과 木의 지원이 있자 이를 바탕으로 효이 노장에게 빌린 미 1두 5승과 승청언으로부터 빌린 미 6승을 모두 갚았다. 1687년 10월 7일 평창 월정사에서는 僧 希遠으로부터 米 1斗 1升을 빌린 것을 밝히고 있는데, 희원과 잦은 왕래가 있는 것으로 보아 이를 갚았을 가능성이 높다.

사찰에 장기간 유숙하거나 여정 중에 粮米 등을 지출한 내역은 별도로 일기에 남기지 않았으므로 그의 지출 경로를 모두 파악하는 데에는 한계가 있다. 그가 선물하거나 지출한 내역은 간략히 살펴볼 수 있다. 1687년 10월 12일 강원도 평창 월정사에서 東觀音臺에 올랐을 때 토굴

에서 수행중인 老僧에게 粮米 몇 되와 飴饙을 준 것은 무상공여였다. 그
러나 이 기록 외에 일기에 나타난 5건의 지출은 그가 선물 받은데 대한
반대급부의 성격이 있었다. 1686년(숙종 12) 7월 10일에는 燕谷寺 木手
僧 宗海가 비를 무릅쓰고 그에게 冬苽1개와 짚신을 건네주었다. 이에 정
시한은 藥果로 供饌하고 별도로 米 5升을 주었다. 1687년(숙종 13) 10월
5일 강릉에 이르러 예전 여정에서 안면이 있던 홍계역의 역리 송태원
집에 들렀다. 송태원이 닭을 잡아 정시한 일행을 대접하자 이에 대한 보
답으로 정시한은 부채 몇 자루를 주었다.

3) 매매방식과 결제수단

정시한은 여정 중에 필요한 물품을 인척, 산승, 지방관, 지인 등으로부
터 제공받을 수 있었지만 필요한 경우 미곡을 매득하기도 했다. 그가 여
정 중에 직접 매매를 하였거나 매매를 시도한 내용은 모두 18건이 확인
된다. 이러한 사례는 그가 장기간 한 장소에 머물 때 발생했다. 이미 언
급한 바와 같이 1686년 5월부터 8월 까지는 지리산의 金流洞菴에 머물
렀으며, 1688년(숙종 14) 6월부터 8월 까지 대구 동화사에 있었다. 그리
고 1687년 금강산 여정 중에 강원도 평창 월정사에 10월 5일에서 10월
13일 까지 유숙했다. 정시한은 지리산 금류동암, 대구 동화사, 평창 월정
사에서 매매행위를 했다.

지리산 금류동암에서 머물 당시 정시한은 이미 살펴본 바와 같이 咸
陽 守令을 비롯하여 인근의 燕谷寺, 養眞菴, 千人菴, 金剛臺菴 등의 여
러 山僧으로부터 다양한 食物을 제공받아 활용했다. 뿐만 아니라 원주
본가로 부터의 경제적 지원도 있었다. 그럼에도 粮米가 부족하게 되자
직접 시장에서의 매매를 통해 확보하고자 했다.

(僧) 明學이 細木 1필을 팔아서 백미 3두 7승을 받아 왔다. 다시 달아 보

니 3두 5승이었다.
　　(승) 명학이 冠을 팔지 못하고 저녁에 빈손으로 돌아왔다.22)

　정시한은 산승 명학을 시켜 승수가 높은 목면과 갓을 팔아서 자신이
필요로 하는 미곡을 매득하고자 했다. 6월 8일에는 명학을 통해 목 1필
을 팔아 미 3두 7승을 샀다.23) 그리고 10일에는 갓을 팔아서 미곡을 살
려고 했으나 뜻을 이루지 못했다. 이러한 매매는 그가 함양읍내에 자주
왕래한 점으로 미루어 읍내의 장시를 통해 매매가 이루어졌음을 짐작케
한다. 목면은 당시 결제 수단으로 널리 이용되는 통화였으며, 갓은 시장
에서 교환물로 이용한 것이었다.
　1687년(숙종 13) 금강산을 향하는 여정 중에도 정시한은 강원도 평창
의 월정사에 유숙하며 강원도 강릉에서 어물을 매득하고자 했다.

　　　아침에 수리와 복마를 강릉에 보내어 ‘錢文’ 1兩半으로 제수에 쓸 건어를
　　사오도록 했다. 수리가 강릉에서 건어를 사서 왔다.24)

　그는 금강산을 다녀오는 여정 길에 이 일대 답사와 더불어 횡성의 望
北에 있는 외가 선산을 참배하는 목적도 있었다.25) 그는 평창에 이르러
제사에 필요한 제수를 구입할 목적으로 대동했던 奴 搜理를 강릉으로
보냈다. 노 수리는 복마와 더불어 10월 7일 강릉으로 떠나 그 달 13일에
건어를 사서 돌아왔다.
　정시한은 평창장은 어물의 획득이 용이하지 못하다고 판단하고 강릉

---

22) 明學賣洗木一疋 捧白米三斗七升來 改量則三斗五升也(丙寅六月初八日) ; 明學不
　　得賣冠夕空還(丙寅六月初十日)
23) 정시한은 당시 미곡에 대해 자신이 改量하면서 차이가 나는 점을 지적하고 있다.
　　본 매매를 비롯하여 10월 2일 노서주가 쌀 6斗를 보내왔을 때 다시 재어 보니
　　5斗7升이라고 밝히고 있다.
24) 早送搜理給及卜馬於江陵 以錢文一兩半 貿祭用乾魚(丁卯十月初七日) ; 搜理自江
　　陵 貿乾魚來(丁卯十月十三日)
25) 丁卯八月初二日.

의 '府內場'을 선택한 것으로 보인다. 그는 이 과정에서 비교적 원거리인 강릉에서 매매를 하기 위해 전문, 즉 동전 1냥 반을 지출한 점은 주목된다. 1678년(숙종 4) 상평통보의 주전과 전국적인 행전 노력에도 불구하고 1690년대 이르러서야 매매의 사례에서 보듯이 전면적인 동전유통과 이용이 가능했다. 다만 지방의 大邑의 상업이 발달한 지역을 중심으로 이보다 앞선 시기에 일부 동전이 유통될 가능성이 높은 점을 감안한다면 정시한이 전문을 이용해 강릉의 장시에서 어물을 매득한 것은 이러한 시대배경을 반영하고 있다고 볼 수 있다.

정시한이 횡성에서 매매에 이용한 동전을 획득한 경위에 대해서는 특별한 언급이 없다. 다만 그가 원주에 생활기반을 두고 있었다는 점이 주목된다. 행전이 실시되면서 경기도는 비교적 이른 시기 1680년대에 동전이 사용되었으며 이와 인접한 강원도 영서의 원주, 춘천과 같은 대읍에는 일찍이 동전이 유입되었을 개연성이 높다. 따라서 정시한은 원주에서 출발할 당시 제수 마련을 위한 동전을 준비했으며, 동전을 이용해 어물을 매득하고자 강릉장을 이용했다고 볼 수 있다.

1688년(숙종 14) 영남의 선현들 유적지를 답사하기 위한 여정에서 정시한은 대구 동화사에 오랫동안 머물렀다. 그는 6월 2일 동화사에 도착하여 8월 28일까지 약 3개월 동안 독서에 정진함은 물론 인근의 선비, 승려들과 교유했다. 동화사에서의 생활에는 산승과 친구들의 물적 지원 외에도 인근 영천에 거주하고 있는 奴들의 신공을 바탕으로 인근 시장에서 매매를 할 수 있었다. 이들 노가 정시한에게 납입한 물종의 내역은 표 4-4와 같다.

〈표4-4〉 1688년 경상도 永川거주 정시한 奴의 納入 내역

일 시	내 용	비 고
5. 9	·禮生, 德尙, 俊發: 粮米2斗, 太·米各7升, 乾魚2尾	
6. 17	·德尙:皮麥20斗	
7. 18	·乭生·禮生: 麥·米各1斗, 大口魚1尾, 藿	
7. 23	·德尙: 大米3斗	
8. 21	·德尙·俊發: 貢木1疋, 新稻1升, 麥·尾各1升, 乾魚 ·乭生·禮生:貢木1疋, 新米數升, 麥·尾各1升, 燒酒1壺, 魚饌	身貢

　5월 9일 그가 포항에 이르자 영천에서 奴 禮生, 德尙, 俊發이 문안을 왔다. 이 자리에서 덕상은 粮米 2斗, 예생은 太·米 각 7승과 건어 한 마리를 가져왔으며, 준발도 건어 한 마리를 바쳤다. 이 외에도 이들은 세 차례에 걸쳐 米穀을 납입했다. 특히 8월 21일에는 身貢으로써 木과 米穀 등을 납입했다.[26) 신공조로 납입한 물품 중에는 '貢木收布'로 적기 하고 있어 관에서 身布로 수세하는 木에 준하는 품질임을 알 수 있다. 이 외에도 新稻와 新米를 비롯한 곡물과 어물, 소주 등을 받았다. 이러한 물품들은 동화사에서의 생활에 필요한 식물을 보완해 줌은 물론 이를 바탕으로 시장에서 매매를 할 수 있었다.
　정시한이 필요한 물품을 매득한 것은 사찰을 매개로 하고 있었다.

　　6월 8일, 大寺의 佛尊僧 如敏에게 木1필과 涼冠 1개를 주어 粮米를 사오 도록 했다.
　　6월 19일, 경숙이 대사의 불존방에 가서 여민이 粮米를 사왔는지 여부를 물었다. (여민이) 대답하길 목을 팔아서 조를 얻어 마땅히 찧어서 온다고 한다. 갓은 大米 3두로 바꾸었는데 다시 재니 2두 남짓이었다. (목을 판) 미는 50리 주인가에 두고 내가 마땅히 경숙과 함께 가서 가져올 것이다.[27)

---

26) 永川奴德尙與其弟俊發來謁納 俊發貢木收布一疋 新稻米各一升麥米各一升 乾魚 數種 又乭生禮生 來納貢木收布一疋新米各數升 麥米各一升 燒酒一壺魚饌小許 (戊辰八月二十一日辛酉)

대사(동화사)의 승려 여민으로 하여금 木 1필과 凉冠 1개를 주어 粮米
를 사오도록 했다. 며칠 뒤 정시한은 奴 庚宿을 동화사로 보내 여민이
粮米를 사 왔는지를 확인했다. 그 결과 여민은 갓을 팔아 大米 3두를 샀
으며, 목 1필은 미곡으로 바꾸었음을 알았다.[28]

대구 읍내의 시장을 통해 정시한은 노 경숙을 통해 직접 매매하기도
했다. 6월 29일 노 경숙은 대구시장에서 미곡을 무역하여 麥春米 8斗를
산 뒤 동화사에 맡겨 두었다가 7월 3일 찾아왔다. 경숙은 또 7월 5일
冠과 大米를 방매하기 위해 대구 읍내를 다녀왔다. 그는 미를 매득한 후
대사에서 春精해서 미 2두를 정시한에게 가져왔다. 같은 달 7일에는 大
米 5승을 黑太와 바꾸었으며, 24일에는 木疋을 팔려고 했다.[29] 7월 25
일 大米 5승으로 馬鐵을 사온 것도 대구읍내 시장을 통해서 이루어진
매매행위였다.

대구 장시가 아닌 동화사에서 직접 매매를 하기도 했다. 정시한은 동
화사에서 藥太 3升, 흑태 3승, 鹽 3승을 바꾸어 왔다.[30] 이 과정에서 이
용한 교환물, 혹은 화폐를 알 수는 없지만 7월 25일 정시한이 木을 內院
菴에 팔아 大米 8升을 얻은 것으로[31] 보아 미곡의 매매에 木을 이용하

---

27) 大寺佛尊僧呂敏)給木一疋凉冠一事 使貿粮米(戊辰六月八日)
   庚宿往大寺佛尊房 問呂敏以賣粮與否 答以賣木得租 從當春作米來告云 冠則換大
   米三斗 改量二斗餘 置諸五十里地主人家 徐當與庚宿同往負來(戊辰六月十九日)
   朝食後庚宿下往大寺 夕食後與呂敏上佐圓應 負米七斗來 則賣木租春作米也 圓
   應下去 償米二斗封置五斗(戊辰六月二十一日)

28) 미곡은 당시 찧지 않았으므로 시장의 주인가에 그대로 둔 상태였으며, 이틀 뒤
   도정해서 미 7두를 확보했다.

29) 庚宿負米來 精於大寺 夕到菴更量二斗(戊辰七月六日)
   庚宿以大米五升換黑太 冒雨還 且得芥子升餘來(戊辰七月七日)
   庚宿不能賣木疋等物 夕還(戊辰七月二十四日)

30) 庚宿往大寺 呂敏換送藥太三升(戊辰六月二十七日)
   庚宿朝食後冒雨還來云 未能精春姑置大寺(戊辰六月二十九日)…庚宿亦往夕還時
   負麥春米八斗來 且換黑太三升來(戊辰七月三日)
   庚宿負賣冠大米次 往大丘邑內 性衍往大寺 換鹽三斗來(戊辰七月五日)

였을 가능성이 크다. 그리고 7월 14일 노 경숙이 동화사로부터 烟竹과 扇 각 1개를 가져가 글씨 연습에 사용하는 黑册紙 1장을 사왔다. 8월 7일에는 櫧砧木 50尺으로 浮屠菴에서 大米 3두를 바꾸어 왔다.[32] 이후 영천 修道寺에서도 백미 2斗로 흑책지 1장을 산 후 다시 行資를 이용해 백지와 千字册을 구입했다.[33]

정시한은 동화사에 머물면서 미곡과 목면을 이용해 시장을 통해 물품을 조달하고 있었다. 그 과정에서 대사, 즉 동화사는 매매를 중개하는 역할을 수행하기도 했을 뿐만 아니라 직접 사찰에서 매매가 이루어지기도 했다. 정시한이 매득한 물품은 米穀뿐만 아니라 馬鐵, 黑册紙, 白紙, 鹽 등이었다. 이 과정에서 그가 대동한 奴 2~3명 중 奴 庚宿이 수족과 같은 역할을 수행하며 매매행위를 전담했다.

매매수단으로는 미와 목이 주로 등장하고 있으며 冠과 烟竹, 扇도 교환물로 이용되었다. 대구와 영천은 일찍이 장시가 형성되고 상업이 발달하였음에도 동전을 이용한 매매는 나타나고 있지 않으며 미포 중심의 거래양상을 보여주고 있다. 이는 이 지역이 17세기 말에 이르러 동전유통권으로 편입된 사실과도 관련이 깊다.

2. 박만정의 동전이용 경험과 관찰

1) 저자와 자료소개

『海西暗行日記』는 朴萬鼎(1648~1717)이 숙종조에 황해도 암행어사

---

31) 庚宿以大米五升 貿馬鐵着馬足 還且賣木於內院菴 受大米八升(戊辰七月二十五日)
32) 庚宿往大寺 持以烟竹一扇一柄 買得黑册紙一丈來(戊辰七月十四日)
　　庚宿持櫧砧木五十尺 往浮屠菴換貿大米三斗來(戊辰八月七日)
33) 白米二斗換黑册紙一丈櫧砧(戊辰八月二十四日)
　　以行資換白紙三卷束 千字册二卷一卷則裁割(戊辰八月二十七日)

로 현지를 廉察, 探問하여 기록한 일기이다.34) 박만정의 본관은 密陽, 字는 士重, 號는 '東溪' 혹은 '雪汀'이다.35) 1648년(인조 26) 한양에서 출생하였으며 20세 이후 윤휴의 문하에 출입했다. 그는 26세인 1673년(현종 14) 식년 생원시에 3등으로 입격한 후 36세 되던 1683년(숙종 9)에 증광문과에 병과로 급제했다.36) 그는 문과급제 후 성균관학유(1685)를 시작으로 사헌부·사간원·홍문관 등의 청요직을 두루 거치고 외직으로 회양부사를(1693) 역임했다. 그 후 1696년(숙종 22) 3월 박만정은 49세의 나이에 황해도암행어사로 이 일대를 염찰한 후 그해 5월 覆啓했다.37)

『해서암행일기』는 박만정이 1696년 3월 6일 전교를 받들어 황해도암행어사로서 임무를 수행하고 그 해 5월 12일 복명하기까지 65일간의 기록이다. 그는 황해도 일대를 시찰·탐사하면서 당시의 빈곤한 생활상과 관료의 일선행정실태를 자세한 기록으로 남겼다. 전체는 61장 1책으로 구성되어 있는데, 일기부분이 32장이고 書啓別單이 19장, 복명에 대한 비변사의 의견을 기록한 것이 4장, 그 외에 암행어사와 관계없는 저자

---

34) 이하 박만정에 대한 인물소개 및 자료의 개관에 대해서는 아래의 논고를 정리했다. 李東歡, 1972, 「海西暗行日記」『國學資料』6, 文化財管理局 藏書閣, 6~9쪽(李鳳來譯·李東歡解說, 1976, 「海西暗行日記」, 高麗出版社 재수록).

35) 그의 가계를 간략히 정리하면 아래와 같다.

朴謹元 ──→ 朴曾賢 ──→ 朴純禮 ──→ 朴廷瑞 ──→ 朴萬鼎 ──→ 朴壽潤
文科, 吏參　文科, 吏正　　　　　進士, 參奉　文科, 應教
號: 望日齋　號: 槎灘　　　　　　　　　　　　號: 東溪·雪汀

박만정과 관련한 자료는 그의 아들 박수윤이 정리한 「家狀」과 「先君言行聞見補遺」에 자세하다.

36) 『司馬榜目』과 『文科榜目』에 대한 검색은 한국학중앙연구원의 '한국역대인물종합정보시스템'을 참고했다.
http://people.aks.ac.kr/front/tcontents/tcontentsFrameSet.jsp?item=exm(2007.3월)

37) 『承政院日記』364, 肅宗22년 3월 癸亥 ; 『肅宗實錄』30, 肅宗22년 3월 癸亥 ; 『肅宗實錄』30, 肅宗22년 5일 己巳 ; 『承政院日記』365, 肅宗22년 丁卯. 이에 앞서 숙종 20년에 비변사에서 어사로 적합한 인물로서 李三碩·金宇杭·洪萬紀·李寅曄·趙泰采 등과 함께 10인이 선발되었다(『備邊司謄錄』肅宗20년 7월 27일).

신상에 관한 '丁丑被謫時顚末'과 '綿城日記' 등 잡록부분이 6장이다.

『해서암행일기』는 현전하는 암행어사 관련 자료 중 사실성이 가장 높은 것으로써 당대의 현실을 잘 기술하고 있는 것으로 평가되고 있다.[38] 17세기 말의 화폐유통 실상을 추적하기 위해서는 그의 일기부분뿐만 아니라 암행 후 숙종에게 올린 書啓別單도 함께 검토 할 필요가 있다.

2) 동전을 이용한 매매

박만정이 황해도 암행어사로 임명된 1696년(숙종 22)은 1678년(숙종 4) 행전이 시도된 이래 京中은 물론 외방에까지 동전의 유통이 확산되고 있던 시기였다. 황해도는 일찍이 숙종조의 행전실시 이전에 동전유통의 움직임이 있었던 지역이었다. 인조조에 이미 개성을 중심으로 강화는 물론 장단, 연안, 배천 등지에서는 동전이 유통되고 있었다.[39] 효종조에는 서로를 중심으로 장기간에 걸친 행전의 노력이 이루어진 결과 동전유통을 위한 기반이 형성된 것으로 판단되기도 했다. 이에 따라 이 일대에는 행전초기 조속한 동전유통의 기반을 갖추고 있었으며, 이로 인해 박만정이 황해도 암행을 통해 이와 관련한 동전유통의 움직임을 일기에 남길 여지가 높았다.

박만정은 3월 6일 승정원으로부터 군자감정 이의창, 이조정랑 이정겸

38) 암행일기는 현재 규장각에 소장된 朴來謙의 『西繡日記』(1822)를 비롯하여 일본 천리대학 도서관에도 현전하는 것으로 전해지고 있다(李東歡, 앞의 논문, 6~7쪽). 암행일기를 통한 연구현황은 아래와 같다.
郭東璨, 1975, 「高宗朝 土豪의 成分과 武斷樣態－1867년 暗行御史 土豪別單의 분석」 『韓國史論』 2, 서울대학교 한국사학회 ; 한상권, 1991, 「역사연구의 심화와 사료이용의 확대－암행어사 관련자료의 종류와 사료적 가치」 『역사와현실』 6, 한국역사연구회 ; 姜錫和, 2003, 「1812년 함경도 암행어사의 활동」 『仁荷史學』 10, 仁荷歷史學會 ; 김명숙, 2001, 「西繡日記를 통해본 19세기 평안도 지방의 사회상」 『韓國學論集』 35, 漢陽大韓國學硏究所.
39) 『潛谷遺稿』 疏箚, 兩西請用錢疏 丁亥十二月.

과 더불어 입시하라는 통지를 받고 이튿날 숙종을 알현하고 암행어사에 임명되었다.[40] 암행어사로 여정을 떠나려 하자 호조로부터 그에게 노자가 지급되었다.

> 호조에서 正木 4필과 백미와 太 각 5斗, 民魚 3마리, 石魚 3束을 路費로 보내왔는데 의례히 주는 것이다. 호조판서 이세화도 또한 전문 5兩을 보내왔다.[41]

호조에서 여행비용 조로 내려준 물목은 正木과 미곡, 어물이었다. 미곡과 어물은 암행어사 일행이 여행 중 직접 식사를 준비하는데 이용되는 물품이었다. 正木 4필이 시장이나 민가에서의 교환수단으로 이용될 수 있었다. 이러한 물목은 호조에서 어사에게 관습적으로 지급되던 항목에 해당하는 것이었다. 당시 동전이 유통되고 있음에도 여전히 현물을 이용한 관의 재정 운용 관습을 보여준다. 다만, 호조판서 이세화가 동전 5냥을 주어 일행의 노자에 도움을 주었다. 박만정 일행은 이 돈을 여정중의 매매에 이용했다. 박만정은 여정에 앞서 이세화 외에도 응교 심권, 문학 임윤원, 수원부사 등을 만났는데 이들로부터도 일정한 현물을 통한 지원이 있었다고 볼 수 있다.

암행어사 일행은 숙박의 대부분을 민가에서 해결했다.[42] 민가에서 식사를 청하거나 숙박을 할 경우 대가를 지불했다. 민가에서 숙식할 때 미곡을 지불하였는데 여기에는 밥을 짓기 위한 쌀뿐만 아니라 공역에 대한

---

40) 朴萬鼎, 『海西暗行日記』, 三月初六日・初七日 ; 『承政院日記』364, 肅宗22년 3월 癸亥 ; 『肅宗實錄』30, 肅宗22년 3월 癸亥.
   이의창은 咸鏡道暗行御史, 이정겸은 忠淸道暗行御史에 임명되었다.

41) 戶曹送正木四疋 白米太各伍斗 民魚參尾石魚三束爲路費而例□也 戶判李世華又送錢文伍兩(朴萬鼎, 『海西暗行日記』, 三月初七日).

42) 酒幕을 이용한 기사도 확인된다(朴萬鼎, 『海西暗行日記』, 三月初八日・三月初十日). 주막에서의 지불 수단은 언급되고 있지 않으나 미곡, 면포, 동전의 형태로 지불되었음을 예상할 수 있다.

대가도 포함되어 있었다. 암행 당시 계속된 흉년으로 미곡이 귀한 현실에서 齋粮한 과객에 대해서까지 防塞 함에 따라 풍속이 예전만 못하다는 탄식에서 보듯이[43] 여행에는 미곡을 중심으로 한 기본경비가 필요한 상황이었다. 여정중의 지출 중에는 식사가 외에도 숙박료도 있었다. 3월 24일 재령의 민가에서 숙박할 당시 비용으로 미곡 외에 별도로 柴草 값을 지불했는데, 여기에는 동전이 이용되었을 가능성이 크다.[44]

행로 중에 지인이 있을 경우 行粮을 지원받았다. 박만정과 함경도암행어사 이의창은 여정 중에 장단부사 남필성을 만나 행량을 지원 받았다.[45] 박만정은 行資뿐만 아니라 南草 등도 받을 수 있었다. 박만정은 행량이 고갈되자 감찰지역인 함경도를 벗어나 친분이 있는 평안도 용강 현령을 찾아가 행자를 마련했다.[46] 뿐만 아니라 路程에서 양곡이 떨어지자 동전을 이용해 미곡을 매매하고자 했다.

> 行粮이 다 떨어져서 木疋을 팔고자 하였더니 1疋이 다만 전문 1냥 8전이었다. 1냥은 단지 田米 8승만 받을 수 있다. 전대 속에 있는 것을 모두 꺼내 살펴보니 전문 약간 냥과 목 1필뿐이었다. 마을 사람에게 쌀값을 물으니 사람들이 그 급함을 알고는 모두 값을 요구하는 것이 매우 높고 쌀을 내 놓으려 하지 않았다. 내가 마을 사람 중 노인에게 일러 "금년은 米가 귀해 8승은 1냥의 값으로 평상시에 비해 그 이익이 배의 배가 되니 이러한 까닭으로 이미 족한데 어찌 더 요구하시오."라고 말했다. 마을사람들이 크게 웃고 가버려 끝내 팔고살수 없었다. 곧이어 여정을 떠나다 길에서 산승을 만났다. 그가 마침 장시에 가는 것이라 목필을 내어 보이니 곧 전문 2냥 5전을 내어주고 바꾸어 갔다.[47]

---

43) 朴萬鼎, 『海西暗行日記』, 三月二十三日·三月二十七日·四月二十八日
44) 암행 일정을 출발한지 약 한달 후 부터는 封書에 지시된 고을을 방문하게 되면서 路費에 대한 기록은 별도로 나타나고 있지 않다.
45) 남필성은 박만정의 査頓이었고 이의창의 甥姪이었다(朴萬鼎, 『海西暗行日記』, 三月初八日).
46) 朴萬鼎, 『海西暗行日記』, 三月二十一日.
47) 行粮告罄 欲賣木疋 則一疋只直錢文一兩八錢 而一兩只給田米八升 盡搜橐中所

박만정 일행이 3월 7일 여정을 떠나 같은 달 16일 해주 서편에 있는 銀同村이라는 마을에 이르렀다. 일행은 行粮이 부족하자 마을에서 면포와 동전을 이용해 미곡을 매득하는 것을 도모했다. 박만정이 파악한 당시의 시가는 면포 1필 값이 전문 1냥 8전이며 동전 1냥은 곧 田米 8升이었다. 그러나 이러한 절가는 시장을 중심으로 형성된 가격이 아니라 관에서 적용하고 있는 것으로 수세하는 데 적용되는 절가였으며, 이로 인해 시가보다 낮게 책정되어 있었다.[48] 하지만 당시 흉황으로 인해 곡물이 귀해지면서 은동촌에서는 박만정이 생각하는 가격이 수용되지 못했다.

박만정은 마을에서 목필과 동전을 이용한 미곡 매매에 성공하지 못하고 여정을 떠나다가 길에서 산승을 만나 목필을 동전으로 바꾸었다. 그들이 가지고 있던 면포 1필을 동전 2냥 5전의 값으로 산승에게 방매했다. 이는 박만정이 파악하고 있던 목 1필가 1냥 8전보다 7전이 높은 값이었다. 시장으로 가는 산승이 절가한 목 1필의 가격이 시장의 상황에 가깝다고 본다면 어사 일행이 은동촌에서 1냥을 전미 8승으로 산정한 것은 시장가 보다 낮게 책정된 것이었음을 알 수 있다. 또한 박만정이 산승에게 목필을 동전으로 바꾼 것은 여정 중에 동전을 이용한 매매가 편리함은 물론 장기간의 여행에 휴대하기 편한 점이 고려되었기 때문이었다.

은동촌에서 미곡을 매득하려 할 때에 동전을 기준으로 시가를 산정하고 있다. 이는 동전을 이용한 매매가 활발함을 보여주고 있다. 뿐만 아니라 山僧이 면포를 매득한 가격은 시장에서의 가격보다 낮은 것이라 본

儲 則只有錢文若干兩木一疋矣 問於村人 則村人知其急 皆索價甚高 不肯出米 余謂村中老人曰 今年米貴 八升直一兩 比之常年 其利倍倍 此固已足 何更索乎村人又有大笑而去者 終不買賣 遂發行 路中遇山僧 似時徃場市者 出示木疋 則卽損錢文二兩五□ 而換去矣(朴萬鼎, 『海西暗行日記』, 三月十六日).

48) 관에서 하리들에게 관에서 절가한 동전가로 料價를 지급하자 하리들이 시장의 절가보다 낮다고 받기를 꺼리고 있었다.

다면 시장은 면포를 효과적으로 동전으로 교환할 수 있는 기능을 갖추고
있었다고 하겠다.

4월 2일 어사 일행이 서흥읍내에 이르렀을 때 다시 행자가 부족하자
동전을 이용해 米太를 매득했다.[49] 康翎에서는 숙박한 집의 주인이 家
奴 季奉을 강령의 읍내장시로 보내 貿米하기도 했는데,[50] 이때도 면포
혹은 동전을 이용하였겠으나 동전으로 매매하였을 가능성이 크다.

박만정은 이튿날 新溪인근 민가에서 동전을 이용을 하고 있는 실상을
경험했다. 유숙한 집의 주인은 양곡이 부족하자 아들을 읍내에 보내 貸
米토록 했다.[51] 아들은 읍내에서 '一升米 一文錢'도 구하지 못하고 돌아
왔다고 하소연했다. 이는 당시 장시를 통해 미곡을 직접 구하거나 貿穀
을 위한 동전의 대출을 시도했음을 암시한다. 이러한 매매 외에도 수령
의 선정비 건립을 위해 鄕品輩의 징색에도 동전이 선호되고 있었다.[52]
배천군수가 진휼을 실시하자 향품들이 주도하여 선정비를 건립을 추진
하면서 건립비용을 진휼곡을 받아가는 사람에게 전문을 징수하는 것으
로 마련하려 했다.

3) 관청재정 운영과 동전

박만정이 어사의 소임을 마친 후 왕에게 올린 서계와 별단에는 각 군
현별로 동전을 이용한 실상이 언급되어 있다.[53] 관청의 재정 확보 및 수

---

49) 發行 到瑞興邑內 朝飯而粮資已罄 故斥賣錢文質得米太 後乃向新溪(朴萬鼎, 『海
    西暗行日記』, 四月初二日)
50) 朴萬鼎, 『海西暗行日記』, 三月十五日.
51) 朴萬鼎, 『海西暗行日記』, 四月初三日.
52) 朴萬鼎, 『海西暗行日記』, 書啓 白川郡守 李東亨.
53) 서계는 수령의 치부를 파악해 보고한 자료이며, 별단은 황해도 전체 또는 군현
    단위의 읍폐·민막을 적시하여 국왕에게 해결방안을 제시한 일종의 시무책과 같
    은 성격이다(한상권, 앞의 논문, 379쪽). 한상권의 논고에는 17~18세기 암행어
    사의 書啓, 別單에 대한 현황이 조사되어 있다.

령의 사적 이익도모를 위해 관 주도의 동전확보가 시도되었다.

> 富民 등에게 전문을 강제로 주어서 그것으로 곡물을 무역하게 하였습니
> 다. 시장에서 무역한 곡식을 관에 와서 납입할 즈음에는 부족해서 줄어드는
> 수가 스스로 많으며, 부민배로서 모두 스스로 수를 채워서 납입하도록 합니
> 다.54)

배천군수 이동형은 관의재정 확보를 이유로 군내의 부유한 백성들에
게 전문을 강제로 나누어 주고는 그 대신 미곡을 관에 납입시켰다. 蒜山
에서 土卒들에게 동전을 주고는 미곡을 무역해 납입하도록 종용함으로
서 큰 민폐를 야기시킨 사례도55) 배천군과 유사한 상황이다. 관에서 정
한 동전을 기준으로 한 미곡에 대한 절가는 시장에서 통용되는 절가에
미치지 못하는 것이 현실이었다. 그럼에도 관에서는 보유한 동전으로 미
곡을 확보하고자 부유한 백성들에게 강제로 관의 절가를 기준으로 동전
을 지급하고, 이를 바탕으로 관의 절가에 해당하는 양의 미곡을 시장에
서 무역해 납입하도록 함에 따라 폐단이 야기되고 있었다.

동전을 이용한 과도한 징세가 행해지고 있었다. 이미 언급한 바와 같
이 동전을 이용한 미곡의 확보와 동시에 贖錢의 징수를 통해 관에서는
다시 동전을 확보했다. 소에 대한 도살을 금지한다는 명목으로 백정들을
捉致하여 중형을 가한다고 엄포한 후 이들로부터 속전을 징수했다. 배천
군수 이동형은 도살여부를 불문하고 일괄적으로 속전 10냥씩 거두었
다.56) 당시 배천군에서는 지역의 16坊으로부터 확보한 속전이 100여 냥

---

54) 又於富民等處 勒給錢文 使之貿穀是白乎矣 場市所貿之穀 來納官家之際 欠縮之
　　數 自多是白乎旀 以富民輩皆自充數以納是白乎旀(朴萬鼎, 『海西暗行日記』, 書
　　啓元單 白川郡守 李東亨)

55) 去秋 稱以補賑 招出鎮內梢實人 勒捧穀一石 而被抄之人 給賂色吏者 輒皆拔去是
　　白遣 無錢者侵責不已 至囚次知是白乎等以 或有逃散 怨謗藉藉是白乎旀 且給錢
　　土卒等 貿得各穀 其數不少是白乎矣(朴萬鼎, 『海西暗行日記』, 書啓元單 蒜山僉
　　使 宋永基)

에 이르고 있었다.

송화현감 김해는 소에 대한 도살이 금지되어 있음에도 불구하고 관에서 직접 도살함은 물론 그 고기를 방매했다. 우육의 방매가는 동전으로 받았는데 그 액수가 102냥에 이르고 있었다. 이러한 수입은 현감 개인에게 귀속되었으며, 개인 제물의 마련 등에 이용되었다.[57] 사적 이익을 도모할 목적으로 우육의 방매가를 동전으로 징수했다. 다만 우육방매대금을 관리한 성책이 별도로 존재하고 색리가 관리한 점으로 보아 관청재정으로 운영되는 것을 사적으로 유용한 것이라 하겠다.

강령현에서는 衙祿米를 빙자하여 전문을 거두었다. 강령현감 김세형은 매 4결의 토지에 전문 10냥씩을 징수하여 고을 전체 전결 170여 결을 대상으로 동전으로 수세했다.[58] 확보된 동전은 다시 부민들에게 지급하고 관의 절가에 따라 미곡을 납입하게 하는 방법으로 군현의 재정을 증식시켰다.

신천군에서는 관원들이 입을 옷을 무역한다는 명목으로 동전을 징수하여 상인을 통해 매매하여 이익을 도모했다.[59] 신천군에서는 관원들의

56) 稱以牛禁是如 捉致各坊白丁 詰問屠殺處 施以重杖 白丁輩□於威令 或對以年久之事 以爲免罪之地是白去乙 不問虛實 皆捧贖錢十兩 十六坊所捧之數 幾至於百餘兩之多 禁斷民間 如是嚴截 而官家用肉 依舊狼藉是白遣(朴萬鼎, 『海西暗行日記』, 書啓元單 白川郡守 李東亨)

57) 屠牛禁令 不啻明白 而不有國法 用肉狼藉是白遣 貿錢持去之說 藉藉民間是白在女中 及其文書搜出時 有錢文用下册是白去乙 除其兩巡祭物外 通計前後用錢之數 則至於一百二兩零是白乎所 官廳色吏河起善招內 皆是官主私用是如 明白納段是白乎等以 各項文書三度 幷以封進爲白齊(朴萬鼎, 『海西暗行日記』, 書啓 松禾縣監 金灒)

58) 但今春良中 稱以衙祿米 每四結錢文十兩式收捧爲白臥乎所 本縣田結 一百七十餘結 通計其數亦甚不少旀不喩(朴萬鼎, 『海西暗行日記』, 書啓元單 康翎縣監 金世衡)

59) 且稱以官員所着毛衣次 黃獷皮價是如 收聚錢文五十餘兩於官軍官處 而出給十餘兩於商人 貿羊皮裘爲白臥乎所 黃獷皮價捧錢 雖曰流來之規 旣是謬例 則所當革罷是白去乙 況此大無之年 五十餘兩錢文乙 徵捧於飢餓之軍官者 事涉無據是白

옷을 매득하기 위해 '黃獷皮價' 명목으로 관원과 무관들에게서 동전 50
냥을 거두는 관례가 있었다. 군에서는 이를 바탕으로 상인에게 10여 냥
으로 羊皮로 만든 옷을 사들인 후 약 40냥에 가까운 차익을 남기고 있
다. 이러한 이익도모가 군의 재정보용을 목적으로 하였는지 군수 개인의
사적 이익을 도모하였는지는 알 수 없으나 관원 등으로부터 동전을 징수
하였으며, 이를 통해 상인으로 대표되는 시장에서 매매하고 있음을 잘
보여주고 있다.

관에서 상인과 결탁하여 이른바 전문방납의 형태로 동전을 이용한 모
리를 행하고 있었다. 신계현에서는 淸蜜 등의 물품을 송도의 부상 배봉
운을 통해 무역하는 과정에서 이익을 도모했다.[60) 현에서는 공물조 청
밀 등을 마련하기 위해 송상 배봉운에게 米太 40석을 豫給해 주었다. 배
봉운은 이미 청밀 등을 경중에서 동전, 면포를 이용해 납입한 상태였다.
당시 연이은 흉년으로 미가가 높은 상황에서 경중에서 전납을 함으로서
배봉운은 많은 이익을 도모할 수 있었다.

신역에 대한 전문기준의 역가를 과도하게 징수함으로써 이익을 도모
했다. 신계현에 배속된 금위영의 保人 233명에 대한 군포가 감해지고 전
납이 허용된 결과 전납액이 1냥 1전 3푼 5리였다. 그런데 현령 심릉은
이러한 변경내용을 반영하지 않고 기존의 군포액을 기준으로 절가한 1냥
3전 4푼을 받아서 중앙관서 상납분 외에 73냥의 이익을 남겼다.[61) 뿐만
아니라 황해도는 면역대상에 대해서도 전문을 징수했다. 역졸의 보인인
日守軍官을 대상으로 매년 3~40냥씩 거두었는데,[62) 일수군관의 경우

　　齊(朴萬鼎, 『海西暗行日記』, 書啓元單 信川郡守 蔡頲)

60) 朴萬鼎, 『海西暗行日記』, 書啓 新溪縣令 沈稜.

61) 本縣案付禁衛保 二百三十三名 旣自朝家 減其收布是白乎等以 每石良中 錢文一
　　兩一錢三分五里式支定爲白有去乙 以一兩三錢四分 加數收捧是白乎等以 計其上
　　納之外餘數 合爲七十三兩零是白遺(朴萬鼎, 『海西暗行日記』, 書啓元單 新溪縣
　　令 沈稜)

62) 本道各邑軍役 最重是白乎等以 民以此不堪 而其中日守館軍所捧 多至於錢文三

면역되고 있음에도 동전을 징수하여 지방재정으로 이용하고자 했다.

人情錢을 징수했다. 新塘 등지의 여러 진에서는 훈련도감에 납입하는 명주를 마련하고 납입하는 과정에서 인정전을 수세했다. 신당에서는 명주를에 대해 人情債 명목으로 명주 한 필에 5전, 한 동에 25냥을 거두었다. 뿐만 아니라 훈련도감의 서리, 문직, 고직, 낭청등도 인정채라 하여 동전을 거두고 있었다.[63]

관아에서 鄕品에 入參하거나 교생에 들고자 하는 자에게 미곡대신 동전을 징수하기도 했다.

> 관아에서 곡물을 거둘 때 향교의 유생중 향품으로 처음 입참하는 사람에게 70냥을 받았고 소위 間先生類로 향품에 입참하는 자에게는 50냥을, 기타 평민으로 교생에 들고자 하는 자에게는 10냥의 돈을 받고 허락했다. 이는 새로운 예를 만들어 많은 돈을 취한 악폐로서 자연 비방하는 말이 없을 수 없습니다.[64]

은율현에서는 향교의 유생으로 향 품관에 들거나 선생으로 향품에 다시 들고자 하는 자에게 각각 동전 70냥과 50냥을 거두어 들였다. 그리고 평민으로서 향교에 들고자 할 경우에도 동전 10냥을 받았다. 이처럼 관에서 미곡·포목 대신 동전을 이용해 재정을 확보하는 바는 이미 언급한 바와 같이 전문 무역을 통한 이익을 도모할 여지가 많았기 때문이다.

당시 어사의 파견은 흉황으로 인한 진휼의 실상을 염찰하는 목적이 있었다. 황해도암행어사 박만정 또한 이러한 상황에 따라 각 지방관의

十四十兩人云 天下豈有如此身役是白乎㫆 監兵營鎭軍段 一年三當番是如爲白遣
正木三疋式收捧是白乎矣(朴萬鼎, 『海西暗行日記』, 別單)

63) 歛萬戶輩 憑此牟利 或以二石 勒捧三四疋是白乎㫆 貿紬上納時 稱以人情 紬一疋
例捧錢文五□是白等以 一同則二十五兩 二同則五十兩 而訓局書吏門直庫直郎
廳下人輩 例爲受食是如乎白臥乎所(朴萬鼎, 『海西暗行日記』, 別單)

64) 上年聚穀時 校生中初入鄕參者 則捧錢七十兩 而所謂間先生入參之類 則五十兩
是白遣 其他平民之願屬校生者 則許捧餘兩是白乎所 創□新例 捧納許多錢兩 其
間不無人言是白乎㫆(朴萬鼎, 『海西暗行日記』, 書啓元單 殷栗縣監 韓宗運)

진휼과 환곡을 통한 재정운영을 탐문했다. 주로 米穀을 중심으로 한 過徵과 濫徵의 폐단을 書啓와 別單에 상술했다. 그는 동전을 이용한 관사의 재정운영은 규례 외에 별도로 행해지던 관습으로 지적하고, 지방재정의 재원 마련 혹은 수령의 사적 이익을 도모하는 비정상적인 실상으로 지적했다.

III. 18세기 전반 동전 이용의 증대

1. 김순의의 선물수수와 시장물가 기록

1) 저자와 자료소개

金純義(1645~1714)는 경상도 예안의 오천리에 세거하고 있던 광산김씨 문중의 인물로 그의 가계에 대해서는 이미 언급한 바와 같다. 그가 일상생활을 기록한 『果軒日記』는 1662년(현종 3)에서 1714년(숙종 40)까지 작성되었으며, 이 중 1667년(현종 8)에서 1687년(숙종 13)까지의 20년에 걸친 일기는 결락되어 현전하고 있지 않다.65) 그는 1662년 京城과 南陽에 있는 인척과 官人을 만나러 약 1개월 동안 이들 지역을 다녀온 사실을 제외하면66) 줄곧 예안을 중심으로 안동, 군위, 대구, 인동, 의성

---

65) 1662년에서 1688년 사이의 일기는 빈객의 접대와 외부의 지인들과 교유하는 내용 중심이다. 경제활동과 관련한 기록으로는 1664년 知人 朴承立이 春陽에 왕래하는 길에 들르자 鷄 1首와 皮文魚 1尾를 선물한 것이 있다(『果軒日記』, 甲辰 八月十一日). 1692년에서 1698년에 이르는 7년의 일기도 누락되어 있다.

66) 김순의는 1662년 9월 12일 예천을 출발하여 경성에서 생활하다가 10월 21일 還家했다. 路程 중에 秣馬, 投宿, 式辭 등을 驛, 院, 酒幕, 寺刹을 비롯하여 지인가를 이용하고 있다. 특히 한양에 도착하여 南陽의 외척을 방문할 당시에는 이들과 고을 수령으로부터 여정에 일정한 도움을 받을 수 있었다. 한양에서는 경주

등지의 영남지역 인척이나 학연적 인연을 가진 인물들과 교유하며 생활했다.

『과헌일기』는 김순의가 경상도를 일대를 지역기반으로 활동한 기록이 중심으로 이루고 있음에도 그가 예안의 자기 집안일, 즉 '在家'에 대한 내용보다 대외활동의 기록이 더 충실하다. 경제활동과 관련한 기록도 확인할 수 있어 17세기 말에서 18세기 초의 동전유통과 관련한 단상을 살펴 볼 수 있다.

2) 현물을 이용한 선물과 전문 부조

1689년(숙종 15)에서 1709년(숙종 35) 사이 김순의의 일기 중 선물을 통한 경제생활을 한 부분에 대한 기록을 정리하면 표 4-5와 같다.

〈표4-5〉金純義의 膳物授受 및 부의 내용

연	월일	수 취	발 송	비 고
1689	2.14	·裵大成 給雉一首而去		
	4.22	·食物2斗米, 鷄2首		
1691	2.19	·奴婢貢 布1疋·乾文魚1	·人蔘三錢於居仁	
	12.24	·省峴驛 靑魚·乾柿		察訪 李新卿
1704	3.27		·衾,裙,短衣,布,錢,米賻儀	從嫂喪事
1705	3.20		·白紙10丈, 壯紙1丈	琴季益 喪室
1708	1.22		·白紙束	金世鉉慈堂 喪
1709	5.3	·智孫 送錢1兩 質穀錢5兩		慈仁
	5.15	·南草		琴萬和
	7.4		·白紬小衣	金仲受 損世

1689년 2월 14일 저녁에 배대성이 鷹을 이용해 사냥하고 가는 길에 들러 김순의에게 雉 1首를 주었다. 4월에는 신임 수령 김태창의 上官을 기념한 모임에서 대간 이이노의 후원으로 食物 2斗米와 鷄 2首를 받았다. 같은 해 9월 8일에는 南立이 모친상을 당해 葬地를 요청하면서 米 1斗를 보내오자 돌려냈다.

___

인가에서 머물렀다.

喪事의 부조에 있어 김순의는 布, 紙를 비롯하여 동전도 이용했다. 1704년(숙종 30)에 仁同 龍城의 從嫂가 痘患으로 세상을 떠나자 治喪에 대한 관찰내용을 일기에 기록했다. 그의 慈親이 衾을, 仲子의 처와 손녀 그리고 첩이 모두 上短衣 등으로 아녀자들은 의복을 부조했다. 그리고 김순의의 장자 김대는 布 1필을 전 1냥 3전으로 사서 부의하였으며, 從弟는 錢 1냥을 직접 부조했다. 이 외에도 김순의와 두 아들은 각기 米 1두씩을 부조했다. 이처럼 김순의 일가에서는 의복 등 관행적인 현물 부의 외에도 동전을 통한 부조의 수수가 이루어지는 변화의 양상을 일기를 통해 확인할 수 있다.

동전을 이용한 부의가 행해졌음에도 불구하고 여전히 喪事 소요되는 물품을 부조하는 관습이 강하게 작용했다. 김순의는 1705년(숙종 31) 김계익의 妻喪에 백지와 장지를 부조했으며, 1708년(숙종 34)에는 내앞의 慈堂 김세횡의 부음을 듣고 白紙를 부조했다. 1709년(숙종 35) 7월에는 종제 김중수가 세상을 떠났다는 소식을 듣고 김순의는 斂을 위해 白紬小衣를 부조했다.[67]

3) 매매 결제와 물가 단위로서의 동전

매매에 있어서도 銀子, 布와 같은 기존의 관행적인 화폐 외에도 동전이 새로운 결제수단으로 이용되기 시작했다. 김순의가 일기에 기록한 매득 기사는 家屋, 圖書, 鷹 등이 있으며, 이에 대한 결제는 銀子, 布, 錢文이다.

포목과 미곡을 이용한 매매의 관행도 여전히 유지되고 있었다. 1689년(숙종 15) 12월 김순의는 船村에 있는 村家를 種山으로부터 木 2疋과 穀 2石 6斗의 값으로 매득했다. 매매대금은 매매 전날 生母가 木 2필을

---

67) 1709년에는 慈仁에 있는 智孫으로부터 동전 1냥과 아울러 곡식을 대신해 동전 5냥을 받았다. 智孫은 김순의의 손자인 金智元(1688~1767)을 지칭한다.

보내준 것으로 마련했다. 나머지 매매가 중 곡 2석은 김순의가 種山에게 직접 지불하지 않고 배회경에게 종산을 대신해 갚는 것으로 결정했다.

포목과 미곡을 이용한 매매 관행 속에서도 점차 전문중심의 매매결제가 대두되고 있음을 김순의의 일기를 통해 알 수 있다. 김순의는 1689년(숙종 15) 綱目을 구입하기 위해 은자 13냥을 지출했다. 그는 한 달 전全州 僧 玉贊 등을 만나 『訓義綱目』을 사고자 값을 상의한 바 있었으나, 값이 비싸 바로 사지 못하고 날짜를 미뤄 5월 24일 비로소 매득했다.

> 銀子를 5냥으로 하고, 還伊牛 1隻과 木 1필을 3냥으로 정가하며, 木疋로 布衣한 것으로 1냥으로 값을 정했다. 또 細木 50尺 1疋, 京大同木 1필을 4냥으로 정가해서 합이 13냥, 그리고 絹 20척, 白絹5척으로 綱目의 책값에 충당했다.[68]

매매가는 銀子, 牛, 木疋을 전문으로 환전한 값 13냥을 비롯해 여기에 絹 20척과 白絹 5척으로 결정되었으며, 이에 대해 그는 無價할 정도로 매우 고가라고 평가했다. 김순의가 매매가를 마련하기 위해서 牛 1척을 비롯하여 細木, 京大同木, 木 등의 다양한 木綿을 銀子로 折價한 점은 당시 동전이 결제수단으로서 우선시, 혹은 선호되었음을 보여준다. 뿐만 아니라 은자에 대해서도 전문 5냥으로 절가, 혹은 환전하고 있어 17세기말 동전이 매매에 대한 결제수단으로 부상하고 있는 현실을 잘 보여주고 있다.

鷹의 매매에도 동전을 이용했다. 1699년(숙종 25) 12월 11일 김순의는 장자 金岱를 시켜 戒生에게서 鷹을 2냥 6전에 사도록 했다. 이 과정에서 동전이 필요하자 어머니로부터 1냥을 얻어 선 지불하고 이후 28일

---

68) 二十四日 以銀子五兩 還伊牛一隻 木一疋定價 三兩乙立 木疋布衣事定價一兩 又以細木五十尺 又一疋京大同木一疋定價四兩 合十三兩 又以絹二十尺 白絹五尺充綱目册價 册七十六卷 又粧破皿及新伴 合三十餘卷 自僧來此之後 日以此爲事 朝前辭去(『果軒日記』4, 己巳五月二十四日)

에 잔액인 1냥 6전보다 더 많은 2냥을 마저 지불했다. 뿐만 아니라 같은
달 12일에는 차자 김교 역시 김희성의 처가로부터 전문 16냥으로 매를
구입했다. 김순의 부자는 매득한 매를 이용해 雉를 수차례 사냥하여 하
루에 3首를 잡은 날도 있었다.

매를 이용해 사냥을 한 지 얼마 되지 않아 큰 아들이 인척에게 임의로
매를 팔자 김순의는 매우 화를 냈다. 그리고 이듬해인 1700년(숙종 26)
1월 9일 다시 奴 得好가 峽中에서 전 9냥 반으로 길들여지지 않은 新鷹
을 사옴으로써 방매한 매를 보충한 후 매 사냥은 계속되었다. 뿐만 아니
라 그해 10월 24일 둘째 아들이 새로운 매를 매득하자 다른 매에게서
병중을 확인하고는 방매를 도모했다.[69] 김순의 부자는 매의 매매와 관
리에 큰 신경을 기울였으며 사냥을 통해 얻은 雉를 일일이 기록했다. 매
의 매매는 동전을 이용해 이루어졌으며, 매득한 매를 이용한 사냥물은
그의 일기 기록 자세로 보아 전문을 바탕으로 다시 방매되었을 가능성이
높다고 할 수 있다.

노비와 토지의 매득은 물론 가사와 관련한 보수비용에 있어서도 동전
으로 값을 지불했다. 김순의는 1700년 11월 1일 牛 2隻과 錢 10냥을 바
탕으로 還女, 分眞을 비롯하여 尙輝, 尙俊을 매득했다. 1702년(숙종 28)
12월 22일에는 그의 奴 後善이 錢 3냥으로 무역한 渠二鼎과 물고기를
도둑맞았다. 1706년(숙종 32) 1.13일에는 牛를 팔아서 동전 9냥을 얻은
다음날 김경청으로부터 官谷에 있는 田을 사기 위해 돈을 보냈다.

1710년(숙종 36) 8월 10일에 금자중이 그 집의 기와를 팔자 김순의는
그 대금으로 6냥을 지불했다. 김순의는 훼손한 가옥에 대한 보상가도 동
전으로 책정되는 것을 주도했다. 1712년(숙종 38) 9월 11일 족숙 김징이
상의 없이 상중에 있는 김헌의 집을 헐어서 가옥을 신축한 문제로 문중

---

69) 1712년 9월 16일에 從弟가 秋鷹을 7兩 5錢에 매득했다(『果軒日記』 6, 癸巳九月
十六日).

회의가 열렸다. 이 자리에서 김징이 쉐손한 가옥에 대해 大家는 전문 60
냥, 小家는 기와를 제외하고 15냥으로 결정하여 보상하기로 의결했다.

토지의 소출에 대해서도 동전을 통한 계산이 이루어졌다. 김순의는
自善, 得立이 영일로 가는 편에 故婢 首陽의 딸 國玉을 잡아 오는 것과
동시에 이 일대 밭을 조사하여 소출을 찾아오도록 당부했다. 이들은 밭
을 조사하여 동전 8냥을 받아냈으며, 이 중 1냥은 그들의 行粮으로 사용
하고 나머지 7냥을 김순의에게 건넸다.

동전을 이용한 매매가 활성화 되는 상황 속에서 김순의는 시장의 물가
를 동전을 기준으로 산정했다. 그는 46세가 되는 1689년(숙종 15) 이후부
터 매년 연말 마다 그해의 작황과 시장의 미가를 관찰하여 기록으로 남
겼다.[70)]

* 1699년 12월 30일 : 이해는 일찍 가물어서 晚種이 모두 부실하고 목화
  또한 귀하다. 豆粟은 조금 실하다. 가을 초에 水災 있었는데 장년보다 심
  하지 않으나 농화를 입은 것이 작년의 배이다. 秋穀의 시가는 10斗이고
  겨울 전에는 8~9두이다가 연말에는 전문 1냥에 6두를 주었다고 한다.
* 1703년 : 임오년(1702)에 일찍 가물어 늦게 물을 대고, 또 밭이 많이 물
  에 잠긴 곳이 많아 비록 이앙을 한 곳이라도 모두 부실하다. 태와 목화
  는 조금 실하다. 계미년(1703) 초여름에 錢文 1냥으로 겨우 미 2두에 못
  차게 얻을 수 있어 給災가 전혀 없어 백성들의 삶이 말하기 어렵다.
* 1704년 12월 29일 : 이해는 가뭄이 심하여 水田은 이앙을 많이 못했다.
  太粟은 매우 실하였고 목화도 또한 많았다. 市價가 새해 전후나 하나같
  아서 전문 1냥이 7~8斗를 내려가지 않았다.
* 1706년 12월 30일 : 이해에 수전은 이앙을 하지 못한 곳이 많았다. 豆
  가 최고로 실했고 木花도 또한 매우 귀한데 까지는 이르지 않았다. 겨
  울 초에는 전1냥으로 11~2斗를 받았다. 年前의 봄 끝에는 1냥에 5~6
  斗였다.
* 1707년 12월 30일 : 이해에 수전은 모두 畝種이다. 가을사이에 거두는

---

70) 이들 중 기록이 생략된 해는 1691(결락)~1698년, 1701·1703·1705년, 1708~
1709년이다.

것이 매우 부실하였고 木花는 완전히 없었다. 浦田粟도 매우 부실하고
豆은 조금 소출이 있었다. 그런데 水田은 버려진 곳이 없었기 때문에
겨울 초에 1냥으로 大斗로 14~5豆 받았다. 浦田은 粟이 많이 죽어 木
麥을 심었는데 木麥은 자못 수확이 있었다.

1699년(숙종 25)은 가뭄으로 인해 米 晚種과 木花도 귀한 것으로 평
가하여 평년작 이하로 기술하고 있다. 그해 동전 1냥으로 가을에는 미
10두를 구할 수 있었으나 겨울 즈음에 8~9斗 그리고 연말에는 6두로
미가가 상승한 사실을 관찰했다. 1702년(숙종 28)은 가뭄으로 인해 미의
수확은 흉년이었으며, 太와 木花가 상대적으로 수확이 조금 낮다고 보았
다. 이러한 영향으로 이듬해 초여름에 미가가 1냥에 미 2두로 米貴가 심
해 민생에 어려움이 있음을 지적하고 있다.

1704년(숙종 30)은 가뭄으로 이앙이 성공적이지 못하다고 평가하면서
도 太粟과 木花의 수확이 좋아 전반적으로 풍년으로 기술했다. 따라서
미가도 1냥에 7~8斗로 새해를 전후하여 여전히 변함이 없는 것으로 관
찰했다. 1706년(숙종 32)은 이앙이 충실하지 못했고 豆가 실했으나 목화
는 평년작이었다. 그해 초겨울에는 동전 1냥으로 11~2두를 살 수 있었
다. 그러나 한 해 전의 봄에 전문 1냥으로 미 5~6이를 매득할 수 있었던
상황을 상기하면서 이듬해 봄의 미가 변동에 대한 우려를 드러냈다.

한해의 농황을 정리한 것은 自家의 농지 경영의 결과를 평가한 것으
로 볼 수 있다. 또한 시장의 미가 동향에 대해 예의 주시한 것은 전적으
로 동전유통으로 인해 나타난 현상만으로 볼 수 없다 하더라도 동전을
기준으로 시가의 동향을 판단하고 있음에 유의할 필요가 있다. 동전을
이용한 가치판단이 생활 깊이 파고들고 있음을 반증한다고 하겠다.

동전 중심의 화폐생활이 이루어지면서 가치저장 수단으로서도 동전이
대두했다. 이러한 실상은 동전의 도난사실에 대한 기록에서 간접적으로
확인할 수 있다. 1700년(숙종 26) 11월 1일 도적이 內房의 창문을 열고

는 김순의가 보관 중이던 전문 7냥과 細木 1疋을 훔쳐갔다. 그가 兒奴
得立과 得情을 추문하니 七立의 처 奉女의 사주를 받아 이들이 창을 열
고 동전 등을 훔친 사실을 알았다. 내방에 동전을 보관하고 있을 정도로
동전을 이용한 일사생활의 지출에 대비하고 있었으며 그 과정에서 도둑
에 의해 도난당하는 일이 발생했다.

2. 권상일의 農況과 매매에 대한 관심

1) 저자와 자료소개

18세기 전반 權相一(1679~1759)이 작성한 생활일기인『淸臺日記』에
는 이 시기 경제활동과 화폐이용의 실상이 반영되어 있다. 권상일은 경상
도 상주의 근암리(현 문경)에서 출생했다.[71] 22세에「學知錄」을 저술하
였으며, 1710년(숙종 36) 32세의 나이에 증광시 병과에 급제하여 승문원
부정자에 임명되었다. 이후 성균관전적(1718), 성균관직강(1719)을 역임
하고, 1720년(숙종 46)에는 예조정랑에 임명되었다. 이후 병조좌랑, 사헌
부장령, 양산군수, 울산부사 등을 역임하고 말년에 기로소에 들었다.

『청대일기』는 권상일이 1702년(숙종 28)부터 1759년(영조 35)까지 약
58년간 작성한 생활일기이다. 그의 나이 24세부터 시작된 일기는 84세
까지 계속되었다. 일기에는 권상일이 관료로서 한양과 울산 등지에서 활
동하던 시기의 기록을 담은 관료생활일기와[72] 고향에 머물러 있을 때의

---

71) 권상일의 생애와『청대일기』의 내용은 아래의 논고를 참고했다.
　　신명호·이순구, 2003,「解題」『淸臺日記』上, 國史編纂委員會 ; 백도근, 1998,「權
　　淸臺의 朝鮮性理學上의 位置」『尙州文化硏究』8, 尙州大學校尙州文化硏究所,
　　149~151쪽.
　　권상일의 선조는 대대로 안동에 살았으나 고조부가 醴泉으로 이거하였으며, 증
　　조부에 이르러 상주에 정착했다.
72) 1734년 울산부사로 재직한 이후 권상일은 더 이상 한양에 올라가지 않고 주로

〈그림4-1〉권상일의 『청대일기』

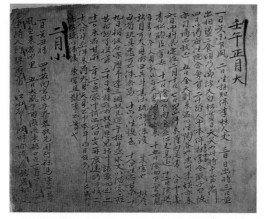

일상을 기록한 일상생활일기로 크게 나누어진다. 그의 일기는 관직생활 당시의 기록보다는 입사하기 전 혹은 관직에서 물러나 고향에 머물 때의 일상생활 기록이 더 다채롭다. 그의 일기를 통해 조선후기 양반의 혼인 생활, 가족관계, 인간관계 등이 잘 드러나 있음은 물론 경제환경의 변화에 대응한 그의 경제생활 실상이 잘 투영되어 있다.[73]

권상일의 일기 중 동전유통을 추진한 숙종 재위년까지, 즉 1702년(숙종 28)에서 1720년(숙종 46)까지의 내용을 중심으로 동전을 이용한 화폐생활의 추이를 분석한다.[74] 이에 앞서 이 시기 『청대일기』에 반영된 권상일의 생활 흐름을 파악할 필요가 있다.[75] 권상일은 1702년부터 1710년 문과에 합격하기 전까지는 그의 거주지였던 상주와 문경을 중심으로

고향에서 소일했다.

73) 신명호·이순구, 앞의 논문, viii쪽

74) 전성호(1998, 『朝鮮後期 米價史 硏究(1725～1875)』, 成均館大學校 博士學位論文, 31～33쪽)는 권상일이 관직을 버리고 낙향한 1738년에서 1759년 사이의 물가기록을 추적했다.

75) 자료는 국사편찬위원회 간행 탈초본과 『淸臺全集』의 원본을 대조했다. 權相一, 2003, 『淸臺日記』, 國史編纂委員會 ; 權相一, 1989, 『淸臺全集』上, 驪江出版社.

하면서도 경상도 일원의 안동, 대구, 청도, 창녕 등지를 왕래하며 활동했
다.76) 1711년(숙종 37) 4~6월은 승문원에 면신례를 한 후 봉직하다 낙
향 했다가 12월에서 이듬해 정월까지 다시 한양에서 생활했다. 1712년
(숙종 38)은 모친과 부인상이 잇따르면서 상주 본가에서 생활하였으며
이듬해까지 이곳에 있었다.77) 1719년(숙종 45)과 1720년(숙종 46)은 한
양에서 성균관과 예조에서 사환하면서 잠시 고향을 왕래했다.

2) 농황과 米價에 대한 관심

　권상일은 날씨의 변화와 아울러 농사의 작황 상태를 일기에 기록했다.
농황에 대한 관심과 관련하여 風雨를 중심으로 한 날씨를 기록하면서
旱災에 대한 우려가 가장 빈번하게 등장하고 있다. 해충에 의한 피해보
다는 가뭄으로 인한 失農에 주목했다.
　1704년(숙종 30) 4월 6일에는 가뭄으로 麥이 枯黃되는 것을 우려하다
가도 5월 8일부터 열흘 동안 비가 많이 내려 도리어 걱정했다. 1706년
(숙종 32) 4월 6일에는 마침내 비가 내려 고맥이 소생하여 田家가 다행
이라 언급하고 있다. 稻에 있어서는 이앙 문제와 관련하여 강우량에 유
의했다. 1704년 6.8일에 강우량의 부족으로 이앙에 차질을 빚다가 13일
大雨를 계기로 晩秧을 해서 다행이라 보았다. 그러나 결국 그해 9월 26
일 晩秧으로 인해 흉년이라고 탄식했다. 1706년 5월 20일에는 大雨로
봉천답까지 이앙을 마쳤다고 기록했다. 그의 기록에는 봉천답에 대한 이
앙이 완료되는 데 주목하고 있다.
　일기의 변화에 대한 관심은 米, 麥을 중심으로 한 농경 상황으로 이어
졌다. 권상일은 자신 주변에서 일어나는 경작 일정을 주목하면서 자기

---

76) 이 기간 동안 1708년 2월 13일~3월 8일까지 京試를 위해 한양을 왕래한 것을
　　제외하고 대구, 순흥, 창녕 등지를 방문한 것은 향시 응시가 목적이었다.
77) 1720년까지의 일기 중 1705년과 1713년 10월부터 1718년의 기록은 결락되었다.

전답에 대한 수행상황도 기록했다. 그의 일기를 토대로 상주 일대에서의 麥, 稻에 대한 농경 추이를 정리할 수 있다. 1월 24일 경 麥耕이 시작된 이후 늦어도 2월 25일 즈음에는 맥경이 마무리됨으로서 약 한 달 동안 보리 경작이 이루어졌다. 5월 보름에서 6월 10일까지 麥에 대한 수확 움직임과 함께 시장에 麥이 등장하는 동향을 확인할 수 있다.

'稻'의 경우, 이앙은 5월 20일에서 같은 달 28일까지 봉천답에 이르기까지 모두 마무리 되었다. 5월의 이앙은 무稻에 대한 것으로 수확은 8월 10일 즈음 모두 마무리되었다고 밝히고 있다. 한편 6월 16일에서 6월 28일까지 이앙이 실시되었으며 8월 21일부터 晚稻에 대한 타작을 실시하여 9월 20일까지 완료된 것으로 파악된다.[78]

날씨에 대한 관심과 농작 일정에 대한 기록은 한 해의 풍흉에 대해 지속적인 관심을 전제로 하고 있었다. 권상일의 일기에는 농황과 시장의 곡물가에 대한 추이가 기록되어 있다. 대표적인 내용을 정리하면 표 4-6과 같다.

1702년(숙종 28) 이후 일기가 남아 있는 1707년, 1711·1712년, 1719년은 풍흉을 언급하고 있지 않다. 1709년은 '民窮', '免凶'으로, 1710년은 '不豊不凶'이라 하여 평작 정도로 평가하고 있다. 권상일이 기록한 작황에 대한 평가는 향중에 생활하면서 인근의 상황을 파악한 기록이었다.

官人이나 朝報 등으로부터 타도의 상황을 비롯한 전국적 규모의 작황에 대한 정보를 접하기도 했다. 특히 1720년(숙종 46)의 흉황에 대한 기록은 그가 예조정랑으로 사환할 당시 지방으로부터 올라온 狀啓를 보고 기록한 것이다. 1702년 2월 진휼 실시의 배경으로 지난해 兩南에서의 흉황이라 판단했다.

권상일은 농황에 대한 파악에 있어 6월 麥의 수확, 8월~9월 晚稻의 소출 추이에 주목하고 있었다. 이러한 측면에서 1702년에서 1704년(숙종

---

78) 1708년은 閏月이 있었다.

〈표4-6〉『淸臺日記』에 나타난 農況과 穀價

연	월일	農況	市價	비 고
1702	2.21	·兩南甚凶荒 賑恤		
	閏6.28	·八道凶荒,西北兩道尤甚		
	9.25	·灌漑不實 凶年		
1703	6.10	·麥凶 甚於庚辰(1700)		
	9.26	·天畓似豊,田谷板蕩	·1兩=租14斗	西北兩道,江原道尤甚
1704	4.22	·凶荒	·1兩=租5斗, 米2斗	
	6.28		·錢1緡=馬芻 1束	旱災
	9.26	·晚秧 僅獲本種 凶年		
1706	9.23	·田穀凶年	·1兩=租10斗	木花貴
1708	8.11	·峽中 木麥 無一生存		
	9.16	·農事板蕩, 木花稍優而亦無實		京畿·忠淸尤甚
1709	5. 9	·民窮	·1貫=米3斗	穀賤
	10. 7	·慶尙道 免凶	·1貫=粗12斗	
1710	8.29	·不豊不凶		
1713	9. 9	·八道皆匈 湖南尤甚	·1兩=租1石(湖南)	
1720	9. 2	·凶荒太甚		大臣陳對

30)은 米, 麥이 모두 흉황, 1706년(숙종 32)과 1708(숙종 34)·1713년(숙종 39)은 米가 흉황이라고 판한 것도 관련하여 이해할 수 있다. 그리고 1706년과 1708년 9월의 경우는 木花의 작황을 별도로 밝히기도 했다.

일기에서 시장의 곡물가를 기록한 기록은 모두 7건이며, 이들은 모두 동전을 기준으로 산정되었다. 대표적인 기록 4건은 아래와 같다.

① 1703년 9월 26일 奉天畓도 풍년 같으나 관개가 매우 실하지 않은 밭과 골짜기와 계곡의 농업은 엉망이라 흉년을 면하기 어렵다. 시장의 가격은 동전 1냥에 조 14두라고 한다.[79]
② 1706년 9월 23일 금년 추수는 봉천답도 겨우 참혹함을 면했다. 그런데 밭곡식은 엉망이라 흉년이라고 할 수 있다. 시장에 동전 1냥에 조 10두라고 하니 괴이하다.[80]

---

79) 癸未九月二十六日 今年農事 奉天畓則似豊 而灌漑甚不實 田谷及峽農板蕩 未免凶年 市價則錢一兩租十四斗云

③ 1709년 10월 7일 금년 농사는 경기와 충청 등의 지역은 대풍인데 이도
(경상도)는 겨우 흉년을 면했다. 시장에 1관의 동전이 粗米 12두라고
한다.[81]

④ 1713년 9월 9일 금년은 팔도가 모두 흉흉한데 호남이 더욱 심하여 이
곳에는 시장에 동전 1냥이 조 1석이라고 하니 괴이하다.[82]

9월 米의 수확과 더불어 전답 모두에 대한 농황을 파악하면서 시장의
가격을 기록하고 있다. '①'과 '②'의 인용문은 봉천답도 어느 정도 수확
을 기대하는 상황으로 미에 대해서는 흉년을 면한 것으로 파악했으나
田穀에 대해서는 부정적인 서술이다. 경상도 이외의 지역에 대해 '③'의
기사에서는 타도의 작황을 파악하고 비교했다. 호남에서는 흉년임에도
불구하고 동전 1냥에 15두로 싸게 거래된다는 소식을 접하고 괴이하게
여겼다. 이는 경상도의 곡물가를 기준으로 호남을 비교한 데 따른 반응
이었다. 경상도 상주 일대의 경우 '①'의 미 풍년은 1냥에 조 14두이며,
'③'의 평년 경우 1냥에 12두로 시장에서 거래되고 있었기 때문이었다.
'②'의 경우, 그해 농사가 평년작으로 평가되는 상황에서 1냥에 10두로
거래되는 것을 괴이하게 여긴 것은 흉년이었던 해에도 1냥에 12두 가량
에 거래가 이루어 진 전례를 상기하면서 물가가 높게 책정된 것을 지적
한 것이다.

곡물가의 차이가 심한 원인에 대해 권상일은 시장 상인에 의한 인위
적인 물가 개입을 문제로 분석하기도 했다.

5월 9일 민간에서 봄에 궁색함이 근래에 더욱 심하다. 그런데 시장에는
곡식이 흔함에도 1관의 전이 미 3두 조금 넘으니 괴이한 일이다.[83]

---

80) 丙戌九月二十三日 今年秋收 奉天僅免慘酷 而田穀甚板蕩 可謂凶歲 而聞市上錢
一兩租十斗 可怪
81) 己丑十月七日 今年農事 京畿忠淸等地大豊 而此道僅免凶 市上一貫錢直粗十二
斗云
82) 癸巳九月九日 今年八道皆匈 而湖尤甚 此處市錢一兩租一石 可怪

한해 전의 흉년에 이은 1709년(숙종 35) 5월 麥의 수확이 있지 않은 상황에서 궁핍함이 더욱 심해지고 있는 상황이었다. 그럼에도 불구하고 시장의 상인이 보유한 곡식은 풍족한 실태를 언급했다. 권상일은 상인들은 곡식을 다량확보하고 이를 바탕으로 고액으로 방매함으로서 이익을 도모하고 있는 상황으로 보고 있었다. 1704년(숙종 30) 4월의 경우에도 이와 유사한 상황이었음에도 1냥에 조 5두 혹은 米 2두로 거래되고 있었다.[84]

5월에서 9월 사이 米, 麥 등 곡물의 수확기가 아닌 때에 상인들의 개입에 의한 시장가격의 왜곡 여지가 매우 높았다. 여기에는 상인들이 봄에 고가로 동전으로 미곡을 방매한 후, 가을에 동전을 바탕으로 미곡을 매입함으로써 다시 한 번 이익을 도모하는 당시의 상황이 반영되어 있었다. 이러한 배경에서 시장에서의 미곡 가격은 상인들 주도에 의해 동전으로 책정될 소지가 높았다.

3) 매매와 수증관계

권상일이 일기에 그의 경제활동과 관련된 사항을 모두 기록했다고 볼 수는 없으나, 『청대일기』에는 동전을 이용한 매매와 부조 등의 모습을 담은 기록들이 있다.

매매활동과 관련된 기록은 모두 8건이며, 이 중 동전을 이용한 매매 사실을 밝힌 것은 3건이다. 1711년(숙종 37) 승문원에 면신례를 하기 위해 상경하기 위해 이용할 말을 새로 구입하기로 하고 1월 20일 21냥으로 매득했다. 이 말은 그해 6월 21일 낙향했다가 11월 29일 상경하기 전에 다른 말과 바꾸었다. 10월 29일 15냥으로 다른 말과 교환한 것이다.

1712년(숙종 38) 10월 15일 권상일은 再娶 부인이 세상을 떠나자 이

---

83) 己丑五月九日 民間春窮 比前尤甚 而市上穀賤 一貫錢米過三斗云 可怪
84) 甲申四月二十二日 今年凶荒比前尤甚 家家奔遑 市上錢一兩租五斗米二斗云

듬해 정월 葬事를 준비했다. 그 과정에서 1월 16일 燔灰 비용으로 烏洞
招穄에 錢 1兩을 지출했다. 이에 앞서 1706년 부인의 治病을 위한 藥物
의 매득도 전문을 이용했다.[85]

1710년(숙종 36) 6월 4일 한양에서 사환할 당시 지방으로 내려가는
전명이에게 家書를 부탁하면서 동전을 건넸는데,[86] 이는 여정의 경비조
로 지불한 것이었다. 동전유통을 계기로 여행에서의 동전을 이용한 지출
의 편의가 있을 뿐만 아니라 상주를 비롯한 전국에서 동전이 유통되고
있는 현실도 고려된 결과였다.

매매와 더불어 受贈에 있어서도 물적 수증뿐만 아니라 동전을 이용한
부조와 대가의 지불 모습이 나타나고 있다. 『청대일기』에 나타난 수증
현황을 정리한 표 4-7에 의하면 전체 23건 중 14건이 부의와 관련한 내
용이다.

1706년(숙종 32) 부인의 상과 1712년(숙종 38) 모친상 당시 인척을 비
롯한 상주수령 등 관인, 知人들로부터 여러 贈物을 받았다. 일기에 자세
한 내역 없이 단순히 贈物로만 기재되어 있어 물종을 파악하기 어려운
기록도 있으나, 贈紙, 燭으로 구체적으로 명기한 사례도 있어 18세기 초
엽의 부의의 관행을 살펴볼 수 있다.

1712년 9월 17일 李增祿은 권상일의 모친상에 금액을 알 수 없는 錢
을 부의했다. 반면, 권상일이 직접 부조한 내역으로는 聘叔, 從曾大母,
外姑의 상에 각각 細布, 紙, 麻, 燭 등의 贈物을 보냈다. 특히 1708년(숙
종 35) 10월 18일에는 한양 泮主人의 상사에 동전과 물품을 보냈다.[87]

---

85) 1712년 崔泰齊가 전문으로 권상일로부터 약을 사가기도 했다.

86) 庚寅六月四日 卽訪全上舍命爾甫 有慘然之色 奉老下情勢固然 聞其明曉發鄕行
付家庭書 以錢若干贐行

87) 동전을 통한 부조가 나타나고 있었다. 권상일은 朴孝娘獄事 당시 熊川에서 박효
낭에게 부조하기 위해 동전 30냥을 상송한 사실을 듣고 기록했다(權相一, 『淸臺
日記』, 癸巳四月六日).

〈표4-7〉『청대일기』의 受贈기록 현황

연	월일	수 취	증 여	비 고
1706	5. 2	·主倅:贈物		婦人喪贈儀
	5.13	·李致伯叔:贈米		〃
	5.14	·天則兄弟:贈物		〃
	5.15	·李亨仲叔:贈物		〃
	12.13	·趙僉使:新曆1件		自京
1707	3.17		·聘叔:贈物	
1708	2.11	·趙河東:試紙1		
	7.23	·河東:節扇9柄		
	10.18		·主人家:若干錢物	贈儀
1710	10. 4	·慈仁·寧海:魚物1䭾6		入格慶酌
	11. 7	·倅:錢2兩,冠帶·板屨1件		
1712	4.19	·各家:贈物		母親喪
	6.29	·黃務安·固城倅:節扇		不知遭變
	7.25	·趙鎏:贈紙1束		母親喪
	7.29	·姜晋三:贈紙1束		〃
	9. 2	·李宗圭:贈紙1束		〃
	9.17	·李增祿:錢,紙燭		〃
1713	1. 8	·金休:新曆1部		
	1.10		·從曾大母喪:細布1疋,紙麻	
	9.22	·申以衡:贈紙2束		
1719	4.26	·懷德:紙1束,簡30幅		
	7.11		·全丈:魚米	
1720	4.21		·外姑喪:燭1雙	

그는 1705년(숙종 31) 과거를 위해 상경한 길에 머물 당시 반주인과의 인연으로 반주인의 상사 소식을 접하고 원거리임에도 인편으로 동전을 이용해 부조하게 되었다. 治喪을 위해 필요한 물품의 마련도 동전을 통해 시장에서 조달되었다.[88] 이처럼 18세기 초까지 부의에 있어서 현물로 하는 것이 일반적이었음에도 점차 동전을 이용한 부조 및 상장품의 구입이 대두하고 있었다.

권상일이 중앙정부의 고관을 역임함에 따라 선물의 수증이 발생했다.

---

88) 庚子四月二日 夜三更聞喪出 卽往哭慘切慘切 許進士逅宋周觀及萬則同會 家無分錢又布 治喪茫然 當身旣不在 責在親舊 而無措手處 悶極 罷漏後歸舍假寢

이는 조선전기의 선물중심의 경제생활과는 양상을 달리하는 측면이 있
었다. 그가 받은 품목으로는 新曆, 扇, 紙, 冠帶, 板屐, 試紙 등인 것에서
이러한 사정을 알 수 있다. 권상일은 신년 초에 관료나 지인으로부터 신
력을 선물 받았으며, 지방관료들은 그에게 주로 부채를 선물했다. 특히,
1710년(숙종 36) 그가 대과에 급제하자 자인과 영해 수령이 어물을 보내
기도 했으며, 상주수령은 관대와 함께 동전 2냥을 주어 그의 합격을 축
하했다.89)

18세기 초에는 이미 살펴 본 바와 같이 매매에 있어서도 동전이 결제
수단으로 대두하는 등 전국적인 동전유통이 일반화 된 사회였다. 권상일
이 한양에서 사환할 때 지인이 찾아와 부채 300냥의 해결을 상의한 일
에서90) 보듯이 이미 당시 동전을 이용한 경제생활의 폭이 확장되고 있
음을 알 수 있다. 권상일이 생활했던 경상도 상주의 사례에서 보듯이 지
방에서의 경제생활에서도 동전을 이용한 부조는 물론 매매로 전환되고
있음을 알 수 있다.

한편, 『청대일기』와 유사한 시기에 작성된 경상도 고성에 거주했던
구상덕의 『勝聰明錄』에는 여정중 동전을 이용한 지출내역 기록이 남아
있다.91) 그는 1725년(영조 1) 7월 29일에서 다음달 19일 사이 진주로 鄕
試 길을 다녀왔다. 이 일정에서 그는 酒店, 驛 등에서 숙박을 해결했다.
그리고 그 비용에 대해서는 '二十靑銅', '五十銅'과 같이 표기하면서 동전
으로 지출하고 있었다. 뿐만 아니라 그의 일기 전반에 대해 물가와 매매
기록을 동전으로 밝히고 있다.92)

---

89) 庚寅十一月七日 樊樹專伻書問 惠以錢二兩冠帶板屐一件 書中多有規勉語 可敬
    卽修復
90) 庚子二月十二日 壽岳來 頗有愁色問故 言渠家有前債三百兩 卽國錢方今責納 禍
    色難形 擧家莫知攸爲云 聞不勝憫然 終宵不成寐
91) 정순우, 1995, 「18세기 고성지역 서재훈장의 농촌생활」『勝聰明錄』, 韓國精神
    文化研究院 ; 具尙德, 1995, 『勝聰明錄』, 韓國精神文化研究院.
92) 全成昊, 앞의 논문.

동전유통을 계기로 한 경제생활의 파장이 심각하고 직접적으로 일기에 기술된 사실을 발견하기는 쉽지 않다. 일찍이 이헌창이 지적한 바와 같이 선물 수증 활동이 시장 교환에 의존하게 되면서, 현물로 지급해야 할 선물을 돈으로 대신 지급하거나 부의 등을 돈으로 지급하는 모습이 나타나고 있다.[93] 이와 같이 점진적으로 동전을 우선으로 한 화폐경제 생활로 전환되고 있는 18세기 초의 실상을 이들 일기자료를 통해 파악할 수 있다.

IV. 18세기 후반 동전 이용의 다양화

18세기 동전을 중심으로 한 화폐경제생활의 실상은 頤齋 黃胤錫(1729~1791)이 일생동안 기록한 생활일기인 『頤齋亂藁』에 매우 자세하게 기록되어 있다. 그는 10세였던 1738년(영조 14)부터 일기를 쓰기 시작해 세상을 떠나가 이틀 전인 1791년(정조 15) 4월 15일까지 기록했다. 『이재난고』는 황윤석의 공부흔적 뿐만 아니라 그가 생활하면서 경험한 사회적 경험과 경제생활의 세세한 모습들에 대

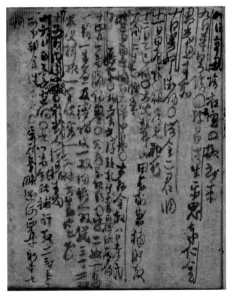

〈그림4-2〉 황윤석의 『이재난고』

---

93) 이헌창, 2006, 「금속화폐 시대의 돈」 『화폐와 경제활동의 이중주』, 국사편찬위원회, 85쪽 ; 李憲昶, 1999, 『韓國經濟通史』, 法文社.

한 기록을 담고 있어 당대의 화폐경제생활의 실상을 확인할 수 있는 용이
한 자료이다.[94]

일기를 통해 황윤석의 동전을 이용한 경제생활의 실상과 주변의 경제
생활의 실태를 살펴 추적하기에 앞서 검토 대상 시기에 있어 그의 주요
이력을 참고할 필요가 있다. 황윤석은 38세 때 종 9품의 莊陵參奉을 시
작으로 41세에 종 8품 의영고봉사를 거쳐 종 7품의 사포서직장과 종부
시직장을 역임했다. 사포서직장은 수망으로 낙점되었음에도 실제 근무
하지는 않고 바로 종부시직장으로 자리를 옮겼다. 18세기 중엽의 화폐경
제생활의 실상에 대한 검토는 황윤석이 강원도 영월에서 장릉참봉을 지
내던 시기와 한양에서 의영고봉사 등을 역임할 당시를 배경으로 한다.

1. 녹봉수입과 환전관계

조선시대 士族에게 있어서 관료로의 진출은 생애 전환점으로서 매우
중요한 의미를 지니고 있었으며 평생을 과거를 목적으로 생활하기도 했
다.[95] 황윤석 역시 과거를 위해 부단히 노력한 결과 1759년(영조 35),
31세의 나이로 진사시에 입격 할 수 있었다. 그러나 과거 운이 없어 문
과에는 번번이 낙방하고 결국 급제하지 못했다. 그럼에도 그는 장릉참봉
(1766년), 의영고봉사(1768년), 종부시직장(1769년)을 비롯하여 외직으
로 충청도 목천현감(1779년)과 전의현감(1786년)을 역임함으로서 관료

---

94) 정수환, 2002, 「18세기 황윤석의 화폐경제생활」 『고문서연구』 20, 한국고문서학
　　회, 147~149쪽.
　　황윤석의 관직생활과 관련해서는 노혜경(2006, 『朝鮮後期 守令 行政의 實際 -
　　黃胤錫의 '頤齋亂藁'를 중심으로』, 혜안)의 연구가 참고 된다.
95) 관직생활과 관련한 내용은 아래를 참조 바람.
　　정구복, 1996, 「관료 생활」 『조선시대 생활사』, 역사비평사 ; 이성임, 1998, 「양
　　반의 벼슬살이와 수입」 『조선시대 생활사』 2, 역사비평사.

로서의 삶도 경험했다. 관료로서 황윤석은 특히 한양에서 사환할 당시 18세기 중엽의 경제실상을 목도하거나 직접 경제생활을 영위하면서 체험했다. 이러한 측면에서 그는 서울, 즉 한양에서 사환할 당시 녹봉을 바탕으로 경제생활을 했다.

조선시대의 녹봉체계는 『경국대전』의 규정에 따라 실직을 기준으로 18등급으로 나누어 春夏秋冬 사계절 별로 中米, 糙米, 田米, 黃豆, 小麥, 正布, 楮貨로96) 지급하는 구조였다. 하지만, 조선후기 『속대전』 체제 하에서는 녹봉이 월별로 지급되었으며,97) 지급 방식도 등급을 13科로 나눈 후 米와 黃豆로 지급했다. 황윤석은 『속대전』의 규정에 따라 月捧을 지급 받아 생활했다.

조선후기에 관직생활을 하는 관원들은 월별로 지급되는 그들의 녹봉을 동전으로 전환해 사용하는 것이 상례였다. 황윤석은 1766년(영조 42) 38세의 나이로 장릉참봉을 시작으로 관직에 나갈 당시 홍회일로부터 녹봉의 운용에 대한 충고를 받는 자리에서 이러한 운용의 방식을 조언 받았다.

황윤석은 자신이 영월에서 사환함에 따라 한양에서 받는 자신의 녹봉 중 7월에서 12월분에 대해 반주인에게 맡겨 관리시키고, 다음해 정월에서 6월까지의 녹봉은 이조의 丹骨書吏에게 운영을 분담시킬 계획을 갖고 있었다. 황윤석과 평소 친분과 교유가 있던 홍회일은 이러한 녹봉 운영계획에 대한 조언을 남겼다. 처음 벼슬길에 나오는 이는 대체로 부채를 많이 지게 되고, 게다가 만약 한양으로 관직을 옮기게 되면 더욱 그 負債가 심해지는 것이 상례라고 지적했다. 그러면서 황윤석에게 금년부터라도 녹봉을 받으면 作錢해서 이용할 것을 충고했다.98) 현물 녹봉을

---

96) 『經國大典』 戶典, 祿科條.
97) 各科祿分作每朔散料前月分額(『續大典』 戶典, 祿科條). 『續大典』은 英祖 22年 (1746)에 발간된 법전으로 황윤석의 관직생활과 깊은 관련이 있다.
98) 『頤齋亂藁』 1冊, 7卷, 1766年 8月 26日, 613쪽.

맡기는 것보다는 현물을 동전으로 바꾸어 활용하는 것이 보다 효과적이라는 지적이었다.

장릉참봉 황윤석은 녹봉을 정기적으로 수령했다. 녹봉수령일은 이미 정해져 있었으나 하루쯤 늦어도 되는 유동성이[99] 있었으므로 굳이 법전에 규정된 날로 할 필요는 없었다. 12월은 연말이라 23일에 미리 녹봉을 수령하기도 했다.[100] 그가 1년에 걸쳐 수령한 녹봉에 대한 수령 일을 살펴보면[101] 매달 월말에 거르지 않고 수령하였음을 알 수 있다.

황윤석은 수령한 자신의 녹봉을 동전으로 바꾸어 관리하는 문제를 전라도 흥덕의 본가와 상의했으며,[102] 실제로 녹봉을 作錢하여 생활했다. 사실 그는 여행을 떠날 때 한 달 녹봉을 작전하여 路費로 지출하기도 했다. 강원도 영월에서 장릉참봉으로 있으면서 종 9품에 해당하는 科祿인 米 10斗와 太 5斗를[103] 2냥 5전으로 환전하여[104] 노자로 사용한 것이 그것이다. 이는 여정 중에 동전으로 지출하는 것이 편리했던, 그리고 동전 중심의 경제생활이 이루어지던 18세기 중엽의 사회였기에 가능한 일이었다.

황윤석은 1769년(영조 45) 정월 7일부터 같은 해 3월 8일까지 의영고 봉사에서 물러나 고향으로 낙향하면서 녹봉을 받지 않았다. 3월부터 5월까지는 다시 의영고봉사로서 미 12두와 馬太 5두를[105] 녹봉으로 수령하였으며, 6월부터는 종부시직장으로 승진하면서 녹봉도 올라 미 13두와

---

99) 『頤齋亂藁』 2冊, 12卷, 1769年 3月 29日, 273쪽.

100) 『頤齋亂藁』 2冊, 13卷, 1769年 12月 23日, 664쪽.

101) 월별 日數는 韓甫植, 1987, 『韓國年曆大典』, 嶺南大學校 出版部, 1769~1770쪽을 참고.

102) 『頤齋亂藁』 2冊, 8卷, 1767年 2月 15日, 681쪽. 황윤석이 녹봉을 會計한 기록이 『頤齋亂藁』 1冊, 7卷, 1766年 9月 1日, 634쪽에 보인다.

103) 『續大典』 戶典, 祿科條.

104) 『頤齋亂藁』 1冊, 7卷, 1766年 10月 10日, 655쪽.

105) 『頤齋亂藁』 2冊, 12卷, 1769年, 4月 29日, 393쪽.

마태 6두를 수령했다.106) 그러나 이도 잠시 8월부터는 흉년으로 인해 광홍창의 말(斗)의 크기가 작아짐으로 인해서107) 오히려 녹봉의 양은 줄어들게 되었다.

광홍창에서 지급하는 녹봉이 법전의 수치와는 일치했다 할지라도 실제 수령하는 절대량에 있어서는 그 해의 풍흉에 따라 차이가 있었다. 황윤석이 한양에 머문 1769년(영조 45) 8월의 경우, 그해 흉년으로 광홍창에서 녹봉을 나누어주는 말의 크기가 작아져 예전의 13두가 민가에서의 10두 정도에 지나지 않는108) 현상이 나타났다. 이는 관리의 녹봉을 분급함에 있어 수치상에 있어서는 법전의 규정을 준수하면서도 말의 크기 조절로 인해 실제 관리가 수령하는 녹봉은 상대적으로 감소하는 양상을 보여주는 것이다.

황윤석은 이러한 녹봉지급과 관련한 복잡한 상황 속에서도 녹봉을 기반으로 작전을 통해 운영함으로서 한양에서의 관직 생활을 영위했다. 하지만 녹봉에만 의지한 생활에 한계가 있자 필요한 경우 고향 흥덕의 본가로부터 일정한 도움을 받기도 했다. 생활에 필요한 생필품은 家書와 함께 가끔 고향으로부터 지원을 받았다. 빗, 담배, 新紵小氅, 新紵夾袴, 新布汗衫, 新布單袴, 新襪과 薑糖 등의109) 물종을 고향에서 오는 인편을 통해 전달 받아 생활에 활용했다.

18세기 중엽 동전에 기반 한 경제활동이 활발해 짐에 따라 황윤석도 고향으로부터의 현물보다는 전문을 활용했다. 그는 한양에서 고향으로부터 전문을 송금 받을 수 있었다. 1769년의 사례에서 송금의 방법 세

---

106)『頤齋亂藁』2冊, 12卷, 1769年 6月 28日, 439쪽.
　　황윤석이 녹봉을 직접 수령한 사례는 단 한 건도 없으며 奴子, 陪使令, 그리고 泮主人으로 하여금 대행하게 했다.
107)『頤齋亂藁』2冊, 13卷, 1769年 8月 26日, 516~518쪽.
108)『頤齋亂藁』2冊, 13卷, 1769年, 8月 26日, 517쪽.
109)『頤齋亂藁』2冊, 12卷, 1796年 3月 12日, 350쪽 ; 1769年 5月 16日, 406쪽 등 참조.

가지를 확인할 수 있다. 첫째, 상인이나 지인과 같은 인적 연결 관계를 바탕으로 한 동전의 지원, 그리고 둘째로 경주인·城主와 같은 관로를 활용한 한 送金과 같은 간접적인 貸錢과 用錢관계가 있었다. 세 번째로는 경향을 왕래하는 인편을 통한 직접적인 현금의 송금이 있었다.

먼저 상인이나 지인을 통해 한양에서 돈을 빌린 후 나중에 고향에서 이들에게 상환하는 방법이 첫 번째에 해당한다. 1769년(영조 45) 9월 초순경 동생 황주석[110]이 상경하여 황윤석의 스승 渼湖 金元行을 찾아뵈었다. 이 때 황윤석은 황주석과 용산 인근 강가에서 船主 임춘하와 換錢 관계를 맺었다. 황주석이 임춘하에게서 推尋換錢 30兩을 빌리는 것을 계기로 향후 임춘하를 換錢路로 삼기로 약속했다.[111] 황주석이 한양을 떠나면서 송별하는 자리에 임춘하의[112] 아들 임원조가 참석해 환전관계의 지속을 확인했다. 이 자리에서 임춘하와 前頭換錢主人 관계를 맺은 사실을 임원조에게 설명하고 앞으로 금전적으로 황윤석이 필요한 일이 생기면 적극 도와줄 것을 요청했다.[113] 한양에서 황윤석이 임춘하, 혹은 임원조에게 돈을 빌릴 경우 환전관계에 따라 임춘하 등은 흥덕의 본가로부터 本錢을 받도록 했다.

황윤석은 같은 해 8월의 흉년으로 인해 한양에서의 생활이 힘들어지자 12월경에 임원조에게 도움을 청하게 되었다. 貸錢을 요청하려고[114] 고심하다가 결국 그 날 陪使令을 용산의 임원조에게 보내 편지로 10냥을 빌려 줄 것을 요청했다. 이에 따라 임원조는 답장과 함께 手票를 보냄으로서 황윤석은 10냥을 구할 수 있었다.[115] 이는 한양에서 貸錢한 것

---

110) 『頤齋亂藁』에서는 黃胤錫의 동생인 黃冑錫의 호칭을 모두 '溫叟', '溫弟;로 지칭하고 있는데 이는 그의 字이다.
111) 『頤齋亂藁』 2冊, 13卷, 1769年 9月 9日, 534쪽.
112) 본문에는 林春河와 林春華로 표기되어 있으나 전후의 문맥상 동일한 인물로 추정된다.
113) 『頤齋亂藁』 2冊, 13卷, 1769年 9月 16日, 537쪽.
114) 『頤齋亂藁』 2冊, 13卷, 1769年 12月 4日, 651~652쪽.

을 지방에서 갚는 것을 전제로 한 것이었다.

한양에서 대전한 후 고향을 통해 상환하는 대전 방식은 황윤석이 李珍島116)에게 돈을 빌리는 사례에서도 확인된다. 황윤석은 이진도에게서 20兩을 빌리고 흥덕 고향집에서 부안에 있는 이진도의 본가에 그 돈을 갚는 방안을 고려했다.117) 비록 이것을 실행에 옮기지는 않았지만 한양과 흥덕을 통한 대전의 관계를 보여주는 사례이다.

두 번째로 城主 혹은 京主人을 통해 화폐를 수급하는 사례가 있다. 황윤석은 5월 20일경에 흥덕현감이 상경하자 편지를 보내 貸錢을 요청했다. 현감은 황윤석에게 경주인으로부터 돈을 빌려 쓰면 長利를 물지 않아도 좋을 것이라는 조언을 했다. 이에 따라 황윤석은 이러한 내용의 흥덕현감 편지와 함께 帖子를 경주인에게 보내 5냥을 빌릴 수 있었다.118) 그는 빌린 돈의 상환을 한양에서 본인이 직접 처리하지 않고 흥덕의 본가를 통해 갚도록 했다. 다음날 집으로 편지를 보내 償錢 하도록 했다.119)

셋째, 직접인편을 통해 흥덕에서 송금 받은 사례가 있다. 황주석이 한양에서 흥덕으로 돌아가는 길에 그가 상경할 때 가져온 돈 중 쓰고 남은 6냥을 황윤석에게 주었다.120) 고향과 인편의 왕래가 있을 경우에는 인척, 지인, 노비 등을 통해 직접 동전을 전달 받아 활용했다. 이로서 그는 한양 생활 중 흥덕의 본가와 경제적으로 연결되어 있었다.

인척이 아닌 타인을 통한 送金에 있어서는 문제가 발생하기도 했다.

---

115) 이에 앞서 換錢手記에 대해 언급하면서 황윤석은 이것을 직접 현금을 지니고 다니는 것이 아니라 '환전'을 위한 증표를 해당지역에서 제시하고 직접 換錢하는 것을 지칭하는 것이라 했다.
116) 李씨 성을 가진 사람으로 위에서는 진도의 수령으로 赴任하는 사람을 말한다.
117) 『頤齋亂藁』 2冊, 13卷, 1769年 8月 26日, 517~518쪽.
118) 『頤齋亂藁』 2冊, 12卷, 1769年 5月 23日, 512~513쪽.
119) 『頤齋亂藁』 2冊, 12卷, 1769年 5月 25日, 513쪽.
120) 『頤齋亂藁』 2冊, 13卷, 1769年 9月 15日, 537쪽.

홍덕의 향리 진기득은 한양을 왕래하면서 황윤석의 본가에 들러서 황윤석에게 송금할 3냥에 대한 전달을 자청했다. 그런데 진기득이 한양에서 전임 현감에게 진 빚이 문제가 되어 황윤석에게 전달할 3냥을 융통할 수 없게 되고 그 과정에서 황윤석은 돈을 받는 문제로 고심하게 되었다.

황윤석은 녹봉수입을 바탕으로 한양에서의 관직생활을 유지하고자 하였으나 이로는 부족하게 되자 인적관계를 통한 직·간접적인 송금의 방식을 취하게 되었다. 한양에서 京主人, 仲介人에게서 대전할 경우 고향에서 本錢을 갚는 방식이 있었으며, 이와 동시에 직접 사람 편으로 한양으로 송금되기도 했다. 이를 통해 황윤석이 고향으로 지속적으로 경제적 지원을 받고 있었음을 알 수 있다. 뿐만 아니라 한양에서 사환하는 동안 동전을 이용해 경향 간의 환전관계를 바탕으로 경제생활을 한 것은 이시기 전문을 이용한 경제활동이 일반화되고 활발했음을 상징적으로 보여준다.

2. 貸錢과 債錢관계

1) 莊陵參奉 시절

1766년(영조 42) 황윤석은 장릉참봉으로 영월에서 사환하면서 고향을 왕래했다. 그는 관료로서 여러 경로를 통해 선물을 받거나 선물했다.

황윤석은 장릉참봉에 임명되자 知人이나 下吏들로부터 빈번하지는 않으나 각종 선물을 받았다.[121] 杜湖 趙㻛이 장릉으로 부임하는 그에게 부채를 선물하였으며, 이후에도 붓, 먹, 簡紙 등과 같은 문방구를 주로 선물했다.[122] 그의 지우인 김이신이 부채를, 참판 홍애가 小曆 2책을 선

---

121) 황윤석이 말을 빌리거나 서책을 빌린 사례가 빈번하게 확인되고 있으나 본 분석에서는 생략했다.

122) 『頤齋亂藁』 1冊, 7卷, 1766년 9월 23일, 585쪽 ; 같은 책, 8卷, 1767년 2월 12

물한 바 있었다.[123] 이와 같은 문방구류의 선물 외에도 음식물을 선물한 사례로는 김이신이 황윤석의 병환을 위해 黃茶를 보내거나 영월부사가 황윤석의 방문을 기념해서 簡紙, 부채와 더불어 牛肉, 白米 등을 선물한 사례가 발견된다.[124] 반면, 황윤석이 선물을 보낸 인물로는 스승 김원행을 비롯하여, 김탄행, 영월부사와 같은 인물로서 물목은 주로 壯紙, 黃燭 등 이었다.[125]

장릉참봉 황윤석은 하리들로부터 각종 음식물을 상납 혹은 선물 받았다. 下輩가 狗醬을, 하리 이경장, 엄관, 정상리 등이 藥脯, 眞瓜, 南草 등을 황윤석에게 선물했다. 특히 황윤석이 守番 하다가 병환으로 고생하자 이들은 鷄鰒菁合湯, 明太卵醢, 鷄卵과 같은 음식을 제공했다.[126] 이외에도 수시로 小饌을 마련해서 제공함은 물론이었다. 이러한 물품의 수수, 혹은 선물의 성격을 지니는 경제활동은 조선중기까지 경제생활에 있어서 중요한 의미를 지니고 있었으나[127] 18세기 중엽 황윤석의 경우에는 일상적이지도 않았으며 그의 전체 경제생활 중 큰 비중을 차지하지 않았다. 황윤석의 경제생활을 지탱해 준 주 수입원은 녹봉을 기본으로 하면서 장릉을 통해 제공되는 다양한 형태의 朔料였다.

황윤석은 관료로서 상납이나 선물을 통한 부분적인 경제생활을 했으나, 그의 경제생활의 대부분은 녹봉과 삭료를 기반으로 하고 있었다. 뿐

일, 676쪽.

123) 『頤齋亂藁』 1册, 7卷, 1766년 6월 17일, 740~741쪽 ; 『頤齋亂藁』 2册, 9卷, 1767년 12월 12일, 54쪽.

124) 영월부사가 선물한 항목은 大簡20폭, 中簡 30폭, 白扇 1개, 靑扇 1개, 盆元散30첩, 白米 2두, 馬太 2두, 牛肉 1근, 蜜 2승, 石魚 1속, 馬鐵 1개이다(『頤齋亂藁』 2册, 9卷, 1768년 5월 16일, 79쪽).

125) 『頤齋亂藁』 1册, 8卷, 1767년 3월 25일, 701~702쪽 ; 같은 책, 1767년 4월 2일, 705쪽 ; 같은 책, 1767년 5월 5일, 726쪽.

126) 『頤齋亂藁』 2册, 9卷, 1767년 11월 12일, 35쪽.

127) 이성임, 2001, 「16세기 이문건가의 수입과 경제생활」 『국사관논총』 97, 국사편찬위원회, 68~75쪽.

만 아니라 그는 동전을 적극적으로 이용하였다.

1766년(영조 42) 황윤석은 장릉참봉으로 부임하기에 앞서 전임참봉이었던 고석을 만났다. 고석은 황윤석에게 장릉의 임지에서 얻을 수 있는 경제적 이익에 대한 조언을 아끼지 않았다. 장릉에는 원찰인 普德寺가 있어 이 사찰로부터 납입 받는 종이의 품질이 우수함을 밝히고 이를 활용해 경제적 이익을 도모할 수 있는 방안을 알려 주었다. 2냥으로 보덕사에서 楮紙를 받아 이를 시장에서 바꾸면 大厚紙 40권을 얻을 수 있으며 이는 다른 지역에서의 시세에 비해 저렴하다는 이야기였다.

장릉에는 삼이 많고 우수하니 奴가 고향을 왕래할 때 10文으로 1斗를 사서 고향에서 팔면 1냥 4전을 얻을 수 있다는 것이었다. 고석은 또한 황윤석에게 영월의 명주 등의 물종이 싸고 품질이 좋으므로 의복, 침구 등을 돈으로 구입해 새로 만들게 하면 많은 이득을 얻을 것이라 충고했다.128) 황윤석은 이러한 전임참봉의 조언을 충실히 따랐다.

한편, 황윤석은 직접적인 거래를 통한 경제적 이익의 창출을 도모함과 아울러 동전을 이용한 債錢과 貸錢에도 적극적이었다. 황윤석이 채전을 모색한 것은 초사자로서 필요한 의복 및 노자의 변출 과정에서 발생했다.

채전의 출처는 '江價'로써 표현되듯이 경강상인을 비롯하여 평소 황윤석과 교유가 있었던 사람들이었다. 그 금액도 비교적 거금인 20~30냥에 이를 정도였다. 황윤석은 경강상인 및 錢主로 표현되는 사람들로부터 채전을 모색하는 노력을 아끼지 않았다. 채전을 모색한 대표적 인물로는 송익빈, 황대후, 고삼립, 차득준, 채응경과 같은 사람들이었다.

송익빈과 황대후는 황윤석과 문자 교류가 있을 정도의 빈번한 교유를 나눈 인물들이었다. 송익빈은 황윤석이 한양을 왕래하는 동안 여러 차례에 걸쳐 債錢을 중계한 바 있는 사람으로 경강상인인 것으로 추정된다.129) 황대후 또한 황윤석에게 자금을 제공해 주는 인물이었다.130) 고

---

128) 『頤齋亂藁』 1册, 7卷, 1766년 8월 7일, 613~615쪽.

삼립은 반주인 김진태 부자와 안면이 있는 인물로서 강나루 사람들과 연결고리를 갖고 있는 사람이었다. 황윤석은 그의 중재를 빌어서 江人 錢主로부터 換錢과 債錢을 도모했다. 황윤석은 고삼립을 강인과 買錢米塵하는 인물로 기록하면서 향후의 채전관계를 위해 가까이 할 필요가 있다고 강조했다.131) 그리고 차득준은 송익빈과 고삼립이 언급한 전주에 해당하는 인물로 바로 江人錢主, 江商이었다.132) 채응경 또한 흥덕의 起船別監으로서 황윤석의 江債를 적극 주선한 인물이었다. 황윤석은 채전을 얻는 과정에서는 그와 교분이 있으면서 경제적 기반을 갖춘 인물을 이용하거나 이들에게 중재를 의뢰하기도 했으나 강상을 통한 환전 및 채전에 보다 적극적이었다.

채전이나 대전의 경로를 찾는 과정에서 황윤석의 신용이 문제되었다. 황윤석은 반주인을 통해 채전을 도모했으나 반주인이 그의 신용을 문제시했다. 황윤석은 1759년(영조 35) 과거를 위해 한양에 왔다가 반주인 墨金에게 50냥을 빌린 일이 있었는데 상환할 때 이자도 없이 본전만 상환한 것으로 당시 반촌 일대에 알려져 있었다. 이에 대해 황윤석은 당시 채전 한 돈이 40냥이 조금 넘었으며 갚을 당시 이자도 지불한 사실을 적극적으로 항변함으로써133) 자신의 신용을 강조하고자 했다. 그럼에도 당시 泮村을 중심으로 황윤석의 채전과정에서의 신용에 대한 불신 분위기가 형성되어 있음에 따라 황윤석은 채전로를 확보하는 데 상당한 제약

---

129) 『頤齋亂藁』 1冊, 3卷, 1759년 2월 17일, 201쪽.
   이헌창, 2004, 「'이재난고'를 통해본 조선후기의 경제생활」『'이재난고'를 통해본 조선후기 생활사 연구』, 한국정신문화연구원, 188쪽.
130) 『頤齋亂藁』 1冊, 7卷, 1766년 7월 19일, 596쪽. 황윤석은 황대후가 300냥의 현금을 지니고 있을 정도의 재력이 있음을 듣고 그에게 20냥을 채전하려 했으나 뜻을 이루지는 못했다.
131) 『頤齋亂藁』 1冊, 7卷, 1766년 7월 17일, 592쪽.
132) 『頤齋亂藁』 1冊, 7卷, 1766년 7월 17일, 593쪽.
133) 『頤齋亂藁』 1冊, 7卷, 1766년 8월 4일, 611~612쪽.

을 받았다.

황윤석이 채전을 구하는 것과는 대조적으로 개인에게 돈을 빌려주거나 지출한 사실도 있었다. 황윤석은 동전지출에 계획을 세워 신중을 기하고 있었다. 반주인이 그의 어린손녀 治喪을 위해 채전을 요청하였음에도 그는 자신의 아들 婚需 마련을 위해 지출할 예정이라는 이유로 거절했다. 다만, 낙향을 위해 준비해 둔 行資錢 중 5냥을 대전해 주었다. 황윤석이 반주인에게 대전해 준 것은 채전을 요청한 인물이 신용을 잃지 않은 사람일 뿐만 아니라 반촌의 무리 중에는 반주인을 대신하여 본전을 推貸할 수 있는 다른 방도가 있음을 알았기 때문이기도 했다.134)

개인 사이의 화폐거래에 있어서 황윤석이 지급한 가장 큰 항목은 전별비 및 노자와 관련한 것이었다. 그는 고향으로 가는 인편에 본가에 전할 편지와 물품을 부탁하면서 수고비로 돈을 별도로 지급했다.135) 또한 노자를 요청하는 지인 尹瑒에게 1전 5푼을 빌려주기도 했다.136) 이 외에 윤창의 병환 소식을 접하고 1냥을 건넨 것을 비롯하여137) 자신의 사마방목印刊을 위해 2냥 6전을 지출한 사례도 있었다138)

2) 의영고봉사와 종부시직장 시절

황윤석은 출사하면서 관직생활 과정에서 빚을 많이 지게 된다는 사실에 대한 충고를 받아들이고 사환중의 경제생활에 각별히 주의를 했던 것으로 보인다. 이러한 그의 경제생활에 있어 동전에 기반한 債錢 및 借錢

---

134) 『頤齋亂藁』 2册, 9卷, 1767년 12월 8일, 49쪽.
135) 『頤齋亂藁』 1册, 7卷, 1766년 7월 8일, 572쪽 ; 같은 책, 7卷, 1766년 9월 25일, 648쪽 ; 같은 책, 1767년 3월 12일, 696쪽 ; 같은 책, 1767년 5월 3일, 725쪽 ; 『頤齋亂藁』 2册, 9卷, 1768년 5월 12일, 75쪽.
136) 『頤齋亂藁』 1册, 7卷, 1766년 9월 2일, 634쪽.
137) 『頤齋亂藁』 2册, 9卷, 1767년 9월 15일, 7쪽.
138) 『頤齋亂藁』 2册, 9卷, 1767년 9월 15일, 7쪽.

의 사례는 이러한 사정을 잘 보여주는 사례이다. 1769년(영조 45) 한 해 동안 황윤석이 주체가 된 貸錢 및 債錢 활동을 통해 한양에서의 동전유 통과 그의 경제생활의 모습을 추적할 수 있다.

황윤석의 일기에서 돈을 빌리고 빌려주는 등의 일련의 행위와 관련된 용어를 먼저 정리할 필요가 있다.[139] 일기에는 '債', '贈', '償', '貸' 등으로 구분되어 기록되었다. '債'는 화폐를 빌리는 예에서만 나타나고 있는 것 으로 '債錢'으로 사용되는 예가 많았다.[140] 또한 '贈'은 황윤석의 친구인 김사겸이 돈을 갚을 것을 요구하자 그에게 돈을 갚은 사례에서 확인된 다.[141] '償'은 빌린 돈을 갚을 경우를 나타내는 경우가 많았다.[142] 그런 데 貸錢의 경우는 돈을 빌리는 예와 빌려주는 경우에 있어 공통적으로 사용되고 있으므로 문맥에 따라 이해되어야 할 부분이 있다. 그 예로 宋 守門將에게 2냥을 황윤석이 빌려준 경우와,[143] 윤민덕이 황윤석에게서 돈을 빌려가는 사례에서[144] 모두 사용되었다.

황윤석이 돈을 빌려준 사례가 있다. 홍덕사람 윤민덕이 황윤석을 방문

---

139) 일기류 자료와 '用下記' 자료상에 있어 수입과 지출을 지칭하는 동사로서 '給', '與', '持去', '捧上' 등이면 대개 지출로, '納', '捧', '捧來', '(入)來' 등이면 대개 수 입으로 구분된 바 있다(李憲昶, 2001, 「家計出納簿 '日用'의 내용과 성격」『맛질 의 농민들-韓國近世村落生活史』, 一潮閣, 70쪽).

140) 대표적인 사례는 아래와 같다.
今日懇城主書中 若得京主人處 債錢五六兩 以官家自用樣爲之 則庶無長利矣 何 可必也(『頤齋亂藁』2冊, 12卷, 1769年 5月 23日, 412쪽).
是夕令陪使令金得金 …(中略)… 林先達家 得錢十兩 或貸或債 而余書外用印封 …(後略)…(『頤齋亂藁』2冊, 13卷, 1769年 12月 4日, 652쪽).

141) 士謙 就其主人金興白在東泮 謨朝飯 又要償債贈五錢(『頤齋亂藁』2冊, 12卷, 1769年 4月 13日, 384쪽).

142) 償本寺公用錢二兩 及龍山粧曆價 取貸三錢(『頤齋亂藁』2冊, 13卷, 1769年 12月 8日, 656쪽).

143) 돈을 빌려주는 경우는 다음의 사례 등이 있다 .
興德尹丈敏德 意外來訪 …(中略)… 入京幸推逃婢 若賣則當如本家 所請貸錢而 去矣(『頤齋亂藁』2冊, 12卷, 1769年 6月 19日, 434쪽).

144) 朝飯後 貸宋守門將錢 二兩(『頤齋亂藁』1冊, 4卷, 417쪽).

해 고향 소식을 전하면서 貸錢해 줄 것을 청하자 여기에 응했다.145) 빌
려준 돈을 받은 사례는 한양에서 고향사람 宋仲建과의 관계에서 발생했
다. 송중건은 흥덕에서 황윤석의 동생으로부터 채전을 했으며, 그는 한
양에 상경하여 그 돈 중 일부를 황윤석에게 상환하는 문제를 상의했다.
황윤석은 당시 2차례에 걸쳐 송중건에게서 채전을 받으려고 노력하였으
나 본전 6냥에 대해서 완전히 상환을 받지 못했다.

송중건은 상경하면서 20여 냥을 가지고 왔으며, 이에 앞서 1762년(영
조 38)에 황윤석의 동생으로부터 빌린 돈 6냥을 황윤석에게 갚아야 했
다.146) 하지만 그는 황윤석이 한양에서 힘든 생활하는 것을 보니 빌린
돈을 갚지 않을 수 없지만 자기 역시 한양에 오래 머물면서 지출해야
할 일이 있다고 주장하며 2냥만 먼저 갚았다. 하지만 황윤석은 한 달 뒤
자신의 생활이 곤궁해 지자 송중건에게 조속한 상환을 독려하지 않을 수
없었다.147) 며칠 후 송중건이 다시 일부 상환하고 나머지 본전 2냥은 남
겨 두었다.148) 황윤석은 한양의 생활을 위해 대전해 준 돈에 대한 상환
을 지속적으로 독려하고 관리하고 있었다.

돈을 직접 빌리기도 했다. 황윤석은 병중에 있는 奴子를 위해 돈을 빌
리거나 책을 구입하고자 돈을 빌렸다. 노자를 위한 대전 사례는 황윤석
이 陪使令으로 하여금 工房書吏에게 公用錢 2냥을 빌려 그 중 1냥 7전
으로 大皮襩 毛黃而緣黑을 사서 병환중인 노자에게 준 일이 있었다.149)
그리고 책을 구입하기 위해 황윤석은 배사령 김득금을 시켜 종부시에서
3전을 대전하게 한 후 이를 바탕으로 粧曆1책을 사오게 했다.

황윤석은 正月에 낙향했다가 상경을 준비하면서 노자마련을 위해 돈

145) 『頤齋亂藁』 1冊, 12卷, 1769年 6月 19日, 434쪽.
146) 『頤齋亂藁』 1冊, 12卷, 1769年 4月 12日, 384쪽.
147) 『頤齋亂藁』 1冊, 12卷, 1769年 5月12日, 400쪽.
148) 『頤齋亂藁』 1冊, 12卷, 1769년 5月 19日, 410쪽.
149) 『頤齋亂藁』 1冊, 13卷, 1769年 12月 3日, 650~651쪽.

을 빌렸다. 상경에 소요될 말을 매득하기 위해 홍덕현으로부터 대전을 했다. 그는 貸官錢 20냥으로 服馬를 사서[150] 친구와 함께 한양으로 올라 왔다.

황윤석이 빌린 돈을 갚은 사례가 있다. 황윤석은 1월경 모친의 병환을 이유로 낙향했다가 한 달 뒤 친구 김사겸과 함께 상경하는 과정에서 돈을 빌렸었다. 상경 후 김사겸은 황윤석에게 債錢 5전을 갚아줄 것을 요청하자[151] 이를 갚았다. 또한 이미 언급한 바와 같이 노의 병환을 위해 종부시에서 대전한 돈 2냥을 며칠 뒤 갚았다.[152]

『이재난고』에서 1769년(영조 45) 한 해 동안 대전과 채전에 대한 기록이 빈번하게 확인된다. 이러한 과정에서 동전 거래관계는 官의 公用錢을 이용하거나 고향 사람 혹은 한양에서 친구와의 관계 등에서 이루어졌다. 뿐만 아니라 대전 과정에서도 황윤석 본인이 직접 관여한 것이 아니라 관료로서 陪使令을 활용하고 있었다.

황윤석은 경향을 왕래하며 기본적으로 자립적인 화폐경제를 유지하려고 노력하였으나 필요에 따라서는 貸錢·債錢의 형태로 빌려 쓰기도 하였으며 '償錢'·'贈'의 형태로 부채를 해결하기도 하는 등 대체로 동전을 바탕으로 활발한 화폐활동을 했다. 이와 같은 그의 동전에 바탕을 둔 경제운영에는 初仕者가 경제운영의 부재로 인해 부채를 많이 진다는 조언에 영향 받은 바가 컸다. 따라서 그는 녹봉을 作錢해 운용함은 물론 대전을 통해 경제활동을 전개하는 과정에서 수입·지출을 염두에 둔 화폐생활을 했다고 볼 수 있다.

---

150) 『頤齋亂藁』 1册, 11卷, 1769年 2月 21日, 336쪽.
151) 『頤齋亂藁』 1册, 12卷, 1769年 4月 11日, 384쪽.
152) 『頤齋亂藁』 1册, 13卷, 1769年 12月 8日, 656쪽.

3. 의·식·주관련 지출

황윤석은 衣·食·住와 관련한 거의 모든 물품을 동전으로 구입하였을 뿐만 아니라 때로는 자신의 재산을 판매하고 이를 통해 동전수입을 얻음으로써 18세기 중엽의 활발한 동전유통 환경을 경험했다.

매매형태의 지출에 있어서 가장 중요한 위치를 점하고 있는 것이 바로 의·식·주와 연결된 생활필수품이다. 더욱이 이와 관련해 살펴보고자 하는 1769년(영조 45) 한양에서 사환할 당시에는 고향 흥덕과 떨어져 독립적 경제주체로 존재해야 했으므로 생활에 필요한 제반 물품은 주로 구입을 통해 해결하고자 했다. 이들 의·식·주관련 지출에 대해서는 소비재가 아닌 필수품이라는 점에 있어서 생활사와도 깊은 관계가 있다고 하겠다.

의복과 관련한 경제활동의 사례를 먼저 정리해 볼 수 있다. 1769년 1월과 2월은 고향 흥덕에 낙향해 있었으며 모친의 병환으로 인해 활발한 대외 활동을 할 수가 없었다.[153] 이 시기 그는 집에 있었으므로 다른 의복관련은 물론 음식과 주거에 대한 특별한 지출기록을 남기지 않았다.

상경 이후 서울생활을 위한 물품을 반주인과 노를 시켜 의복과 馬具를 일괄적으로 구매했다.[154] 당시 그가 매득한 물종과 가격은 唐巾 7양 1전, 갓(冠) 1냥 등의 물품을 일괄 구매하면서 10양 9전 5분을 지출했다.

망건은 1냥 정도면 구할 수 있었으며,[155] 겨울이 임박함에 난방을 위해 襦·袴로 따뜻한 옷을 구입하는데 4냥을 지출했다.[156] 그리고 그 해 12월에는 베개를 새로 장만하기도 했다. 특히 베개에 대해서는 세심한

---

153) 이와 같은 이유로 해서 기록에 있어서 매우 소략하여 1월 말에서 2월에 이르는 기록은 누락이 매우 심하다.
154) 『頤齋亂藁』 2冊, 12卷, 1769年 3月 9日, 343~344쪽.
155) 『頤齋亂藁』 2冊, 13卷, 1769年 9月 22日, 549쪽.
156) 『頤齋亂藁』 2冊, 13卷, 1769年 9月 27日, 560쪽.

주문을 했는데 枕囊에는 청색 3升布로 兩頭 困綴하며, 모서리는 옷으로 칠한 나무로 막고 허리는 백색 3升布를 쓸 것을 요청했다.[157] 아울러 바깥 면은 白細綿布을 쓸 것을 당부하면서 1냥을 지출했다.

부서진 갓을 수리하는 비용이 7전,[158] 다시 갓의 모서리 부분을 수리하는 데 3전을 지출했다.[159] 때로 황윤석은 갓을 고쳐서 사용하여 지출을 줄이려 노력하기도 했다. 그리고 자신이 필요한 물품의 구입뿐만 아니라 물산이 풍부한 한양에서 구입한 長帶를 동생에게 선물하기 위해 구입하기도 했다.[160]

의복을 세탁하는 데 있어서도 비용이 지출되었다. 세탁은 주로 노를 통해 반주인에게 의뢰되었다. 綿衫과 單袴의 경우는 각 3푼씩 지출했으며,[161] 기본적인 수선은 노가 담당했다.[162] 한양에서의 1년 생활에 있어 의복 등과 관련한 지출 금액은 총 18냥 9전 3푼에 이르고 있었다. 대체로 봄과 가을에 많이 지출되었는데 이는 환절기를 대비한 것으로 이해된다. 또한 갓, 망건, 탕건 등의 구입에 대한 지출 비중이 높았는데, 이들에 대해 수리해 다시 사용하여 한양에서의 생활에 절약하고자 했다.

의복의 경우, 한양에서 매득하기도 했으나 한편으로는 홍덕의 본가에서 황윤석에게 지원해 줌으로써[163] 지출을 줄일 수 있었다. 헌옷과 버선 등은 인편을 통해 다시 집으로 돌려보내기도 했다.[164] 그럼에도 한양에서 좋은 의복의 구입이나 환절기를 대비한 의복준비에는 일정한 지출을 했다.

---

157) 『頤齋亂藁』 2冊, 13卷, 1769年 12月 20日, 662쪽.
158) 『頤齋亂藁』 2冊, 12卷, 1769年 3月 12日, 349~350쪽.
159) 『頤齋亂藁』 2冊, 12卷, 1769年 3月 13日, 350쪽.
160) 『頤齋亂藁』 2冊, 12卷, 1769年 3月 12日, 349쪽.
161) 『頤齋亂藁』 2冊, 12卷, 1769年 4月 14日, 386쪽 ; 13卷, 1769年 8月 13日, 485쪽.
162) 『頤齋亂藁』 2冊, 13卷, 1769年 8月 26日, 517쪽.
163) 『頤齋亂藁』 2冊, 12卷, 1769年 5月 16日, 406쪽 등의 기사 등 참조.
164) 『頤齋亂藁』 2冊, 13卷, 1769年 8月 3日, 473쪽.

음식과 주거문제에 대해서는 매우 활발한 소비와 관심을 나타냈다. 그 럼에도 고향에서의 이와 관련한 지출 기록은 찾아지지 않는다. 홍덕에서 는 조상전래의 주택과 일정한 경제적 기반을 바탕으로 住食의 문제가 자연 해결되었다. 이로 인해 고향에서의 화폐사용 기록은 그의 특별한 기록 관심에 들지 못함에 따라 매우 소략하다.

한양 생활에서 황윤석은 현직관리로서 의영고와 종부시에 入直과 除 番을 거듭하는 과정에서 주거와 음식은 주로 泮主人집에서 해결했 다.[165] 아울러 그는 상경하면서 奴子 1口를 대동하여 그의 상경생활 전 반에 대해 보조하도록 했다. 이로 인해 한양에서의 주식경비는 황윤석본 인 뿐만 아니라 노에 대해서도 신경을 써야 했으며, 그의 기록에 대한 이해도 이러한 점이 고려될 필요가 있다. 황윤석은 반주인을 매개로 한 주식비용 계산에 철저하였으며 시세의 변화에도 민감하게 반응하며 일 기기록으로 남겼다.

황윤석은 낙향했다가 3월 상경하면서 반주인에게 한 달 생활비로 쌀 12두를 주었다.[166] 이에 대한 반주인은 12두가 館斗로 계산하면 6두에 불과해서 황윤석과 노의 한 달 주식비로는 부족하다고 주장하고 몇 냥을 더 별급 해 줄 것을 요청했다.[167] 그리고 3월 말에 구체적으로 한 달에 2냥을 요구했다. 이에 대해 황윤석은 私主人집의 경우 한 달에 최소한 3~4냥 아래로는 주식을 해결할 수 없다는 점을 확인하고[168] 고민하다 비용을 지불하고 계속 반주인집에 기거했다.

황윤석과 그의 노는 반주인집에 거처를 두고 식사도 해결하고 있었으 므로 찬가도 별도로 지불되었다. 황윤석은 入直과 除番을 교대로 하는

---

165) 泮主人은 成均館주변의 반촌에 존재한 음식점 및 하숙집의 주인이다.
166) 황윤석은 상경한 날이 3月 8일이었으나 다음날 김원행을 만나기 위해 '石室書院' 으로 향해 12일 돌아왔으므로 12일 당일 米 12斗를 반주인에게 朔料로 지급했다.
167) 『頤齋亂藁』 2册, 12卷, 1769年 3月 12日, 349쪽.
168) 『頤齋亂藁』 2册, 12卷, 1769年 3月 29日, 374쪽.

점을 고려해서 밥값을 5푼으로 계산했다.169) 그 결과 아침, 저녁을 주식
으로 할 경우 끼니마다 2푼 5리가 소요되었으며, 한 달에 약 1냥 5전
정도였지만 관리로서 모든 식사를 반주인집에서 해결하지 않으므로 1냥
정도로 조정되었다. 지불된 식비를 바탕으로 반주인이 미곡과 찬가를 운
영했다. 그로 인해 미가가 오르자 반주인은 맞추어 식사를 준비하는데
많은 어려움이 있다고 호소하기도 했다.170) 황윤석은 한양에서 반주인
가에 거주하는 비용으로 한 달에 2냥, 그리고 여기에 饌價로 1냥을 지출
해서 한 달 주식비로 3냥 가량을 지출했다.

　찬가는 1냥을 한 번에 지출하다가 친구 송중건이 일시불로 지급하지
말고 2전씩 나누어 지불해 동전 운영의 효율성을 기하라는 충고에 따라
지불방식을 변경하기도 했다.171) 쌀값이 상승하면서 반주인으로부터 주
식비 인상을 요구받게 되자 그 운영을 고민했다. 주위에서는 祿米중 1石
을 주인에게 지급하거나, 녹봉 모두를 반주인에게 지불하고 노비는 고향
으로 돌려보내라고 조언했다.172) 하지만 그는 이러한 의견에 따르지는
않았다. 뿐만 아니라 황윤석은 관직에 있으며 하급관리로 그의 잔심부름
등을 담당했던 庫直, 軍士, 陪使令 등에게도 饌價를 지원하기도 했다.

　6월부터 시작된 보리흉작으로 인한 흉년으로 8월에 미가가 상승하면
서 반주인으로부터 배용 인상을 요구받자 황윤석은 주거를 옮기는 것을
모색했다. 반주인은 1냥으로 쌀 1말도 구할 수 없어 더 이상 황윤석의
주식을 감당할 수 없다 하고 자신의 客房을 비울 예정이니 나가달라고
했다.173) 이에 황윤석은 집을 사서 泮主人집을 나가는 것과 첩을 얻어

169) 『頤齋亂藁』 2冊, 12卷, 1769年 6月 24日, 438쪽 ; 같은 책, 12卷, 1769年 8月 2日, 467쪽.
170) 『頤齋亂藁』 2冊, 13卷, 1769年 8月 26日, 517~518쪽.
171) 『頤齋亂藁』 2冊, 12卷, 1769年 8月 2日, 467쪽.
172) 『頤齋亂藁』 2冊, 13卷, 1769年 8月 26日, 517쪽.
173) 『頤齋亂藁』 2冊, 13卷, 1769年 8月 22日, 512쪽.

생활하는 것을 생각하게 되었다.[174)]

　주거를 옮기는 과정에서 첩을 들여 함께 하는 경우 주위의 권유에 따라 적극 모색했으나 1년에 쌀 10여석이 든다는 결론을 얻고 실행에 옮기지 않았다. 뿐만 아니라 도성내의 여러 집값들을 알아보고 계산해 보았으나 타산이 맞지 않다고 판단하고 뜻을 이루지 못하고 결국 泮主人 집에 계속 기거하게 되었다. 이 과정에서 황윤석은 한양의 주택시세에 대해 조사했으며, 그 기록은 18세기 중엽 동전유통과 주택매매의 실상을 살펴 볼 수 있는 좋은 자료가 된다.

　주택구입 기준으로 제시한 가격은 모두 동전을 단위로 한 것이었다. 본격적으로 주택가격에 대해 탐문하기 시작한 것은 흉년으로 인한 물가 상승 효과가 직접적으로 나타난 10월부터였다. 한양에 있는 10여 곳의 주택가격에 대해 탐문했으며, 그 결과는 표 4-8과 같다.

〈표4-8〉 1769년 한양 일대의 주택 가격

구분\위치	草家							금 액	비 고
	房	軒	廚	行廊	馬廐	기타	칸수		
宗簿寺邊	2	1	1	·	1	·	5	40兩	馬廐·虛廳중 擇1
불 명	2	·	1	·	·	·	3	30~50兩	
山林洞	3	·	·	有	有	後園	12	70兩	비싸게 여김.
仁城府峴	4	1	·	·	1		7	50兩	
小安東防	2	1	1	·	·	外門1	5	50兩	
寺大門外	5.5	1	1	2	·	虛廳2	11.5	110兩 (貫:60兩)	具退軒1.5, 大門1, 後虛廳2 포함.

　주택 구입에 있어 황윤석은 단독으로 결정하지 않고 동생이 과거보러 상경하였을 때 함께 상의했다. 예상 소요 경비는 30~50냥으로 정해졌으며, 집의 규모는 내·외방에 작은 軒과 마구간 정도가 있는 집으로 예

---

174) 『頤齋亂藁』 2冊, 13卷, 1769年 8月 23日, 514쪽.

상했다.175) 한양의 주택시세를 파악한 황윤석은 草家의 경우는 한 칸 당 10냥이고 瓦家는 한 칸 당 20냥을 기준을 삼았다.176)

집의 규모에 따른 가격의 차이는 물론 위치와 지역에 따른 차별성도 나타나고 있다. 가격은 현 거주자의 성향과 주택의 현재 상태에 따라 가격의 변수가 있었으나, 이들 주택가격의 동향이 일관되게 동전를 기준으로 파악되고 있는 점이 주목된다. 더욱이 10월에 접어들며 미가가 본격적으로 상승하면서 화폐가치의 변동 요인이 발생하였음에도 불구하고 시세 기준이 일관되게 동전인 점은 이미 이 당시 사람들의 경제관념 속에 동전을 기준으로 한 산법이 깊이 작용하고 있었음을 보여준다.

4. 재화매매 및 지출형태

1) 장릉참봉 시절

1766년(영조 42)에서 1768년(영조 44)까지 황윤석이 장릉참봉으로 있을 때의 기록을 통해 황윤석의 영월 장시에 대한 관심과 매매의 양상을 살펴 볼 수 있다. 영월의 장시는 5일과 10일에 열렸다. 황윤석은 시장의 물가에 대한 관심을 기울이는 것은 물론, 장날이 되면 직접 사람을 보내 물건을 사오게 하고 그 가격을 상세하게 일기에 기록했다.177) 일기를 통해 황윤석이 장릉참봉으로 영월에서 사환하는 기간 동안 邑市의 물가 동향에 대해 수시로 탐문하고 이들 정보를 물품의 구입에 활용했음을 알 수 있다.

8월 황윤석은 장릉에 부임하기에 앞서 한양에서 이미 영월의 물정을 탐문했다. 영월에는 表紬로 가장 좋은 품질의 것이 1필에 4냥이고 가장

---

175) 『頤齋亂藁』 2冊, 13卷, 1769年 10月 13日, 582~583쪽.
176) 『頤齋亂藁』 2冊, 13卷, 1769年 10月 14日, 584쪽.
177) 鄭求福, 1995, 「槪要」 『頤齋亂藁』 2, 韓國精神文化研究院, 1쪽.

싼 것이 3냥인데, 평시에는 3냥이면 충분하다는 사실을 확인했다. 또한 영월지역은 잠업에 힘써 紬의 값이 비싸지 않다는 사실도 알게 되었다. 鹿皮는 가장 크고 품질이 좋은 것이 鍊治한 것에 미치지는 못하지만 2냥이며, 鹿茸, 산돼지고기, 川漁가 매우 풍부하다고 파악했다. 그리고 板材가 매우 흔하고 粱米는 지천으로 널렸다는 소식도 접했다.[178] 황윤석은 이 외에도 紫草, 膏雉, 松栮 등과 같은 영월지역 물산의 가격동향뿐만 아니라 1냥으로 백미 2두 8승, 전미 6두, 태 15두를 구입할 수 있는 영월시장의 미가 동향에도 유념했다.[179]

영월지역의 물가의 현황은 물론 물산의 가격의 부침에도 주목했다. 7~8승 麻布는 영월의 산물이 가장 우수한데 매년 3월 말에서 4월초에 그 값이 가장 싸며, 明紬는 7~8월에 가장 낮은 가격을 형성한다는 정보를 기록했다.[180] 영월지역 물산의 품질에 대한 평가에도 관심이 깊었다. 草綠紬 1척의 값이 2전으로 紫紬와 같기도 하나 자주에는 기본적으로 미치지 못한다는 사실과[181] 紵布는 호서의 內浦가 좋으며 내포 중에서도 한산이 가장 우수하다는 평가도 첨부했다.[182] 황윤석의 영월지역의 물산에 대한 관심과 기록은 한양에서 영월의 시장정보를 확보할 수 있을 정도로 당시 시장경제가 발달했으며, 여기에는 동전의 유통이 일정부분 작용하고 있음을 보여준다. 뿐만 아니라 이들 정보는 영월에서의 그의 구매행위에 참고 및 반영되었다.

황윤석은 영월의 장릉에 입번한 후 시장에서 물품을 구입하면서 고향 호남과의 가격을 비교했다. 영월을 중심으로 황윤석이 시장 등의 경로를 통해 매득한 현황을 정리하면 부록-4와 같다. 그의 매매내용은 한양과

---

178)『頤齋亂藁』1冊, 7卷, 1766년 8월 3일, 611쪽.
179)『頤齋亂藁』1冊, 7卷, 1766년 9월 11일, 641쪽.
180)『頤齋亂藁』1冊, 8卷, 1767년 2월 24일, 688쪽.
181)『頤齋亂藁』2冊, 9卷, 1767년 10월 10일, 27쪽.
182)『頤齋亂藁』2冊, 9卷, 1768년 6월 18일, 129쪽.

흥덕을 왕래하는 여정 중에 매득한 사실도 일부 확인되고 있으나 주로
장릉을 중심으로 한 영월에서의 입번 기간을 대상으로 하고 있다.

1766년(영조 42)～1767년(영조 43) 사이 황윤석이 한양에서 매득한
것으로는 서적, 靴, 黑鞋, 馬釘, 종이 등이었으며, 그 외의 여정 중에 구
입한 것으로는 마정, 麻鞋183) 등이다. 이들 외의 사례에 대한 매매행위
는 영월에서, 특히 영월의 邑市에서 이루어졌다. 그 과정에서 장릉의 下
吏를 비롯하여 주위의 아전들로부터 입수한 신속하고 다양한 시장정보
가 활용되었다.

매득한 물종은 음식물에서 의복에 이르기까지 다양했다. 牛肉, 明太,
배, 전복과 같은 음식물은 황윤석이 장릉에 守番하는 동안 병환이 있자
보양 차원에서 매득한 것이었다. 이들 외에는 주로 單衫, 紵布, 明紬, 綿
布를 비롯하여 이들을 이용하여 가공한 의복과 침구류에 대한 매득이
주종을 이루고 있다.184) 명주, 마포 등과 같은 물종의 구매에 열중한 것
은 이들이 영월지역 특산물이라는 한양에서의 정보와 영월현지에서의
시장조사 노력이 반영된 결과였다.185)

영월 읍시를 통해 매득한 물종을 고향으로 보내기도 했다. 이미 한양
에서 膏雉, 松枏, 노루와 산돼지 고기를 비롯하여 川漁의 물산이 풍부함
을 듣고는 고향을186) 생각하고 있듯이 영월에서도 고향에 다양한 물종
을 보내려 노력했다. 영월 산물인 송이, 고치, 川漁 등의 경우는 장기간
보관할 방법이 없어 고향으로 보내지 못함을 안타까워했다. 고향에서 황

---

183) 麻鞋는 行商을 통해 구입했다.
184) 5월 20일 邑市에서 手巾麻布 4척을 사오게 했다. 그리고 漢奴가 입을 옷을 만들고
    남은 綿布 7척을 4전에 팔았다(『頤齋亂藁』 1冊, 8卷, 1767년 5월 20일, 729쪽). 본
    기사는 2년에 걸친 장릉참봉 사환기에 황윤석에 있어서는 유일한 상행위였다.
185) 19세기 전국 장시의 상품유통내용에 의하면 영월은 綿布, 棉花, 麻布, 煙草, 果
    物이 활발하게 유통되고 있음을 알 수 있다(김대길, 1997, 『조선후기 장시연구』,
    국학자료원, 91～103쪽).
186) 『頤齋亂藁』 1冊, 7卷, 1766년 9월 1일, 634쪽.

윤석에게 보내진 물품보다는 그가 고향으로 보낸 물종이 더 다양하고 풍
부하다. 고향으로 보낸 물품은 식물, 의복을 비롯한 기타 생필품이었다.
식물로는 牛肉, 藥脯, 藥果, 魚片, 生淸, 膏雉 등이었으며,187) 의복으로는
黑鞋, 大襪를 비롯하여 昆布, 綿布 등188)이었다. 이들 외에도 黃燭, 白綿
紙 등도 빠뜨리지 않았다.

고향으로 보낸 물품들 중에는 고향의 제사를 대비한 것도 포함되어
있었다. 1767년(영조 43) 11월에는 柏子, 膏雉, 旌善의 배, 黃燭 등의 제
수를 다량 구입한 후 사람을 고용하여 고향으로 하송했다.189) 이 외에도
황윤석이 褒貶을 목적으로 잠시 한양에 머무는 동안 고향의 아들 혼례
에 필요한 혼례 물목을 확인하고 이들 중 일부를 사서 보내기도 했
다.190)

장릉참봉으로서 고향에 보낸 물종에 비해 고향으로부터 받은 물목은
상대적으로 적었으며, 그것도 주로 의복이었다. 初仕者로서 한양에 머무
르는 동안 겨울을 대비한 寒衣를 보내온 것을 비롯하여191) 장릉에서는
袊襦, 紵氅衣, 單紵袴 등과192) 같이 봄과 여름을 위한 의복이 고향으로
부터 도착하는 정도였다.

황윤석은 장릉참봉으로 영월에서 한양, 흥덕을 오가는 여정 중에도 날
씨 및 농정의 현황 그리고 미가의 추이에 대해 전해들은 바를 빠뜨리지
않고 적고 있다. 1766년(영조 42)의 여정 중 태인에서 과천까지 6월 15
일 이후 비가 내리지 않아 水田의 가뭄이 심하며, 공주 인근은 대풍을

---

187) 『頤齋亂藁』1冊, 8卷, 1767년 4월 20일, 720쪽 ; 4월 27일 ; 7월 15일 ; 11월 1일.
188) 『頤齋亂藁』1冊, 8卷, 1767년 2월 15일, 682쪽 ; 같은 책, 1767년 4월 21일, 720
　　쪽 ; 『頤齋亂藁』2冊, 9卷, 1767년 11월 15일, 37쪽.
189) 『頤齋亂藁』1冊, 8卷, 1767년 4월 27일, 722~23쪽.
190) 『頤齋亂藁』2冊, 9卷, 1767년 12월 9일, 51~52쪽 ; 같은 책, 1767년 12월 18일,
　　60쪽.
191) 『頤齋亂藁』1冊, 7卷, 1766년 9월 24일, 648쪽.
192) 『頤齋亂藁』1冊, 8卷, 1767년 5월 4일, 726쪽.

예감하고 있다는 소문을 일기에 적었다.193) 그럼에도 불구하고 서북 2도
는 농사가 참혹하고, 영남은 홍수로 인한 피해가 있으며, 호남은 평작을
예감하는 당시의 상황도 기록했다.194) 이듬해 봄에는 가뭄으로 春麥의
흉년이 예상되었으나 갑작스런 비로 인해 풍년을 기대했다.195) 여름에
는 호남에 가뭄이 심하여 호남의 보리 1냥이 7두라는 기존의 통상적인
물가가 통하지 않을 것이라 걱정하기도 했다.196) 1768년(영조 44)에도
농작현황을 일기에 기록했다.

> 경성에서부터 영월에 이르기까지 이앙이 끝났지만 경성에 물이 내리지 않
> 고 연로에 관개를 할 수 없어 모두가 말라 거북이 등처럼 되었다. 제천 이상
> 의 旅店 미가가 귀해져서 1介 7합에 돈으로 5푼이고 경성미 1두로는 20介
> 7합으로 돈으로는 1냥이어서 병자년과 다름이 없게 되었다. 호남은 어떤지
> 알지 못한다고 함.197)

황윤석은 보고들은 농작 현황이나 물가의 동향에 대해서 깊은 관심을
표현했다. 특히 그는 호남을 중심으로 한 고향일대의 농작현황에 대해
더 자세하게 기록했다. 그의 이러한 관심은 고향의 경제적 기반, 즉 전답
에 대한 소출을 염려하였기에 가능한 것이었다고 볼 수 있다. 비록 홍덕
의 본가가 일정한 경제적 기반을 소유하고 있었으나, 당대의 농작현황으
로부터 자유로울 수 없는 상황이었기 때문이었다. 이 과정에서 관료로서
폭넓은 물가동향을 확보할 수 있었으며, 여기에는 시장의 발달과 시장물
가 정보에 대한 유통이라는 시대적 배경이 작용하고 있었다.

18세기 중엽 황윤석은 강원도 영월의 장릉참봉으로서 한양은 물론 홍

---

193) 『頤齋亂藁』 1冊, 7卷, 1766년 7월 8·13일, 572·573쪽.
194) 『頤齋亂藁』 1冊, 7卷, 1766년 7월 11일, 576쪽.
195) 『頤齋亂藁』 1冊, 8卷, 1767년 4월 6·29일, 712쪽.
196) 『頤齋亂藁』 1冊, 8卷, 1767년 6월 14일, 739쪽 ; 같은 책, 1767년 6월 29일,
　　　743~44쪽.
197) 『頤齋亂藁』 2冊, 9卷, 1768년 5월 28일, 85쪽.

덕을 왕래했다. 영월에서는 영월 읍시에 대한 탐지를 통해 시장물종의 동향과 물가의 변동에 대해 민감하게 반응했으며, 중요 특산물에 대한 적극적인 매득을 통해 고향에 대한 경제적 지원을 도모하기도 했다. 이는 곧 동시기 활발한 동전유통과 시장경제의 발달상을 배경으로 하고 있었다.

2) 의영고봉사, 종부시직장 시절

황윤석의 동전수입 경로가 비단 재화의 매매만을 통해 이루어진 것이 아니라 녹봉수입과 아울러 홍덕 本家의 경제적 배경이 크게 작용하였음은 이미 언급한 바와 같다. 1769년(영조 45) 황윤석이 한양에서 의영고봉사와 종부시직장으로 재임하던 시절 그의 재화매매를 통한 화폐수입과 지출의 사례를 중심으로 살펴보도록 하겠다.

방매를 통해 수입을 얻은 사례는 이 시기의 일기에서 2건이 확인되며, 토지매매와 말의 매매에 관한 것이었다. 먼저 토지매매에 관련된 사항을 살펴보면, 41세 되던 1769년 그 해 2월에 홍덕에서 상경하기 위한 노자 마련을 목적으로 토지를 방매했다. 토지의 위치와 규모가 분명하지 않은 '水田'을 동전으로 作錢하여 40냥을 받고 팔았으며, 그 중 26냥을 노자 및 한양에서의 생활비로 충당했다.198)

고향에서 타고 온 服馬를 한양에서 매매해 생활비로 활용했다. 사환을 위해 상경한 후 반촌에서 복마에 대한 매매가 논의되었다. 반촌에서 같은 방을 쓰던 정필충은 성숙한 황윤석의 말을 팔고 작은말 2수를 매득하는 방안을 황윤석에게 제안했었다.199) 이후 6월부터 호남지방에 흉년이 들고 그 여파로 8월에 한양의 물가가 騰貴하게 되면서 황윤석의 한양

---

198) 『頤齋亂藁』 2冊, 11卷, 1769年 2月 27日, 336쪽. 나머지 14兩에 대한 소용에 대해서는 언급이 없으나 한양에서의 소요에 충당되었을 것으로 생각된다.
199) 『頤齋亂藁』 2冊, 12卷, 1769年, 3月 12日, 350쪽.

생활도 곤궁해졌다. 게다가 서울로 데려온 말이 늙고 자주 아프면서[200] 팔아서 바꿀 계획을 세웠다. 말을 팔기 위해 노와 반주인으로 하여금 시세를 탐문한 결과 약 40냥에 이른다는 사실을 확인하고[201] 방매처를 모색했다.

황윤석은 일찍이 박경성이 조무경의 말을 사 줄 것을 그에게 부탁했던 사실을 상기하며 말의 방매를 결심했다. 며칠 후 박경성이 조무경의 말을 끌고 와서 직접 보여주었다. 그리고 그는 말이 짐을 싣고 왕래를 많이 해서 지금은 모양이 좋지 않으나 관리를 잘하면 좋아질 것이지만 지금의 상태가 나쁘므로 35냥에 흥정을 제안하자[202] 황윤석은 이를 받아 들였다. 황윤석은 자신의 말을 40냥에 말을 팔고, 그 중 35냥으로는 조무경의 말을 사고 남는 5냥으로 반주인에게 숙박비 인상분을 지불하고자 했다.[203] 하지만 이튿날 노는 조무경의 말이 아닌 다른 사람의 말을 사왔으며 그것도 너무 어려 타고 다닐 수 없음에 따라[204] 이를 다시 무르게 했다. 결국 황윤석은 반주인의 말을 37냥에 사기로 결정했으며, 이 말을 고향 흥덕으로 타고 가서 방매할 경우 40냥을 받을 수 있을 것으로 위안했다.[205]

황윤석은 학문적 관심에 따라 서책의 구입에도 다대한 관심을 기울였다. 종부시직장이 되자 그는 종부시가 비록 요직은 아니지만 오히려 독서할 여유가 생겨[206] 다행이라고 여겼다. 이 기간 외에도 한양에서의 관직생활 중 특히 서책에 대한 관심은 지대하여 기회가 생기면 수집에 열중했다. 책의 구입 외에도 책의 배접과 장황을 위한 투자에도 지출을 아

---

200) 『頤齋亂藁』 2冊, 12卷, 1769年 3月 2日, 339쪽 등의 기사 참조.
201) 『頤齋亂藁』 2冊, 13卷, 1769年 8月 15日, 499쪽.
202) 『頤齋亂藁』 2冊, 13卷, 1769年 8月 19日, 508~509쪽.
203) 『頤齋亂藁』 2冊, 13卷, 1769年 8月 22日, 512쪽.
204) 『頤齋亂藁』 2冊, 13卷, 1769年 8月 23日, 513쪽.
205) 『頤齋亂藁』 2冊, 13卷, 1769年 8月 28日, 522~523쪽.
206) 『頤齋亂藁』 2冊, 12卷, 1769年, 6月 19日, 433~434쪽.

끼지 않았다.

책에 대한 관심으로 시장에서 『北關志』 등의 책을 직접 구입해 오기도 했으며,207) 『樂學軌範』은 그가 특별한 노력을 기울여 종이까지 직접 구입해 印出받았다.208) 뿐만 아니라 이미 갖고 있는 책도 校書館의 冊匠을 불러 세심하게 손질했다.209) 이러한 경로로 그가 1년 동안 책을 구입하고, 새로 찍어서 갖추고, 아울러 헌 책을 장황하는 데 지출된 비용은 2양 6전 3푼에 이르고 있었다.

생필품 외에도 기호품에 대한 소비도 일기에 기록으로 남겼다. 대표적인 기호품에 속하는 것이 南草, 즉 담배였다. 담배는 고향에서 인편으로 자주 보내오기도 했지만210) 그 역시 필요에 따라 한양에서 직접 구입했다211) 가격은 正草 1瀑의 값이 5전 정도였다. 그리고 때때로 입맛이 없거나 건강이 좋지 않을 경우 별미를 찾기도 했다. 그가 특히 좋아한 것은 全鰒이었으며, 의영고의 고직에게 牛臕, 大鰒, 大紅蛤 등을 사서 아침, 저녁으로 가져오도록 해서212) 자신의 보양을 꾀했다.

한양에서의 교유나 노와의 관계 속에서도 지출이 발생했다. 손님을 맞이할 경우 가까운 친구는 단순한 대담으로 끝나는 예가 많았지만 특별한 경우에는 술상을 준비하여 남다른 대접을213) 했다. 특히 아랫사람이나 원거리에서 온 방문자가 길을 떠날 때는 전별비를 동전으로 따로 준비했다가214) 건넸다. 연말에 노가 전염병에 걸리자 치료를 위해 돈을 지출했

---

207) 『頤齋亂藁』 2冊, 12卷, 1769年 5月, 22日, 411쪽.
208) 『頤齋亂藁』 2冊, 12卷, 1769年 5月 23日, 412쪽 ; 같은 책, 12卷, 1769年 6月 4日, 424쪽.
209) 『頤齋亂藁』 2冊, 12卷, 1769年 7月 25日, 462쪽.
210) 『頤齋亂藁』 2冊, 12卷, 1769年 3月 12日, 339쪽.
211) 『頤齋亂藁』 2冊, 11卷, 1769年, 1月 2日, 328쪽.
212) 『頤齋亂藁』 2冊, 12卷, 1769年 4月 8日, 381~382쪽.
213) 『頤齋亂藁』 2冊, 12卷, 1769年 4月 8日, 381쪽.
214) 『頤齋亂藁』 2冊, 13卷, 1769年 9月 4日, 531쪽.

다. 노를 위한 보온용 의복 구비에 2냥을 소용함과 아울러215) 치료를 위한 의원과 약재를 活人署에 알아보고 그에 소요되는 비용 8전을 지급했다.216) 뿐만 아니라 치료에 용하다는 동소문에 사는 金哥에게 치료를 부탁하며 여러 차례에 걸쳐 3냥을 지급했다.217)

3) 路程에 따른 노비지출과 결산

　1766년(영조 42)에서 이듬해 기간 동안 장릉참봉으로 고향을 왕래하며 소비한 노자에 대해 상세한 기록으로 남겼다. 그의 일기를 통해 한양에서 홍덕을 왕래한 비용계산이 가능하다. 전라도 홍덕을 출발해 한양까지 가는 데에는 1주일 정도 소요되었으며, 한 번 상경하는 과정에서 지출된 비용은 약 6兩 1錢 1分 정도였다.218) 이로 본다면 대체로 왕복에 12兩 2錢 2分 정도가 소요된 것으로 볼 수 있다.

　황윤석은 장릉참봉으로 낙점되어 고향을 떠나 한양으로 향한 여정을 비롯하여, 2년 후 의영고봉사에 임명되어 장릉에서 상경하기에 앞서 고향을 들러 오는 여정 등이 있었다. 이 과정에서 그는 자세한 여정은 물론 그가 노정 동안 사용한 매일의 지출내역을 매우 상세하게 기록으로 남겼다.

　장릉참봉으로 있을 당시 그의 일기에서 확인되는 황윤석의 여정 기록은 13회이며,219) 여행의 목적은 受香, 入番, 科擧, 襃貶 등이었다. 황윤석은 장릉참봉 낙점 소식을 접하고 홍덕에서 상경하는 여정길에 준비한

215) 『頤齋亂藁』 2册, 13卷, 1769年 12月 3日, 650~651쪽.
216) 『頤齋亂藁』 2册, 13卷, 1769年, 12月 4日, 651~652쪽.
217) 『頤齋亂藁』 2册, 13卷, 1769年 12月 5日 ; 12月 6日, 653~655쪽.
218) 『頤齋亂藁』 2册, 12卷, 1769年 3月 9日, 343쪽.
219) 이들 외에서 한양에서 김원행을 찾아가거나 두호를 방문하는 등의 하루일정의 짧은 여정이 있으나 생략 했다. 한편 『이재난고』에 나타난 여행기 중 1752년의 「西行日曆」을 중심으로 한 황윤석의 여행기 전반에 대해서는 노혜경(, 2002, 「'頤齋亂藁'의 旅行記 分析」『古文書硏究』 20, 한국고문서학회)에 의해 검토되었다.

行資錢은 15냥이었다.[220] 그의 표현처럼 '행자전'이 어떻게 지출되었는지 모두 기록에 남아 있지는 않으나 상경하는 중에 숙박을 해결한 곳은 모두가 邑店, 衙店, 伊西街店 등과 같은 店이었다. 이들 점에서 그는 식사뿐만 아니라 숙박비도 모두 현금으로 지불했다고 볼 수 있는데 그의 일기에서 이러한 부분을 '買朝飯秣馬'[221]으로 표현되고 있기 때문이다.

장릉참봉으로서 한양에서 수향하고 영월 장릉으로 입번하는 여정에서 황윤석은 장릉의 지원을 받았다. 장릉에서는 한양에서 雇馬, 雇人한 비용을 영월에 도착한 후 지급했다.[222] 또한 황윤석은 장릉참봉으로서 香炭例納錢 42냥 납입을 위해 상경하는 여정에 앞서 영월부사로 부터 行資錢 1냥, 粮米 2두, 馬太 1두, 饌價 1器를 지원받아 지출했다.[223]

사적인 목적으로 고향을 방문하는 황윤석에 대한 장릉에서의 경제적 지원은 없었다. 그는 장릉참봉으로 한양에서 고향으로 가는 여정에서 노자가 겨우 2냥 4전이라 귀향길이 넉넉하지는 않다고 적었다.[224] 귀향길에는 장릉으로부터 말과 구종 등과 같은 지원이 없었으나 고향에서 수향을 목적으로 다시 상경하는 길에서는 흥덕으로 장릉의 말과 陪行書員이 방문하여 한양까지 그를 수행했다.[225] 뿐만 아니라 한양에서 장릉으로 가는 여정에서도 장릉의 행자료 辦饋할 수 있었으나 煙價는 지원되지 않았다.[226]

『이재난고』에 남아 있는 여정중의 지출과 관련한 기록 중 1767년(영조 43) 9월 7일 흥덕을 출발해 상경하는 과정에서의 지출 내역이 가장

---

220) 『頤齋亂藁』 1冊, 7卷, 1766년 6월 28일, 569쪽.
221) 『頤齋亂藁』 1冊, 7卷, 1766년 7월 7·8, 571~572쪽.
222) 『頤齋亂藁』 1冊, 7卷, 1766년 7월 20일, 596~597쪽. 그 雇價는 8냥이었다.
223) 『頤齋亂藁』 1冊, 7卷, 1766년 9월 16일, 644쪽. 특히 그의 상경에는 陪行書員 1명과 傳關下人 1명이 따랐다(『頤齋亂藁』 1冊, 7卷, 1766년 9월 17일, 644쪽).
224) 네 번째 여정이다. 『頤齋亂藁』 1冊, 7卷, 1766년 10월 11일, 656쪽.
225) 『頤齋亂藁』 1冊, 8卷, 1767년 2월 9일, 671~672쪽. 다섯 번째 여정.
226) 『頤齋亂藁』 1冊, 8卷, 1767년 2월 16일, 683쪽 ; 여섯 번째 여정.

〈표4-9〉 黃胤錫의 路資 지출내역

월 일	지출항목	餘 錢	지출액
9월 7일		2냥6전7푼	지출내용 없음
9월 8일	조반	2냥5전8푼	조반 9푼
	점심	기록 없음	
	生薑草履 求得	2냥4전2푼	
	저녁/투숙	2냥2전6푼	1전6푼
9월 9일	조반	2냥1전5푼	1전1푼
	점심	2냥1전	5푼
	저녁/투숙	2냥8푼	2푼
9월 10일	아침, 투숙	1냥7전3푼	3전5푼
9월 11일	아침, 점심, 투숙	기록 없음	
9월 12일	아침, 점심, 투숙	7전	
9월 13일	조반·	4전6푼	2전4푼

상세하다. 황윤석은 수향을 위해 한양으로 향하는 여정의 시작부터 매일
의 지출현황을 기재했다. 9월 7일 흥덕에서 한양으로 가는 여정 동안 지
출한 내역을 정리하면 표 4-9와 같다.

　황윤석은 9월 7일 흥덕을 출발 할 당시 2냥 6전 7푼의 노비를 준비했
으며, 여정 중에 지출을 한 후 한양에 도착해서 잔액이 4전 6푼 남았다
는 것을 확인했다. 이 노정에서 지출된 기록들을 검토할 경우, 조반은
9푼에서 1전 1푼, 점심은 5푼 내외, 저녁식사와 투숙을 함께하는 데 1전
6푼에서 2푼 가량이 지출되었음을 알 수 있다. 평균적으로 하루 지출액
을 약 2전 내외로 추정한다 하더라도 전체 여정 중 약 2냥 5전 가량 지
출된 것으로 볼 수 있다. 이러한 지출 내역은 1767년(영조 43) 9월 24일
개인 자격으로 한양에서 장릉까지 이르는 5일 동안의 여정에서 2냥에
못 미치게 지출한 것과[227] 비교할 경우 여정 중의 일일 지출 비용은 비
슷했음을 알 수 있다.

　여정 중에 지출된 경비의 대부분은 店에서의 식비와 숙박비를 중심으
로 하고 있었다. 그럼에도 그는 노정 출발에 앞서 馬夫를 부리는 경비로

---

227) 9월 24일 아침 값으로 1전 4푼을 지출하고 남은 돈이 1냥 8전 6푼이었다.

7냥을 별도로 지출하기도 하였으며,[228] 雇馬할 경우 그 비용도 일정 부담했다. 황윤석이 여정 중에 지출한 주요 내역이 비록 식비였지만 이 외에 별도로 구입한 품목도 있었다. 生薑, 草履를 산 것을 비롯하여 行商을 만나 江陵大化面 生麻鞋 2개를 3錢에 사기도 했다.[229] 이 외에도 店에서 3전에 生麻鞋를 구입하였으며, 태인 인근에서 尼山尹哥로부터 細梳 1개를 1전에 구입했다.[230] 황윤석이 이와 같이 노정에서의 지출내역을 꼼꼼히 적고 그에 대한 결산을 시도한 것은 그의 계획성 있는 지출의 모습을 보여주며, 이는 곧 18세기 중엽 동전의 유통을 기반으로 한 경제환경에서 영향 받은 바 있다고 볼 수 있다.

---

228) 『頤齋亂藁』 2冊, 9卷, 1767년 9월 8일, 4쪽. 물론 수향을 목적으로 한양으로 가는 길에 노자로 5냥이 별도 지급되기도 했다(『頤齋亂藁』 2冊, 9卷, 1767년 9월 5일, 3쪽).

229) 『頤齋亂藁』 1冊, 7卷, 1766년 7월 4일, 570쪽.

230) 『頤齋亂藁』 2冊, 9卷, 1767년 12월 4일, 47쪽 ; 『頤齋亂藁』 2冊, 9卷, 1768년 5월 11일, 74쪽.

결 론

　　17세기와 18세기를 중심으로 동전유통 정책의 추이와 그로 인한 경제
생활의 변화양상을 살펴보았다. 조선전기 유통화폐는 미곡, 포목 등을
포함하는 다양한 교환수단이 존재하고 있었다. 그리고 조선후기의 통용
화폐, 특히 동전에 대해서는 그동안 숙종 4년, 즉 1678년(숙종 4) 상평통
보의 주전을 계기로 전국적인 통용이 이루어진 것으로 이해되어 왔다.
이 책에서는 임란 이후 숙종조까지 동전유통 노력의 성과를 행전과 주전
을 위한 사목 및 절목을 중심으로 살펴보았다. 아울러 행전책의 추이와
행전지역의 확대에 따라 동전을 이용하는 계층의 변화문제, 그리고 동전
유통 이후 매매명문과 일기에 반영된 경제생활 변화의 단면을 추적했다.
　　제 1장에서는 행전사목과 절목을 중심으로 행전책의 추진양상을 살펴
보았다. 조선후기에 동전유통문제가 재론된 것은 임란으로 인한 재정확
보의 목적에서 비롯되었다. 전란 당시 명나라의 장군 양호의 요청에 따
라 강제적으로 행전을 위한 사목이 마련되었다. 1598년(선조 31) 사목의
내용은 전문의 지방발송, 身貢의 전문납, 贖錢의 징수, 녹과의 전문지급
등이었다. 이러한 사목은 선조의 분명한 반대입장에 따라 실시되지는 못
했으나 이후의 행전사목의 전례가 되었다.
　　임란 후 호조를 중심으로 국가 재정의 고갈에 대한 대책으로 동전의
주조문제가 대두되었다. 1603년(선조 36)에는 영의정 이덕형 등이 전국
동시 전문유통을 위해 관주도로 전문을 이용해 무역하는 것을 골자로 한
사목을 제시하였으나 수용되지는 못했다. 선조조 행전을 위한 논의는 주
전을 위한 원료의 확보문제가 중심이었다.
　　인조조에는 중국과 일본에서 동전을 유통하고 있는 국제적 통화환경
에 대한 인식을 바탕으로 조선에서의 행전가능성에 대한 문제제기가 나
타났다. 고려조 이래 행전의 역사에 대한 검토를 통해 행전을 위한 정책

적 기반을 마련했다. 그리고 일본과의 무역을 계기로 倭銅이 유입되면서 주전원료의 부족문제는 다소 해소되었다. 전란으로 유실되었던 주전장비와 주전장인을 확보하게 되면서 주전환경이 마련되고 있었다.

1626년(인조 4) 마련된 행전 사목은 점포의 설치, 전문을 통한 頒祿, 속전의 징수를 골자로 하고 있었다. 점포를 통해 동전으로 매매하게 함으로써 시장에 동전을 공급함과 동시에 동전이용 가능성을 시험하고자 했다. 동전으로 관료의 녹봉을 지급함은 물론 죄인의 속전도 징수하도록 했다. 행전사목을 바탕으로 한 행전시도는 이듬해 정묘호란으로 인해 중단되고 말았다.

1633년(인조 11)에 행전을 재개하며 마련한 사목은 동전을 기준으로 한 미가의 설정과 전세에 대한 전납의 실시를 골자로 하고 있었다. 경기지방 대동법의 실시에 따라 대동미의 10분의 1을 전납하도록 함으로써 행전책과 연계하도록 했다. 1635년(인조 13)에는 전문유통의 지속성을 확보할 목적으로 행전사목을 보완했다. 사목을 통해 錢市와 포자를 이용한 동전의 환전과 공급을 도모했다. 관에서 무역하는 물품에 대해 동전으로 결제해주도록 하는 내용을 추가하여 동전의 이용을 확대하고자 했다. 그러나 이 또한 이듬해의 병자호란으로 실효를 보지 못했다.

인조조의 동전유통 정책은 사목의 개정과정에서 절가의 설정, 대동법과 연계한 전납의 확대 그리고 점포를 통한 동전공급책의 확대모색을 골자로 하고 있었다. 이러한 사목은 이후 행전책을 마련하는 토대가 되었다. 그럼에도 불구하고 동전공급이 충분하지 못한 상황에서 전국적으로 동시에 행전하려는 점은 한계로 지적되고 이후 행전책의 교훈으로 작용했다.

효종의 즉위와 동시에 김육은 인조조 전국동시 행전의 문제점을 지적하고 국지적이면서도 장기간에 걸친 행전의 지속을 시도했다. 1650년(효종 1) 西路를 중심으로 동전의 유통을 시도하였는데, 이는 중국사신의 접대에 대한 재정지출과 관료 등의 여행 편의를 도모하고자 함이었다. 이와 동시에 유통 동전의 확보를 위해 中國錢의 수입은 물론 私鑄도 허용하게 되었다.

1651(효종 2)에는 서로에서의 행전을 성공적인 것으로 판단하고 경성에서의 행전을 시도했는데, 여기에는 상인들의 행전 요청도 작용했다. 당시 마련된 사목에는 행전시점에 대한 규정, 동전을 기준으로 한 미가의 개정, 속전법의 실시와 상평청 주도의 태환기능 부여 등을 골자로 하고 있었다. 도성행전에 이어 경기지방과 삼남지방까지 행전범위를 확대하고 대동미에 대해 전납의 비중도 높였다.

행전지역의 급격한 확대는 동전공급의 한계를 초래하면서 행전불가의 입장이 대두되었다. 이에 1655년(효종 6)에 기존의 사목에 대한 보완이 이루어졌다. 은을 기준으로 한 동전가를 설정하여 동전의 신인도를 확보하려는 노력이 시도되었다. 이러한 노력에도 불구하고 동전유통을 강제한데 따른 폐단이 대두되고 주전원료의 부족으로 충분한 동전공급이 이루어지지 못하면서 행전의 한계에 직면했다.

동전유통 중단에도 불구하고 개성, 평양 등지에서는 여전히 행전이 이루어지고 있었다. 국내의 동전유통은 강제로 금지하지 않았으나 국경을 통한 중국전의 유입은 차단하고자 했다. 이를 위해 1659년(효종 10) '변읍금전절목'이 마련되어 국경지역에서의 동전유통을 금지했다.

1678년(숙종 4) 행전책에 대한 시행착오를 바탕으로 행전을 위한 절목을 마련했다. 절목에는 시가를 반영하여 전가를 銀과 米에 상준하도록 규정했다. 市廛을 중심으로 한 전문이용의 확대와 贖錢징수 등은 기존의 정책을 계승한 측면이 있었다. 그리고 이듬해에는 각종 신역에 대해서도 전납을 확대하는 방안이 마련되었다. 이로서 부세 전반에 대한 전납을 실현하게 되면서 동전의 통용 기반이 마련되었다.

임란 이후부터 지속된 행전책은 사목과 절목의 개정과정을 거치면서 동전유통을 위한 정책은 수정되고 보완되었다. 행전책의 추진 과정에서 전납의 확대와 전문가치의 안정을 주축으로 한 사목이 정립되게 되었으며 이는 인조, 효종조의 행전책에 바탕하고 있었다. 숙종조의 행전성공은 행전에 대한 지속적인 정책적 노력의 산물이라 하겠다.

제 2장을 통해 행전책의 추진 과정 속에서 국가의 동전 공급 노력과 동전 이용층의 변화양상을 살펴보았다. 인조조에는 정묘호란과 병조호란 사이에 주전과 행전이 시도되었다. 그 과정에서 주전의 확대를 통해 전문의 공급을 증대시킴과 동시에 중앙과 지방의 전문 가치를 차등화 하여 행전을 촉진하고자 했다. 대동미의 일부와 호조의 노비신공 등에 대한 전납을 통해 지방까지 동전이용층을 확대하고자 했다. 하지만 이 시기 동전을 이용한 모리층의 등장으로 행전에 대한 반대 여론이 형성되기도 했다. 인조조에는 행전권이 경성을 제외한 지방에까지 확대되지는 못했으며, 동전 이용층도 행전책의 추이와 상관하여 관료와 상인들을 중심으로 한정되었다.

효종조에는 개성에서 일상물품의 매매에까지 동전이 이용되고 있는 현실을 확인하고 행전을 확대하고자 했다. 한양에서의 행전은 시전상인의 요청에서 촉발된 측면이 있었으며, 행전 과정에서 상인의 사주전도 허용되기도 했다. 뿐만 아니라 지방행전으로 행전권을 확대하는 과정에서도 상인들이 개입되어 동전축장의 문제 등을 초래했다. 효종조의 행전책은 상인층의 적극적인 대응을 야기시켰으나 일반 백성들이 동전을 접할 기회는 제한적이었다.

현종조에는 은을 중심으로 관사의 재원이 운영되고 시장의 매매에도 은이 이용되는 상황 속에서 동전의 유통이 시도되었다. 강화부에 대해서는 이전 시기에 주조된 동전을 획급하여 재정을 지원했으며, 동전의 확보를 위해 사주가 허용되면서 이에 가담하는 무리가 대두되었다. 개성부와 같은 일부 지역에서는 일상의 매매에 동전을 이용하는 등 동전이용

저변이 확대되는 모습이 나타났다. 그럼에도 불구하고 鋪子의 설치와 같이 상인층으로 대표되는 계층을 통한 행전이 중심을 이루고 있는 것도 현실이었다.

동전 공급의 한계는 1678년(숙종 4) 상평통보의 주전을 계기로 완화되었다. 상평통보는 재질에 따라 일반 동전과 錫錢이 존재하였으며, 크기에 따라 일반크기와 大錢으로 구분했다. 전문의 가치에 있어서도 차등을 두었다. 동전의 품질을 유지하기 위해 주조원료에 대한 규정과 각 전문의 중량을 설정했다. 주전기관을 밝혀 주전을 중앙과 지방에서 주전하게 하였으며 私鑄에 있어서는 엄단했다. 동전의 주조를 위해서는 일본으로 부터의 銅 수입과 동시에 국내의 재료를 충당하기 위해 鍮器의 사용을 금단하고 관에 납입하도록 했다.

행전을 위해서는 충분한 동전의 공급이 필요함에 따라 중앙과 지방의 관사에서 동시에 주전하도록 했다. 중앙에서는 호조와 상평청 등 7개 관청에서 주전을 행하도록 하였으며 지방은 감영과 병영에서의 주조가 허용되었다. 이들 관청에서 주조한 동전의 품질유지를 위한 감독도 병행했다. 경향에서 동시에 동전을 다량 주조함으로서 동전부족으로 인한 행전의 한계를 극복되었다.

주전이 확대됨에 따라 동전공급의 과잉으로 동전가치가 하락하는 현상이 나타났다. 이에 따라 중앙관사에서는 주전을 중단하도록 했다. 이러한 조치는 지방에서 주조된 동전이 수도로 집중되는 데 따른 현상이었다. 이른바 錢賤현상의 해소를 위해 동전의 지방이송과 동시에 호조 주관으로 통화공급을 조절하도록 했다. 그러나 이러한 조치는 중앙관사에서 자체재정을 바탕으로 한 주전을 요청하고 이들 요구가 수용되면서 일관되게 관철되지는 못했다. 다만 동전가치의 변동이 있을 경우 중앙과 지방의 주전을 조절하도록 함으로써 통화량 공급을 일정하게 유지하고자 하는 노력은 계속되었으며 그 중심에는 호조가 있었다. 중앙과 지방

관사의 주전 확대를 거쳐 지방에서도 거읍을 중심으로 행전권이 확대되었으며, 그 과정에서 동전 이용층도 넓어지게 되었다.

동전 이용층은 인조·효종조까지 상인이나 부호층을 중심으로 제한적이었다. 유통범위도 국지적이었다. 숙종조의 행전성공을 계기로 일반백성에 이르기까지 동전 이용층이 확대되었다는 데 의미가 있다. 특히 행전책의 중심을 이루고 있는 국가 賦稅의 錢納 과정에서 백성들은 적극적으로 대처했다.

동전공급의 추이와 풍흉에 따라 변화하는 동전가치를 이용해 차익을 도모하는 움직임이 있었다. 이른바 錢文防納이었는데, 이를 활용하는 층이 상인에서 사대부, 일반백성에 이르기까지 넓어지게 되었다. 그리고 私鑄를 도모하는 움직임이 지방으로 확산되고 민간에서도 이루어졌다. 동전의 이용에 따라 동전을 이용한 도박도 증대하면서 사회문제로 지적되기도 했다.

숙종조의 주전책은 인조와 효종조의 행전 중단을 동전공급한계로 진단하고 행전과 동시에 京鄕에서 다량의 주전을 단행하는 데 중점을 두었다. 동전 공급 과정에 있어서도 비록 지속적으로 관철되지는 못하였으나 호조를 중심으로 통화조절을 시도하는 노력이 있었다. 동전의 유통 이후에는 동전이용 지역과 이용층의 지속적인 확대가 도모되었는데 이는 국가의 錢納政策과 이에 대한 백성들의 대응과정에서 절충되고 있는 양상이었다.

제 3장에서는 의궤와 등록을 중심으로 한 국가와 왕실재정운영에 있어서의 행전책의 영향과 명문에 대한 분석을 통해 매매에서의 동전유통의 변수 등을 살펴보았다.

『훈국등록』을 통해 훈련도감의 주전활동과 재정 운영에 있어 동전이용의 추이를 추적했다. 행전 초기인 1670년대에는 이른바 '鑄錢七司'의 하나로 훈련도감은 호조와 더불어 주전을 담당했다. 그 과정에서 민가의 동철 확보를 통해 주전함은 물론, 확보한 동전에 대해 朔下를 전문으로 지급하는 등 주전 동전의 시장 산포를 주도했다.

훈련도감은 행전 이후 1680년대까지 미와 목면 이외에 전문을 이용한 재원의 운영을 도모하기는 했으나 여전히 미곡과 목면, 혹은 현물을 중심으로 한 재정운영을 위주로 했다. 하지만 1690년대 이후부터 축성과정에서의 모립가의 지급을 전문과 면포를 반반씩 이용함은 물론 참여 군병에 대한 호궤에도 동전을 이용하면서 점차 동전을 이용한 재정운영의 폭이 확대되었다.

왕실의례에 있어 행전의 영향은 17세기 말의 의궤 자료 분석을 통해 추적했다. 1681년(숙종 7)의 숙종-인현왕후『가례도감의궤』에서는 도감에 동원된 원역과 공장 등에 대한 요포 지출이 미와 포를 통해 이루어졌다. 이는 1759년(영조 35)의 영조-정순왕후『가례도감의궤』에서 미와 포뿐만 아니라 동전이 적극 활용되는 실태와 비교된다.

1683년(숙종 9) 명성왕후『빈전혼전도감의궤』에서는 미와 목을 중심으로 하면서도 동전의 이용을 모색했으나 실행에 옮기지는 못했다. 그러나 1698년(숙종 24)『사릉봉릉도감의궤』에서는 도감에 대한 재원 지원이 전문을 통해 이루어졌으며, 물자의 운송가 및 모군과 장인에 대한 요포도 전문을 바탕으로 산출되었다. 국가 및 왕실재정의 운영은 행전 초기 전격적으로 동전이 활용되지는 못했으나 17세기 말에 이르러서 중요 재원으로 대두하였다.

賣買明文을 이용하여 행전을 전후한 시기 매매에 있어서 화폐이용의 실태를 살펴보았다. 분석대상 매매명문 자료는 1600년(선조 33)에서 1720년(숙종 46)을 그 하한으로 현재까지 출간을 통해 공개된 문서를 대상으로 했다. 분석대상 자료를 매매명문의 기재내용에 따라 항목을 구분하여 데이터화 하여 분석했다. 매매대상물은 노비, 전답, 가사의 매매를 중심으로 구성되어 있다. 이들 중 전답의 매매가 1,466점으로 83.3%를 점하고 있다. 노비매매의 사례는 196건, 가사의 경우는 72건이다.

매매의 양상과 동전유통과의 관련성을 검토했다. 전체 자료의 분포는 17세기 후반으로 갈수록 완만한 상승세를 나타내고 있었다. 그럼에도 불구하고 분포 양상은 효종조를 중심으로 한 1650년대의 급격한 증가와 이에 이은 현종조를 중심으로 한 1660년대의 급격한 감소로 나타났다. 그리고 월별 매매추이에 있어서도 11월에서 3월 사이에 매매가 집중되고 있었으며 특히 1월과 3월에 전체매매의 47%가 이루어졌다. 동전의 유통 시점을 지역적 구분 없이 1690년(숙종 16)을 기준으로 전후를 비교했다. 그 결과 월별 매매 추이의 양상에 있어서는 동전유통으로 농번기 매매가 감소하는 현상을 발견할 수 있었다.

17세기 매매명문에 등장하는 매매수단을 布木, 穀物, 錢文으로 대별하여 검토했다. 면포의 경우는 표기 양식에 있어서 木綿, 正木, 常木을 비롯하여 목면의 품질에 따라 4升木에서 7~8승목에 이르기까지 매우 다양하게 나타나고 있었다. 미곡의 경우는 米, 租, 牟, 太가 매매수단으로 이용되었으나 租로 표기된 사례가 절대다수를 점하고 있었다. 동전을 이용한 매매의 경우는 전문으로 일관되게 표기되고 있다.

동전유통 이전에는 포목과 곡물이 품질에 따라 다양하게 매매수단으로 활용되고 있었다. 면포를 이용한 매매는 17세기 후반까지 절대적인 비중을 차지하고 있었다. 1671(현종 12)~1680년(숙종 6)까지는 면포를 이용한 매매가 81.1%를 점하면서 대표적인 교환수단으로 활용되었다. 곡물을 이용한 매매는 17세기 중엽까지 간헐적으로 매매에 이용되고 있었다. 그리고 1681(숙종 7)~1690년(숙종 16) 사이 그 비중이 63.5%로 급증하면서 면포를 이용한 매매사례를 압도하게 되었다.

동전을 이용한 매매는 1691년(숙종 17) 이후의 매매명문에서 증대하기 시작했다. 1690년대 30.3%를 시작으로 1700년대 60%로 두 배 증가하였으며 1710년대에는 다시 89.1%로 매 10년마다 30%씩 증대되었다.

1720년(숙종 46)을 전후한 시기의 매매명문에는 동전(錢文)을 이용한 매매가 절대다수를 점하게 되었다. 17세기 매매수단의 추이는 1670년대까지의 면포를 이용한 매매, 1680년대 곡물을 이용한 매매에 이어 1690년대 이후 전문 중심의 매매가 주도되는 경향으로 정리할 수 있다.

행전 이후 전국적으로 동시에 동전이 유통되지 못하고 지역적인 시차가 존재했다. 이에 앞서 매매명문자료가 형성된 지역적 배경을 자료전래지와 매매물의 위치를 기준으로 구분한 후 매매에서의 지역별 동전 이용시기를 살펴보았다. 1680년(숙종 6)을 전후한 시기 한성부를 중심으로 한 경기, 충청지역에 동전의 유통이 이루어졌다. 경상도의 경우는 1690년대 초반에 동전이 유통되었으며, 전라도는 1690년대 후반에 이르러 매매에 동전이 이용되었다. 17세기 말 전국을 단위로 한 동전의 유통에도 불구하고 청과의 국경지역을 비롯하여 제주도지방은 19세기에 이르러서야 동전이 이용되었다.

고액거래에 있어서는 동전의 이용양상을 달리하고 있었다. 공물문기의 분석을 통해 보았을 경우 17세기 후반에서 18세기까지는 銀子를 이용한 매매가 압도적이었다. 19세기 후반에 이르러서는 전문을 이용한 매매가 89.4%를 점하면서 주된 결제수단으로 활용되었다.

매매자료 이외의 고문서를 통해 동전이용의 실태를 검토했다. 경주지역의 洞契資料를 분석했다. 洞中에서 喪事와 婚姻 등을 둘러싼 상호부조에 대한 기록에서는 1697(숙종 23)~1698년(숙종 24)에 동전을 이용한 부의와 부조 모습이 부분적으로 나타나기 시작했다. 1706년(숙종 32)부터 동전을 이용한 부조가 증대하고 1711년(숙종 37) 이후 동전을 전면적으로 활용했다. 이는 경주지역에 1690년대 초반에 동전이 유통된 점을 감안한다면 부조에 있어서도 동전이 빠르게 활용되고 있음을 보여준다.

제 4장에서는 생활일기를 중심으로 개인의 기록물에 나타나는 동전이용의 모습을 살펴보았다. 17세기에서 18세기에 이르는 일기자료를 분석

하여 행전을 전후한 시기 화폐이용과 동전유통의 영향을 추적했다.

17세기 전반에 대해서는 이정회의『송간일기』, 김광계의『매원일기』, 권별의『죽소일기』를 중심으로 살펴보았다. 이정회는 향리, 수령, 지인들에게서 현물로 선물 및 부조를 받았으며, 여정길에 있어서도 인척 및 지인가에서 숙박을 해결했다. 그러면서도 한편으로는 음식물이나 매(鷹)는 매매를 통해 마련했다.

김광계의『매원일기』에는 그의 부조와 매매활동이 기록되어 있다. 그는 부조에 목면을 활용했으며, 음식물, 약, 서책 등은 매득했다. 권별의『죽소일기』에서도 음식이나 약재 등의 선물 수수와 더불어 미와 목을 이용한 서책과 소금의 매매가 확인된다.

17세기 후반 개인의 경제생활과 관련해서는 정시한의『산중일기』와 박만정의『해서암행일기』를 검토했다.『산중일기』는 1686(숙종 12)~1688년(숙종 14) 사이에 작성되었다. 정시한은 지방의 사찰을 중심으로 여행하며 학문활동도 병행했다. 이 과정에서 지방의 친척과 학문적 유대관계에 있는 지방관으로부터 경제적 도움을 받았다. 米穀, 魚物, 牛肉, 醬類, 소금, 海物 등과 같은 食物을 비롯하여 白笠, 白紙 등과 같은 생필품에 이르기까지 선물로 받았다. 그는 시장을 통한 무역에도 적극적이었다. 대구에 머물 당시 면포를 이용해 시장에서 곡물을 마련했다. 특히 1687년(숙종 13) 강원도에서는 전문을 이용해 어물을 매득하고 있어 동전을 이용한 매매가 이루어졌음을 확인할 수 있다.

1696년(숙종 22) 황해도 암행어사로 활동한 박만정이 남긴『해서암행일기』에는 이 일대에서의 동전이용 모습이 잘 묘사되어 있다. 그는 도성에서 여정길을 출발할 당시 노자로 목면과 미를 호조로부터 지급받았다. 이와 불어 호조판서는 동전 5냥을 지급하여 그의 여정을 지원했다. 그는 암행을 목적으로 민가에 투숙하였으나 酒店과 驛院에도 투숙했는데 이 경우 면포를 비롯하여 동전으로 대가를 지불한 것으로 추정된다. 노자가 소진되자 동전으로 미곡을 마련하고자 했으며 그 과정에서 미가는 동전을 기준으로 산정되고 있었다. 관청의 재정운영에 있어서도 동전이 이용되고 있었다. 동전을 이용한 세금 징수과정에서 과도한 수세는 물론 錢文防納을 통해 관과 상인·부호가 연계되어 이익을 도모하는 모습이 나타나고 있었다.

18세기 전반 동전유통과 개인생활의 양상을 반영한 자료로 김순의의 『과헌일기』와 권상일의 『청대일기』를 분석했다. 『과헌일기』에는 喪事의 경우에 여전히 白紙, 布 등과 같은 현물이 이용되는 실상이 반영되어 있다. 그럼에도 불구하고 1704년(숙종 30)에는 동전으로 부의하는 모습이 확인된다. 매매에 있어 1690년(숙종 16) 이전에는 면포가 주로 이용되고 있으나 1699년(숙종 25) 이후부터 매(鷹), 牛, 奴婢, 瓦 등의 매매에 동전을 이용했다.

권상일의 『청대일기』에는 그의 농사 작황에 대한 민감한 관심과 더불어 시장의 동향에 대한 관찰과 매매활동이 기록되어 있다. 자신의 거주지인 경상도 북부일대의 농황과 미곡가는 물론 전국의 작황과 시장의 동향에 대한 기록을 남겼다. 이 과정에서 미가는 시종 동전을 기준으로 표기되었다. 부의에 있어 여전히 현물이 이용되었으나 1712년(숙종 38) 부터 동전을 이용하기도 했다. 그의 일기에는 고위 관료였던 그의 배경에 따라 선물의 수증 기록이 많이 등장하고 있음에도 불구하고 동전을 이용한 매매기록과 시장의 동향에 대한 민감한 관찰도 확인된다.

18세기 후반 개인의 경제생활에서의 동전이용의 실태 문제는 황윤석의 『이재난고』를 분석했다. 1759년(영조 35)과 1769년(영조 45)의 일기기록을 중심으로 했다.

황윤석은 한양과 지방에서의 사환에 있어 녹봉으로 지급받은 미곡을 동전으로 바꾸어 이용했다. 뿐만 아니라 경향을 왕래하는 중에 동전으로 비용을 지출하였으며 이를 정확하게 결산했다. 돈을 빌리거나 다시 빌려

주는 기록도 빈번하게 확인되고 있다.

한양에서의 사환과정에서 지출한 숙박과 각종 경비는 일관되게 동전이었다. 또한 강원도 장릉참봉으로 근무할 당시에는 장시를 통해 白紙, 網巾, 牛肉, 眞墨 등 각종 물품을 동전을 통해 매득하고 있었다.

일기자료를 통해 개인의 경제생활과 이용화폐의 추이를 알 수 있다. 17세기 초에는 선물관행의 잔상이 존재함에도 불구하고 미곡과 면포를 이용한 시장에서의 매매가 확인된다. 그리고 17세기 말부터 동전 이용을 접하기 시작한 이래 18세기 초엽에는 매매에도 동전 이용의 비중이 증대하기 시작했다. 그리고 18세기 중엽에는 전면적인 화폐경제생활로 전환되고 있었다.

17세기에서 18세기에 걸친 동전의 유통을 위한 다양한 정책적 노력과 동전이용의 실태를 살펴보았다. 1678년(숙종 4)의 상평통보 유통이 가능하였던 것은 17세기 중엽까지 행전책의 지속적인 보완과 적용 노력이 있었기 때문이었다. 행전을 위한 사목과 절목을 마련하고 이전의 행전을 둘러싼 시행착오에 대한 교훈을 인식한 것이 숙종조의 동전 통용의 성공요소였다. 동전의 유통에 따른 동전 이용에는 지역적으로 시차가 작용했다. 1690년대에 이르러서야 매매에 있어서 동전을 이용하는 양상이 전국적으로 나타나게 되었다. 개인의 일기에서도 점진적인 동전이용의 실태가 잘 나타나 있었다. 그리고 18세기 중엽에는 전면적인 화폐경제생활도 전환되고 있었다.

참고문헌

1. 資 料

1) 年代記, 法典類

『高麗史』,
『朝鮮王朝實錄』(http://sillok.history.go.kr/main/main.jsp 2007.6월 현재)
『備邊司謄錄』(http://www.history.go.kr/front/dirservice/dirFrameSet.jsp 2007.6월 현재)
『承政院日記』(http://sjw.history.go.kr/main/main.jsp 2007.6월 현재)
『司馬榜目』, 『文科榜目』(http://people.aks.ac.kr/front/tcontents/tcontentsFrameSet.jsp?
　　　　Item=exm(2007.3월 현재)
『各司受敎』, 『經國大典』, 『大明律直解』, 『大典續錄』, 『大典通編』, 『交隣志』
『續大典』, 『受敎輯錄』
『國婚定例』, 『增補文獻備考』, 『萬機要覽』, 『秋官志』, 『度支志』

2) 文集類

金世濂, 『東溟先生集』, 「海槎錄」
金純義, 『果軒日記』
金時讓, 『荷潭集』
金藎國, 『後瘳集』
金堉, 『潛谷先生遺稿補遺』, 『潛谷遺稿』, 『潛谷全集』
卞季良, 『春亭集』
申欽, 『象村集』
柳成龍, 『軍門謄錄』
柳壽垣, 『迂書』
柳馨遠, 『磻溪隧錄』
義天, 『大覺國師文集』(韓國精神文化研究院, 1989).
李肯翊, 『燃藜室記述』

李德馨, 『漢陰文稿』
李裕元, 『林下筆記』
李瀷, 『星湖僿說』, 『星湖先生全集』
李玄逸, 『葛庵先生文集』
李好閔, 『五峯集』
丁時翰, 『愚潭先生文集』
編者未詳. 『大事編年』
許積, 『許相國奏議』

3) 日記類

具尙德, 『勝聰明錄』(韓國精神文化研究院, 1995).
權鼇, 『竹所日記』(韓國精神文化研究院, 『草澗日記－附:竹所日記』, 1997).
權相一, 『淸臺日記』(國史編纂委員會, 2003).
_____, 『淸臺全集』(驪江出版社, 1989).
金光繼, 『梅園日記』(國史編纂委員會, 2000).
金㻨, 『默齋日記』(國史編纂委員會, 2000).
金玲, 『溪巖日錄』(國史編纂委員會, 1997).
金珌, 『汝溫日記』(國史編纂委員會, 2000).
金誠贊譯註, 『山中日記』(국학자료원, 1999).
閔泳珪 輯交, 1968, 『人文科學資料叢書1 山中日記』全, 延世大學校 人文科學研究所.
신대현 번역·주석, 2005, 『산중일기－17세기 선비의 우리 사찰 순례기』, 혜안.
金坽, 『溪巖日錄』(國史編纂委員會, 1997).
朴來謙, 『西繡日記』(1822)
朴萬鼎, 『海西暗行日記』(李鳳來譯, 高麗出版社, 1976).
李時昉, 『西峰日記』
李庭檜, 『松澗日記』(韓國精神文化研究院, 1998)
黃胤錫, 『頤齋亂藁』(韓國精神文化研究院, 1994~2004)
『㤼聞日記』(古4254-20-1)
『野言記略』

(4) 古文書類

경기도박물관, 2003, 『全州李氏(白軒相公派) 寄贈古文書』.

_____, 2007, 『靑松沈氏 晚圃家 寄贈古文書』.

광명문화원, 2006, 『경산 정원용 가승 고문서 해제』.

국립민속박물관, 1998, 『古文書 資料 飜譯 및 解題』.

_____, 1991, 『생활문화와 옛문서』.

國立全州博物館, 1993, 『朝鮮時代古文書』.

國立中央圖書館, 1972, 『국립중앙도서관 고문서해제』Ⅰ.

_____, 1973, 『국립중앙도서관 고문서해제』Ⅱ.

국립중앙박물관, 1997, 『국립중앙박물관 소장-조선시대고문서』.

國民大學校博物館, 1996, 『雪村家蒐集古文書』.

_____, 1996, 『雪村古文書Ⅱ-조선시대 매매거래 문서』.

國史編纂委員會, 1994, 『古文書目錄』Ⅱ.

_____, 2002, 『日本所在 韓國古文書』.

국세청 조세박물관, 2005, 『國稅廳所藏 古典資料의 調査 및 解題研究』.

金炫榮 編, 1994, 『大丘月村丹陽禹氏古文書』, 韓國古文書學會.

檀大出版部, 1997, 『陶山書院古文書』Ⅱ, 檀國大學校附設退溪學研究所.

문화공보부·문화재관리국, 1986, 『1986 動産文化財指定報告書』.

서울大學校奎章閣, 2004~2006, 『古文書』 28~31.

서울大學校附屬圖書館, 1972, 『서울大學校所藏 古文書集眞』.

서울역사박물관, 2002, 『寄贈遺物目錄Ⅰ』.

宋俊浩·全炅穆, 1990, 『朝鮮時代 南原 屯德坊의 全州李氏와 그들의 文書(Ⅰ)』, 全北大學校 博物館.

순천대학교박물관, 2005, 『옛 문서로 만나는 선비의 세계』.

嶺南大學校 民族文化研究所編, 1992, 『嶺南古文書集成』(Ⅰ)·(Ⅱ), 嶺南大學校 出版部.

嶺南大學校 博物館, 1993, 『古文書』.

嶺南大學校 中央圖書館, 2003, 『嶺南大學校 圖書館 所藏 古文書目錄』-南齋文庫.

李樹健 編著, 1982, 『慶北地方古文書集成』, 嶺南大學校 出版部.

全南大學校 博物館, 1999, 『古文書 調査報告 第五册-古文書』.

全羅北道, 1994, 『全北地方의 古文書(2)』.

전북대학교 박물관, 1998, 『박물관 도록-고문서』.

全北大學校附屬博物館, 1986,『全羅道 茂長의 咸陽吳氏와 그들의 문서』(Ⅰ).
崔承熙, 2002,『日本所在 韓國古文書』, 國史編纂委員會.
韓國精神文化硏究院(韓國學中央硏究院), 1986~2006,『古文書集成』2~84.
韓國精神文化硏究院, 1982,『光山金氏烏川古文書』.
韓國精神文化硏究院, 1983,『扶安金氏愚磻古文書』.

(5) M.F 및 謄錄·儀軌 등

韓國學中央硏究院, MF35-9932(慶州 菊堂里 上洞契文書)
韓國學中央硏究院, MF.35-9931(慶州 外東邑 防禦里 上洞契文書)
『明聖王后 殯殿都監儀軌』(奎 13544)
『思陵奉陵都監儀軌』(藏書閣 K2-2318, 奎14821)
『肅宗-仁顯王后 嘉禮都監儀軌』(藏書閣 K2-2590, 奎13084·13085)
『英祖-貞純王后 嘉禮都監儀軌』(藏書閣 K2-2592·2594·4755, 奎13102~04)
『仁敬王后 國葬都監都廳儀軌』(奎 13553)
『仁敬王后 殯殿都監儀軌』(奎 13554)
『仁敬王后國恤謄錄』(藏書閣K2-2995, 奎18181)
『仁宣王后國恤謄錄』(藏書閣 K2-2997)
『仁宣后殯殿都監儀軌』(규장각 奎13535)
『仁顯王后 國葬都監都廳儀軌』(奎 13555-1-2)
『仁顯王后 魂殿都監儀軌』(奎 13556-2)
『莊陵修改都監儀軌』(奎 13505)
『獻陵碑石重建廳儀軌』(奎 13501)
『訓局謄錄』(藏書閣 귀 K2-3400)
『訓局事例』(藏書閣 K2-3403)
『東國輿地志』
『才物譜』
金堉,『松都志』
柳僖,『物名考』
李圭景,『五洲書種』
계명대학교 박물관, 2000,『韓國과 中國의 古錢』.
국립문화재연구소, 2002,『유기장』.
안귀숙, 2002,『유기장』, 화산문화.
전경목 외 옮김, 2006,『儒胥必知』, 사계절.

朝鮮總督府, 『朝鮮語辭典』

2. 論著

(1) 著 書

高東煥, 2002, 『朝鮮後期 서울商業發達史研究』, 지식산업사.

高承濟, 1959, 『近世韓國産業史研究』, 大東文化社.

高昌錫, 2002, 『濟州道古文書研究』, 世林.

권내현, 2004, 『조선후기 평안도 재정 연구』, 지식산업사.

김대길, 1997, 『조선후기 장시연구』, 국학자료원.

金鍾洙, 2003, 『朝鮮後期 中央軍制研究-訓練都監의 設立과 社會變動』, 혜안.

김종원, 1999, 『근세 동아시아관계사 연구』, 혜안.

김현일 옮김·피에르 빌라르 지음, 2000, 『금과 화폐의 역사 1450~1920』, 까치.

노혜경, 2006, 『朝鮮後期 守令 行政의 實際-黃胤錫의 '頤齋亂藁'를 중심으로』, 혜안.

朴秉濠, 1974, 『韓國法制史攷-近世의 法과 社會』, 法文社.

_____, 1996, 『近世의 法과 法思想』, 도서출판 진원.

藤間常平庵, 1918, 『朝鮮錢史』, 谷岡印刷所.

白承哲, 2000, 『朝鮮後期 商業史研究』, 혜안.

宋贊植, 1975, 『李朝의 貨幣』, 한국일보.

_____, 2003, 『朝鮮後期 實學의 生成·發展 研究』, 혜안.

_____, 1975, 『朝鮮後期 貨幣史研究』, 韓國研究院.

_____, 1978, 『朝鮮後期 貨幣流通史』, 正音文庫.

柳子厚, 1940, 『朝鮮貨幣考』, 學藝社.

윤용출, 1999, 『조선후기 요역제와 고용노동』, 서울대학교출판부.

陸軍本部, 1977, 『韓國軍制史－近世朝鮮後期篇』, 141~142쪽.

이인철 옮김·조너선 윌리엄스 편저, 1998, 『돈의 세계사』, 까치.

이정수·김희호, 2006, 『조선의 화폐와 화폐량』, 경북대학교 출판부.

李宗峯, 2001, 『韓國中世度量衡制研究』, 혜안.

李宗碩, 1994, 『韓國의 傳統工藝-유기』, 悅話堂.

李憲昶, 1999, 『韓國經濟通史』, 法文社.

_____, 2006, 『화폐와 경제 활동의 이중주』, 국사편찬위원회.

전지현 옮김·Jack Weatherford 지음, 2001,『돈의 역사와 비밀 그 은밀한 유혹』, 청양.

鄭求福, 2002,『古文書와 兩班社會』, 一潮閣.

車文燮, 1989,『朝鮮時代軍制研究』, 檀大出版部.

千惠鳳, 1999,『韓國 書誌學』, 민음사.

_____, 1993,『한국금속활자본』, 범우사.

崔承熙, 1999,『增補版 韓國古文書研究』, 지식산업사.

최완기, 1997,『한양』, 교학사.

_____, 1997,『朝鮮後期 船運業事研究』, 一潮閣.

崔珍玉, 1998,『朝鮮時代 生員進士研究』, 集文堂.

崔虎鎭, 1974,『韓國貨幣小史』, 瑞文堂.

하오예핑 지음·정화승 옮김, 2001,『중국의 상업 혁명』, 소나무.

한국은행, 1969,『증보 한국화폐사』.

韓國精神文化研究院, 1996,『譯註‘高麗史’食貨志』.

韓國造幣公社, 1968,『韓國貨幣全史』.

한명기, 1998,『임진왜란과 한중관계』, 역사비평사.

韓甫植 編著, 1987,『韓國年歷大典』, 嶺南大學校出版部.

헨드릭 하멜 著·이병도 譯註, 1997,『하멜 漂流記-附 朝鮮國記』, 一潮閣.

홍희유, 1991,『조선수공업사』 2, 공업종합출판사.

(2) 論 文

姜錫和, 2003,「1812년 함경도 암행어사의 활동」『仁荷史學』10, 仁荷歷史學會.

姜信沆, 1994,「儀軌研究 序說」『藏書閣所藏 嘉禮都監儀軌』, 韓國精神文化研究院.

고동환, 2000,「17세기 서울상업체제의 동요와 재편」『서울 상업사』, 태학사.

_____, 1992,「18세기 서울에서의 魚物流通構造」『韓國史論』28, 서울대 국사학과.

高承濟, 1954,「韓國貨幣流通史序說」『論文集』1, 서울대학교 人文社會科學編.

郭東瓚, 1975,「高宗朝 土豪의 成分과 武斷樣態-1867년 暗行御史 土豪別單의 분석」『韓國史論』2, 서울대학교 한국사학회.

權榮翼, 1976,「柳馨遠의 貨幣思想에 관한 研究」『大東文化研究』11, 대동문화연구원.

權仁赫, 1984,「世宗代의 銅錢流通策」『논문집』19-인문학편, 제주대학교.

金建泰, 1997,『16～18世紀 兩班地主層의 農業經營과 농민층의 동향』, 成均館大博士學位論文.

金文澤, 2004,『16～17世紀 安東의 眞城李氏 門中 硏究』, 韓國學中央硏究院 博士學位論文.

金柄夏, 1972,「高麗時代의 貨幣流通」『慶熙史學』3, 慶熙大學校史學會.

＿＿, 1970,「朝鮮前期 貨幣流通-布貨流通을 中心으로」『慶熙史學』2.

金容燮, 1984,「民庫制의 釐正과 民庫田」『韓國近代農業史硏究』上, 一潮閣.

＿＿, 1980,「朝鮮後期 民庫와 民庫田」『東方學志』23·24.

金德珍, 1992,「朝鮮後期 地方官廳의 民庫設立과 運營」『歷史學報』133.

김동욱, 1997,「愚潭 丁時翰의 '山中日記'」『建築歷史硏究』13, 한국건축역사학회.

김명숙, 2001,「西繡日記를 통해본 19세기 평안도 지방의 사회상」『韓國學論集』35, 漢陽大韓國學硏究所.

김소은, 2004,「16세기 매매관행과 문서양식」『16세기 한국 고문서 연구』, 아카넷.

나종우, 1992,「朝鮮初期의 對倭寇政策」『中齋張忠植博士華甲紀念』.

＿＿, 1990,「朝鮮初期의 對日本統制策에 대한 考察」『與山兪炳德博士華甲紀念論叢』.

노혜경, 2002,「'頤齋亂藁'의 旅行記 分析」『古文書硏究』20, 한국고문서학회.

李鉉淙, 1964,「己酉條約成立始末과 歲遣船數에 對하여」『港都釜山』4.

文勇植, 2001,「17세기 賑政과 새로운 還穀制의 시행」『朝鮮後期 賑政과 還穀運營』, 景仁文化社.

＿＿, 1997,「朝鮮後期 常賑穀의 設置」『史叢』46. 고려대학교 사학회.

朴魯昱, 1990,「朝鮮時代 古文書上의 用語檢討－土地·奴婢文記를 中心으로」『東方學志』68, 延世大學校 國學硏究院.

박소은, 2003,「17·18세기 호조의 銀 수세 정책」『韓國史硏究』121, 韓國史硏究會.

＿＿, 2004,「17세기 후반 호조의 재정수입 확보책」『朝鮮時代史學報』31, 朝鮮時代史學會.

박이택, 2004,「서울의 숙련 및 미숙련 노동자의 임금, 1600～1909-'儀軌'자료를 중심으로」『수량경제사로 다시 본 조선후기』, 서울대학교 출판부.

박종민, 2005,「조선시대 국장도감 내 일방(一房)의 역할과 기능」『民族文化』28, 民族文化推進會.

朴興秀, 1981,「李朝 尺量標準에 관한 考察」『道와 人間科學』, 三一堂.

방기중, 1984, 「17~18세기 前半 金納租稅의 성립과 전개」 『동방학지』 45. 연세
　　대학교 국학연구원.

백도근, 1998, 「權淸臺의 朝鮮性理學上의 位置」 『尙州文化硏究』 8, 尙州大學校
　　尙州文化硏究所.

白承哲, 2000, 「17세기 銅錢流通論과 貨幣政策의 分化」 『韓國史의 構造와 展開』,
　　河炫綱敎授定年紀念論叢刊行委員會.

卞光錫, 1989, 「18~19세기 중엽 綿布의 流通構造」 『韓國近代經濟史硏究의 成
　　果』, 螢雪出版社.

宋在璇, 1985, 「16世紀 綿布의 貨幣機能」 『邊太燮博士華甲紀念 私學論叢』, 三
　　英社.

宋贊植, 1997, 「李朝의 貨幣」 『朝鮮後期 社會經濟史의 硏究』, 一潮閣.

신명호·이순구, 2003, 「解題」 『淸臺日記』上, 國史編纂委員會.

신병주, 1992, 「17세기 전반 북인관료의 사상」 『역사와 현실』 8, 한국역사연구
　　회.

＿＿＿, 2000, 「'英祖貞純后 嘉禮都監儀軌'의 구성과 사료적 가치」 『書誌學報』
　　24, 韓國書誌學會.

＿＿＿, 2011, 「조선왕실 의궤 분류의 현황과 개선 방안」 『朝鮮時代史學報』57,
　　朝鮮時代史學會.

申解淳, 1987, 「朝鮮前期의 西班京衙前 '皂隷·羅將·諸員'」 『大同文化硏究』 21,
　　성균관대 대동문화연구원.

신지혜, 2010, 「조선조 숙종대 혼전조성과 그 특징에 관한 연구」 『건축역사연구』
　　19, 한국건축역사학회.

심승구, 2007, 「조선시대 왕실혼례의 추이와 특성」 『朝鮮時代史學報』41, 朝鮮
　　時代史學會.

염정섭, 1997, 「조선시대 일기류 자료의 성격과 분류」 『역사와 현실』 24.

吳恒寧, 2006, 「조선후기 '承政院日記'改修 연구」 『泰東古典硏究』 22, 泰東古
　　典硏究所.

元裕漢, 1998, 「17世紀 高級官僚 許積의 貨幣經濟論-實學者의 화폐경제론과 比
　　較 檢討」 『東國史學』 32, 東國史學會.

＿＿＿, 1989, 「官僚學者 金藎國의 貨幣經濟論」 『龍巖車文燮敎授華甲紀念 朝
　　鮮時代史硏究』, 신서원.

＿＿＿, 1965, 「金堉과 銅錢」 『史學會誌』 8, 延世大史學硏究會.

＿＿＿, 1971, 「磻溪 柳馨遠의 肯定的 貨幣論」 『柳洪列博士華甲紀念論叢』, 刊
　　行委員會.

_____, 1984,「磻溪 柳馨遠의 商業振興論」『弘大論叢』15, 弘益大學校15.

_____, 1970,「星湖 李瀷의 否定的 貨幣論」『歷史學報』48, 歷史學會.

_____, 1964,「李朝 肅宗時代의 鑄錢에 對하여」『史學研究』18, 韓國史學會.

_____, 1969,「李朝後期 清錢의 輸入·流通에 대하여」『史學研究』21, 韓國史學會.

_____, 1980,「潛谷 金堉의 貨幣經濟思想」『弘大論叢』11, 弘益大學校.

_____, 1974,「潛谷 金堉의 貨幣思想」『編史』5, 編史會.

_____, 1981,「朝鮮時代의 貨幣史時期區分論」『弘大論叢』13, 弘益大學校.

_____, 1974,「朝鮮後期 銅錢原料의 供給形態」『人文科學』32, 延世大 人文科學研究所.

_____, 1972,「朝鮮後期의 金屬貨幣流通政策-17世紀 前半의 銅錢流通試圖期를 中心으로」『東方學志』13.

_____, 1984,「貨幣流通政策」『韓國史論』11, 國史編纂委員會.

_____, 1966,「李朝 肅宗朝의 鑄錢動機」『東國史學』9·10, 東國史學會.

_____, 1972,「朝鮮後期의 金屬貨幣流通政策」『東方學志』13, 延世大 東方學研究所.

柳承宙, 1979,「17世紀 私貿易에 관한 一考察」『弘大論叢』X, 홍익대학교.

劉元東, 1973,「李朝 後期「特權 매뉴팩처」의 序說」『鷺山 李殷相博士 古稀紀念 論文集 民族文化論叢』.

尹炳泰, 1989,「慶尙監營과 大邱地方의 出版印刷文化」『출판학연구』31, 한국출판학회.

윤정, 2005,「조선시대 魂殿 운영에 대한 기초적 정리」『奎章閣』28, 서울대학교 奎章閣.

李根浩, 2004,「英祖代 '承政院日記' 改修科程의 검토」『朝鮮時代史學報』31, 朝鮮時代史學會.

李東歡, 1972,「海西暗行日記」『國學資料』6. 文化財管理局 藏書閣.

이미선, 2005,「肅宗과 仁顯王后의 嘉禮 考察-藏書閣 所藏 '嘉禮都監儀軌'를 중심으로」『藏書閣』14, 한국학중앙연구원.

이성규, 1983,「전국시대 화폐정책의 이론과 실재」『진단학보』55.

李成妊, 2001,「16세기 李文楗家의 收入과 經濟生活」『國史館論叢』97, 國史編纂委員會.

_____, 1995,「16세기 朝鮮 兩班官僚의 使喚과 그에 따른 收入」『歷史學報』145.

_____, 1998,「양반의 벼슬살이와 수입」『조선시대 생활사』2, 역사비평사.

_____, 1998, 「朝鮮 中期 柳希春家의 物品購買와 그 性格」 『한국학연구』 9, 인하대 한국학연구소.

_____, 1999, 「조선중기 吳希文家의 商行爲와 그 성격」 『朝鮮時代史學報』 8, 朝鮮時代史學會.

李樹煥, 2001, 「울산 鷗江書院의 설립과 賜額過程」 『朝鮮後期書院研究』, 一潮閣.

李迎春, 1995, 「朝鮮時代의 王室 典禮와 儀軌-藏書閣 所藏本 儀軌類 文獻을 중심으로」 『藏書閣』 1, 한국정신문화연구원.

李在洙, 2001, 「朝鮮中期 田畓賣買 實態研究」, 慶北大 博士學位論文.

李正守, 2003, 「16세기 綿布流通의 이중화와 貨幣流通 논의」 『朝鮮時代史學報』 25, 朝鮮時代史學會.

_____, 2005, 「16세기 중반～18세기 초의 貨幣流通 실태」 『朝鮮時代史學報』 32, 朝鮮時代史學會.

_____, 1999, 「18세기～19세기 土地價格의 變動」 『釜大史學』 23, 釜山大學校 史學會.

李鍾英, 2003, 「李朝人의 貨幣觀」 『朝鮮前期社會經濟史研究』, 혜안.

_____, 1992, 「이조초 화폐의 변천」 『인문과학』 7, 연세대학교.

李海經, 1993, 「朝鮮後期의 貨幣流通에 관한 研究」, 全北大 博士學位論文.

李憲昶, 2004, 「'이재난고'를 통해본 조선후기의 경제생활」 『'이재난고'를 통해본 조선후기 생활사 연구』, 한국정신문화연구원.

_____, 1999, 「1678～1865년간 貨幣量과 貨幣價値의 推移」 『經濟史學』 27, 韓國經濟史學會.

_____, 2001, 「家計出納簿 '日用'의 내용과 성격」 『맛질의 농민들-韓國近世村落生活史』, 一潮閣.

_____, 2006, 「금속화폐 시대의 돈」 『화폐와 경제활동의 이중주』, 국사편찬위원회.

_____, 1999, 「磻溪 柳馨遠의 經濟思想에 관한 연구」 『朝鮮時代史學報』 10, 朝鮮時代史學會.

林仁榮, 1980, 「李朝市廛의 商事紛爭과 處決-市民謄錄研究(Ⅰ)」 『論文集』 9, 淑明女大 韓國政治經濟研究所.

장경희, 2008, 「조선후기 魂殿 成造 木手 연구」 『한국학연구』 29, 고려대학교 한국학연구소.

張東杓, 1990, 「朝鮮後期 民庫運營의 性格과 運營權」 『碧史李佑成教授停年退職紀念論叢』.

張弼基, 2000,「解題」『果軒日記 外』, 國史編纂委員會.

전경목, 2006,「‘유서필지’編刊과 고문서학적 의의」『儒胥必知』, 사계절.

_____, 1996,「일기에 나타나는 朝鮮時代 士大夫의 일상생활－吳希文의 쇄미록을 중심으로」『정신문화연구』65, 한국정신문화연구원.

全成昊, 1998,『朝鮮後期 米價史 研究(1725～1875)』, 成均館大學校 博士學位論文.

鄭求福, 1995,「槪要」『頤齋亂藁』2, 韓國精神文化研究院.

_____, 2006,「고려사 예지역주 태묘조」『고려시대연구』X, 한국학중앙연구원.

_____, 1996,「관료 생활」『조선시대 생활사』, 역사비평사.

_____, 2001,「대각국사 의천의 생애와 업적」『대각국사의 생애와 업적－문화인물 학술강연회발표문』, 인천시 연수문화원.

_____, 1996,「조선조 일기의 자료적 성격」『정신문화연구』65.

_____, 2000,「韓國 族契의 淵源과 性格」『古文書研究』16·17, 韓國古文書學會.

鄭萬祚, 1999,「17세기 중반 漢黨의 정치활동과 國政運營論」『韓國文化』23, 서울대 한국문화연구소.

_____, 2001,「承政院日記의 作成과 史料的 價値」『한국학논총』24, 국민대 한국학연구소.

_____, 2005,「朝鮮後期 書院의 財政運營 문제에 관한 一試論」『龍山書院』, 집문당.

정수환, 2002,「18세기 이재 황윤석의 화폐경제생활」『고문서연구』20, 한국고문서학회.

_____, 2006,「仁祖朝 鑄錢基盤의 形成과 行錢試圖」『淸溪史學』20, 淸溪史學會.

丁淳佑, 1998,「松澗日記의 資料的 性格과 意味」『韓國史料叢書18－松澗日記』. 韓國精神文化研究院

丁淳佑·權敬烈, 1997,「草澗日記의 資料的 性格과 意味」『草澗日記－附:竹所日記』, 韓國精神文化研究院.

정해은, 2000,「藏書閣소장 軍營謄錄類 자료에 대한 기초적 검토」『藏書閣』4, 한국정신문화연구원.

趙炳魯, 1994,「朝鮮後期 交通發達에 관한 研究-交通手段으로 驛馬確保를 中心으로」『國史館論叢』57.

_____, 2005,「朝鮮後期 驛弊의 實相과 驛制改革論」『韓國近世 驛制史研究』, 國學資料院.

周藤吉之, 1937, 「朝鮮後期の田畓文記に關する硏究」『歷史學硏究』 7-7~9, 歷史學硏究會.

차명수, 2009, 「의궤에 나타난 조선 중·후기의 비숙련 실질임금 추세, 1600~1909」『경제사학』 46, 경제사학회.

車銀珠, 1999, 「16~17世紀 金藎國의 社會經濟政策 硏究」『실학사상연구』 12, 무악실학회.

崔韶子, 1990, 「明末 中國的 世界秩序의 變化-壬辰·丁酉倭禍 中心으로」『明末·淸初社會의 照明』, 한울아카데미.

崔淳姬, 1992, 「朝鮮時代 中期以後 田民賣買의 實狀-陶山書院所藏 文記(明文)을 中心으로」『中齋張忠植博士華甲紀念論叢』歷史學篇, 同刊行委員會.

崔貞煥, 1991, 「朝鮮前期 祿俸制의 整備와 그 變動」『高麗·朝鮮時代 祿俸制 硏究』, 慶北大學校出版部.

崔珍玉, 1996, 「生員 進士試와 서울의 과거풍속」『鄕土서울』 67, 서울특별시사편찬위원회.

_____, 1998, 「朝鮮時代 서울의 士族 硏究」『朝鮮時代史學報』 6, 朝鮮時代史學會.

崔泰鎬, 1976, 「書評-朝鮮後期貨幣史硏究」『歷史學報』 69, 歷史學會.

최효식, 2000, 「藏書閣 소장 자료의 軍制史的 의미」『藏書閣』 4, 한국정신문화연구원.

한상권, 1991, 「역사연구의 심화와 사료이용의 확대-암행어사 관련자료의 종류와 사료적 가치」『역사와현실』 6. 한국역사연구회.

│ ABSTRACT │

The Coin Currency and Changes in Economic Life in Late Joseon Period

Joseon implemented Daedongbeop(大同法, tax payment by rice) and experienced two invasions by China(胡亂), stirring up big political and economic changes. During the turmoil, the practice of coin currency was promoted and the successful implementation of coin currency in the 17th century accelerated the commercial and industrial development and monetary economy in late Joseon period.

This book traced the economic and social changes in the 17th and 18th centuries focusing on the coinage of Sangpyeongtongbo(常平通寶) in 1678 (King Sukjong 4th year). The policy to promote coin currency, the use of coins in the national finance and civilian purchases, and the effect of implementing coin currency in the national finance and the individual economic life were investigated through various national annals, registered records, ceremonial records, old documents and diaries.

The first chapter examined the development in the policy measures (事目, 節目) for coin currency. In 1598 (King Seonjo 31st year) in the middle of Japanese invasion, King Seonjo attempted to use coins in the payment of fines by criminals and in the payment of salaries for government employers but that failed because of the shortage in the raw material.

In the first half of the 17th century, King Injo examined the practices of coin currency in China and Japan. In 1626 (King Injo 4th year), Injo imported copper from Japan, hired domestic craftsmen and tried to implement coin currency but stopped because of a Chinese invasion. In 1635 (King Injo 13th year), Injo promoted coin currency in markets exchanging rice and cotton cloth with coins(錢市) and running stores dealing with coins(店鋪). However that stopped again due to the Qing invasion in the next year.

In the mid 17th century, King Hyojong implemented coin currency in gradual regional basis to overcome the coin shortage problem which failed the previous attempt. To meet coin demand, he imported Chinese coins and permitted private mints. In 1650(King Hyojong 1st year), coin currency in Hwanghae and Pyeongan provinces was successful and in 1651 in Hanyang (the capital). However in 1652, the nationwide attempt of coin currency showed limitations again. Due to the shortage in coin supply, coin currency stopped in 1656 (King Hyojong 7th year).

In 1678 (King Sukjong 4th year), King Sukjong overcame the nationwide coin supply problem by using old coins and minting new coins. The success was partly due to the increased demand for coins accompanying the nationwide commercial development at the time. The government also collected taxes by coins. The active effort drew the success in coin currency.

The second chapter examined coin currency and social practices in the second half of the 17th century and after. The coin currency policy at the time included new measures to overcome the limitations experienced before.

The coins from 1678 and after were called Sangpyeongtongbo. Sangpyeong means the value of the coin was set to goods price. Sangpyeongtongbo had various sizes and materials. The raw materials were copper and tin but the general term for both coins was 'copper coin'(銅錢).

To meet the demand of coins, minting was done both in the capital and country. In the capital, 7 offices including Hojo(戶曹) which dealt with national finance took charge in minting. In mid 18th century coins minted in other locations in country flowed to the capital and were in surplus in the capital which caused devaluation of coins as coin users suspected the stability of coin currency.

Coin currency extended to commoners at the end of 17th century. Until mid 17th century coin currency was implemented in the regions regulated by the government policy and among merchants and the rich.

As coin currency became active in the 18th century, taxes for the central government were required to be paid partly by coins instead of rice, cloth and other products. The tax agency who collected taxes by product from country for the central government took advantage in exchanging products with coins(防納), and commoners asked for the increase in the proportion of the payment by coins. Coins were also minted privately. With the positive and negative effects of coin currency, coin currency extended both to the literati and the ordinary in the early

18th century, contrary to the exclusive use of coins by merchants before.

Chapter 3 examined national and royal court finance and civilian practices and changes regarding coin currency. The use of coins in military camps and that for royal ceremonies and civilian purchases and accounting were investigated.

According to Hungukdeungnok(訓局謄錄), the daily records of Hullyeondogam(訓練都監), Hullyeondogam was the bodyguards to the King and a major organization minting in 1679. It paid salaries for its solders by both cotton and coins in 1680s. In 1690s, it expanded coin use even for cheer soldiers up.

According to Uigwe(儀軌), the ceremonial records of royal weddings, funerals and tomb buildings, the payment for employees and craftsmen for the royal wedding held in 1681 (King Sukjong 7th year) was by rice and cotton. However coins were used later for the transportation expenses for burial materials in 1683 (King Sukjong 9th year). Further, in 1699 (King Sukjong 25), coins were used not only for the transportation expenses for tomb building materials but also labour charges.

According to 1,761 purchase documents of land, slaves and others, the medium of payment was diverse including cotton, grains and coins. Cotton was the main medium of purchase by 81.1% from the beginning of 17th century to 1680. Grain was the major medium by 63.5% from 1680~1690. Coin use increased from 1691 and coin was the major medium by 60% in 1700s and 89.1% in 1710s. Coin currency spreaded from the capital to other regions and took 20 years to be completed.

In Gongmulmungi(貢物文記) documents, which dealt exclusive and

expensive tax items, silver was the main medium of purchase until 18th century but copper coins were used in the 19th century. Goods were customary for funeral aid until 17th century but coins replaced goods from 1710s. Coin use in the funeral was later than that in general purchases.

Chapter 4 examined changes in individual economic life regarding coin use in the 17th and 18th centuries through diaries. The custom to secure goods through giving and taking gifts in the 15th and 16th centuries changed in the 17th century. Early 17th century diaries such as 『Songgan-ilgi(松澗日記)』, 『Maewon-ilgi(梅園日記)』, 『Jukso-ilgi(竹所日記)』 recorded farming practices and market prices in detail. Books and food were purchased in markets by cotton. Securing goods by gifts decreased and was rarer than before.

Two late 17th diaries were also analysed. 『Sanjung-ilgi(山中日記)』 by Jeong Si-han(丁時翰) recorded his travel and 『Haeseoamhaeng-ilgi(海西暗行日記)』 by Park Man-jeong(朴萬鼎) recorded his activities as a secret royal inspector. Coin currency was common at the time. Jeong Si-han bought grains in a market by cotton but later in 1687 (King Sukjong 13th year), he bought fish in Gangwon province by coin. Park Man-jeong received 5 Nyangs(coin unit) as travel expenses from Hojo at the start of his duty trip and used coins in purchasing grains in Hwanghae province. His investigation records revealed active tax collection by coins in local government offices.

As the early 18th century records, 『Cheongdae-ilgi(淸臺日記)』 and 『Gwaheon-ilgi(果軒日記)』 were examined. 『Cheongdae-ilgi』 recorded detailed market price fluctuations in nearby markets and reactions to them. 『Gwaheon-ilgi』 described the use of coins for a condolence in 1704 and the phenomenon that coin thieves increased. The diaries reflected the expansion of coin currency.

In the late 18th century, coin currency was active. 『Ijaenango(頤齋亂藁)』, a diary by a low rank government employee, Hwang Yun-seok(黃胤錫), showed detailed practices. He received grains for his salary, exchanged the grain with coins in a market and used them. In 1769 (King Yeongjo 45th year) he served his duty as a royal tomb keeper, Jangneung Chambong, in Gangneung and purchased various items including paper, beef, etc. in a market by coins. When he traveled, he used coins even for small expenses such as accommodation fees and food and after trips he calculated and recorded travel expenses in detail.

In summary, Joseon government measures revealed its continuous efforts for coin currency and they were constantly amended for successful implementation. The success in coin currency in 1678 was based on the sufficient supply of coins, overcoming the problem of coin shortages in the previous attempts. Joseon government also secured trust of its people on coin currency by collecting taxes by coins. Coin currency promoted commercial and logistic development. However it also caused negative phenomenon such as private coinage without official permission(私鑄錢) and increased social unrest due to the wide gap between the rich and the poor in the 18th century.

Military camp and royal court data showed national finance. In 1690s, coins were used for salaries of soldiers and transportation expenses of materials for royal ceremonies. Purchase documents at the time revealed that coin use was common nationwide.

Individual diaries recorded increased purchases in markets in the mid 17th century and individual coin use was active in the late 17th century. Coin currency was complete in the mid 18th century.

【부록-1】 행전 및 주전관련 사목과 절목 원문*

1. 宣祖31(1598) 行錢事目 :『宣祖實錄』99. 宣祖31. 4. 壬戌.
鑄錢之後 分送各道 許人買取 如奴婢身貢 諸員步兵皂隷羅將 及一應雜稅布物納官
者 一半用本色 一半納銅錢 贖木作紙 皆用銅錢 則收入之路已廣 而百官散料及下
人 諸色工匠等口粮 或參半題給 或三分之一題給 凡武士砲殺手賞格妻子料 亦爲
量給 或百官散料 如今題給數外 奴子一二名 加磨鍊題給 其他貿易之價 一半用米
布 一半用銅錢 零碎之價 皆用銅錢 則發散之路亦廣矣

2. 宣祖36(1603) 鑄錢行錢 事目 :『宣祖實錄』163. 宣祖36. 6. 己酉.
但鑄錢 必以銅鐵 鐵銅非本國所産 正鐵水鐵鉛鐵 皆不合於鑄用 人情必以爲不便 (中
略) 祖宗朝行用餘錢 閭閭間 尙或有之 一文之重 只八分云 大槪以此爲準 則銅鐵
一千斤 鑄錢二百貫 一萬斤 鑄錢二千貫

3. 仁祖 1(1623) 行錢事目 :『仁祖實錄』2. 仁祖1. 7. 庚子.
戶曹啓曰 頃因本曹草記 自五月初十日 用刑衙門收贖及米䵯各司作紙等物 以前日所
鑄曹中留置一鉄錢四百貫 將爲試用 而人皆狃簑 不卽奉行 已鑄之錢 將歸無用 立
法之初 尙且如此 其何以富民而足國乎 請依事目 今後諸衙門諸各司作紙贖木 不
用錢貨者 罪其官吏 從之

4. 仁祖 4(1626) 行錢事目 :『仁祖實錄』14. 仁祖4. 8. 辛丑.
用錢之法 必有國家收捧之規然後 可以通行於公私 今者所鑄無多 若廣開責納之路
則齊民無處覓得 而其弊必至於盜鑄 今姑令刑曹漢城府司憲府徵贖衙門 依大明律
贖銅錢之規 捧用宜當 且銅錢之價 古今有異 若依律文之數 則納贖者必有怨苦之
患 依當今折價錢一文 準米一升 令刑曹參酌改磨鍊 定式收捧事 捧承傳施行

5. 仁祖11(1633) 行錢鑄錢事目 :『仁祖實錄』28. 仁祖11. 11. 壬辰.
用錢事 旣已設廳 本曹堂上及郎廳三員常平郎廳二員 各令勾管 分左右鑄錢 而監鑄
於常平廳 嚴禁私鑄 俾無奸濫之弊 私鑄者 依大明律 處絞 匠人罪同 各衙門鑄錢
者 亦宜禁斷 且臣等取見 萬曆 通寶及 朝鮮通寶 則 萬曆 通寶 重一錢四分 朝鮮
通寶其體過小 請依 萬曆 樣子 鑄成 朝鮮 通寶 易以八分書 以別新舊 而丙寅年
事目 則錢一文 準米一升爲式 今之議者多以爲 其價太重 一文準米半升爲式 則價
可平準 云 請以此爲式 但錫錢則每一文準米一升 而公家應捧木綿米穀等物 或三
四分之一 以錢文計捧 如田稅三手粮等物 遠方之人 似難以錢文卒然備納 而若三

*본 부록은 <표-1>을 기준으로 작성되었음.

司收贖各司作紙 爲先以錢捧之 凡市中給價之物及賜予賞役之物 參諸元數 以錢
文分數計給 但行錢 患在於不得多鑄 通用中原之錢 則譯官輩 必多貿來 厭價與本
國錢價同用爲當

6. 仁祖13(1635) 行錢事目 : 『仁祖實錄』31. 仁祖13. 7. 壬戌.
其條有六 一曰 凡物貨 有根本之地然後 易可通行 市井人中 聽其自願 別設錢市
二曰 各司各衙門 徵贖作紙之處 當初必以錢文捧徵事 啓下已久 而絶不擧行 民不信
　　法 必由於此 自今更令着實擧行
三曰 用錢 必自市上微物爲始 若柴炭蔬菜等物 必令以錢換貿 五部平市等處 着實分
　　付
四曰 都城及外方私設舖子者 聽其自願
五曰 國中日日貿易 莫如牛馬 都城牛隻換貿之價 絶勿用他物 專用錢文 而如有私以
　　他物論價者 請自本廳 時出禁令 摘發冒法者 徵贖錢文
六曰 自京城至八道直路各官 必設舖子 以爲用錢之地 而守令視之尋常 不卽着實擧
　　行 使愚民不信國法 事甚非矣 此後無得玩愒 着實擧行

7. 孝宗 2(1651) 行錢事目 : 『孝宗實錄』7. 孝宗2. 10. 癸酉.
自開月初令 用錢於市上 錢價高下 隨時隨處而有變 兩西則米一升値錢三文 京中亦
　　當依此行用 而必開納官之路 然後民皆用錢 先用呂刑贖錢之法 各司犯罪犯禁之
　　人 從自願納贖錢文之數 隨其笞杖 笞十則十文 杖百則百文 至於許通免防老職空
　　名帖 皆許納錢 市上百物 皆以錢貿 欲錢者 納米於廳 欲米者 納錢於廳 私相換貿
　　者並許通用

8. 孝宗 6(1655) 行錢事目 : 『孝宗實錄』15. 孝宗6. 12. 癸亥.
金堉 請更定科條 京畿作米 每一結八斗 一斗則代以錢 而穀貴則二斗代錢 設舖子於
　　畿甸及兩西 自近及遠 使得通行於京外 戶刑曹漢城府掌隸院贖布 許以錢布參半
　　各司貢物價五分之一 各司雇後戶兵曹料布三分之一 皆以錢代之 錢無定價 隨時
　　低昂 以銀折定其價 銀一兩直錢六百文 米布視銀直高下 米一升直錢四文 銀一兩
　　直米一石 且申嚴毀錢之禁

9. 孝宗10(1659) 邊邑禁錢事目 : 『度支志』外篇8, 版籍司, 錢貨條.
一 各邑公庫錢貨 爲先以今年收米及各年留庫稅收米 從市値(直)換貿 穀物則自該庫
　　仍留耀耀 錢貨 則運納監營後 成冊牒報 而難於盡數作米則 或換作銀木
一 禁錢朝令 別定日限 使有錢者 限內納錢官家 從市値受去 其中不願納官受穀 私自
　　換作銀木者 亦爲聽許 過限若 自官廉察隨現捉梟示 地方官營門 不能發覺則 遞
　　(遆)減論罪 自官行用者 一體論律
一 公庫錢換穀者 移送地部 以爲添補之地 民錢換穀者 內地邑還穀數小處 待秋貿穀

添補還上

一 京外上納 及官家需用民間買賣 以銀米木布四色行用 而或有銀參商賈之 埋藏待
時者 嚴刑三次全家徙邊

10. 肅宗 1(1675) 行錢事目 :『秋官志』「考律部」

肅宗元年戶曹啓曰 私鑄錢者 論以一罪 捕告者論賞 添雜雜鐵鑄成者 本衙門監役官
員論罷 監官下吏匠人 幷邊遠定配 大錢一貫重十二斤八兩 小錢一貫重六斤四兩
乃是式例 如有不准其數 本衙門官員以下 與添雜鑄成之罪 一體論斷 大錢一箇 小
錢四箇 通用大錢則 以豆錫鑄成 小錢則 以鍮鐵鑄成 而如有 以鐵鑄成大錢者 與
不准其數 而鑄成者同罪 錢貨流行於中外 然後可以永久通行 搜出各衙門所儲錢
文 數爻開錄移文戶曹 自戶曹送于八道監兵統水營 及大邑都會處 使之流行中外
家舍奴婢田畓買賣 以錢文參半 而如有全以 銀布買賣者 勿許斜出 限中外流行間
勿許各衙門鑄錢 只令本曹鑄成 鎔燒錢文 作爲器皿 論以盜鑄律 捕告者論賞

11. 肅宗 4(1678) 鑄錢應行節目 :『備邊司謄錄』34. 肅宗4. 閏3. 24.

一 錢價太輕 則不無民間私鑄之弊 太重則亦有窒礙難行之慮 就考大明律所定之直
參以松都卽今行用之規 每肆百文准銀一兩 四十文准銀一戔 四文准銀一分爲白乎
矣 米價則自有豐凶高下之不同 雖不可一定恒式 姑從卽今市直 每四百文准米十
斗 四十文准米一斗 四文准米一升 定式爲白齊

一 各衙門所鑄錢文 爲先分給於市廛 以爲交易通行之地爲白乎矣 待其三年取贏之後
除生殖還捧本錢之價爲白齊

一 刑曹司憲府漢城府義禁府各樣贖木 並以錢貨代捧爲白齊

一 市廛亦有自中出物之事 必以錢文收聚需用事 知委施行爲白齊

一 只捧三司贖木 則公私出入之路 殊涉不廣 賑恤廳還上收捧時 以錢文依定式量宜
代捧爲白齊

一 未盡條件 追干磨鍊爲白齊

12. 肅宗 5(1679) 鍮器禁斷事目 :『備邊司謄錄』35. 肅宗5. 2. 4.

一 鍮器禁斷事 旣已定奪於榻前矣 常時行用食器羹器 行路所持行器匙箸 祭祀所用
盞臺具燭臺銅爐口沙用古五里湯煮唾器大也洗手所羅溺缸之類 則皆人家日用之最
切者 有難一併禁斷是白果 此外各樣器皿乙良 毋論諸宮家士大夫·常漢 自今二
月初十日爲始 並勿行用爲白齊

一 進上器皿 則不在此限爲白齊

一 上項器皿拾伍種外 他器皿潛鑄和賣現露爲白去等 潛買者及造成者 制書有違之律
從重科斷爲白齊

一 鍮器匠 願屬鑄錢廳者 各衙門一一許屬 俾無失業之患爲白齊

13. 肅宗 5(1679) 行錢事目 : 『備邊司謄錄』35. 肅宗5. 4. 9.

一 兵曹步兵等每名二疋之類段 元數內一半以錢文備納爲白乎旀 忠贊等每名一疋之
　類段 從自願 或以本木或以錢文備納爲白齊

一 工曹繕工監尙衣院軍器寺校書館唱准匠人等 及各衙門諸員應納二疋之類段 元數
　中一半 以錢文備納爲白齊

一 議政府書吏吏曹留曹書吏每名二疋之類 竝以錢文備納爲白齊

一 戶曹屬寺奴婢 宗親府議政府等諸上司各衙門直貢奴婢貢木 每名二疋一疋半與一
　疋之類 竝以錢文備納爲白齊

一 內需司奴婢貢木各一疋半之類 或以本木 或以錢文備納事 自內司參酌稟處爲白齊

一 內侍宦官保率每名二疋者 及掌樂院樂工樂生等保乙良 或以本木 或以錢文 從自
　願備納爲白乎矣 至於內侍府奴婢貢木段 依各司例施行爲白齊

一 兩界所在寺奴婢及內司奴婢貢紬布 以土産備納之類段 不在擧論中是白齊

一 各樣綿布錢文之價 若一切定式 永久遵行 而無隨時高下之事 則或不無窒礙難行
　之弊 觀其年事之豐凶 木綿之貴賤 臨時加減爲白齊

一 未盡條件乙良 進乎磨鍊爲白齊

【부록-2】『山中日記』에 나타난 丁時翰의 旅程

* 본 도판은 김동욱(1997, 「愚潭 丁時翰의 '山中日記' 『建築歷史硏究』 13,
  한국건축역사학회, 249쪽)의 논고에서 인용했다.

【부록-3】 丁時翰의 수취·발송 현황

순번	년.월.일	수 취	발 송	비고
1	1686. 3.29	·化寧 黃妹:糧米 10斗 ·黃妹:大米4斗,粟米1斗,太2斗,租4斗		
2	1686.潤4.12	·咸陽倅:米3斗,乾石魚2束, 道味魚1尾,藿10葉		
3	1686. 5.25	·咸倅:大米2斗,粘米1斗,太2斗,淸2升,麯3圓,筆墨,簡幅等		
4	1686. 5.26	·燕谷寺 僧統 如印:斗米,淸苽(數十箇)		斗米辭讓
5	1686. 6.11	·養眞菴 僧 覺湛:淸醬2椀,苽10餘箇		
6	1686. 6.18	·咸倅:白米3斗,小豆1斗,黃角1斗,素饌 ·千人菴:甘醬2斗,淸醬1壺,煎醬		
7	1686. 7. 5	·咸倅:白米4斗,太末米食9升,乾石魚1束,煎醬,扇5柄		
8	1686. 7.10	·燕谷寺:冬苽1介,草鞋1	·藥果, 米5升	
9	1686. 7.27	·金剛臺菴僧 妙圓 糧米3升, 明眼 1升		
10	1686. 8.14	·咸倅:大米3斗,赤豆1斗,木1疋,石魚2束,乾脯,雉,藿		
11	1686. 8.25	·僧 能衍:糧米3升		
12	1696. 8.29	·咸倅:白米4斗,赤豆5升,乾雉2首,脯5條,糖1裏,甘醬,柿,簡紙20幅		
13	1686.10. 2	·盧瑞靑:米6斗		5斗7升
14	1687. 9. 7	·通川太守:糧米1斗,膳物若干		
15	1687. 9.17	·文生:蟹鹽 數十介		
16	1687. 9.25	·襄陽倅:糧米1斗,饌若干		
17	1687. 9.29	·崔東稷:白米2斗5升,馬鐵2部,馬糧租2斗,粥斗,饌物笥1,3-4種魚蟹		
18	1687.10. 3	·鄭泰邦:糧米3斗,馬太2斗,馬粥米2斗,鮮魚		
19	1687.10. 5	·驛吏 宋太元:殺鷄以待	·扇柄	
20	1687.10.12		·老僧:糧米數升,飴餹	
21	1687.10.12	·鄭泰邦:糧米1斗,馬粥1斗,鱸魚1,生大口魚1,生鰈魚2,生梨10介		
22	1688. 4.29	·李克哲:糧太1斗		
23	1688. 6. 3	·桐華寺:紙2丈,厚紙2丈		
24	1688. 6. 8	·大寺諸僧:海松子1升	·大寺諸僧:乾葡萄	
25	1688. 6.24	·僧 靈俊:淸苽,甘醬 等物		
26	1688. 6.27	·暹老長:醬		
27	1688. 6.28	·僧 敏湖:甘藿10餘葉	·暹老長:弁布1尺	

순번	년.월.일	수 취	발 송	비고
28	1688. 7. 6	·浮屠菴 僧:醬 數盌 ·僧 呂敏 白紙5丈		
29	1688. 7.23	·倅:燒酒1壺,大口魚1尾		
30	1688. 8. 8	·丁益亨:藥果,太2升,肉饌		
31	1688. 8. 9	·呂敏:眞芘4介		
32	1688. 8.18	·丁益亨:新米,饌		
33	1688. 8.20	·丁萬秋:西苽1介,新黍米5升,飴饊		
34	1688. 8.21	·僧 崇憲:海松子,乾柿,眞末5~6升 ·僧 始平:粮米4僧 ·僧 進安:米5僧		
35	1688. 8.26	·僧 玉崙:白紙10丈	·給一扇	
36	1688. 8.29	·軍威倅:粮米3斗,藥果16立,生卜30介,小脯1貼,淸1升, 燒酒3,饊,眞墨1同,松烟墨2		
37	1688. 9. 3	·靑松府伯:粮饌		
38	1688. 9. 4	·眞寶倅:粮米2斗,馬粮2斗,素饌		
39	1688. 9. 5	·靑松倅:白笠,松子1斗,松茸20介 ·珍寶倅:贐行物,馬太·馬粥各2斗,壯紙1卷,白紙2卷, 糜食·煎醬各1筍,馬鐵3部		

【부록-4】 장릉참봉 황윤석의 물품구득 현황

년	월.일	물 종	가 격	구입처	비 고
1766	8.20	日用白紙 1권 明紬 3匹 24尺	2錢 11兩3錢7分	시장 시장	장릉
	9.14	油衫笠帽(6전), 緣飾綿布(2전)	8전	승에게의뢰	장릉
	9.23	三韻聲彙3卷 靴	1냥 4전 1냥5전	金圭瑞 柳君弼	서울
1767	2.15	大針二封 小針二封 小兒黑鞋 馬銜皮	二錢八分 一錢七分 9分		서울
	2.25	袘襦綿布 7승 20척	9전	읍시	장릉
	3.15	麻 10속과 錦布 8승 32척	4냥4전3푼	읍시	장릉
	3.20	牛肉, 明太	2냥	읍시	장릉
	4.13	梳貼	2전5푼		서울 (서울산)
	4.15	錦布 7승포 3척 袘衾絮 2두 網巾	1전 2전5푼 6전5푼	읍시 읍시 읍시	장릉
	4.20	牛肉	1냥		장릉
	4.30	汗衫袖北布 7승 2척	1전6푼	읍시	장릉
	5.6	農布4승포 178척5촌	4냥8전4푼		장릉
	5.15	單衫單袴綿布 7승40척 2촌	2냥 3전	읍시	장릉
	6.5	細麻布 5승 4척 綿布 5승 10척 白紙 3	2전4푼 4전4푼 4전8푼	읍시	장릉
	6.6	紵布 상품 1필	4냥		장릉
	6.17	白紵布 35척 4촌	1냥 3전		장릉
	7.5	小氅單衫單袴麻布 5승 40척 襪表綿布 8승 1척 裏麻布 4승 2척	1냥 9전 1전 1푼 8푼	읍시	장릉
	윤7.5	眞墨 5개	7전 5푼		장릉
	윤7.17	馬釘	2전5푼		여정중
	9.7	鎖者3개	1냥5전		홍덕 (여행중)
	9.14	造紙署正草 2건	1냥 4전		서울
	9.29	枕裏綿布 7승 6척	3전 6푼	읍시	장릉
	10.5	綿布 43척	2냥2전		장릉

년	월.일	물 종	가 격	구입처	비 고
1767	10.23	皮褥裏綿布 7승 13 毛帳裏麻布 4승 30 배 10개와 白淸 2승, 柏子 1두	6전 5푼 9전 3전		장릉
	11.1	붓 5개	7전		장릉
	11.10	작은 전복 10개	1전3푼	읍시	장릉
	11.15	綿布 6승 6척 생강	3전 7푼		장릉
	12.3	江陵大化面生麻鞋 2건	3전	行商	여행중
1768	5.19	江陵細麻布 8승 2필	6냥6전		장릉
	5.25	醴泉白紙 2권 2장	3전1푼	읍시	장릉
	5.29	6승마포 1필	2냥4전	읍시	장릉

* 물종의 가격이 명시된 사례만을 대상으로 했다.

찾아보기

ㄱ

가대전 *199*

가례도감 *181*

嘉禮都監儀軌 *178*

가사 *248*

家屋文記 *195*

加資 *177*

甘結 *74, 165*

甘醬 *258*

강세구 *169*

江運 *184*

江債 *303*

更定科條 *68*

車價 *184*

見樣錢文 *134*

經國大典 *204*

京畿行錢 *62*

京市 *189*

경신대출척 *153*

京運 *184*

京錢 *219*

京中行錢 *59*

雇工 *69*

雇立 *174*

雇馬 *324*

考往錄 *242*

鼓鑄法 *48*

公庫錢 *75*

공노비 *26*

공대 *199*

空名帖 *60*

貢木收布 *263*

貢物對答 *237*

貢物賣買 *17*

공물문서 *235*

公私債 *86*

公用錢 *307*

공인문서 *235*

工匠役布 *176*

貢紬 *130*

科祿 *42*

果軒日記 *276*

棺槨價 *173*

關白 *34*

官鑄 *64, 111, 132*

舊錢 *48*

國幣 *4, 5, 204*

國恤 *183*

군위 *248*

권대운 *82, 129*

琴譜 *252*

금위영 *176*

禁錢 73
己酉約條 46
김광계 250, 251
김석주 119, 167
김세렴 34
김수항 122
김순의 276
김신국 21
김육 16, 45, 63
김좌명 107
김한구 180

亂廛 153, 170
남구만 135
南靈草 34
南草 242
納徵 181
納采 181
내수사 181
奴婢賣買 194
녹사 179

丹骨書吏 295
單子錢 123
當五錢 10
大同木 206

대동미 41, 62
대동법 41
大同作木 139
大同錢文 154
大明律 78, 157
大明通寶 33, 47, 49
大錢 53, 111, 158, 166
貸錢 298
貸出 124
大厚紙 302
都監事目單子 179
都監錢 168
盜賊 151
賭錢 156
盜鑄 159
銅鑛 102
東國通寶 21
동대전 53
銅錫 126
洞案 240
銅錢 53
銅鐵 46, 116
동화사 264
豆錫 111, 166
杜詩諺解 252

麻布 12, 204
萬曆錢 65
萬曆通寶 24, 51
晩種 282

網巾   308
매매명문   5, 191, 223
賣藥人   252
免防錢   61
綿紬   130
綿布   98, 143
明紬   302
耗穀   56
募軍   180, 183
牟利   153, 154
謀利輩   151
목래선   84
木麥   248
木棉   11
木綿   203
木錢參半   187
木賤錢貴   146
木花   248
무뢰배   153
戊午字   49
貿錢   97
貿灰監官   177
文殊山築城都廳   177
文殊城   175
縉錢   36
民錢   75
민진원   137

發賣價   81
白綿紙   316
白紙   265
燔灰監官   177
邊邑禁錢節目   73
別工作   182
丙寅年事目   38, 41
봉릉도감   185
府內場   262
贖木   240
贖物   249, 252
부상   158
富商輩   152
贖儀   290
분재기   215
殯殿   182
殯殿都監儀軌   182
빈전혼전도감의궤   184
빗기(斜出)   212

박만정   265
頒綠   36

思陵奉陵都監儀軌   185
事目   14, 36, 87, 100, 123
私商   56
私錢   66
私鑄   33, 63, 107, 127, 132, 158, 160
私鑄人   158
私鑄錢   58, 66
朔下   167
山郡   63, 84
山郡大同木   144

三手軍 41

三手粮 40

三手糧 41, 171

三韓重寶 21

商賈 129, 160

上納明文 194

常木 206

償錢 299

常平廳 41, 59

常平通寶 4, 110, 113, 158, 203, 210

常布 12, 55

常漢牟利輩 153

生雉 255

西路 57, 60, 69, 76

서리 185

서사 179, 185

석대전 53

錫錢 40, 41, 53, 112

扇 265

仙源庫 169

船隻 201

선혜청 41, 63

細木 186

稅錢 60, 158

細麤 144

細布 204

小錢 111, 158

燒酒 259

昭顯世子 178

續大典 295

贖錢 37, 60, 61, 69, 81, 272

松澗日記 247

松都富商 274

囚銀 104

수철 32

熟銅 166

崇禎錢 65

勝聰明錄 292

市民 23, 152

時用木 206

市廛 77, 168

試紙 252

柴草 269

息利 71, 134, 155

식리활동 85

新稻 263

新曆 292

新錢 48

新鑄一兩錢 123

新出身 61

十錢通寶 66, 76, 107

衙店 322

冶爐 159

藥果 258

藥 252

양호 24

어영청 176

易東書院 252

煙價 322

烟竹 265

연철 32

五味子 255

五升布 204

오시복　135

오정위　82, 128, 167

烏川　250

倭銅　113, 328

料米　39

料販監官　177

牛肉　248

熊膽　255

元軍　174

원두표　64

鍮器禁斷事目　80, 114, 165

鍮鑞　166

유상운　136

鍮錫　116

鍮鐵　111

留鄕所　247

유혁연　85

유형원　8

六禮　179

銀魚　255

銀子　23, 85

銀錢　177

銀錢參班　176

銀布參班　176

銀貨　12

邑內場市　271

鷹子　248

醫院　252

移文　181

이벽　249

이사명　172

이서　49

이시백　57

이앙　251

이여　136

이정회　247

人情債　275

일수전　36

一銖錢　36, 49

立案　195

ㅈ

自賣文記　195

紫草　314

作木　63, 204

作錢價　84, 100

作紙價　41

潛商　56, 75

莊陵修改都監儀軌　190

莊陵參奉　294

長利　299

匠人　180, 181

粧潢　320

齋粮　269

低錢　65

楮貨　5, 87, 204, 295

錢價　8

錢價米　102

錢納　4, 136

錢納化　80

典當文記　195

剪燈新話　255

錢爐　135

錢木參半　140, 147, 148, 149

錢文代捧　8, 186

錢文代送　187
錢文頒綠　38
錢文防納　80, 84, 152, 337
錢文散布　77
錢文收捧　40
錢市　43
煎醬　258
錢主　303
錢賤　119, 120, 121, 122, 127
錢布相半　172
錢品　80, 113, 117, 119, 126, 133
錢荒　9
折價　148
折二錢　113, 123
粘連文記　194
店鋪　38
正木　268
正木綿　206
정순왕후　185
정시한　256
정재숭　139
정철　32
정초청　110, 170
정태화　100
조복양　106
朝鮮通寶　33, 51, 76, 112
租正　200
鳥銃　248, 249
鑄工　53, 95
鑄給民錢　115
鑄錢　9, 31, 133
鑄錢官　50
鑄錢爐　113, 117
鑄錢法　166

鑄錢事目　133
鑄錢廳　37, 49, 50
鑄錢七司　118, 165
紬布　84
竹所日記　253
준호구　215
중국전　58
진휼청　174

借錢　304
債錢　14, 86, 304
册匠　320
天啓錢　65
賤穀錢貴　154
鐵物　174
鐵錢　21, 35
清醬　258
草綠紬　314
총융청　174
推考續木　80
추관지　111
秋車　200
麤木禁斷　59
麤布　12, 203
麤布禁斷　55
蓄藏　79
春麥　317
春車　200
親迎　181
七升細布　205

칭량화폐 4

타작 251
태환 41, 86
土地文記 194, 195

罷錢 72, 103
破鐵價 166
牌旨 194
평시서 43
평안감영 186
砲保 172, 174
砲保木 175
鋪子 69
褒貶 316
布貨 31, 204
豹皮 248
皮車 200

한흥일 57

含錫 117
海東重寶 21
海東通寶 48
海西暗行日記 265
行商 315, 324
行用木 207
行錢 4, 101, 133
행전별장 63
行錢事目 5, 41, 59, 87, 110, 111
行錢節目 5
行錢策 4
鄕廳 249
허적 67, 80
許廳案 240
挾鑄 111
호구 215
호패법 40
魂殿都監 182
魂殿都監儀軌 182
貨權在上 126
還上 79
換錢 303
황윤석 294
荒租 200
황해감영 186
賄賂 151
訓局謄錄 165
훈련도감 174
黑册紙 265
黑鞋 316

경인한국학연구총서

1. 高麗時代의 檀君傳承과 認識　　　　　金成煥 / 372쪽 / 20,000원
2. 대한제국기 야학운동*　　　　　　　　김형목 / 438쪽 / 22,000원
3. 韓國中世史學史(Ⅱ) -朝鮮前期篇-*　　鄭求福 / 472쪽 /25,000원
4. 박은식과 신채호 사상의 비교연구　　배용일 / 372쪽 / 20,000원
5. 重慶 大韓民國臨時政府史　　　　　　황묘희 / 546쪽 / 30,000원
6. 韓國 古地名 借字表記 硏究　　　　　李正龍 / 456쪽 / 25,000원
7. 高麗 武人政權과 地方社會**　　　　　申安湜 / 350쪽 / 20,000원
8. 韓國 古小說批評 硏究**　　　　　　　簡鎬允 / 468쪽 / 25,000원
9. 韓國 近代史와 萬國公法　　　　　　　김세민 / 240쪽 / 15,000원
10. 朝鮮前期 性理學 硏究　　　　　　　이애희 / 316쪽 / 18,000원
11. 한국 중·근세 정치사회사　　　　　　이상배 / 280쪽 / 17,000원
12. 고려 무신정권시대 文人知識層의 현실대응*　金晧東 / 416쪽 / 20,000원
13. 韓國 委巷文學作家 硏究*　　　　　　차용주 / 408쪽 / 20,000원
14. 茶山의 『周易』 解釋體系　　　　　　金麟哲 / 304쪽 / 18,000원
15. 新羅 下代 王位繼承 硏究　　　　　　金昌謙 / 496쪽 / 28,000원
16. 한국 고시가의 새로운 인식*　　　　　이영태 / 362쪽 / 20,000원
17. 일제시대 농촌통제정책 연구**　　　　김영희 / 596쪽 / 32,000원
18. 高麗 睿宗代 政治勢力 硏究　　　　　金秉仁 / 260쪽 / 15,000원
19. 高麗社會와 門閥貴族家門　　　　　　朴龍雲 / 402쪽 / 23,000원
20. 崔南善의 歷史學　　　　　　　　　　李英華 / 300쪽 / 17,000원
21. 韓國近現代史의 探究*　　　　　　　趙東杰 / 672쪽 / 30,000원
22. 일제말기 조선인 강제연행의 역사　　정혜경 / 418쪽 / 23,000원
23. 韓國 中世築城史 硏究　　　　　　　柳在春 / 648쪽 / 33,000원
24. 丁若鏞의 上帝思想　　　　　　　　　金榮一 / 296쪽 / 16,000원
25. 麗末鮮初 性理學의 受容과 學脈　　　申千湜 / 756쪽 / 35,000원
26. 19세기말 서양선교사와 한국사회*　　유영렬·윤정란 / 412쪽 / 20,000원
27. 植民地 시기의 歷史學과 歷史認識　　박걸순 / 500쪽 / 25,000원
28. 고려시대 시가의 탐색　　　　　　　　金相喆 / 364쪽 / 18,000원

29	朝鮮中期 經學思想研究	이영호 / 264쪽 / 15,000원
30	高麗後期 新興士族의 研究	李楠福 / 272쪽 / 14,000원
31	조선시대 재산상속과 가족**	文淑子 / 344쪽 / 17,000원
32	朝鮮時代 冠帽工藝史 研究*	張慶嬉 / 464쪽 / 23,000원
33	韓國傳統思想의 探究와 展望	최문형 / 456쪽 / 23,000원
34	동학의 정치사회운동*	장영민 / 664쪽 / 33,000원
35	高麗의 後三國 統一過程 研究	류영철 / 340쪽 / 17,000원
36	韓國 漢文學의 理解	車溶柱 / 416쪽 / 20,000원
37	일제하 식민지 지배권력과 언론의 경향	황민호 / 344쪽 / 17,000원
38	企齋記異 研究	柳正一 / 352쪽 / 17,000원
39	茶山 倫理思想 研究*	장승희 / 408쪽 / 20,000원
40	朝鮮時代 記上田畓의 所有主 研究*	朴魯昱 / 296쪽 / 15,000원
41	한국근대사의 탐구	유영렬 / 528쪽 / 26,000원
42	한국 항일독립운동사연구**	신용하 / 628쪽 / 33,000원
43	한국의 독도영유권 연구	신용하 / 640쪽 / 33,000원
44	沙溪 金長生의 禮學思想*	張世浩 / 330쪽 / 17,000원
45	高麗大藏經 研究	崔然柱 / 352쪽 / 18,000원
46	朝鮮時代 政治權力과 宦官	張熙興 / 360쪽 / 18,000원
47	조선후기 牛禁 酒禁 松禁 연구*	김대길 / 334쪽 / 17,000원
48	조선후기 불교와 寺刹契	韓相吉 / 408쪽 / 20,000원
49	식민지 조선의 사회 경제와 금융조합	최재성 / 488쪽 / 24,000원
50	민족주의의 시대 - 일제하의 한국 민족주의 - **	박찬승 / 448쪽 / 22,000원
51	한국 근현대사를 수놓은 인물들(1)**	오영섭 / 554쪽 / 27,000원
52	農巖 金昌協 研究	차용주 / 314쪽 / 16,000원
53	조선전기 지방사족과 국가*	최선혜 / 332쪽 / 17,000원
54	江華京板 『高麗大藏經』의 판각사업 연구**	최영호 / 288쪽 / 15,000원
55	羅末麗初 禪宗山門 開創 研究*	조범환 / 256쪽 / 15,000원
56	조선전기 私奴婢의 사회 경제적 성격**	安承俊 / 340쪽 / 17,000원
57	고전서사문학의 사상과 미학*	허원기 / 320쪽 / 16,000원
58	新羅中古政治史研究	金德原 / 304쪽 / 15,000원

59	근대이행기 민중운동의 사회사	박찬승 / 472쪽 / 25,000원
60	朝鮮後期 門中書院 硏究**	이해준 / 274쪽 / 14,000원
61	崔松雪堂 文學 硏究	金鍾順 / 320쪽 / 16,000원
62	高麗後期 寺院經濟 硏究*	李炳熙 / 520쪽 / 26,000원
63	고려 무인정권기 문사 연구	황병성 / 262쪽 / 14,000원
64	韓國古代史學史	정구복 / 376쪽 / 19,000원
65	韓國中世史學史(I)	정구복 / 근간
66	韓國近世史學史**	정구복 / 436쪽 / 22,000원
67	근대 부산의 민족운동	강대민 / 444쪽 / 22,000원
68	大加耶의 形成과 發展 硏究	李炯基 / 264쪽 / 16,000원
69	일제강점기 고적조사사업 연구*	이순자 / 584쪽 / 35,000원
70	淸平寺와 韓國佛敎	洪性益 / 360쪽 / 25,000원
71	高麗時期 寺院經濟 硏究*	李炳熙 / 640쪽 / 45,000원
72	한국사회사의 탐구	최재석 / 528쪽 / 32,000원
73	조선시대 農本主義思想과 經濟改革論	吳浩成 / 364쪽 / 25,000원
74	한국의 가족과 사회*	최재석 / 440쪽 / 31,000원
75	朝鮮時代 檀君墓 認識	金成煥 / 272쪽 / 19,000원
76	日帝强占期 檀君陵修築運動	金成煥 / 500쪽 / 35,000원
77	고려전기 중앙관제의 성립	김대식 / 300쪽 / 21,000원
78	혁명과 의열-한국독립운동의 내면-*	김영범 / 624쪽 / 42,000원
79	조선후기 천주교사 연구의 기초	조 광 / 364쪽 / 25,000원
80	한국 근현대 천주교사 연구	조 광 / 408쪽 / 28,000원
81	韓國 古小說 硏究*	오오타니 모리시게 / 504쪽 / 35,000원
82	高麗時代 田莊의 構造와 經營	신은제 / 256쪽 / 18,000원
83	일제강점기 조선어 교육과 조선어 말살정책 연구*	김성준 / 442쪽 / 30,000원
84	조선후기 사상계의 전환기적 특성	조 광 / 584쪽 / 40,000원
85	조선후기 사회의 이해	조 광 / 456쪽 / 32,000원
86	한국사학사의 인식과 과제	조 광 / 420쪽 / 30,000원
87	高麗 建國期 社會動向 硏究*	이재범 / 312쪽 / 22,000원
88	조선시대 향리와 지방사회*	권기중 / 302쪽 / 21,000원

89	근대 재조선 일본인의 한국사 왜곡과 식민통치론*	최혜주 / 404쪽 / 29,000원
90	식민지 근대관광과 일본시찰	조성운 / 496쪽 / 34,000원
91	개화기의 윤치호 연구	유영렬 / 366쪽 / 25,000원
92	고려 양반과 兩班田 연구	윤한택 / 288쪽 / 20,000원
93	高句麗의 遼西進出 研究	尹秉模 / 262쪽 / 18,000원
94	高麗時代 松商往來 研究	李鎭漢 / 358쪽 / 25,000원
95	조선전기 수직여진인 연구	한성주 / 368쪽 / 25,000원
96	蒙古侵入에 대한 崔氏政權의 外交的 對應	姜在光 / 564쪽 / 40,000원
97	高句麗歷史諸問題	朴眞奭 / 628쪽 / 44,000원
98	삼국사기의 종합적 연구	신형식 / 742쪽 / 51,000원
99	조선후기 彫刻僧과 佛像 研究	崔宣一 / 450쪽 / 30,000원
100	한국독립운동의 시대인식 연구	한상도 / 510쪽 / 36,000원
101	조선총독부 중추원 연구	김윤정 / 424쪽 / 30,000원
102	미쨀의 시기	김영수 / 336쪽 / 23,000원
103	중국 조선족 교육의 역사와 현실	박금혜 / 546쪽 / 40,000원
104	지명과 권력-한국 지명의 문화정치적 변천-	김순배 / 678쪽 / 53,000원
105	일제시기 목장조합 연구	강만익 / 356쪽 / 25,000원
106	한글의 시대를 열다	정재환 / 472쪽 / 35,000원
107	고구려의 東北方 境域과 勿吉 靺鞨	김락기 / 근간
108	조선후기 화폐유통과 경제생활	정수환 / 389쪽 / 28,000원

*대한민국학술원 우수학술 도서　　**문화체육관광부 우수학술 도서